国土空间规划导论

胡业翠 周 伟 白羽萍 主编

科学出版社
北 京

内 容 简 介

国土空间规划是我国面向生态文明建设的重要制度变革,也是国家实现治理体系与治理能力现代化的重要举措。本书初步构建了国土空间总体规划的整体知识框架,包含国土空间规划的基本内涵与基础理论、规划编制技术思路与方法、规划战略与空间格局、"三线"划定与要素配置、国土综合整治与生态修复、中心城区规划、实施监督与用途管制等主要内容。

本书适合土地资源管理、城乡规划、国土综合整治与生态修复,以及地理学、环境科学等相关专业作为教材使用,也可供国土空间规划部门的行政管理和事业单位工作人员参考。

图书在版编目(CIP)数据

国土空间规划导论/胡业翠,周伟,白羽萍主编.北京:科学出版社,2025.5. -- ISBN 978-7-03-081884-3

Ⅰ.F129.9

中国国家版本馆 CIP 数据核字第 2025XV9923 号

责任编辑:李晓娟 / 责任校对:樊雅琼
责任印制:徐晓晨 / 封面设计:无极书装

科学出版社出版
北京东黄城根北街 16 号
邮政编码:100717
http://www.sciencep.com

北京建宏印刷有限公司印刷
科学出版社发行 各地新华书店经销

*

2025 年 5 月第 一 版　开本:787×1092　1/16
2025 年 5 月第一次印刷　印张:18 1/4
字数:450 000

定价:168.00 元
(如有印装质量问题,我社负责调换)

《国土空间规划导论》
编 委 会

胡业翠	周　伟	白羽萍	姜广辉
曲衍波	郝　庆	谢苗苗	王　洁
赵媛媛	迟文峰	付　薇	袁　涛
牛　帅	荆肇睿	高梦雯	王清华
刘　慧	刘允瑄	陈甜倩	何梓欣
胡　菲	徐　可	薛宇婷	

前 言

国土空间规划是统筹发展与安全、协调人与自然关系、优化国土空间资源配置的基础性工具，也是推进生态文明建设、实现高质量发展的重要抓手。自党的十八大以来，我国以生态文明建设为引领，全面推进国土空间规划体系改革，国土空间规划体系经历了从"多规分立"到"多规合一"的历史性变革。2019年，《中共中央国务院关于建立国土空间规划体系并监督实施的若干意见》的出台，标志着国土空间规划正式成为国家空间治理体系的核心载体，肩负着优化国土空间格局、保障生态安全、提升资源利用效率、促进城乡融合发展的战略使命。

本书旨在为规划从业者、政府管理部门、高校师生及相关研究人员提供一本兼具理论深度与实践价值的参考资料。全书共分为12章，内容涵盖国土空间规划的全链条与全要素：从基础理论到方案编制；从战略研究到空间格局构建；从"三线"划定到要素配置；从生态修复到中心城区规划，再到实施监管与国内外经验借鉴。各章节既独立成篇，又环环相扣，力求体现国土空间规划方案编制涉及的相关内容以及规划编制的科学性、系统性和可操作性。

笔者在博士就读期间参加了第三轮土地利用总体规划编制；2010年，参加了国土资源部公益性行业科研专项经费项目"中国国土空间多目标规划支撑技术研究与应用"（编号：201011018），该成果直接为《全国国土规划纲要（2011—2030年）》提供了有力支撑；2019年，开始参与《全国国土空间规划纲要（2021—2035年）》专题研究，并承担了《河池市国土空间总体规划（2021—2035年）》《河池市国土空间生态修复规划（2021—2035年）》《济南市国土空间总体规划（2021—2035年）》专题等科研项目。在此过程中得到了诸多专家学者的指导，也在学院的支持下开设了《国土规划》课程，并于2012年正式作为专业基础课进行讲授。2017年，《全国国土规划纲要（2011—2030年）》颁布实施；2018年，机构改革，设立自然资源部，专门负责建立空间规划体系并监督实施，国土空间规划被赋予前所未有的高度；2019年，《中共中央国务院关于建立空间规划体系并监督实施的若干意见》明确了国土空间规划体系，全国进入规划热潮；2020年，教育部组织部门高校开始进行国土空间规划领域教学资源建设，中国地质大学（北京）作为较早开设课程单位也成为重要成员之一，先后参与了"多学科交叉的国土空间规划虚拟教研室""国土空间发展与治理课程群虚拟教研室"等多个虚拟教研室建设。《国土规划》课程也适应新的规划要求更名为《国土空间规划》，并结合新的规划需求进行了教学内容调整，增加了实习基地和实践课程建设。本书的成稿得益于笔者多年从事国土空间规划教学、科研与实践的积累，也凝聚了团队在参与全国、省级、市级国土空间总体规划编制中的思考。

全书由胡业翠策划并负责统稿。各章撰写分工如下：第1章由周伟、姜广辉、荆肇睿执笔，第 2 章由牛帅、白羽萍、迟文峰执笔，第 3 章由胡业翠、曲衍波、赵媛媛执笔，第 4 章由白羽萍、胡业翠、宗珊珊执笔，第 5 章由胡业翠、徐可、薛宇婷执笔，第 6 章由曲衍波、胡业翠、白羽萍、薛宇婷执笔，第 7 章由胡业翠、王清华、刘慧、胡菲执笔，第 8 章由郝庆、周伟、何梓欣执笔，第 9 章由谢苗苗、高梦雯、刘允瑄执笔，第 10 章由王洁、付薇、袁涛执笔，第 11 章由胡业翠、牛帅、王威执笔，第 12 章由姜广辉、陈甜倩执笔。

  本书还是未尽之作。一方面，由于国土空间规划在中国的研究理论和实践仍处于探索初期，其理论体系与实践方法仍在快速演进中；另一方面，由于作者能力有限，书中部分观点或技术细节可能随着政策更新与技术进步而动态调整，恳请广大同仁批评指正！书中所参阅的国内外专家学者文献，为本书撰写提供了重要的思想启迪和坚实的理论支撑，在此表示诚挚的谢意！撰写过程中可能会有疏漏，敬请专家学者谅解和包容。作者真诚地欢迎来自各方的意见与建议，并期望与同行诸君共同携手深化研究、走向成熟，为国土空间规划的教学、科研与实践提供支撑。

2025 年 3 月

目 录

前言

第 1 章 绪论 ··· 1
1.1 基本概念 ··· 1
1.2 国土空间规划的性质与作用 ··· 5
1.3 中国国土空间规划历史沿革 ··· 6
本章小结 ··· 23
复习思考题 ··· 23

第 2 章 国土空间规划的理论依据 ··· 24
2.1 区位理论概述 ··· 24
2.2 地域分异规律理论概述 ··· 32
2.3 区域协同理论概述 ··· 35
2.4 空间正义理论概述 ··· 39
2.5 资源优化配置理论概述 ··· 43
2.6 生态文明建设理论概述 ··· 46
本章小结 ··· 47
复习思考题 ··· 48

第 3 章 国土空间规划方案编制 ··· 49
3.1 国土空间规划体系的总体框架 ··· 49
3.2 国土空间规划编制总则 ··· 53
3.3 国土空间规划编制工作程序 ··· 55
本章小结 ··· 60
复习思考题 ··· 61

第 4 章 资源环境承载力与适宜性评价 ··· 62
4.1 "双评价"概述 ··· 62
4.2 "双评价"的一般程序与主要内容 ··· 71

  4.3 评价成果在国土空间规划编制中的应用 ………………………………… 84
  本章小结 ……………………………………………………………………………… 90
  复习思考题 …………………………………………………………………………… 90

第5章 国土空间规划的战略研究与选择 …………………………………… 91
  5.1 国土空间规划战略研究的内涵与内容 …………………………………… 91
  5.2 国土空间规划空间发展战略模式选择 …………………………………… 96
  5.3 国土空间规划战略选择依据 ……………………………………………… 98
  5.4 国土空间规划战略目标的制定 …………………………………………… 100
  本章小结 ……………………………………………………………………………… 105
  复习思考题 …………………………………………………………………………… 106

第6章 国土空间规划格局 ………………………………………………………… 107
  6.1 构建国土空间规划格局的内涵、作用与任务 …………………………… 107
  6.2 国土空间规划格局主要类型与要素构成 ………………………………… 109
  6.3 国土空间规划格局划定的基本逻辑与技术流程 ………………………… 113
  本章小结 ……………………………………………………………………………… 120
  复习思考题 …………………………………………………………………………… 121

第7章 国土空间"三线"划定 ……………………………………………………… 122
  7.1 永久基本农田划定 ………………………………………………………… 122
  7.2 生态保护红线划定 ………………………………………………………… 131
  7.3 城镇开发边界划定 ………………………………………………………… 139
  本章小结 ……………………………………………………………………………… 150
  复习思考题 …………………………………………………………………………… 151

第8章 国土空间用途分区与要素配置 …………………………………………… 152
  8.1 国土空间规划分区 ………………………………………………………… 152
  8.2 国土空间要素配置 ………………………………………………………… 160
  本章小结 ……………………………………………………………………………… 168
  复习思考题 …………………………………………………………………………… 168

第9章 国土空间生态修复规划 …………………………………………………… 169
  9.1 相关概念内涵 ……………………………………………………………… 169
  9.2 理论依据 …………………………………………………………………… 171
  9.3 规划体系与性质 …………………………………………………………… 173

9.4 规划编制的内容与技术路线 ………………………………………… 179
9.5 规划编制的关键技术方法 ………………………………………… 184
本章小结 ………………………………………………………………… 201
复习思考题 ……………………………………………………………… 202

第 10 章 中心城区规划 …………………………………………………… 203
10.1 规划编制重点内容 ………………………………………………… 203
10.2 城市空间结构与布局 ……………………………………………… 207
10.3 城市控制线管控 …………………………………………………… 215
10.4 城市更新与存量规划 ……………………………………………… 217
本章小结 ………………………………………………………………… 221
复习思考题 ……………………………………………………………… 221

第 11 章 国土空间规划实施监督管理与用途管制 ……………………… 222
11.1 国土空间规划实施监督管理 ……………………………………… 222
11.2 国土空间用途管制 ………………………………………………… 245
本章小结 ………………………………………………………………… 260
复习思考题 ……………………………………………………………… 260

第 12 章 国外国土空间规划的历史经验及教训 ………………………… 262
12.1 国外国土空间规划的发展简史 …………………………………… 262
12.2 国外国土空间规划的主要模式 …………………………………… 263
12.3 国外国土空间规划的经验借鉴 …………………………………… 277
本章小结 ………………………………………………………………… 280
复习思考题 ……………………………………………………………… 281

第1章 绪 论

本章导读：

推进"多规合一"，建立全新的国土空间规划体系，是国家的重大战略。组建自然资源部统领国土空间规划，是2018年国家政府管理体制改革的最大突破之一。2019年，第十三届全国人民代表大会常务委员会第十二次会议审议通过《中华人民共和国土地管理法》修正案，增加第十八条：国家建立国土空间规划体系。经依法批准的国土空间规划是国家空间发展的指南、可持续发展的空间蓝图，是各类开发保护建设活动的基本依据。国土空间规划是什么？为什么建立国土空间规划体系？国土空间规划与以往规划有什么异同点？本章将围绕国土空间规划的基本概念、产生背景、形成历程和目标性质进行阐述。

重点问题：

- 国土、国土资源、国土空间的联系与区别
- 国土空间规划的类型和体系
- 国土空间规划与其他规划的联系及区别
- 国土空间规划形成的地位和作用

1.1 基本概念

1.1.1 国土空间的概念

国土空间是国家主权与主权权利管辖下的地域空间，是国民生存的场所和环境，是包括领陆、领空、领海和根据《联合国海洋法公约》规定的专属经济区海域的总称。国土空间含有鲜明的主权管辖的含义。因此，可以认为"国土空间"是一种特殊的区域空间，是具有国家层面影响力的一种最高层次的区域空间范畴。目前，关于领陆、领空、领海和专属经济区主要从以下方面理解[①]（图1-1）：

（1）领陆。它通常指国家疆界以内的陆地部分（包括河流、湖泊等内陆水域）和它的地下层。

（2）领海。领海是沿海国主权管辖下与其海岸或内水相邻的一定宽度的海域，是国家领土的组成部分。

领海的上空、海床和底土，均属沿海国主权管辖。根据《联合国海洋法公约》规定，

---

① 吴次芳，叶艳妹，吴宇哲，等. 国土空间规划. 北京：地质出版社，2019.

领海是从领海基线量起最大宽度不超过 12n mile 的一带水域。中国政府于 1958 年 9 月 4 日宣布中国的领海宽度为 12n mile。

（3）领空。它指国家的陆地和水域之上的全部上空，其高度由大气空间和宇宙空间的分界线来界定。目前，国际上对其垂直高度尚无明确规定。

（4）专属经济区。它是指在领海以外并邻接领海，具有特定法律制度的区域，其宽度自领海基线量起不超过 200n mile。在该区域内，沿海国家享有以勘探和开发、养护和管理自然资源为目的的主权权利，以及对人工岛屿、设施和结构的建造和使用，海洋科学研究，海洋环境保护和保全的管辖权。而其他国家则享有航行、飞越、铺设海底电缆和管道的自由。无论从地理位置或法律性质上说，专属经济区都是介于领海和公海之间的第三种海域。自 1982 年《联合国海洋法公约》通过以后，200n mile 专属经济区已被国际社会普遍承认。

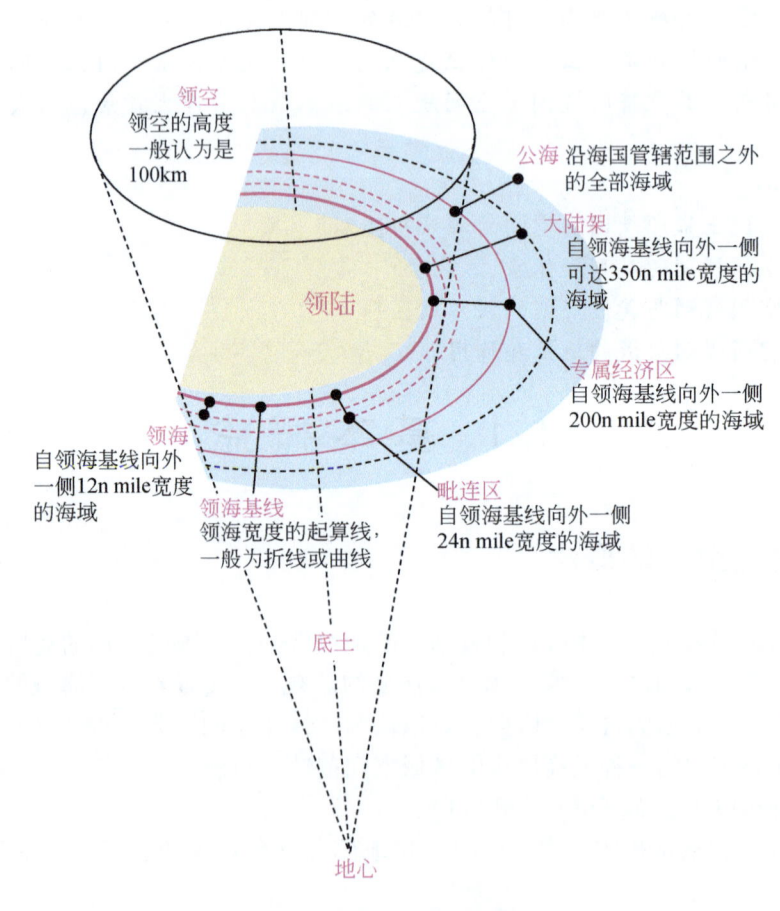

图 1-1 国土空间范畴

国土空间具有载体、资源、生态和文化属性。国土空间为人类提供了生活和生产的场所，具有载体属性。国土空间蕴藏着丰富的、可供人类利用的物质和能源，具有资源属性。国土空间中容纳了各种各样的生态环境要素，既包括动物、植物、微生物、土地、矿物、海洋、河流、阳光、大气、水分等自然形成的物质要素，又包括建筑物和构筑物等人工生产的物质要素，具有生态属性。国土空间保留了人类活动的痕迹，反映出人类社会在不同时期的思想文化特征，具有文化属性。随着社会经济发展和科技水平进步，人类对国土空间的利用重点由载体属性、资源属性向生态属性、文化属性转变。

1.1.2 自然资源与国土资源

自然资源是指在一定的时间条件下，能够产生经济价值，以提高人类当前和未来福利的自然环境因素的总称。它包括土地、水、矿产、生物、气候等多种类型的资源。

国土资源是指存在于国土领域内的所有资源，包括自然资源、社会经济资源和人口资源（图1-2）。从广义上看，它是国家领土主权范围内所有自然资源、经济资源和社会资源的总称；从狭义上看，它主要指一国领土范围内的自然资源。其中，经济资源是指在一定生产条件下形成的具有经济意义的各种固定资产，如工业资源、农业资源、建筑资源等。社会资源主要指人力资源以及人力资源服务的教育、文化、科技等基础设施。

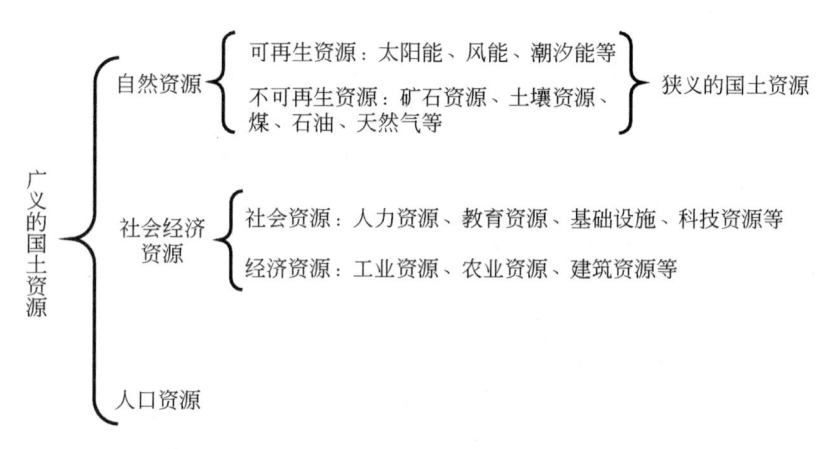

图1-2 国土资源分类

自然资源与国土资源的关系：①内涵上的一致性。从广义上看，自然资源和国土资源的内涵是一致的，都包括国家领土主权范围内的各种资源。但从狭义上看，国土资源侧重对自然资源的权属进行界定。②侧重点的不同。自然资源侧重资源的自然属性和经济价值，而国土资源则更侧重资源的空间地域属性和综合利用价值。③相互依存的关系。自然资源和国土资源是相互依存的。自然资源是国土资源的基础和重要组成部分，而国土资源则是自然资源在国家领土主权范围内的具体体现和综合利用。

需要强调的是，我国法理和管理意义上的"自然资源"主要指有空间边界或有载体、可明确产权、经济价值易计量的天然生成物，如《中华人民共和国宪法》《中华人民共和国物权法》和《中华人民共和国民法典》中列举出的矿藏、水流、森林、山岭、草原、荒地、滩涂、海域、土地等。

1.1.3 国土空间规划

1. 国土空间规划的内涵

国土空间规划是国家空间发展的指南、可持续发展的空间蓝图,是对国土空间的保护、开发、利用、修复作出的总体部署与统筹安排。国土空间保护,是对承担生态安全、粮食安全、资源安全等国家安全的地域空间进行管护的活动。国土空间开发,是指以城镇建设、农业生产和工业生产等为主的国土空间开发活动。国土空间利用,是指根据国土空间特点开展的长期性或周期性的使用和管理活动。生态修复和国土综合整治,是指遵循自然规律和生态系统内在机理,对空间格局失衡、资源利用低效、生态功能退化、生态系统受损的国土空间,进行适度人为引导、修复或综合整治,维护生态安全,促进生态系统良性循环的活动。国土空间规划的制定与实施旨在实现对国土空间有效管控及科学治理,促进发展与保护的平衡。建立全国统一、责权清晰、科学高效的国土空间规划体系,整体谋划新时代国土空间开发保护格局,综合考虑人口分布、经济布局、国土利用、生态环境保护等因素,科学布局生产空间、生活空间、生态空间,是加快形成绿色生产方式和生活方式、推进生态文明建设、建设美丽中国的关键举措,是坚持以人民为中心、实现高质量发展和高品质生活、建设美好家园的重要手段,是保障国家战略有效实施、促进国家治理体系和治理能力现代化、实现"两个一百年"奋斗目标和中华民族伟大复兴中国梦的必然要求。

国土空间规划是一种综合性极强的活动,与以往的土地利用规划、城乡规划等存在显著差异。它以资源环境承载能力与国土空间开发适宜性评价(以下简称"双评价")为基础,引导国土空间格局优化,旨在协调国土空间利用的矛盾,统筹安排国土空间开发、保护、利用、修复等各类空间治理活动。国土空间规划的呈现需要规划、土地管理、市政交通、产业经济、灾害防治等多个专业学科来支撑,因而国土空间规划是一个继承与创新的国土规划;是一个覆盖和引导全域生产力布局的规划;是一个注重集约节约、推动形成绿色发展方式和生活方式的规划;是一个实行全域全类型国土空间用途管制的规划;是能够促进区域协调发展和提升国土空间质量功能的规划。

2. 国土空间规划的对象

国土空间规划的对象,首先,从空间尺度上来说,包括陆地国土和海洋国土,其中陆地国土面积为960万km², 根据《联合国海洋法公约》有关规定和我国主张,管辖海域面积约为300万km², 包括由规划尺度逐级缩小至省、市、县、乡镇级行政区域范围的四级国土空间总体规划,以及具体到规定其用途和开发强度的某个几百上千平方米地块的详细规划;其次,就规划空间类型来说,国土空间规划的对象覆盖了农业空间、生产空间、城镇空间、海洋空间等全类型国土空间,或者说其统筹了生态空间、生活空间、生产空间这三大类空间;再次,就规划管控要素来说,国土空间规划既管控山水林田湖草等需要保护管控的自然资源要素,也管控城镇、村庄、产业、交通、水利、能源、市政等开发建设要素；最后，国土空间规划需统筹协调区域、城乡、陆海、地上地下等空间发展关系。总的来说，国土空间规划是针对全域全要素的空间规划。

1.2 国土空间规划的性质与作用

1.2.1 性质

1. 战略性

国土空间规划是国家层面的战略性规划，旨在从宏观角度对国家整体国土空间进行长远布局和安排。它关乎国家的长远发展和整体利益，对国土空间的开发、利用、保护和管理具有全局性的指导意义。

2. 基础性

国土空间规划是其他各类规划的基础和依据。它确定了国土空间的基本格局和功能分区，为其他专项规划、区域规划等提供了空间指导和约束。其他规划在编制与实施过程中，必须遵循国土空间规划的基本原则和总体要求。

3. 综合性

国土空间规划是综合性的规划，涉及自然资源、社会经济、生态环境等多个领域。它需要对这些领域进行综合考虑和协调，确保国土空间的整体优化和可持续发展。

4. 约束性

国土空间规划具有法律约束力和政策指导性。它明确了国土空间内不同区域的功能定位、发展方向和开发强度等要求，对国土空间内的各项建设活动进行规范和限制。相关部门和单位在编制与实施具体项目时，必须遵循国土空间规划的要求。

5. 动态性

国土空间规划是动态性的规划，需要随着经济社会发展及环境变化等因素进行适时调整和完善。通过实施动态性的国土空间规划，可以适应新的发展需求和环境变化，提高规划的针对性和实效性。

6. 实施性

国土空间规划不仅是一个宏观的战略性规划，还具有很强的实施性。它要求各级政府和相关部门按照规划要求，落实各项政策措施和建设项目，确保规划目标的实现。

1.2.2 作用

1. 降低土地利用的负外部性

通过合理的功能分区和政策分区，实行严格的分区用途管制，国土空间规划有利于妥善处理山、水、田、城、人之间的关系，建立山水林田湖草生命共同体，协调不同土地利用之间造成的冲突，较好地解决土地利用可能引发的资源利用低效、生态环境退化、产业发展失衡、区域协调发展受阻和社会公平受损等负外部性问题。

2. 维护空间开发的公共利益

国土空间规划的起点在于维护国土空间开发的公共利益，推进形成国土空间开发新格局，推动城乡区域协调发展，协调各区域国土开发，提升生产、生活和生态空间的和谐有序。

3. 维持资源分配的公平正义

在微观上，国土空间规划为各项具体建设活动分配国土空间资源，使之处于有序的架构中，实现综合效益最大化。在宏观上，作为弥补市场失灵和政府宏观调控的手段，国土空间规划协调区域之间、部门之间等各利益主体的关系，以实现资源分配的公平正义。

4. 建立空间生产的良性秩序

在市场条件下，空间生产的良性秩序不会自发形成，而是需要通过治理才能建立。作为国土空间开发兼具引导和约束功能的制度工具，国土空间规划在建立空间生产良性秩序的过程中发挥着关键作用。

5. 指导国土空间开发保护

国土空间规划是国家空间发展的指南、可持续发展的空间蓝图，是各类开发保护建设活动的基本依据。它通过对国土空间的科学布局和合理配置，指导国土空间的开发、保护活动，推动形成绿色生产方式和生活方式，助力生态文明建设。

1.3 中国国土空间规划历史沿革

1.3.1 原有空间类规划及其特点

1. 原有空间类规划冲突

新中国成立后，优化国土开发格局、规范空间开发秩序的理念贯穿于国民经济和社会发展的整个过程，涉及空间开发的规划从无到有，不断丰富发展。经过新中国成立以来的探索实践，我国空间规划类型不断丰富发展，初步形成包括主体功能区规划、国土规划、土地利用规划、城乡规划、海洋功能区划等在内的类型多样、功能多元、层次多级的规划框架（图1-3），各类空间规划逐渐成为各级政府、各主管部门实施空间开发行为管制的重要手段。

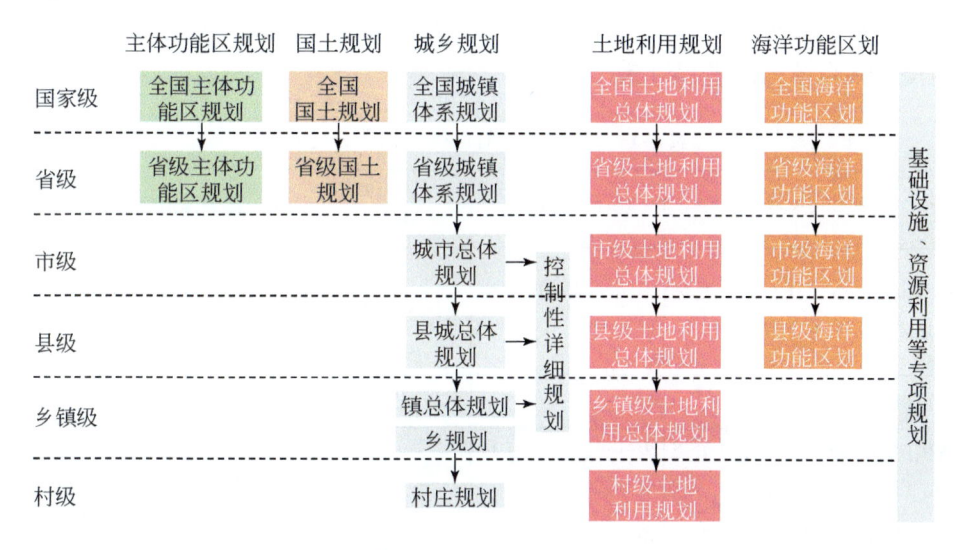

图1-3 现行规划体系

明确空间规划的基本类型和基本功能，是建立健全规划体系的重要前提。按规划的主体功能和突出特色可将现有空间规划分为四类：一是以构筑科学、合理、高效的国土空间开发格局为主题，立足于界定国土空间功能分区、总体框架和开发方向的基础性、战略性、本底性规划，如全国主体功能区规划和全国国土规划等；二是以推进某一特定地区经济社会发展为主题，立足于培育形成区域增长极和增强整体竞争力的区域性、综合性、促进性规划，如区域规划等；三是以优化配置战略资源为主题，立足于强化资源开发利用保护和支撑经济社会发展的专题性、单项性、约束性规划，如土地利用总体规划、海洋功能区划、生态环保规划等；四是以优化区域内人口、城镇布局为主题，立足于引导规范空间开发行为的精细性、控制性、管制性规划，如城市规划和重大基础设施建设规划等。

过去的空间规划类型很多，同时各个规划之间相互协调不够，交叉重叠比较多。我国国土面积广阔，由于地区差异因素，导致各地的空间规划编制具有极大区别。国家级与省级国土空间规划的重点不同，加之各项规划政策之间未能形成一致性，在具体实施过程中出现了一定的实际问题。在此情况下，亟须建立起统一的规范管理机制，协调各规划体系之间的冲突。但由于政府主导的规划政策仅作用于经济层面，未能在国土空间规划理念方面予以统一，这直接导致了此项职能界限不清的问题，不利于各层级规划体系之间的相互交流。另外，在国土空间规划中存在众多不同的管理体系，使得上级部门的约束性降低，不能发挥出上级部门的指导作用。加之我国没有建立起一套完善的实施方案，在缺乏足够约束机制的作用下，空间规划工作显现出多样性的问题。

1) 管理主体众多,权职分配冲突

2018年以前,我国的国土空间规划设计部门众多,包括发展和改革、国土资源、住房和城乡建设、环境保护、林业、水利、旅游等部门,各个体制互不相关却又存在着一定的联系,众多的规划体制导致规划部门的分工混乱,国土空间规划工作人员对自己的职责不明晰,没有统一的国家国土空间规划体制(表1-1)。这导致规划审批涉及审批程序多,内容繁杂,且存在标准不明确、职责不清晰、环节不合理的现象,大大降低了规划的审批效率,拖慢了项目落地的进程(表1-2)。

表1-1 2018年以前各类规划职权分布

级别	发展和改革部门	国土资源部门	住房和城乡建设部门	环境保护部门	其他部门专项规划
国家级	全国国民经济和社会发展五年规划、全国主体功能区规划	全国土地利用总体规划纲要	全国城镇体系规划	全国生态保护与建设规划、全国生态功能区划	综合交通发展规划、历史文化名城保护规划、产业规划、公共服务设施规划等
区域	城市群发展规划	—	区域城镇体系规划	—	
省级	省国民经济和社会发展五年规划、省主体功能区规划	省土地利用总体规划	省级城镇体系规划	省生态功能区划	
市级	市国民经济和社会发展五年规划	市土地利用总体规划	城市总体规划	市/县生态功能区划、市/县环境保护总体规划	
县级	县国民经济和社会发展五年规划	县土地利用总体规划	县城总体规划		
乡镇级	乡/镇国民经济和社会发展五年规划	乡/镇土地利用总体规划	乡/镇总体规划	—	

表1-2 2018年前规划体系

规划系统	规划系列	主要规划	主管部门
空间规划系统	城乡建设规划系列	城市战略规划、城镇规划体系、总体规划、控制性详细规划、村庄规划、专项规划等	住房和城乡建设部门
	国土资源规划系列	国土规划、土地利用规划、矿产资源规划、林地保护规划、水资源规划等	国土资源、农业、林业、水利等部门
	生态环境规划系列	环境保护规划、生态功能区规划、环境功能区规划、大气污染防治规划、水污染防治规划、湿地保护规划等	环境保护、林业、水利、国土资源等部门
	区域开发规划系列	区域规划、主体功能区规划等	发展和改革部门
	基础设施规划系列	综合交通规划、市政设施规划	交通、水利、电力、能源等部门

续表

规划系统	规划系列	主要规划	主管部门
空间规划系统	功能园区规划系列	风景名胜区规划、工业园区规划、森林公园规划、重点生态功能区规划、经济开发区规划、地质公园规划	环境保护、林业、农业、工业、水利、国土资源等部门
发展规划系统	经济社会规划系列	国民经济和社会发展规划、国民经济和社会发展年度计划	发展和改革部门
	经济发展规划系列	工农商旅服业等规划及细分行业领域的发展规划	发展和改革、工业和信息化、农业、旅游等部门
	社会发展规划	科技、教育、文化、卫生、体育等方面的发展规划	科技、文化、教育、卫生、体育等部门

2）用地规模不一致，边界争议较大

我国规划种类繁多，规划边界的矛盾由来已久，各类规划的行政边界及规模不统一，这就容易导致国土开发建设时序混乱，时序及资源错配。城乡规划和土地利用总体规划基于用地分类标准对接，在建设用地空间布局方面具有差异，这就容易导致土地管理的缺漏。针对规划过程中社会经济发展的不确定性，各城乡规划对于建设用地控制均预留一定的弹性，但是规划部门对经济发展速度的预估性不足，导致越来越多现有的城乡规划建设用地控制被突破，甚至部分项目无法及时落实，出现"碰到一个项目，调整一次规划"的情况，从而使规划失去了对土地利用的调控和管理作用[①]。此外，我国现阶段制定规划的部门多，规划种类多，涉及专业多、行业多，制定规划部门之间缺乏有效协调沟通，导致规划之间内涵和外延有重叠[②]。

3）规划基期与规划期不一致

我国经济社会发展规划、城乡规划、生态环境保护规划等并存，不同规划的期限、内容和空间布局不同，导致规划之间存在极大的不协调、不一致。由于近远期限缺乏统筹，且规划基础各异，数据平台缺乏统一性和真实性，无法将各规划统一在一张图上。如从规划期限来看，发展规划的期限大多数是 5 年，少部分展望到 10 年，而土地规划和城市规划的期限分别是 15 年和 20 年。规划基期不同，导致发展规划和土地规划、城市规划的内容不同，发展规划很难做到、甚至不可能做到对城市规划、土地规划进行指导。

4）市场需求与规划供给不适应

国土资源规划用地布局与实际需求的偏差较大，一方面是由于影响建设项目的不确定因素很多，政府部门很难对未来的规划进行规划完善；另一方面是由于土地分析和预测方

---

① 麻春晓，毛蒋兴，罗国卿，等．"多规合一"中差异图斑处理探析：以南宁市为例．广西师范学院学报（自然科学版），2018，35（2）：86-94.

② 邢瑶．城市总体规划中"多规融合"思路方法研究：以江苏省仪征市为例//中国城市规划学会，沈阳市人民政府．规划60年：成就与挑战——2016中国城市规划年会论文集（09城市总体规划）．北京：中国建筑工业出版社，2016.

法的欠缺，因而导致国土资源规划布局出现错位现象。最终，导致空间治理体系混乱，发展成本和代价增加。

总体来说，2018年前的规划体系的各类问题导致我国出现空间布局矛盾突出、用地规模不一致、项目落地困难、生态用地蚕食、审批效率低下等一系列问题。因此，亟须构建基于"一张蓝图"的国土空间规划体系并整合各部门职能，以此协调各类矛盾。需要注意的是，"一张蓝图"并非简单的规划相加，在一张地图上进行多种规划的重叠覆盖，而是对所有规划从编制理念和价值取向、编制方法、编制程序、技术控制、实施监督、责任设置等方面的有机衔接与统一[①]。

2. 主要空间类规划优缺点

国土空间规划是一个继承与创新的规划，它集成了城市总体规划、土地利用总体规划、生态规划等各类规划的优势，摒弃了其缺点，取长补短而成的空间规划。以下将对城市规划、土地利用总体规划、主体功能区划、生态功能区划四个与国土空间规划息息相关的规划的优缺点进行剖析，以便更好地理解国土空间规划的必要性。

1) 城市规划

19世纪中叶以后，人们便开始进行城市规划的理论探讨和实践，为现代城市规划的形成和发展在理论上、思想上和制度上进行了充分准备。在此基础上，形成了以霍华德提出的"田园城市"和柯布西耶提出的现代城市设想为代表的两种不同的城市规划思想体系，影响并规定了现代城市规划的发展路径。现代城市规划经过了近200年的发展，形成了丰富的理论成果。城市规划的理论从"传统的物质空间规划理论"，逐步扩展到"城市社会学""城市经济学""城市地理学""城市生态学""全球化城市理论"等多元城市理论。

1952年9月，中央财政经济委员会召开了第一次城市建设座谈会，会议决议：从中央到地方建立健全城市建设管理机构，开展城市规划工作，编制城市发展远景规划。至此，中国城市建设工作开始步入统一领导、按规划建设的新时期。城市规划是以发展建设为导向的针对资源与空间进行的引导和管制，同时对城市远景发展的空间布局提出设想。我国城市规划实施管理的基本制度为"一书两证"，即城市规划行政主管部门核准发放的建设项目用地预审与选址意见书、建设用地规划许可证和建设工程规划许可证，根据依法审批的城市规划和相关法律规范，对各项建设用地和各类建设工程进行组织、控制、引导、协调，使其纳入城市规划的轨道。我国的城市规划在数十年的实践中，按照"一级政府、一级规划、一级事权"的规划编制要求，已经形成了系统、完善的规划体系（图1-4），具有相对完善的法律法规和标准规范，对促进城镇化和城市建设发挥了显著作用。城市规划编制的核心逻辑体现了"自上而下与自下而上结合"的双向互动机制（表1-3）。例如，城市规划（城乡规划）以空间统筹为核心，既需落实上级规划对生态保护、耕地红线的刚性约束，又需结合地方实际需求（如产业发展、人口分布），优化城乡功能布局，最终通

---

① 田亦尧，许亚舟. 规划环境影响评价与国土空间规划衔接的理论耦合、制度困境与规范重构. 干旱区资源与环境，2022，36（10）：8-17.

过"一书两证"制度实现规划意图的精准落地。

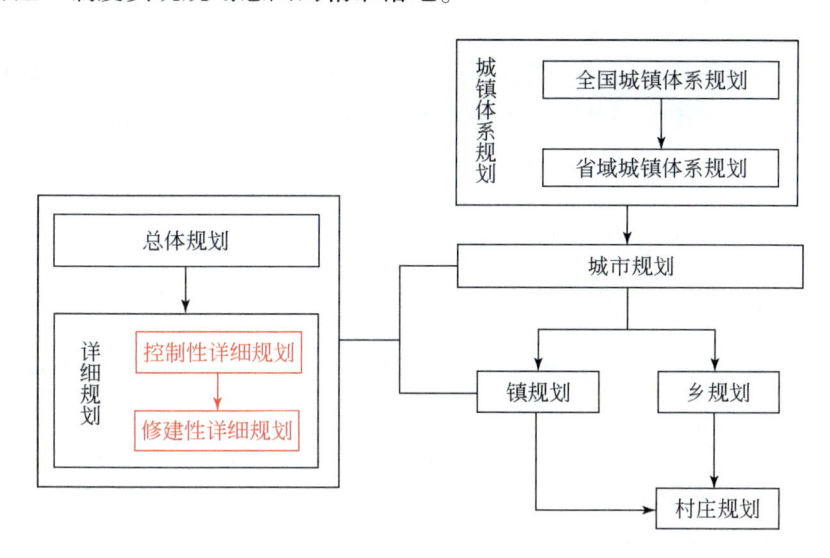

图 1-4　城市规划内容及程序

表 1-3　城市规划的编制要点

类别	编制出发点	规划对象	重点内容
城市规划 （城乡规划）	一是自上而下与自下而上结合；二是加强城乡规划管理，协调城乡空间布局	以空间为主的综合性规划	一是落实上级及相关专业规划的管制要求；二是引导地方发展，明确城乡空间功能布局

然而，城市规划在实施管理中依旧存在一系列的问题，"重编制、轻监督，重技术、轻政策"现象比较严重，在新时期面对全域资源管控暴露出明显的不足：

（1）实施管理手段相对单一。仅有"一书两证"制度，缺乏有效的治理工具和手段。

（2）对全域空间资源缺乏有效配置和管控能力。强制性内容传导性差，刚性不足，导致缺乏有效手段和措施控制城市建设用地无序扩张。

（3）功能传导不力。乡村地区和其他非建设地区缺乏有效的管控。

2）土地利用总体规划

土地利用总体规划是在一定区域内，根据国家社会经济可持续发展的要求和当地自然、经济、社会条件，对土地的开发、利用、治理、保护在空间上、时间上所作的总体安排和布局，是国家实行土地用途管制的基础。土地利用总体规划是指在各级行政区域内，根据土地资源特点和社会经济发展要求，对今后一段时期内（通常为15年）土地利用的总安排。

土地利用总体规划与土地产权及登记制度、土地用途管制制度、耕地保护制度、土地征收制度、土地有偿使用制度、违反土地管理法律责任制度等有着极为密切的关系。将土地利用总体规划定位为实行最严格土地管理制度的纲领性文件，是落实对耕地实行特殊保护的政策工具，也是实施土地用途管制制度的基本依据，并形成了从国家到乡镇的五级规划体系。土地利用总体规划是最为重要的资源利用保护规划，也是现阶段直接体现国家意志、上下贯通效果最好的空间规划。

五级规划体系的土地利用总体规划采用指标管控、用途管制以及"三界四区"建设用地空间管控的方式来实施，因其管控目标明确、层层落实清晰、实施监管手段到位，具有较强的有效性和传导性，被称为可"落地"的规划，能将土地用途管制制度落到实处（表1-4）。土地利用规划具有的优点如下：

（1）管控手段多样有效。该规划具有指标管控、用途管制、项目预审、后续监督与执法实施等管控手段，且原国土资源部门垂直一体的管理体制使其管理效率较高。

（2）强大的信息平台。该规划建立了上下贯通的资源信息体系。

（3）规划体系比较健全。该规划具有"国家级—省级—市级—县级—乡镇级"的五级规划体系。

但是，土地利用总体规划统筹国土空间开发、保护、整治等活动的能力相对欠缺，未对城市发展的现实情况进行充分考虑，法律约束力强，灵活性差。其具有以下不足之处：

（1）土地利用总体规划的内容和管理要素相对单一，缺乏空间战略引领和布局优化的技术基础。

（2）保护为主的技术路线与快速城镇化态势存在明显冲突，难以为继。

（3）对于城乡人居环境的精细化、差异化的建设、管理考虑不足。

因此，土地利用总体规划有赖于更高层次的空间规划来统领和指导。

表1-4 土地利用总体规划内容和管理实施手段

类别	规划层级	规划内容		管理实施手段
土地利用总体规划	五级规划 国家级—省级—市级—县级—乡镇级	计划管控	指标管理：耕地保有及占补、基本农田、建设用地（城乡建设用地、新增建设用地）	通过年度计划、农转用制度、项目预审、后续督察和执法来实施，强调耕地、基本农田、建设用地规模"三线"控制和基本农田边界、城乡建设用地边界"两界"控制
			用途管制：基本农田、城乡建设用地等分区	
			建设用地空间管控："三界四区"	

3）主体功能区划

全国主体功能区规划，就是要根据不同区域的资源环境承载能力、现有开发密度和发展潜力，统筹谋划未来人口分布、经济布局、国土利用和城镇化格局，将国土空间划分为优化开发、重点开发、限制开发和禁止开发四类，通过确定主体功能定位，明确开发方向，控制开发强度，规范开发秩序，完善开发政策，逐步形成人口、经济、资源环境相协调的空间开发格局。主体功能区规划是推进形成主体功能区制度的基本依据，是国土空间开发的战略性、基础性和约束性规划，是优化国土空间开发格局的一项基础性、协调性的区域功能部署。主体功能区划具有较强的战略性，与国家和地方的财政政策、投资政策、产业政策、土地政策、人口管理政策、环境保护政策、绩效评价和政绩考核等具有密切联系，是社会经济发展的顶层设计。

主体功能区规划着力推动县级行政单元的主体功能定位划分，并设想通过控制国土开发强度，运用财政、投资、产业、土地、农业、人口、环境等政策予以实施保障，其实质是建立一种区域利益协调机制。但由于相关实施政策和机制受各部门职能分工的影响，现阶段实践情况不尽如人意。

（1）刚性管控力度弱。目前，国内绝大多数省市区主体功能区的划分是以县级行政区为基本单元，空间尺度较大，政策精准落地较难[①]。同时，主体功能区规划中设置的指标，没有明确是指导性还是约束性的，管控的目标不明确、不具体。

（2）配套政策协同性低。规划最终需要政策落实，主体功能区规划中列出了"9+1"政策体系，但目前的进展不一。无论是生态补偿政策还是重点生态功能区产业准入负面清单，都主要针对重点生态功能区，对农产品主产区、城市化地区缺乏统筹考虑[②]，导致不同主体功能区配套政策的进度不一。从部门之间的协同性看，各部门缺乏有效统筹和联动，政策碎片化问题突出，影响政策体系的整体效果。从中央和地方政府的关系看，一方面，中央对地方的绩效考核存在重经济总量轻生态环境保护、重短期考核轻长远发展、重发展数量轻发展质量等问题[③]；另一方面，由于激励约束机制缺乏系统性，地方基本选择对己有利的政策执行，而不利的政策则束之高阁。从政府和市场的关系看，政府财政资金投入多，利用市场化机制少，对生态产品价值实现机制、水权交易等市场化手段的运用不够[④]。

（3）缺乏陆海统筹。全国主体功能区规划中把陆海统筹作为五大开发原则之一，提出要促进陆地国土空间与海洋国土空间协调开发。但考虑到海洋国土空间的特殊性，在全国主体功能区规划中并未包括海洋部分，一直到2015年国务院单独印发了《全国海洋主体功能区规划》，才实现了主体功能区规划海陆全覆盖。由于未能有效突出陆海统筹原则，暴露出了管制落实不到位、权威性稳定性不够、地方灵活弹性不足、同陆域规划内容重叠冲突等一系列问题[⑤]。

因此，国土空间规划改革后，主体功能区规划将融合到国土空间规划中，针对主体功能区规划、战略、制度实施中面对的问题，需要进一步思考如何满足新的发展要求，确保新战略、新理念的顺利落实。

4）生态功能区划

生态功能区划以生态环境现状评价、生态承载力评价、生态敏感性评价、生态系统服务功能重要性评价的结果为编制依据，旨在区分生态系统或区域对人类社会的服务功能，以满足人类需求的有效性作为区划标志。生态功能区划以正确认识区域生态环境特征、生

---

① 孟宝，邓伟，彭立. 基于地理学的空间认识及中国国土空间功能优化方向分析. 生态经济，2019，35（9）：170-176.

② 樊杰. 以主体功能区战略打造高品质国土空间. 中国科学报，2019-09-23.

③ 宋建军，黄征学. 完善基于县（市）主体功能的差异化绩效考核. 中国国土资源经济，2019，32（1）：25-29，66.

④ 黄征学，潘彪. 主体功能区规划实施进展、问题及建议. 中国国土资源经济，2020，33（4）：4-9.

⑤ 何广顺. 坚持陆海统筹人海和谐共生. 中国自然资源报，2019-06-13.

态问题性质及其产生的根源为基础，以保护和改善区域生态环境为目的，依据区域生态系统服务功能的不同、生态敏感性的差异和人类活动影响程度，分别采取不同的对策。生态功能区划对于引导区域资源的合理利用与开发，充分发挥区域生态环境优势，并将生态优势转化为经济优势，提高生态经济效益，实现区域经济、社会、资源与生态环境的全面可持续发展具有重要作用。

生态功能区划是实施区域生态环境分区管理的基础和前提。然而，生态功能区划在诸多方面与城乡规划的禁止建设区和土地利用总体规划的非建设用地存在交叉重复，导致在边界划分、内容界定和政策制定上经常会出现不一致的情况。这些问题在规划实施、行政许可、管控执法过程中引发了诸多协调问题，因此生态功能区划存在一定局限性。具体如下：

（1）生态空间定义不清。主流的生态空间管制分区大多偏重生态要素、功能或格局的某一种属性，难以廓清多维"空间"的属性。在国土空间规划的语境中，生态空间管制事关不同主体、客体和单元的多维决策[1]，需从实体、功能、管理等维度多管齐下，统筹治理。生态要素论偏重对实体空间的界定，生态功能论偏向功能空间视角，而生态格局论的"空间"兼具实体与功能的空间性质，因此难以反映治理需求。

（2）忽略社会文化服务功能权衡。传统规划的生态空间管制分区，强调采用保护行为以减少人类活动对自然环境的扰动影响，主张权衡自然生态系统功能来确定生态空间或生态保护红线。但这种模式忽略了生命共同体的理念，缺少对社会文化服务功能的权衡，难以诠释生态系统服务的多重性与生态服务价值的人本性，更意味着生态"利用"导向的缺失。特别是在人类活动密集的城市区域，多为建成区而自然环境有限，仅权衡自然生态系统功能无法满足生态空间分区的需求。相对而言，生态系统的社会文化服务与人类生存和福祉的联系更为紧密，其提供的娱乐休憩、景观美学、精神享受等服务更是直接面向人类需求。因此，提倡社会文化服务权衡具有理论必要性与现实需求性。

（3）生态空间分级分类体系不明确。在实施路径上，尚未建构层次分明的生态空间分级分类体系。在国土空间规划视域下，相较于传统"土地""城市""环境"等对象，国土空间被赋予的要素、功能、关系都更为复杂。这决定了生态空间将是一个具有异质性、复杂性的多元化系统组织，需要构建对应的分级分类体系来支撑其精细化、差异化的治理需求。换言之，生态空间管制分区是一项综合的系统工程，涉及生态系统分类、空间界定、管理衔接等多种因素[2]。

因此，为回应国土空间规划对生态空间管制分区的需求，需基于生态"多维空间"统筹的价值导向，从功能空间、实体空间、管理空间三个维度解构生态空间管制分区，建构以生态功能为判别依据、以生态要素为空间载体、以分级分类高效管理为落脚点的理论逻辑，以此形成生态空间管制分区模式[3]。

---

[1] 沈悦，刘天科，周璞. 自然生态空间用途管制理论分析及管制策略研究. 中国土地科学，2017，31（12）：17-24.
[2] 高延利. 加强生态空间保护和用途管制研究. 中国土地，2017（12）：16-18.
[3] 陈阳，岳文泽，张亮，等. 国土空间规划视角下生态空间管制分区的理论思考. 中国土地科学，2020，34（8）：1-9.

1.3.2 国土空间规划演进历程

1. 新中国成立之前

国土空间规划的思想萌芽可以追溯到人类文明的古代社会。在有关区域社会经济发展的设想和城市规划的思想中，就包含着朴素的国土空间规划的内容和思想。中国古代名著《尚书·禹贡》，是公元前 3 世纪左右的作品，该书将黄河流域、长江流域等中华民族的栖居地划分为九个区域，即"汉地九州"，并论述了各州的水土、物产、税赋等情况，这体现了古代以农业生产为核心的朴素的区域发展意图，可以说是中国国土空间规划思想的萌芽。

早在 1935 年，中国地理学家胡焕庸先生在其论文《中国人口之分布》中，就画出了"黑龙江瑷珲—云南腾冲线"，这条"北东—南西"向的直线将中国切分为两大板块：人口密集的东南部和人口稀疏的西北部，东南部居住着全国 96% 的人口，而西北部只有 4% 的人口。90 年来，历经数次人口普查，"线"的两侧一直表现出明显差异，呈现稳定的经济地理分布特征。人口、经济发展和建设活动高度集中于东南侧，截至 2014 年，东南侧的国内生产总值（GDP）占全国比重长期保持在 94% 以上。这是中国 20 世纪有关人类活动最为生动的空间描述。正因如此，"胡焕庸线"被称为近百年中国地理最重要的发现之一。从国土空间角度看，该线深刻揭示了漫长历史发展过程中，国土开发及人类活动在空间上的集聚性与非均衡性规律，是研究和探讨国土开发战略不可回避的现实。

2. 新中国成立之后

在中华人民共和国成立后，随着政治、经济与社会发展的变化和国家治理需求的变化，国土空间规划应运而生，中国的国土空间规划的发展过程大致可分为五个阶段（图 1-5）。新中国成立初期，空间规划主体是城市规划，以服务工业化为首要目标，本质上是国民经济计划的具体化；快速城镇化、工业化时期，城市规划的重要性愈加显著，这一时期以城市规划和土地利用规划为主；进入全面建成小康社会阶段，以空间规划为主导，生态文明建设为中心，旨在促进中国的可持续发展；以党的十八大为转折点，空间规划呈现由"城市—全域""城规—两规—多规"逐步发展进入全域尺度下"冲突—协调—统一"的新型空间规划体系改革时期，包括试点阶段和重构阶段。

1）起步阶段：新中国成立初期，规划以工业和城镇布局为主要内容

新中国成立初期，经济基础薄弱、生产力低下、粮食产量难以满足民众的需求，为此我国于 1952 年成立了国家计划委员会，着手于国民经济的恢复工作。这一阶段引导经济发展是规划的第一要务，空间规划主体是城市规划，以服务工业化为首要目标，本质上是国民经济计划的具体化，故也因经济发展的变化而出现"大起大落"。

"一五"期间以规模化工业建设为主，同时发展部分集体所有制的农业生产合作社。这一时期的规划多是从苏联借鉴学习的，在联合选厂的基础上逐步发展起来，旨在更好地安排大批苏联援建的工业项目。此时，全国规划工作主要由建筑和工程技术的专业力量承

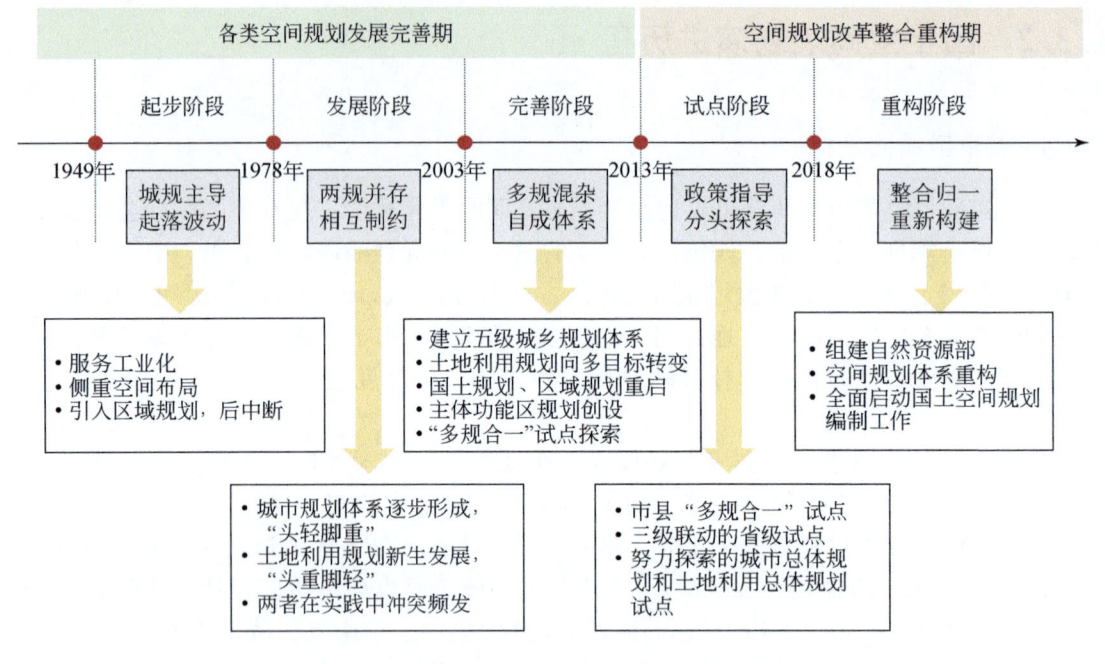

图 1-5 中国的空间规划演进与变革

担，一开始由建筑工程部的城市建设局负责，后国务院于 1955 年设立城市建设总局并于 1956 年扩大为城市建设部，统管全国的城市规划和建设工作。截至"一五"计划结束，全国兴起一大批工业城市，对中国的产业布局和规划产生了深远影响。

该阶段的城市规划，侧重物质性的空间规划布局，主要包括城市整体和重点片区两个层面，其中城市总体规划又称为初步规划。与此同时，为统筹协调工业项目与城市的关系以及基础设施配套建设，当时城市建设部从苏联引进了区域规划，后来因经济发展、社会变革而中断。这一阶段的初步规划和区域规划，是我国空间规划面向区域的第一次探索。

2）发展阶段：以城市规划与土地利用规划为主

改革开放后，国民经济实现了快速发展。城市规划相应地得到了恢复和发展，同时土地利用规划也应运而生。这一阶段空间规划呈现出城市规划和土地利用规划并进共存的趋势，它们在遵循各自不同的规划逻辑和管理体系的基础上各展所长，同时规划内容互相制约，并逐步成为地方政府争取土地发展权和资源要素配置、参与区域竞争的重要工具。

因与地方政府权益紧密关联，城市规划在这一阶段得到了长足发展，形成了以城镇体系规划、城市总体规划、详细规划为主体的城市规划体系。其中，新创的城镇体系规划，从法理角度意味着城市规划在空间上正式由城市点状向区域网状迈进。然而，"以地方目标为导向"是这一阶段城市规划的一大特点，法定规划一定程度上满足不了部分经济发达地区的需求。为统筹县市域开发与保护和区域设施布局，深圳、厦门等较发达城市开始探索面向全域的城乡一体化规划研究。为突破城市总体规划的束缚、谋求城市扩展空间，在西欧空间规划的影响下，广州、南京等沿海发达城市还开展了面向县市域的总体发展战略规划、概念规划，描绘起地方全域发展宏图。这些规划探索极大地拓宽了城市规划的实践领域。因此，城市规划已不仅仅局限于城市的开发建设，它还涵盖了研究城市发展方向、确定目标和战略、凝聚全社会共识等多个方面，逐步演变为一张面向全域的城市发展蓝图。

为遏制土地浪费，加强国土的保护、整治、开发和利用，我国借鉴西欧和日本等地的国土规划，创设了土地利用规划，从以农村土地为重点研究对象逐步转向全域覆盖，开始了区域尺度的空间规划探索，通过土地用途分类分区等方式，逐步形成了较为完善的土地利用规划体系，自上而下地加大了对土地的管控力度，同时对于城市规划的约束也逐渐加强。

这一时期，以城市规划和土地利用规划为主的空间规划逐步发展、初成体系，且都不同程度地探索和面向全域。但地方扩张发展模式与要素垂直管制模式在体制、思维模式等方面截然不同，导致两类规划在市县域空间上的冲突日益增多，协调工作收效甚微。

3）完善阶段：多规混杂、自成体系，不同部门间存在规划职责冲突

进入 21 世纪，随着经济和城镇化的加快推进，城乡二元分割、资源环境破坏和空间重叠冲突等问题日益凸显。国家多个部门和省市纷纷采取措施，将探索改进和制定各类空间规划作为调控手段，统筹全域保护和开发。因此，区域规划、国土规划得以重启，同时催生出了诸多新型空间类规划，如主体功能区划、海洋功能区划，涵盖林地、湿地、草原、海岛等资源规划，以及协调各类空间规划之间矛盾的"多规合一"。这一阶段既是各类传统空间规划的自我完善阶段，也是探索新型空间规划的重要转折期。

2010 年 12 月，《全国主体功能区规划》经国务院批复实施，这是新中国成立以来第一个全国性国土空间开发规划，适合中国国情的国土空间规划体系逐步形成。该规划主要应用于国省级宏观层面，主要通过空间区划、政策制定来管控空间发展和土地利用，对国土空间的开发具有战略性、基础性、约束性等指导作用。由于缺乏法律和技术支撑，其作用未能达到预期。

针对各类空间规划在市县域层面日益凸显的空间矛盾，国家有关部门和部分市县先后开始了全域"多规合一"的探索。苏州、宁波、安溪等六个市县经国家发展和改革委员会批准开展了"三规合一"试点工作，由于缺乏体制保障，改革效果不尽如人意。此后，为协调两规在图斑上的矛盾，解决项目落地困难等实际问题，上海、武汉、广州等地相继采取制度创新或机构整合等方式，自发开展了"两规合一""三规合一"的探索。

为了应对国内外经济形势和挑战，基于产业、空间、人口、资源、环境等因素，2009 年国土资源部与国家发展和改革委员会牵头财政部、环境保护部、住房和城乡建设部等部门，共同开展了《全国国土规划纲要（2016—2030 年）》（以下简称《纲要》）编制，并于 2017 年正式印发。《纲要》作为我国首个国土空间开发与保护的战略性、综合性、基础性规划，对涉及国土空间开发、保护、整治的各类活动具有指导和管控作用。它不仅统筹推进了"五位一体"总体布局，还协调推进了"四个全面"战略布局，是贯彻落实创新、协调、绿色、开放、共享的新发展理念，促进人口资源环境相均衡、经济社会生态效益相统一的重大举措。《纲要》部署了全面协调和统筹推进国土集聚开发、分类保护、综合整治和区域联动发展的主要任务。

这一阶段的空间规划发展总体呈现全域化、综合化、多样化的特点，各类空间规划的

"规划边界"逐渐模糊。由于缺乏顶层设计和政府事权划分不清,空间规划编制事权的争夺加剧。各部门都把"空间协调发展和治理"列为各自的规划目标,规划期限、规划内容、技术标准、实施手段各搞一套,自成体系。因部门间所采用的基础底图底数、坐标体系不尽相同,难以在同一空间有效整合,空间规划与部门职责重叠冲突的问题进一步加剧,给国家和地方的发展质量与治理效率带来了影响。

知识链接 1-1

"多规合一"的本质

我国规划体系庞杂紊乱,呈现"各自为政""争当龙头"的局面,在规划编制和管理的过程中存在管理要求缺乏协同、部门规划衔接困难和管理主体不清等问题。随着规划改革的深入发展,"底线式"的空间规划、"协同式"的管理机制和"留白式"的市场实施更加引人关注,多行业的规划整合工作势在必行[①]。

不同规划主要存在法理依据差异、技术标准差异以及审批和管理差异。由于不同的规划编制所依据的行政法理不同,导致现有各类规划的编制和实施自成体系,在政府各相关职能部门进行分权管理时,各类规划面临法律地位难以界定、法律基础平台缺失的客观约束条件,难以形成目标对象明晰的完整体系,影响规划实施的效能。不同的规划采用不同的技术标准,技术标准差异显著。例如,土地利用总体规划和城市规划采用的坐标系统和用地分类标准都不相同,两者技术标准的差异导致地理信息的整合缺少统一的平台和坐标系统,以及统一的空间分类与管制标准,这使得对同一空间要素产生多种数据表述形式和控制要求,各类规划难以协同管理,无法形成"一张图"。由于各类规划在规划期限、实施计划、监测手段、监督方式、保障机制和实施力度等方面存在诸多差异,导致政府部门的空间管理目标多样、相互冲突,各类规划相互掣肘,无法对行政决策提供综合性的有力支撑,面临项目落地审批烦琐、管理效率低下的问题。

按通俗理解,"多规合一"是指将国民经济和社会发展规划、城乡规划、土地利用规划、生态环境保护规划等多个规划融合到一个区域上,实现一个市县一本规划、一张蓝图,解决现有各类规划自成体系、内容冲突、缺乏衔接等问题。"多规合一"的本质应是一种规划协调工作而非一种独立的规划类型,是基于城乡空间布局的衔接与协调,是平衡社会利益分配、有效配置土地资源、促进土地节约集约利用和提高政府行政效能的有效手段。

---

4)试点阶段:政策指导、分头探索

随着全面深化改革工作的深入实施,国家作出了"建立空间规划体系"的战略部署,以应对"政出多门"的各类空间规划之间矛盾加深和生态环境恶化、资源能源趋紧等问题。面向"全域覆盖、多规合一"的空间规划改革,自此拉开序幕。

[①] 苏涵,陈皓. "多规合一"的本质及其编制要点探析. 规划师, 2015, 31 (2): 57-62.

2013年，党的十八届三中全会通过的《中共中央关于全面深化改革若干重大问题的决定》提到，健全自然资源资产产权制度和用途管制制度，对自然资源和自然生态空间进行统一确权登记，建立空间规划体系以划定生产、生活、生态空间开发管制界限，落实用途管制制度。国土空间规划体系被正式要求建立，国土规划开始向国土空间规划转变，中国的规划事业有了新的发展方向。

2014年3月，中共中央、国务院通过了《国家新型城镇化规划（2014—2020年）》，该规划提出加强城市规划与经济社会发展、主体功能区建设、国土资源利用、生态环境保护、基础设施建设等规划的相互衔接，推动有条件地区的经济社会发展总体规划、城市规划、土地利用规划等"多规合一"。

同年8月，国家发展和改革委员会、国土资源部、环境保护部、住房和城乡建设部等部委发布了《关于开展市县"多规合一"试点工作的通知》，该通知提出了探索经济社会发展规划、城乡规划、土地利用规划、生态环境保护等规划"多规合一"的具体思路，形成一个市县一本规划、一张蓝图，完善市县空间规划体系，建立相关规划衔接协调机制。国家四部委在全国范围内选取28个市县开展了"多规合一"试点工作。各试点聚焦部门交叉管理带来的空间冲突、缺乏衔接等问题，认真摸清底数、揭露矛盾，寻找和消除"矛盾图斑"，并最终形成了"一张蓝图、一本规划"指导工作的局面。同时，各部委在坚持保护优先、突出结构优化、面向全域管控、探索体制创新等方面形成了共识。但各部委大多基于各自的政策工具制定技术指引推进试点工作，受部门思维局限，对"多规合一"的理解不尽相同，形成了三种改革方案。在建立健全规划体系的基础上，生活、生产和生态空间不可避免地产生了用地冲突，因此"三生"空间的协调与划定成为规划中的热点。

（1）"三级联动"的省级空间规划试点。2017年1月，在实施市县级试点工作基础上，中央进一步提出对省空间规划试点的工作要求，海南等九个省入选，要求采取"上下联动、协同推进"的工作方式，同步推进省级、市级、县级空间规划编制试点，以确保空间规划的相互衔接和分级管理。以主体功能区规划为基础，确定了"先棋盘、后棋子、编规划、建平台"的规划路径，尽管后续因机构改革而告停，但为后续国土空间规划的编制提供了可借鉴的宝贵经验。

（2）"努力探索"的城市总体规划和土地利用总体规划试点。2017年下半年，住房和城乡建设部继续落实中央关于空间规划改革精神，选取江苏、浙江2个省，广州、厦门等15个市作为城市总体规划编制改革的试点地区，并从战略引领、刚性控制、规划落实等方面提出了试点要求。

2018年初，原国土资源部也部署了新一轮土地利用总体规划编制试点工作，但最终都因机构改革而搁置。

5）重构阶段：整合归一、重新建构

在具备充分的改革试点经验的条件下，国家实施了一系列重大部署。2018年3月，中共中央印发《深化党和国家机构改革方案》，为着力解决自然资源所有者不到位、空间规划重叠问题，整合国家发展和改革委员会为编制主体的功能区规划职责和住房和城乡建设部的城乡规划职责，组建自然资源部对自然资源开发利用和保护进行监管，建立空间规划体系并监督实施。自然资源部将统一履行所有国土空间用途管制和生态保护修复职责,同时强化国土空间规划对各专项规划的指导约束作用,推进"多规合一",实现土地利用规划、城乡规划等有机融合以及空间规划权的高度统一。这一举措为重构国家空间规划体系奠定了基础,标志着我国推进国土空间规划体系改革、实现"多规合一"将由试点阶段进入全面系统的推进阶段,从此空间规划的编制政出一门,"九龙治水"成为历史。

2019年5月,《中共中央 国务院关于建立国土空间规划体系并监督实施的若干意见》(以下简称《若干意见》)正式印发,标志着空间规划体系改革重构的确立。为规范全国国土空间规划编制工作,提高规划的科学性,自然资源部陆续印发规划编制指南,同时多次召开全国国土空间规划编制工作推进视频会,指导各地国土空间规划的开展。

2019年8月,新《中华人民共和国土地管理法》出台,提出"编制国土空间规划应当坚持生态优先,绿色、可持续发展,科学有序统筹安排生态、农业、城镇等功能空间,优化国土空间结构和布局,提升国土空间开发、保护的质量和效率",将国土空间规划法治化。

2020年,《自然资源部办公厅关于印发〈省级国土空间规划编制指南〉(试行)的通知》和《自然资源部办公厅关于加强国土空间规划监督管理的通知》,对国土空间规划的编制程序、编制技术和监督实施有了明确的要求。同年,《资源环境承载能力和国土空间开发适宜性评价指南》(试行)从适用范围、术语和定义、评价目标、评价原则、工作流程、成果要求、成果应用等方面,为各地开展"双评价"工作作出指导,以保证评价成果的科学、规范、有效[1]。

至此,"五级三类"的国土空间规划体系出世,多个省市按规定启动国土空间规划编制工作。我国的空间规划的演进,是一个从无到有、由"多"合"一"、从点到面、由"单一"到"综合"的过程;也是一个吸收借鉴国外经验、结合自身特点逐步发展、改革、创新的过程。空间规划不仅长期服务于国家的经济发展,还随着不同阶段的发展重点和发展理念而日渐丰富;它因社会矛盾演变和生态环境保护而逐步完善,同时也在应对城乡规划建设、自然资源管理等自身问题的过程中不断革新。

1.3.3 国土空间规划特点

1. 实现真正的"多规合一"目标

从历史变迁的角度看,国土空间规划自从问世以来就不是简单的城市规划、土地利用规划或主体功能区规划等"单规"的扩展延伸,也不是简单的"多规合一"产物,而是"区域整体"的谋划,是一种超越"多规"之上的系统性重构,是一种新的规划类型[2]。任何在"单规"思维基础上的路径依赖,都不能从根本上解决国土空间规划的复杂问题。事实上,整体是构成一个事物的相关局部的总和,但不能误解为独立的、自我的、先验的

---

[1] 叶裕民,王晨跃. 改革开放40年国土空间规划治理的回顾与展望. 公共管理与政策评论,2019,8(6):25-39.
[2] 吴次芳,叶艳妹,吴宇哲,等. 国土空间规划. 北京:地质出版社,2019.

局部的叠加或拼贴，如此便违背了"整体关系链"逻辑。从历史逻辑、功能逻辑、整体逻辑和现实逻辑看，国土空间规划是对国土空间自然保护、有序开发、高效利用和高品质建设的整体性谋划和有意识行动。它不是社会结构背景下的隐喻，也不是实证世界的抽离，而是人们解决问题的自然方式和人类共同的现象。其核心命题是围绕如何处理好人与自然之间的相互作用关系和协调开发与保护的矛盾而展开的，是对国土空间开发和保护上所作的整体性统筹安排。战略引领、底线管控、持续发展和全方位协同是四个关键的基础要素。它以实现国土空间的高质量生产、高品质生活和持续性演进为终极目标，是国家国土空间发展的指南、可持续发展的空间政策以及各类开发保护建设行动和空间用途管制的依据。

相比 2014 年四部委组织开展的"多规合一"试点，《若干意见》作为中央的决策，明确提出了将主体功能区规划、土地利用规划、城乡规划等空间类规划整合为统一的国土空间规划。接下来的国土空间规划编制将按照统一的规划分区及用途分类，实现一级政府"一本规划、一张蓝图"的改革目标。在本次国土空间规划编制过程中，将同步构建上下贯通、一个标准、一个体系、一个接口、一张底图、数据共享的信息平台，实现"一个平台"；在同一个信息平台的基础上，整合各类空间关联数据，包括各相关专项规划的主要空间数据，构建从国家到市、县的国土空间规划"一张图"，实施监督信息系统，形成覆盖全国、动态更新的"一张图"。同时，对相关专项规划建立"一张图"审核机制，以强化国土空间规划对各专项规划的指导和约束作用。实现真正意义上的"多规合一"，才有望解决各类空间规划重复、矛盾、打架的问题，并为"一张蓝图干到底"提供基础性保障。

2. 规划编制与监督实施要并重

过去的规划工作较为强调规划编制的科学性和审批的程序性，相对忽视规划实施，包括没有明确的监管要求和重点。《若干意见》将建立规划体系和监督实施作为一项整体的工作，给予了同等的重视。

新的规划体系强调下级规划服从上级规划，相关专项规划、详细规划要服从总体规划；规划编制的科学性是严格执行的前提，强调以第三次全国国土调查（简称"三调"）的真实数据为基础，开展资源环境承载能力和国土空间开发适用性评价（即"双评价"）、现状评估和风险评估（即"双评估"）等基础性工作，开展重大问题专题研究。《若干意见》重申了"规划一经批复，任何部门和个人不得随意修改、违规变更，防止出现换一届党委和政府改一次规划"的现象。

从工作机制角度，要求"组织、人事、审计等部门要研究将国土空间规划执行情况纳入领导干部自然资源资产离任审计，作为党政领导干部综合考核评价的重要参考"。因此，在国土空间规划的制度建设和监管手段方面，需确保规划从编制审批到监督实施形成闭合环。

从技术角度，新的规划体系要运用先进数字技术来支撑国土空间规划编制、审批、实施、监测、评估以及预警工作，以实现规划编制全过程、规划实施全周期监管。本轮市、县级国土空间总体规划编制，要求同步搭建国土空间基础信息平台，整合各类空间关联数据，建设从国家级到市级、县级的国土空间规划实施监督信息系统，形成覆盖全国、动态更新、权威统一的国土空间规划"一张图"。今后，可通过平台对相关专项规划进行"一张图"核对，以确保不突破底线、红线和边界，从而确保国土空间规划对各专项规划的指导和约束作用的发挥以及国土空间用途管控的有效实施。

3. 构建多层级规划的传导机制

国土空间规划在自然资源配置和空间布局上发挥着战略统领和刚性控制作用，强调底线约束，自上而下地编制五级总体规划，通过约束性指标、"三条控制线"等管控边界、刚性控制要求，逐级落实国家战略和制定地方空间发展战略。在市、县和乡镇层面，要尊重地方发展权，推进现代化治理转型和事权匹配科学化国土空间规划应强调以人为本，改变过去见物不见人的情况，重视城市和镇村内部功能布局与空间结构的科学合理与高效。通过完善与人民生活密切相关的各类公共服务设施配套，全面提升城乡空间品质。

在原有部门规划制度框架和"类"空间规划的基础上，通过"渐进性改革"，将各部门规划的"空间规划"元素全部抽取出来，形成一个高于这些规划的"一个政府、一本规划、一张蓝图"，建构基于"多规融合"的"1+X"新空间（区域）规划体系。在国家及省区的社会和经济发展目标指引下，编制空间发展总体规划①。这个规划从自然、经济和人口三个方面切入，对市县人口、经济、产业、交通和市政设施、绿色基础设施、公共服务设施进行空间配置，并对土地、水资源、天然资源分配进行预规划，市县地方政府赋予区域发展总体规划以独立的地方开发裁量权（发展区划定）、区域交通设施和绿色基础设施建设投资划拨权，使规划编制可操作、可实施，以此实现多层级规划传导的目标，确保规划在空间、就业、土地、财务、跨区协调等方面顺利实施。

4. 满足社会经济发展动态需求

国土空间规划的形成和演变与国家的政治经济体制、经济发展阶段、历史文化传统等因素密切相关。近年来，世界范围内灾害频繁暴发，以生态和品质为代价，只关注经济数量的自毁式、粗放式发展的弊端已经得以体现。在自然保护与经济社会发展矛盾日益突出的背景下，可以预见未来的国土空间规划势必会更加重视生态保护修复、质量品质提升和韧性发展。

作为生态文明建设的空间载体，国土空间规划的核心作用不仅在于解决工业化、快速城镇化带来的"城市病"，而且在于在谋求经济社会发展的过程中，同时关注治疗、预防与其相伴生的"生态病"。其本质是协调保护与发展的基本矛盾，通过空间治理与信息技术的深度融合，以及资源、经济、社会等政策协同配置，实现国土空间治理现代化，这体现出了其鲜明的空间尺度属性和公共管理属性。

达到韧性发展的效果是一个国家和地区规划的最终目标之一。国土空间总体规划中的"双评价"工作为城市提供了韧性底线。在此基础上，需要做好风险评估工作，包括因地制宜评判地震、洪涝、台风、风暴潮、海岸侵蚀、地质等各类自然灾害，以及气候变化、

---

① 顾朝林，武廷海，刘宛. 国土空间规划经典. 北京：商务印书馆，2019.

生态环境、公共卫生、公共安全等对城市空间带来的潜在风险和隐患，通过系统分析影响发展的重大风险类型，提出规划应对措施。将地质灾害易发区、地震断裂带、重要隐患点等现状资料纳入国土空间规划风险评估，布局时注意避让。以风险评估为基础，加强生态安全、生物安全、环境保护、安全防护等涉及城市安全要求的各类用地和设施规划的落实，从而构建韧性可靠的城乡安全体系[①]。

本 章 小 结

（1）国土、国土资源、国土空间三者基于不同的对象具有不同的内涵，而国土空间规划则是基于上述三者的一种综合性活动，国土空间规划体系制定与实施的目的在于实现对国土空间有效管控及科学治理，促进发展与保护的平衡。

（2）在规划类型过多、内容重叠冲突，审批流程复杂、周期过长，地方规划朝令夕改等背景下，亟须建立全国统一、责权清晰、科学高效的国土空间规划体系，因此国土空间规划应运而生。国土空间规划是城市总体规划、土地利用总体规划、生态规划等各类规划的集大成者，是摒弃了以往规划的缺点，吸收了其优势，取长补短而成的空间规划。

（3）国土空间规划是基于"多规合一"，以生态资源保护为抓手，运用大数据平台对国土空间进行有效管控的活动。国土空间规划的形成过程主要可分为四个阶段：初探规划体系—健全规划体系—机构改革—全面推进规划建设。其基于发展阶段的不同具有不同的目标，目前我国国土空间规划进程正处于全面推进阶段。

（4）编制国土规划是对国土资源的开发、利用、整治和保护所进行的综合性战略部署，也是对国土重大建设活动的综合空间布局，因此其具有战略性、综合性、基础性等特征。

关键术语：国土、国土资源、自然资源、国土空间、国土空间规划

复习思考题

（1）阐述国土空间、国土资源、自然资源内涵。
（2）论述国土空间规划与其他规划的联系与区别。
（3）阐述国土空间规划的性质和作用。
（4）思考国土空间规划体系不同于现行规划的显著特点。

---

① 陈智乾，胡剑双，王华伟. 韧性城市规划理念融入国土空间规划体系的思考. 规划师，2021，37（1）：72-76，92.

第 2 章　国土空间规划的理论依据

本章导读：

国土空间规划是全域国土空间保护和开发的战略性、纲领性和基础性规划，旨在实现对国土空间全域全要素的协调与统筹，迈向高质量、可持续的发展。在新时代背景下，国土空间规划体系的构建对社会经济与城乡空间发展的基础性思维方面提出了转型与变革的要求。缺乏理论则无头部引领，因此需要从理论基础出发进行实践演绎和验证。通过探究空间规划体系形成背后的政治、社会、经济、文化等因素共同作用的机制，为构建我国国土空间规划体系提供一定的理论与技术支撑。本章对国土空间规划理论研究进行了系统总结和梳理，并结合空间规划实践进行了评述，包括空间规划科学的区位理论、地域分异规律、区域协同、空间正义、资源优化配置以及生态文明建设六大理论，以期为我国空间规划提供灵活和可供参考的理论体系与实践方法。

重点问题：

- 国土空间规划相关理论的概念与内涵
- 国土空间规划相关理论的实践应用

国土空间规划是国家空间治理体系的重要组成、是可持续发展的空间蓝图、是国土资源保护与利用的基本依据。统一的理论框架体系对空间规划研究至关重要。唯有明确空间规划相关理论的概念、内涵，以及关注视角才能够准确把握规划的研究对象与内容。本章聚焦相关理论梳理，将空间规划的分散理论整合，直面新时期国土空间规划存在的问题和实践需求，以期为制定不同空间尺度和不同类型的空间规划提供理论支撑。

2.1　区位理论概述

2.1.1　区位理论概念

区位是一个综合的概念，除解释为地球上某一个事物的空间几何位置外，还强调自然界的各种地理要素和人类社会经济活动之间的相互联系与相互作用在空间位置上的反映。简言之，区位就是自然地理区位、经济地理区位和交通地理区位在空间地域上有机结合的具体表现。

自然地理区位包含地球上某一事物与其周围陆地、山川、河湖、海洋等自然环境的空间位置关系，以及该位置上的地质、地貌、植被气候等自然条件的组合特征。

经济地理区位是指地球上某一事物在人类社会经济活动过程中创造的人地关系。例如，就城市整体而言，经济地理区位是指一个城市在特定的经济区内所处的具体位置及其与其他市镇或农村居民点之间经济上的相互关系;就城市内部来说,经济地理区位是某一街区或某一地段在城市中的具体方位,以及它与其他街区或其他地段之间的相对地理位置和相互之间的社交、工作、购物、娱乐等多方面的社会经济活动的关系。

交通地理区位主要是指某地区或某地点与交通线路和设施的关系。

2.1.2 区位理论内容

区位理论[①]是通过地球表面的几何要素(点、线、面)及其组合实体(网络、地带、地域类型、区域、土地),从空间或地域方面研究自然和社会现象,尤其是经济现象。该理论是关于人类活动特别是经济活动的空间分布及其空间中的相互关系的学说。自19世纪初至20世纪60年代,先后形成了五个代表性区位理论:农业区位理论、工业区位理论、中心地理论、市场区位理论和梯度发展理论。尽管它们所追求的目标不同,但假设前提条件、研究方法基本类似,即研究的区域是"孤立国"和"均质区域"。这些理论从不同的角度对区域发展作出了贡献。

1. 农业区位论

农业区位论[②]的创始人是德国经济学家冯·杜能,他于1826年完成的农业区位论专著《孤立国同农业和国民经济之关系》(简称《孤立国》),成为世界上第一部关于区位理论的古典名著。杜能假设存在这样的孤立国:①在"孤立国"中只有一个城市,且位于其中心,其他都是农村和农业土地。农村只与该城市发生联系,即城市是"孤立国"中商品农产品的唯一销售市场,而农村则靠该城市供给工业品。②"孤立国"内没有可通航的河流和运河,马车是城市与农村间联系的唯一交通工具。③"孤立国"是一天然均质的大平原,且位于中纬度,各地农业发展的自然条件等都完全相同,适宜植物或作物生长。平原上农业区之外不能耕作的荒地,只供狩猎之用,荒地圈的存在使孤立国与外部世界隔绝。④农产品的运费和重量与产地到消费市场的距离成正比关系。⑤农业经营者以获取最大经济收益为目的,并根据市场供求关系,调整他们的经营品种。杜能根据其理论假设,认为市场上农产品的销售价格决定农业经营的产品种类和经营方式,农产品的销售成本为生产成本和运输成本之和,而运输费用又决定着农产品的总生产成本。因此,某个经营者是否能在单位面积土地上获得最大利润(P),将由农业生产成本(E)、农产品的市场价格(V)和把农产品从产地运到市场的费用(T)三个因素所决定,它们之间的变化关系可用公式表示为

$$P = V - (E + T) \tag{2-1}$$

此公式按杜能理论的假设前提进一步分析,"孤立国"中的唯一城市,是全国各地商品农产品的唯一销售市场,故农产品的市场价格都要由这个城市市场来决定。因此,在一定时期内,"孤立国"各种农产品的市场价格应是固定的,即V是个常数。杜能还假定,

---

[①] 吴次芳,潘文灿. 国土规划的理论与方法. 北京:科学出版社,2003.
[②] 约翰·冯·杜能. 孤立国同农业和国民经济的关系. 吴衡康,译. 北京:商务印书馆,1986.

"孤立国"各地发展农业生产的条件完全相同，所以各地生产同一农产品的成本也是固定的，即 E 也是个常数。因此，V 与 E 之差也是常数，故上式可改写为

$$P+T=V-E=K \tag{2-2}$$

式中，K 为常数，也就是说，利润加运费等于一个常数。其意义是只有把运费支出压缩为最小，才能将利润增至最大。因此，杜能农业区位论所要解决的主要问题归结为一点，就是如何通过合理布局使农业生产达到节约运费，从而最大限度地增加利润。

根据区位经济分析和区位地租理论，杜能在其《孤立国》一书中提出了六种耕作制度，每种耕作制度构成一个区域，且每个区域都以城市为中心，围绕城市呈同心圆状分布，这就是著名的"杜能圈"（图2-1）。第一圈为自由农作区，是距市场最近的一圈，主要生产易腐难运的农产品。第二圈为林业区，本圈主要生产木材，以满足城市居民对薪材的需求，并为建筑和家具提供所需的木材。第三圈为轮作式农业区，本圈主要生产粮食。第四圈为谷草式农业区，本圈提供的商品农产品主要为谷物与畜产品。第五圈为三圃式农业区，即本圈内 1/3 土地用来种黑麦，1/3 土地用来种大麦，其余 1/3 土地用来休闲。第六圈为放牧区或家畜饲养区。

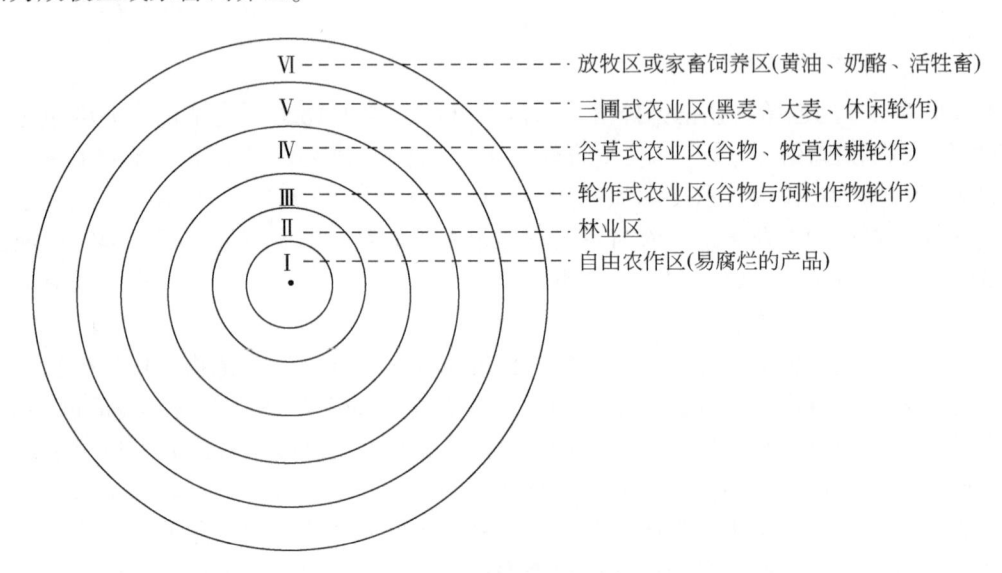

图2-1 杜能的农业区位理论

杜能根据假设前提，得出的农业空间地域模型过于理论化，与实际不太相符。为了使其区位图式更加符合实际条件，他在《孤立国》第一卷第二部分中对假设前提进行了修正，指出现实存在的国家与"孤立国"有以下区别：①在现实存在的国家中，找不到与孤立国中所设想的自然条件、土壤肥力和土壤物理性状都完全相同的土地。②在现实国家中，不可能有哪个唯一的大城市，它既不靠河流边，也不在通航的运河边。③在具有一定国土面积的国家中，除了它的首都外，还有许多小城市分散在全国各地。

针对以上情况，杜能根据市场价格的变化和可通河流的存在对"孤立国"农业区位模式产生的巨大影响，对"杜能圈"进行了修正，他假设当有一条通航河流可达中心城市时，如果水运的费用只及马车运费的十分之一，那么一个距城 100mi（$1\text{mi} \approx 1.6093\text{km}$）、

位于河流边上的农场，与一个同城市相距10mi、位于公路边上的农场是等同的。这时，农作物轮作制将沿着河流两岸延伸至边界。杜能还考虑了在孤立国范围内出现其他小城市的可能。这样大小城市就会在农产品供应等方面展开市场竞争。最终，根据实力和需要，形成各自的市场范围。由于大城市人口多，需求量大，不仅市场范围大，市场价格和地租亦相对较高。相反，小城市则市场价格和地租较低，市场波及范围也相对较小。

2. 工业区位论

1909年，阿尔弗雷德·韦伯《工业区位论》一书的问世，标志着工业区位理论的形成。其核心是通过运输、劳动力和聚集三个因素的相互作用分析计算，找出产品成本最低的点为工业布局的最佳区位[1]。

韦伯发表的工业区位论，旨在解决工业布局问题，并探讨了各种区位因素对工业布局的影响。在这里，区位因素指的是，在特定地点或在几个同类地点进行一种经济活动比在其他地区进行同种经济活动可能获得更大效益的因素，这种效益就是成本的节约。既然在特定地点生产某种产品的成本可以低于其他地区，那么这个特定地点一定具有某种其他地区所不具备的有利于该种产品生产的因素。韦伯把这些因素称为区位因素，并进行了如下分类：一般区位因素和特殊区位因素、地方区位因素和聚集分散因素、自然技术因素与社会文化因素。他认为上述因素中只有少数具有普遍意义，可作为纯理论研究的出发点。同时，在纯理论研究中选用了运费、劳动费用、聚集效益三个因素，分三个阶段进行研究：第一阶段，暂时假定劳动费用与聚集效益因素不变，研究在运费单独起作用的情况下的合理的工业布局模式；第二阶段，在加入劳动费用因素的影响下，上述工业分布模式将发生何种变化；第三阶段，当加入聚集效益因素的情况下，这一模式又会发生什么变化。

由此可见，韦伯首先分析了运输费用对工业区位选择的影响，要使工业生产取得最低成本，首先要寻求吨公里数总和的最低点。这是因为运费与吨公里数成正比。运费的大小除受运距影响外，还取决于原材料特点。他为了分析原材料特点对工业区位的影响，又把原材料分为局部性原材料和普遍性原材料、纯重原材料和失重原材料，用三角形和多边形分析了采用不同原材料情况下的最佳企业区位，然后把劳动费用、聚集效益两个因素对区位图形的影响考虑了进去，图2-2为工业区位理论的等值线示意图。

20世纪中期以来，世界各国社会经济发生了较大变化，改变了原有的社会经济结构。这种变化给经济学家提出了较过去更为复杂的问题，如人口-资源-环境关系如何处理等问题[2]。为了研究这些问题，学者们改变了以往观察和分析问题的方法：①从单个社会经济客体的区位决策转向总体经济结构及其模型的研究，与实践中的区域发展问题更为密切。②从抽象的纯理论的模型推导转向力求以切近现实问题的区域分析和可实用的模型，以提供实际的决策标准。由静态的空间区位选择发展到各发展客体的空间分布和结构变化及其过程的研究，不仅为预测提供了依据，还扩大了数学方法在区位布局中的应用研究。③区位决策除了工业、农业、市场、城市外，还包括了内容更广泛的第三产业区位决策。区位

---

[1] 张文奎. 卫勃的工业区位论简介. 经济地理，1981，1（2）：69-70.
[2] 杨吾杨. 区位论原理：产业、城市和区域的区位经济分析. 兰州：甘肃人民出版社，1989.

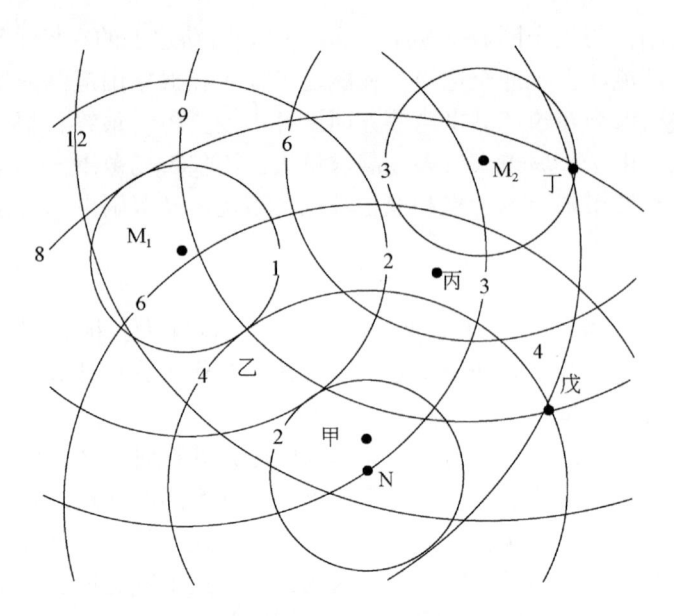

图 2-2　工业区位理论的等值线示意图

M₁、M₂ 分别为两种不同原料的产地，N 为市场，甲、乙、丙、丁、戊为可能的工厂选址

决策不仅满足了经济因素要求，还考虑了社会公平、居住环境、旅游等条件。④区域科学与人文地理科学的结合。

3. 中心地理论

中心地理论又叫城市区位理论，是由德国地理学家沃尔特·克里斯塔勒于1932年出版的《德国南部中心地原理》[①]一书中提出的。书中从中心居民点、城市供应、行政管理、交通等主要职能出发，论证了城市居民点及其地域体系，揭示了城市、中心居民点发展的地域基础及等级与规模的空间关系，将区域内城市等级与规模关系形象地概括为正六边形模型（图2-3）。通过引入"中心地""中心性"与"中心货物与服务"等概念，探讨了中心地对周围的中心服务职能，中心地在理论上必须接近所属的地区的各点，并且用几何方法推导出这些地点在正常情况下应当位于正六角形的中央。克里斯塔勒基于城市不同等级的行政管理、商品和服务的供应与交通三个因素，提出了三个因素对城市及其体系形成的作用等。他认为，在交通便利、开放的地区，市场的经济因素可能起主要作用；而在山区或其他与外界比较隔绝的地区，行政因素则发挥着更重要的作用；对于发展中国家和地区来说，交通线具有"先锋作用"，交通是主要的因素。此外，他还推导出了三因素各自作用下的中心地等级数量系列，并得出一个国家或一个地区可以形成如下城市等级：A级城市1个，B级城市2个，C级城市6~12个，D级城市42~54个，E级城市118个。

克里斯塔勒提出了 K 值概念。K 值代表在三个因素作用下中心地相对于其他服务、供应、管理的区域排列关系和数量关系。在行政管理原则下，$K=7$，即1个中心平均管理6

[①] 沃尔特·克里斯塔勒. 德国南部中心地原理. 常正文, 译. 北京：商务印书馆, 1998.

个亚中心及其区域；在市场供应条件下，$K=3$，即1个中心可供应2个亚中心及区域；在交通原则下，$K=4$，即1个中心可供应3个亚中心及其区域。人们不难发现，按行政原则形成的中心地系统是封闭型的，市场经济不活跃；相反，在市场供应、交通原则下形成的中心地系统是开放型的，经济比较发达。因此，他认为 K 值由高到低标志着区域经济结构系统是朝着理想方向发展与变化的。

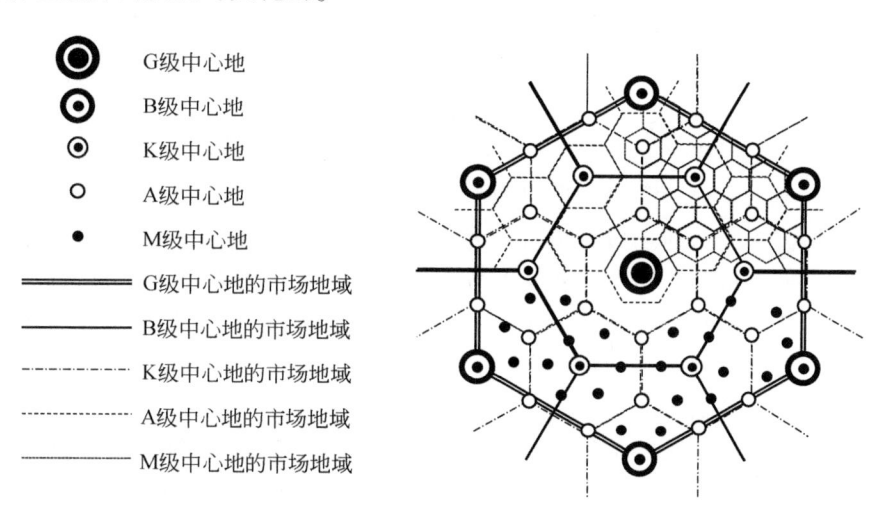

图 2-3　克里斯塔勒的正六边形城市空间分布模型图

4. 市场区位论

帕兰德于1935年提出了另一个区位问题：假设空间均为市场，当两个开发者在不同的地点开发同一种资源时，这两位开发者如何划分各自的市场范围，或者说两个开发者占有的市场范围如何划分，这就是帕兰德的"市场区位理论"。他认为企业的位置是固定的，它的空间产生价格曲线，随着距离的增加，价格不断上升，直到高于附近企业的价格曲线；它们的交点就是市场区位的边界，而企业区位由它的利润决定。由于距离增加导致运费上升，这使得企业难以利用远离自己的市场。

该理论[1]对制定竞争战略有指导意义，一个企业要想扩大市场或占领其他企业的市场，必须致力于降低成本和运费，从而实现价格的降低。城镇布局、城镇辐射范围的确定也可仿照该理论去推理，实现区域合理布局。

5. 梯度发展理论

梯度发展理论[2]最早在经济领域被提出，是基于缪尔达尔、赫希曼等人的"二元经济结构"理论发展起来的。当区域经济发展形成经济发达区和落后区（即核心区与边缘区）时，经济发展水平便出现了差异，从而形成了经济梯度。区域经济发展中的高新技术和产

---

[1] 徐梅. 当代西方区域经济理论评析. 经济评论, 2002, (3)：74-77.
[2] 王艳飞. 基于梯度理论的农村社会发展的实证研究. 杨凌：西北农林科技大学, 2010.

业大多源于高梯度地区，随着时间的推移，这些技术和产品会由高梯度地区向低梯度地区转移；经济与技术的转移强度通常遵循随空间距离增加呈现递减趋势的规律。随着经济的发展，转移的速度加快，可以逐步缩小地区间的差距，实现经济分布的相对均衡，进而推动国民经济的均衡发展。地区发展可以在不同的梯级之间实现转化，高梯度地区如果不注重创新也会转化为低梯度地区；反之，如果低梯度地区利用自身优势也会转化为高梯度地区。梯度理论在实践中存在明显不足，因此一些学者在对社会发展研究的基础上，提出了反梯度理论。他们认为，虽然产业有从高梯度地区向低梯度地区转移的倾向，但是资源丰富的低梯度地区可以利用自己的资源实现跨越式发展。一些欠发达地区可以引进资金和技术在一些行业和领域形成创新高地，而不是单纯地依赖高梯度地区的产业转移。

梯度理论在不断发展和完善的过程中，逐渐与发展社会学中的核心边缘理论、依附理论等产生了密切关系，从而形成了内涵丰富、极具实际指导意义的梯度发展理论。第一，自然社会的物质、能量等事物均具有梯度分布的特点，并趋于多元化。第二，人类文明的社会、经济、文化等虽然有别于自然现象，但在发展水平上也表现出客观的梯度化。第三，随着经济的迅猛发展，生态环境对社会经济生活的影响日益显著，良好的自然生态环境可以促进经济的可持续发展；有害的环境梯度及其转移则会严重阻碍经济的发展和社会的进步。利用梯度发展理论的基本思路来分析社会结构、城乡结构能够解决社会问题，其研究对象涉及社会流动、社会公平、城乡关系、家庭、教育、社会分配等很多方面。

2.1.3　区位理论在规划中的应用

国土空间规划实践必须全面系统地应用区位理论作为指导，合理地确定土地利用方向和结构，根据区域发展的需要，将一定数量的土地资源科学地分配给农业、工业、交通运输业、建筑业、商业和金融业以及文化教育卫生部门，旨在在一定量投入的情况下获得尽可能高的产出。在具体组织土地利用时，不仅要依据不同区域的地形、气候、土壤、水利、交通等条件状况确定宜作农业、工业、交通、建筑、水利等用地，而且要从分析土地利用的纯经济关系入手，探讨土地利用最佳的空间结构[①]。按照杜能的研究结果，由于距离产品消费中心（城市）的距离不同，不同大小土地利用产生的纯收益也会有所差异，这一过程可以用位置级差地租（differential rent）来反映。位置级差地租的客观存在，对社会经济各方面、各部门乃至个人对土地的需求产生影响，这进一步导致了土地价格的空间差异。由于市场附近产品运费较低甚至无需支付，使得该区域的土地租金较高，吸引了各种经济及管理单位向中心区集聚，从而增加了对土地的需求，地价也相应地上升。因此，位置级差地租可作为控制城市区域土地利用的重要手段，以及用来决定各种生产要素投入量重要依据。位置级差地租既然反映了土地纯收益的差异，也在很大程度上支配着城市各项用地的空间安排。人们可以制定合理的级差地价政策，在中心区及附近郊区收取较高的地价和使用费，以控制中心区的继续膨胀，保护近郊的绿地和高产菜地；而在远郊则收取较低的地价和使用费，以鼓励工业向远郊区发展，建立新的工业区和卫星城镇。

---

① 徐阳，苏兵. 区位理论的发展沿袭与应用. 商业时代，2012，(33)：138-139.

区位理论还可以有效指导城镇体系的合理规划[①]。城镇体系是一个功能完善、协调配合、互为补充的系统，根据城镇体系区位条件，利用中心地理论对城镇进行等级和职能划分，并结合地方实际，确定城镇体系空间结构规划的指导思想，明确城市定位和发展方向，从而形成与之相契合的城镇职能、规模和空间结构规划。同时，区位理论在指导产业布局方面具有很大的优势。市场经济发展要求产业和生产要素在空间地域进行合理流动和组配，以实现产业在一定区域范围内空间分布形态、地域组合的合理化和效益的最大化。同时，企业的生存依赖于区域产业环境和市场，因此利用区位理论的思路和方法有助于占领稳固的市场份额，实现合理布局。

知识链接 2-1

中心地理论在都市圈布局中的实际应用[②]

都市圈的出现与发展，主要源于良好的交通区位条件、突出的经济实力、强大的创新辐射能力和信息产业的快速发展。都市圈的中心城市，一般处于水、陆、空交通枢纽位置，拥有四通八达的交通网络和强大的经济基础。其中，发达的公路设施构成了都市圈空间结构的骨架。中国东部及南部沿海等区域也出现和形成了具备这些条件和要素的都市圈。其中，中心地理论在中国都市圈布局中主要体现在以下几个方面：

（1）在城市建设上的应用。推进城镇化发展，要遵循城镇发展的客观规律，并与经济发展水平和市场发育程度相适应，确保其符合中国当前的国情。城镇发展不能盲目超前发展，应坚持走大中小城市和小城镇协调发展的多样化城镇化道路，逐步形成合理的城市建设体系。针对中国当前城市建设的方针，国内外许多学者提出以下观点：①严格控制大城市的规模，有些国家发展建设特大型城市，这些城市经济效益显著，人均占地也相对较少，在发展中的确有其存在的绝对优势。但是在目前条件下，在中国盲目发展城市的规模，使其成为特大型规模是不适宜的。这是由于国家当前财力和物力有限，不可能安排如此多的农村劳动力进入城市，而且目前中国的城市已经存在诸多矛盾，如交通、就业、子女受教育等问题。因此，中国在当前这种情况下，应该严格控制特大城市的规模。②合理发展中等城市，中等城市建设数量可以适当增加，许多中等城市都是在特殊区域条件和区域资源的基础上形成的，承担着特殊的职能，如能源城市、旅游城市、行政中心城市、海港城市和边境口岸城市等。由于区域城市体系是在 1～2 个中心的刺激下，经过长期历史时期形成的，因此在城市布局实践中，总是先把那些严格要求满足某些地理条件的城市固定下来。然后再围绕这些固定城市点，在其市场区范围内布局层层的城镇体系。③新建设的城市，交通线多是呈放射状的，使得中心地及其六边形市场区顺着交通线延长而形成梯形，从而增加了交通线上的城市密度。此外，中心地理论认为，同等级中心地之间的距离会随着中心地等级的提高而增大。事实上，在短距离

[①] 张文忠. 经济区位论. 北京：科学出版社，2000.
[②] 郑佳丽. 浅析中心地理论在中国都市圈布局中的实现. 经济研究导刊，2010，(10)：132-133.

内，也可出现高等级的中心地，如中国的北京和天津，两个城市经过长时期的发展，最终将形成大城市的连绵带。

(2) 在商业网点布局上的应用。在城市的规划和建设中，商业网点的布局要基于相关资源的禀赋及其比较优势而定，布局依据主要考虑的是自然资源，其次才是行政区划。商业网点布局是一个自然概念，而非行政概念。基于中国目前城市商业网点布局中存在的问题，在结合中心地理论的基础上，提出以下方案：①完善所有城区的商业网点，在完善商业网点时，一定要结合常住人口数量和流动人口数量进行考虑，按人口数量和分布的密度进行网点布置。人口密度的地域差异在很大程度上会影响到商业布局的模式，在平均利润的引导下，在人口稠密区，商业中心的等级和数量会提高，而在人口稀疏区则正好相反。②在现实中，每个城市的交通运输条件是不同的。快捷低廉的交通工具的应用，增加了高等级商业中心的吸引力和影响力，使其具有更大的吸引范围和销售市场，这将影响次一级商业中心功能的发挥，并使该区域内商业中心的数量逐步减少，从而替代过去高等级中心地购买高级产品，低等级中心地购买日用品的规律。

2.2 地域分异规律理论概述

2.2.1 地域分异规律理论概念

自然地域分异规律[①]反映自然综合体地域分异的客观规律，指自然地理环境各组分及其相互作用形成的自然综合体之间的相互分化以及由此而产生的差异，是地理学的基本理论之一。19世纪中叶，德国首次提出并使用了地域分异这个术语。一般认为，自然地域分异规律包括地带性规律、非地带性规律及地方性分异规律等方面。地带性规律是由太阳辐射能纬度分布不同引起的。而非地带性规律是由地形和地质构造等因素引起的。对于这两种规律的理解，许多区划工作者一般认为地带性规律仅指纬度地带性，把经度地带性和垂直(地)带性看作非地带性规律。然而，另一种观点则把纬度地带性和经度地带性相互作用的综合表现，称为水平地带性，这是对地带性广义的理解。地带性和非地带性虽然是互不从属的两种不同性质的规律，但两者密切相关，相互制约，相互渗透，不能人为地分割。由于空间地域和时间范畴的差异，其作用强度也存在差异，进而表现为不同的优势(图2-4)。地方性分异规律主要指的是在自然地带内部，由于地方性地形和地面组成物质的差异以及地方气候的影响，自然环境的组成成分及自然地理综合体呈现的局部分异现象。地方性分异规律更多地表现为水平地带上保持特征的相对一致性，而在山地垂直地带则表现为较大的差异性。

---

① A. A. 格里哥里耶夫，江美球，赵冬. 地理地带性及其一些规律. 地理科学进展，1957，(1)：12-22.

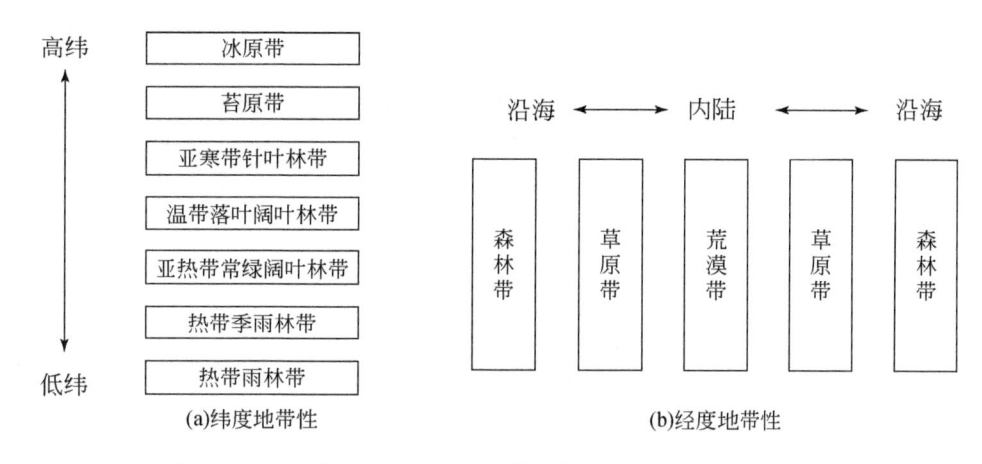

图 2-4　地域分异规律的纬度地带性与经度地带性分布示意图

就国土空间而言，其并非是均质存在的，空间内部各要素既存在相似性，也存在差异性。国土空间分区的本质内容就是将空间相似度高的单元合并，同时将差异大的单元分开，其主要以地表的地域分异的客观规律性作为理论基础，旨在实现同一个区划内具有高度的均质性和相似性，以及不同区划之间具有显著的差异性[①]。

2.2.2　地域分异规律在规划中的应用

作为综合性、基础性、战略性与约束性的空间规划，国土规划依据国家经济社会发展战略和国土自然条件、经济社会条件，对国土资源和空间开发、保护和整治进行统筹谋划和综合部署。目前，国土规划已对国土空间开发形势进行深入研判，针对国土开发利用中存在的问题，明确提出了国土空间开发总体战略。该战略以"双评价"为基础，以实施全域分类分级保护为主线，统筹陆海联动，加强空间管控和分区引导，以促进国土空间协调可持续发展。其中，国土空间分区就是基于地域分异规律开展的一项基础性工作。

国土空间分区以地域分异规律为理论基础，确定不同的理论和方法准则，即分区原则，作为指导思想，并指导选取分区指标、建立等级系统和方法体系。从时空角度综合来看，地带性因素与非地带性因素相互作用表现出来的形式，是地表最基本的分异规律。

国内已有区划成果可分为专题性和综合性两类[②]。专题性区划集中在自然、生态环境、经济等领域：①自然区划工作由来已久，国家曾先后三次组织开展全国自然区划的研究工作，取得了一批重大成果。黄秉维等[③]于1956年完成的《中国综合自然区划》结合地貌、气候、水文、土壤等部门自然区划成果进行了分区，是我国自然区划的经典之作。该方案于20世纪80年代又进行了修订，修订后的方案继续遵循了地带性规律。②生态环境区划

---

① 吴永成. 湖北省地域分异规律和自然区划. 武汉师范学院学报（自然科学版），1983，5(1)：51-67.
② 符蓉，张丽君，喻锋，等. 新一轮国土规划综合分区研究与实践. 城市发展研究，2013，20(7)：1-6，62.
③ 黄秉维. 中国综合自然区划草案. 科学通报，1959，(18)：594-602.

则从自然生态区划向突出人类活动干扰的复合生态区划发展。傅伯杰等[1]于2001年提出的中国生态区划方案将我国划分为三个生态大区；黄宝荣等[2]于2010年提出的中国环境管理分区将我国分为八个环境管理区，后者更侧重政策的施行。③经济区划侧重分析各地区经济社会发展的比较优势和限制因素，我国经济区划的问题主要集中于我国东、中、西三大经济带的具体范围。杨树珍[3]于1990年提出的中国经济区划设想将我国划分为十大经济区，是学术界比较认可的分区。

目前，我国关于国土综合分区的实践还不多，主要是地方性综合区划，以省级为主。主体功能区规划将国土空间划分为优化开发、重点开发、限制开发和禁止开发四类主体功能区，是我国区域发展理论的重大创新，但是在基础理论和分区实践方面还面临众多挑战。此外，覆盖全国范围的综合分区，尤其是以政策为导向、以管理为目的的分区还是空白。

国土综合分区既要反映自然条件和资源环境状况，又要体现区域社会经济的发展状态和趋势。在此基础上，对地域空间开发实施政策导向和约束，以促进国土空间协调可持续发展，其实践意义十分重大。国土综合分区政策是国土空间开发、保护和整治等行为在不同区域"落地"的重要途径。从总体上看，分区政策既要充分体现国土规划的思想和理念，又要结合国家区域发展战略、重大规划、重点区域发展规划及经济区划等的政策措施，体现生态文明要求和资源环境保护需要，引导区域重大产业布局、人口迁移以及城镇化进程，促进生产空间、生活空间和生态空间的协调发展。

综合分区政策主要分两类，一种是政策指引，是导向型的区划内容；一种是政策管控，是约束性的区划内容。政策指引主要包括四个方面：一是明确各综合区在国际和国家层次的战略地位，充分发挥比较优势，突出各区发展特色；二是提出各综合区的重点发展中心和轴带，与国家多中心网络型的总体开发格局呼应，引导人口、产业合理集聚；三是与现有各层级的区域发展战略、规划和区划等衔接，统筹各综合区的相关政策，保证政策实施的延续性；四是明确各综合区的国土保护和整治主体，提出有针对性的措施，实现可持续发展的目标。政策管控主要是基于各综合区资源环境承载能力及生态环境现状，对国土开发低效低质、落后产能重复建设、水土能矿过度消耗、生态环境不断恶化等现象进行严格控制。同时，将国土空间管控指标落实到各综合区，以实现定量化考核。

国土综合分区划定的基本思路一般分为"自上而下"和"自下而上"两种（图2-5），前者主要依据区域内部的相对一致性原则，后者主要依据区域之间的共轭性原则。"自上而下"通过一系列区划指标分析，以地域分异规律中将空间差异明显的单元进行划分作为理论基础，首先进行最高级别单位的划分，然后依次将已划分出的高级单位再划分成次级单位，一直划分到最低层级区划单位为止。这种方式易于掌握宏观格局，适用于国家或区域等大尺度上的区划安排，但分区界线比较模糊，越往下一级单位

---

[1] 傅伯杰，刘国华，陈利顶，等. 中国生态区划方案. 生态学报, 2001, 21 (1): 1-6.
[2] 黄宝荣，李颖明，张惠远，等. 中国环境管理分区：方法与方案. 生态学报, 2010, 30 (20): 5601-5615.
[3] 杨树珍. 中国经济区划研究. 北京：中国展望出版社, 1990.

划分，其科学性和客观性越值得商榷。"自下而上"则通过对最小图斑及其指标的分析，以地域分异规律中将空间相似度高的同质单元进行归并作为理论基础，首先合并出最低级区划单位，进而逐步合并出较高级别的单位，直到得出最高级别的区划单位为止。这种方式适用于城市等较小尺度的区划工作，但合并区域时有可能产生跨区合并的错误。因此，结合"自上而下"和"自下而上"两种方式，开展跨尺度的综合分区，成为有效实施国土规划的重要基础。

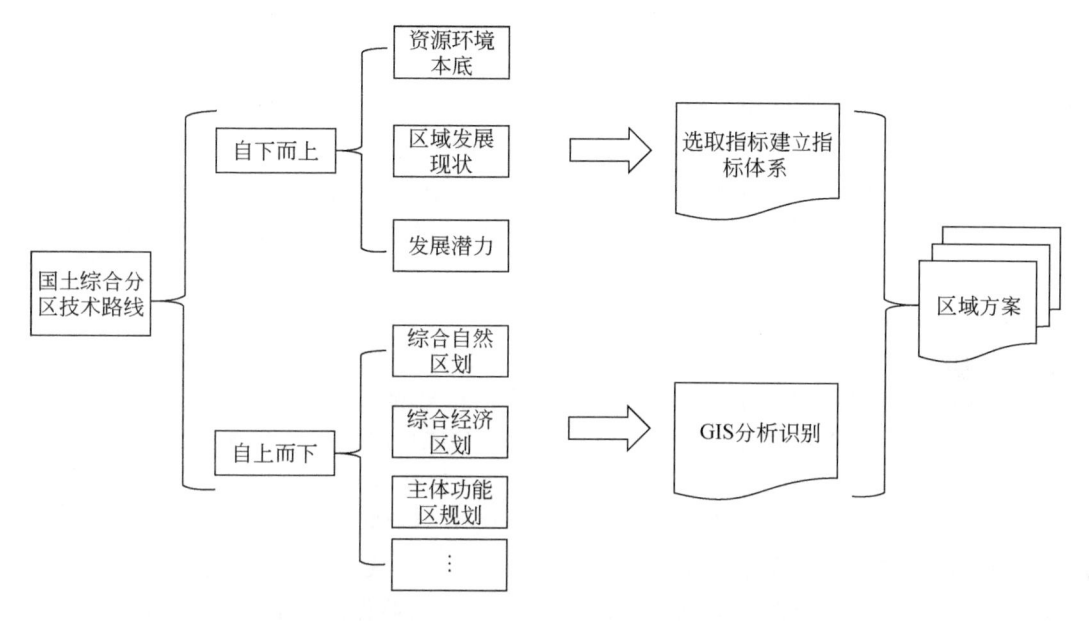

图 2-5　国土综合分区的基本技术路线图

2.3　区域协同理论概述

2.3.1　区域协同理论概念

关于协同学最早的研究学者是德国物理学教授赫尔曼·哈肯和美国战略管理学家伊戈尔·安索夫。其中，哈肯从物理学激光理论研究的角度，对协同学进行了研究，而安索夫则是从经济管理研究角度阐述了协同内涵。协同学主要研究在远离平衡态的开放系统与外界有物质或能量交换的情况下，如何通过自己内部协同作用，自发形成时间上、空间上和功能上的有序结构，从而实现整个系统效率的有效提高[1]。区域协同理论就是基于协同学相关理论，涵盖经济、社会、资源环境等多方面的复杂工程理论，涉及产业、市场、人口、资源、生态环境等多个要素，这些要素根据一定的组织形式分工合作、相互配合，

---

[1] 王雪莹. 基于协同理论的京津冀协同发展机制研究. 北京：首都经济贸易大学，2016.

以实现区域资源的最优配置和经济社会效益的最大化。区域协同理论本质上就是要进行区域协同发展。在区域协同发展过程中，以区域协同理论为指引，时刻进行物质、能量与信息的相互交换与传递，符合开放性、远离平衡、有涨落存在、有非线性因素的自组织特征。

区域协同理论的主要内容包括三个方面：一是协同效应，指复杂开放系统中大量子系统发生协同作用而导致的整体效应最大化，即1+1>2。任何复杂系统，在外来能量或环境变化的作用下，当物质变化的聚集状态达到某种临界值时，即量变达到质变关键点的时候，子系统为了适应新的能量变化和环境变化就会主动产生协同作用。二是役使原理，即事物变迁存在快变量和慢变量，快变量容易实现目标，但慢变量自身变化慢、所用时间较长，因此一个事物变化能不能宣告完成不是取决于快变量，而是取决于那个变化最慢的变量。三是自组织原理，自组织是指系统在没有外部能量流、信息流和物质流注入的条件下，其系统内各子系统间会按照某种规则自动形成一定的结构或功能，具有内在性和自生性特点。在外界条件发展变化的情况下，系统会主动适应这种变化，引发子系统间新的协同，从而形成新的时间、空间或功能有序结构。

区域协同发展的产生及过程分为两个阶段，即自适应阶段和自探索阶段。区域协同发展的自适应阶段首先是基于外部环境发生变化和在自身需求的基础上产生的自适应阶段，系统运行的特点表现为当内外部环境变化不大时，系统只需进行行为和结构的微调即可适应环境的变化；而当内外部环境变化较大时，微调无法适应环境变化，系统需要在要素和结构方面做出重大调整才能适应环境的变化。区域协同发展系统为实现更高层次的发展，就要适应外部环境及自身需求的变化。在自适应阶段，区域协同发展的动力主要体现在信息传导激发协同动力、组织协调增强协同效能，以及利益保障维护和延续发展动力。在区域协同发展的过程中，为了及时应对环境变化，需要有效监控内外部信息，整合有利于协同发展的信息，剔除阻碍协同发展的因素，从而帮助区域发展主体作出更有利于协同发展的决策。区域协同发展在自探索阶段中的关键是形成和强化行之有效的体制机制，由于各协同主体都充分认识到协同发展的必要性，协同动力被激发，各主体间通过尝试使用各种方法、各种手段来实现协同。在这些方法和手段中，有些方法和手段是行之有效的，而有些方法和手段由于各种原因可行性很差，通过这种不断的试错行为，各主体开始归纳总结好的方法和好的途径，最终在协同的手段和方法上达成共识，即不需要在外力干预的条件下，就能自觉完成，也就是协同发展中所说的自适应过程。综上所述，区域协同发展需要运行动力机制（内外部环境产生的压力）、信息传递机制（信息采集和信息反馈）、组织协调机制（顶层设计和组织机构）和利益保障机制（通过利益分配，实现利益最大化）。

基于此，区域协同发展机制可以概括为动力机制与保障机制两个部分。其中，动力机制是主机制，是协同发展的主要动力来源；保障机制是维系机制，是辅助机制，它包括信息传导机制、组织协调机制和利益保障机制，它们与动力机制一起构成了区域协同发展四大机制。在区域协同发展过程中，四维子机制既相互联系又各有侧重：①运行动力机制提供动力，动力来源主要包括通过协同作用实现利益最大化（即协同价值）的内部驱动力和政府权力与市场机制作用的外部驱动力，运行动力机制通过刺激和引导系统运行动力源，激发系统运行动力，实现系统运行第一步；②在系统运行过程中，信息传导机制起到信息传递和信息反馈的作用，不论是动力的激发还是相互协同的子系统之间或区域发展主体之间的沟通协调以及利益保障等各种规章制度的传达等都需要通过信息传导作用；③组织协调机制的主要作用是在系统活动中，通过市场机制与政府干预的协同配合使分散的各类系统要素组合起来，共同为区域协同发展活动服务，同时保障系统运行的秩序；④利益保障机制的主要功能是保证协同发展活动的各方参与主体的利益博弈实现均衡，保障协同价值的役使作用，并为系统利益保障提供制度依据（图2-6）。

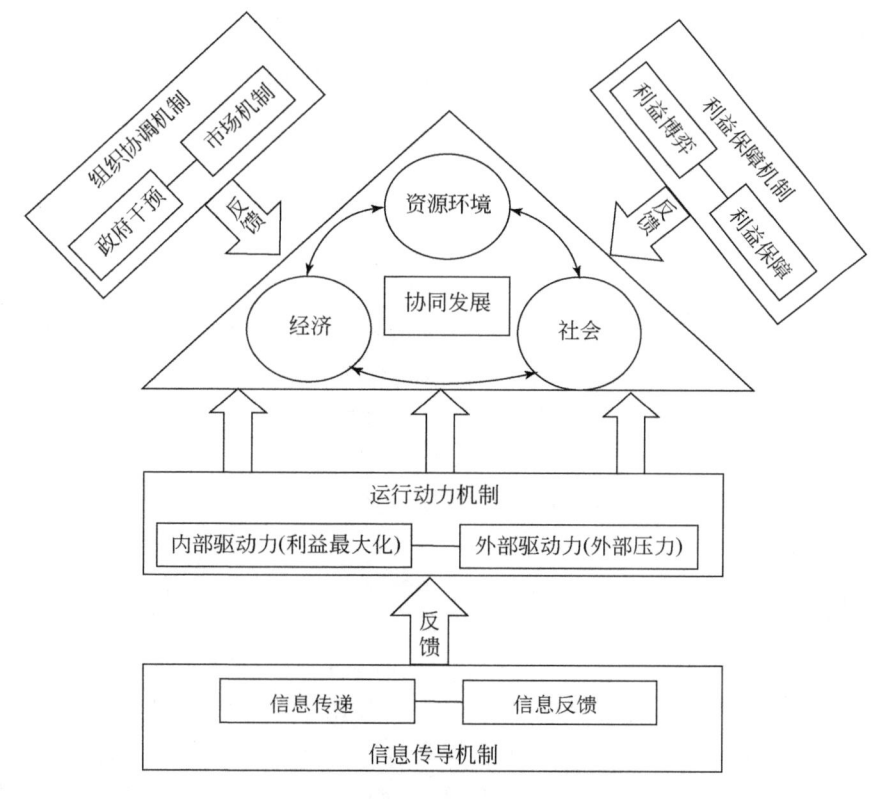

图 2-6　区域协同发展的运行机制

2.3.2　区域协同理论在规划中的应用

随着国家制度改革的不断完善，国土空间规划中应树立双赢理念，在多个主体间充分发挥优势，以赢取更大的价值。摒弃过去一成不变的理念，因时、因地、因需地更新其国土空间规划内容。国土空间总体规划首先要立足区域协调和城市发展，对未来空间发展作出战略性系统性安排；其次，要整合多规，统筹和平衡各相关专项领域的空间需求；再次，要坚持上下统筹，建构自上而下的有效的实施传导体系；最后，要坚持以人民为中心，健全完善公众参与制度，充分征求社会公众和各方面意见建议。因此，规划过程中应时刻遵循区域协同理念，区域系统内各子要素协同配合，使一个区域系统达到效益最大化，实现"1+1>2"的整体功能倍增效应，充分发挥各自的比较优势[1]。

> **知识链接 2-2**
>
> 内江市国土空间规划中协同发展的运行机制[2]
>
> 2020年1月，中央财经委员会第六次会议首次提出"成渝地区双城经济圈"，对成渝地区作出了新定位，会议提出将其打造成以经济发展、科技创新、改革开放新高地和生态宜居为特征的国家区域发展的第四增长极。内江市是成渝发展主轴的重要节点城市，在新的成渝双圈建设中处于重要位置。内江市在区域发展中既要承担区域使命，共助双圈全球价值链攀升，也面临着区域竞争激烈和腹地挤压等现实问题。因此，对于这一类城市而言，对外与核心城市建立功能关联网络、融入区域价值链分工，对内做好全域协同、达到资源的最优配置是城市突围的核心。
>
> 内江市在市级国土空间总体规划中，充分落实新发展理念，塑造高品质的国土空间格局，重点做好区域内的三大协同。一是区域协同。内江市从"自身视角"到"融入区域"，联动区域核心城市，在外溢扩散和区域协同的过程中谋求发展机会，构建优势互补高质量发展的整体格局。例如，内江市聚焦电子信息、整车制造、生物医药中细分产业链打造成渝现代制造业配套基地；瞄准成渝需求，加快补齐以科技服务为重点的生产性服务业短板，重点拓展科技成果转移服务、科技中介、金融后台配套等。二是市县协同。应将"战略统筹"与"上下联动"结合，市县形成合力，统筹考虑全域资源保护和开发利用、重要的管控要求、民生保障与产业项目等合理发展诉求、交通和基础设施系统建设等方面，实现全域资源的最优配置和合理布局，如在内江市国土空间总体规划中，针对四川省中部丘区自然地理格局，在规范的基础上以"城农双宜区"为重点，细化"双评价"成果。根据限制、动力两大类15小类因素综合判定，在全域划分了城镇优先发展区、城镇农业协调区（细分小类）、弹性区域、限制发展区、禁止发展区等多类地区，并为每类地区设立了使用规则，在此基础上确定了全域保护和开发的基本格局。三是多规和社会协同。将"结果导向"变为"过程实施"，在规划编制过程中不断凝聚各方共识，使规划成为部门统筹和公众参与的重要平台，充分发挥各类规划的优势，通过问卷调查、多种媒体互动的形式，开门问策，集思广益，构建现代化空间治理体系，将"开门编规划"理念贯穿到规划编制的前、中、后期。

在国土空间规划编制的具体运行过程中，一是要做好区域和地方的协同发展和治理。目前，区域协调发展已成为新时代国家重大战略之一，提出要"构建国土空间开发保护新格局，推动区域协调发展，推进以人为核心的新型城镇化"。区域协同是城市从单点到体

---

[1] 王海任. 区域协同发展中中心城市总体规划的应对思考//中国城市规划学会，成都市人民政府. 面向高质量发展的空间治理：2020中国城市规划年会论文集（20总体规划）. 北京：中国建筑工业出版社，2021.

[2] 陈珊珊，刘冲，朱沛. 市级国土空间总体规划中协同发展与治理探索//中国城市规划学会，成都市人民政府. 面向高质量发展的空间治理：2021中国城市规划年会论文（20总体规划）. 北京：中国建筑工业出版社，2021.

系、从内部竞争走向全球竞争的必然依托。尤其是位于国家重要战略地区的城市，从区域层面来研究地方未来的国土空间发展战略显得尤为重要，主要体现在协同发展运行过程中运行动力机制被激发的阶段。二是要处理好不同层级政府间的协同治理。既要充分落实国家战略和国家意志，充分体现新发展理念和高质量发展要求，增强自上而下的指导和控制要求，也要考虑地方行政事权和合理合法的发展诉求，提高规划的可实施性，主要体现在协同发展运行过程中的组织协调机制。三是促进不同部门之间的协同治理，重点是要充分融合传统的主体功能区规划、土地利用规划、城乡规划、其他各部门专项规划等，充分考虑部门管理事权衔接和各类规划优势发挥，协调不同规划空间治理策略上的矛盾和问题，实现真正的"多规合一"，主要体现在协同发展过程中的运行动力机制。四是要处理好政府和多元主体的协同治理。从以控制和命令手段为主转向多元协商，通过政府、非营利组织、公民间的多方位合作机制，共同治理社会公共事务，从而提高治理效率，主要体现在协同发展过程中各主体间的利益保障机制。

2.4　空间正义理论概述

2.4.1　空间正义理论发展历程和概念

20世纪前，空间是被看作"死亡的、固定的、非辩证的、不动的"，直到亨利·列斐伏尔（Henri Lefebvre）提出了"（社会的）空间是（社会的）产物"的观点，研究者们开始更多地关注空间的社会属性[1]。不同于自然空间，社会空间是人类社会实践活动的产物，是"以自然空间作为资源、原材料，按照不同社会、不同阶级的要求，以追逐交换价值最大化为目的而加工、生产出来的"[2]，具有物质、精神和社会的三重属性。随着城市化的发展，空间被赋予了生产的属性，成为生产关系和生产力的重要组成部分。大卫·哈维（David Harvey）认为空间"不仅具有使用价值，也具有资本更为关注的交换价值"，空间的结构被资本生产创造，同时也被资本生产消耗。这一属性的出现使得空间成为各类主体竞争与博弈的重要场所，引发了空间利益分配不公平等矛盾，使得正义问题成为学者研究的热点。罗尔斯指出社会正义具有两大原则，即"平等自由原则"与"差异性原则"，强调社会资源获取机会的平等公平，但该诠释局限在抽象的理想状态，没有引入空间实体。基于罗尔斯的理论，以列斐伏尔、哈维和爱德华·苏贾（Edward Soja）为代表的新马克思学者共同构建了"空间正义"这一理论，其出发点是：空间不仅是人类活动的容器，还是参与塑造空间的主体要素，正义问题越来越多地通过空间来表达和呈现。所谓"空间正义"，即在社会经济发展中，追求空间资源的分配效率之上要照顾不同的群体的利益，尊重区域内每一位居民的基本权利，创造人人可享的基本保障和公共服务，提供均等自由的发展机会。其核心是兼顾效率与公平、政府与市场，实现整体利益与长远利益的最大化。

---

[1] 王庆歌. 空间正义视角下的历史街区更新研究. 济南：山东大学，2017.
[2] 潘可礼. 亨利·列斐伏尔的社会空间理论. 南京师大学报（社会科学版），2015，(1)：13-20.

空间正义理论内涵经过多年的丰盈完善，其特征可以归纳为以下几点[①]：

（1）空间正义具有日常性。空间正义来源于并存在于社会日常生活中，是对社会底层人群"被边缘化"及其日常生活被侵犯现象的批判。保障每个市民日常生活中的城市权利是实现空间正义的重要路径。

（2）空间正义具有动态性。没有永恒的空间正义，空间正义在不同的时期有着不同的意义和表达，不断地修正不正义的空间及空间生产过程中的不正义现象是空间正义的最终目标。

（3）空间正义强调公平性。空间正义强调城市中的每个居民在空间生产的过程和结果分配中处于平等的地位，但它并非强调乌托邦式的绝对公平，而是保证空间生产主体能在机会、权利与结果上公平地享受空间资源。

（4）空间正义强调多样性。在空间生产的过程中，资本通常会用"同质化"的模块空间来替代"差异化的空间"，以实现自身的快速增值。伴随着空间的同质化，城市中的文化、人群也通常被冠以"异类"的头衔而被"主流文化"所歧视，这成为空间生产不正义的源头之一。空间正义的多样性就是要最大程度地包容不同的空间、人群和文化，而不是盲目地消除这种差异。

（5）空间正义强调差异性。平均不等于正义，空间正义要求权力、资本集团在减少占用城市居民空间利益的基础上，保证最小受益者的最大利益。

2.4.2 空间正义理论在规划中的应用

随着我国经济快速发展，我国的经济社会发展的空间结构发生显著变化，人口流动呈现出明显的由中小城市流入大城市的特点，城镇人口持续增加，资本、数据等生产要素在空间配置上的城乡、区域差异明显，城市治理问题越来越棘手。如何推动高质量发展，以规划手段破解城市难题，推动社会公平和资源配置均衡发展成为新时代背景下的重要议题。当前，我国空间非正义现象主要有两方面：一是人与自然空间的不协调问题，包括规划时序引发的人地关系矛盾、人与生态环境关系紧张、城乡发展不协调等问题；二是人与社会空间的不协调问题，包括城市空间生产与消费的不正义、城市空间分配不正义等[②]。而"国土空间规划调节国土空间生产和利益——不仅指居住环境的生成，还包括其各种要素与环境的互动、分布及利用"，因此科学合理地制定国土空间规划能够正确引导和规制空间行为，是实现空间正义的良好选择和必然要求[③]。首先，国土空间规划应公平合理地分配空间资源和生产要素，对国土资源进行优化配置和利用，使高效益者获得更多的实际收益，从而带动生产力快速发展，把财富配置给最需要的人，将收入差距限制在普通群众可承受范围内；其次，应有效地引导干预主体行为，调控生产中可能出现的各种利益矛盾，要完善土地用途管理、土地征用、拆迁补偿等制度，纠正违反市场规律

---

① 梅佳欢. 基于空间正义的历史城区空间生产研究：以南京门东地区为例. 南京：东南大学，2018.
② 李如海，李胜利. 城市治理·空间正义·规划法治：基于国土空间规划法治化的逻辑. 学术交流，2021，(10)：48-59.
③ 叶轶. 论国土空间规划正义与效率价值实现. 甘肃政法学院学报，2017，(5)：139-147.

与法定程序的行政行为。

知识链接 2-3

城市空间非正义主要特征[①]

伴随工业社会向城市社会的迈进，运用都市马克思主义学派空间正义分析框架与理论逻辑，审视我国城市治理的空间维度，还存在诸多空间非正义问题，阻碍着城市的健康有序发展。

（1）城市空间权力失范。权力是影响空间的最基本、最重要的因素，城市空间权力失范是政府城市治理权力配置、权力授予、权力运行违背公共性的一种状态，属于公共权力的非公共应用，背离了"城市让生活更美好"的初衷，忽略了优质高效公共服务的有效供给，缺乏为国为民谋幸福的责任担当，难以满足人民群众对美好生活的需要，具体表现包括城市空间权利价值目标的偏差、城市空间权力观念的膨胀、城市空间权力运行过程的失控、城市空间权力监督的缺失。

（2）城市空间过度资本化。资本具有鲜明的趋利性和扩张性特征，其根本目的在于实现资本的不断循环和积累。从一定程度上讲，城市从属于资本的逻辑，城市化进程与资本发展密切相关。在市场经济条件下，城市本身是一个"增长机器"，具有自发膨胀和扩张的趋势。资本积累和城市扩张同时进行，二者相互促进，为城市空间生产提供了源源不断的动力。城市空间等级化、空间分割、空间剥夺、空间贫困等现象日益突出，严重损害了城市空间正义。

（3）城市空间结构失衡。在城市发展高歌猛进的时代，城市空间结构不断生产和重构。城市空间结构主要有微观的内部空间结构（功能空间）、中观的外部空间结构（城市形态）和宏观的群体空间结构（城镇体系）三种类别。在城市化进程快速推进的时代，由于片面追求人口数量的增长和市场规模的扩大增加了城市空间结构的紊乱无序，进而出现了较为严重的空间隔离和空间排斥，导致不同社会阶层难以共享同一城市空间，加剧了城市空间结构失衡。

知识链接 2-4

自然保护地空间非正义现象与布局优化研究[②]

与城市空间主要表现为社会属性不同，自然保护地的自然属性更为突出，其正义的空间性要同时关注空间环境正义和空间社会正义。基于批判性空间视角，我国自然保护地布局所呈现的非正义主要体现在三个方面：从宏观布局上看，我国自然保护地布局与

[①] 陈洪连，李慧玲. 我国城市空间治理的现实困境与逻辑进路：基于都市马克斯主义学派空间正义理论的分析. 东岳论丛，2022，43（3）：174-181.

[②] 张香菊，钟林生. 基于空间正义理论的中国自然保护地空间布局研究. 中国园林，2021，37（2）：71-75.

生态系统服务和生物多样性保护需求不完全匹配，这导致东西部普通民众在享有生态系统服务方面存在空间差异以及在以游憩服务为代表的生态产品供需方面存在不匹配；从中观布局上看，自然保护地之间复杂的空间关系使完整的生态系统被人为分割，完整的生态系统被分为不同自然保护地，不同保护地之间空间范围存在交叉重叠，主要表现在跨省区域的行政管辖权的分割；从微观布局上看，我国在人与生物圈计划的核心区、缓冲区、实验区的基础上，发展了多样的功能分区模式，分区管理在减少人类活动干扰、促进自然保护中发挥了重要作用，但仍存在多个功能区的交叠，且无法满足当地经济社会发展、区域生态系统恢复、植物生长和动物迁徙等动态需求的问题。

究其根本，自然保护地布局是多方权利主体对自然空间的博弈结果（图2-7）。空间社会非正义源于受权力、资本、制度等因素影响的不同群体之间话语权强弱的差异；空间环境非正义源于自然在空间博弈中的失语，而其根源在于社会–自然二元对立的机械论观点。人类是博弈中的能动主体，一切社会空间中的非正义都将其内化于生态系统之中，造成了对自然空间的挤占和自然空间的异化。因此，自然保护地不再只是具有自然属性的空间，而是现代空间生产的重要场域，成为政治和权力运行的载体，其布局的空间环境非正义仍需从社会空间中寻找解决方案，通过法律体系、管理体制和治理模式等的优化，使空间生产过程遵循正义逻辑的规范：加强自然保护地立法建设；按照"自上而下"的方式布局重要自然保护地；建立分级和分类管理相结合的自然保护地体系；在摸清资源本底和社区充分参与的前提下建立灵活的功能分区机制。

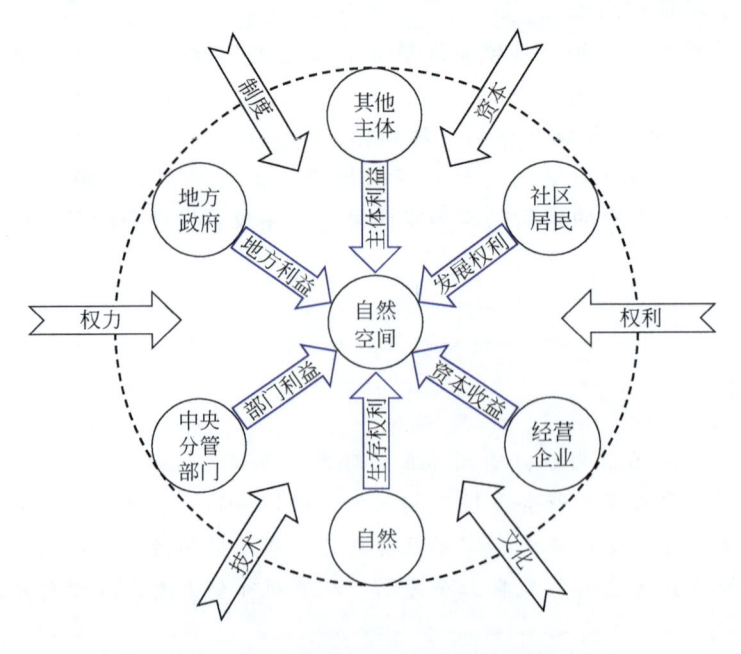

图 2-7 自然保护地布局的空间博弈

2.5 资源优化配置理论概述

2.5.1 资源优化配置概念

资源配置思想最早由亚当·斯密（Adam Smith）提出，是指在一定的自然、经济和社会条件下，为了满足人类社会、经济需要，对相对稀缺的资源在不同用途间进行权衡并最终确定用途的行为[1]。作为微观经济的基础问题，资源配置问题已被学者讨论、研究和探索了一两百年，并创建了多种资源配置机制。然而，随着社会的发展，这一问题始终伴随着新挑战。现有的有关资源配置理论基本都在探讨如何配置资源使得效率最优，从而演化出了资源优化配置理论。资源优化配置是指能够带来高效率的资源使用，它以合理配置为前提，旨在实现经济与社会的可持续发展以及整个社会经济的协调发展，着眼点在于"优化"，其标准主要是看资源的使用是否带来了生产的高效率和经济社会等效益的大幅提升。人类社会的生产过程，就是运用资源、实现资源配置的过程。由于资源的有限性，投入到某种产品生产的资源的增加必然会导致投入到其他产品生产的这种资源的减少，因此人们被迫在多种可以相互替代的资源使用方式中选择较优一种，以达到社会的最高效率和消费者、企业及社会利益的最大满足。通常来讲，不管这种资源是有形的还是无形的，其所有的经济活动都要涉及资源优化配置问题。但是在现实研究中，着眼于经济或效率的角度，受到人们普遍关注的优化配置决策一般是针对那些相对稀缺的资源。因此，资源的稀缺性已然成为优化配置问题的前提和基础[2]。目前，在国民经济中最重要最基本的两个要素——土地资源和水资源的优化配置一直是研究的热点。

2.5.2 资源优化配置的原则

资源优化配置在现实中是一个复杂的问题，应遵循以下原则[3]：

（1）整体性与协调性原则。整体性原则是系统科学处理问题的出发点和归宿，整体性原则就是要求从系统的角度研究问题，统筹解决区域内资源的分配问题及供需矛盾对区域协调发展的制约，协调不同资源开发利用之间的矛盾，正确处理好区域内经济、社会和生态之间的关系，使区域处于最佳的运行状态，实现整体功能最优、效益最大。

（2）高效性原则。统筹考虑资源系统的本身特点，综合时间和空间角度，由宏观到微观层次，从开发、利用、保护及管理等多方面综合考虑资源的配置，达到物尽其用的目的，实现资源的高效利用。

（3）综合效益最大化原则。资源优化配置的综合效益最大化原则是指通过一种主导目

---

[1] 张立新. 基于资源配置理论的城市土地合理利用研究：以长江经济带城市为例. 北京：中国农业大学，2018.
[2] 熊飞. 战略资源投入产出效应及配置优化. 长沙：湖南大学，2014.
[3] 郭艳. 面向生态系统服务的水土资源优化配置研究：以郑州为例. 郑州：郑州大学，2016.

标辅以其他目标的实现。因此，资源优化配置方案必须全面衡量各种效益的利弊才能实现优化配置。

（4）可持续性原则。部分资源的稀缺性和不可替代性决定了需要有一个协调发展、公平利用的原则来实现资源的可持续利用，因此在优化配置过程中需要考虑近期与远期、当代与后代对资源的合理利用，优化配置各项措施，形成多层次良性循环系统，尤其注意不能破坏后一代人正常利用资源的权利。

2.5.3 资源优化配置在规划中的应用

国土空间规划是空间资源配置的主要抓手，是通过空间资源配置引导城镇化有序发展的重要途径，而资源的优化配置也是国土空间的基本目标之一。在生态文明建设背景下，资源环境的客观约束趋于明显，国土空间规划体系构建是一次"系统重构"，不再只强调用途管制与空间布局，而是基于空间资源的高效配置，探索内涵式、集约型、绿色化的高质量发展路径。国土空间规划关注全域全要素的资源配置，通过"双评价"摸清家底、调查区域空间潜力是进行空间资源配置的前提，规划中的空间分区除落实底线约束与刚性管控内容外，还积极争取区域战略资源、调节产业空间供需矛盾、优化空间资源配置，以促进区域的高质量发展[1]。

其中，土地资源优化配置是国土空间规划的重要研究之一，其过程通常以"现状特征分析—质量综合评价—需求状况预测—宏观微观落实"为主线，以土地利用类型分析、土地质量评价和土地利用战略等区域土地系统全局为主体研究内容，以产业政策、经济技术和市场环境等土地利用区域背景系统为主要分析对象，对土地利用的空间动态演替规律及土地类型转化方向进行预测分析、仿真模拟和方案优选。随着联合国可持续发展目标设定，以宏观控制和计划管理为资源配置手段的土地利用规划已难以直接满足国土空间资源利用的需求，现阶段已围绕可持续土地资源配置发展出了多个延伸概念，其中土地混合利用、土地分离与共享等理念已在国际研究中初见端倪[2]（图2-8）。

知识链接 2-5

江苏省徐州经济技术开发区土地优化配置措施[2]

土地资源优化配置是提高土地资源利用效率、缓解土地用途冲突、促进人地和谐发展的重要手段。当前，中国土地资源优化配置研究在理论探索与实践应用方面均取得积极进展，但面对土地利用急剧变化、土地管理效率低下及生态系统退化等现实问题，传统的以"数量–空间耦合"为核心的优化配置方式已难以满足当前人类追求美好生活的需求和国土空间可持续发展的目标要求。与此同时，全球粮食安全正面临着一系列严峻

---

[1] 潘晶，古海波. 城市产业空间资源配置策略探讨：以深圳市坪山区为例. 规划师，2021，37（21）：44-50.
[2] 梁鑫源，金晓斌，孙瑞，等. 粮食安全视角下的土地资源优化配置及其关键问题. 自然资源学报，2021，36（12）：3031-3053.

挑战，土地资源优化配置将直接影响并作用于粮食生产与经济发展之间的冲突协调过程。

近年来，江苏省徐州经济技术开发区向土地存量要发展增量，向配置优化要发展质量，坚持节约集约利用，深入推进低效用地再开发。目前，徐工重型高端起重装备、天通新材料产业基地等省、市重大产业项目和重点民生项目的用地需求得以保障。该区也成功获批国家产业转型升级示范园区、国家绿色园区。其对土地优化配置采取的措施主要有：

（1）低效用地再开发，用地需求有保障。徐州经济技术开发区依据"严控增量、盘活存量、优化结构、提升效率"的总基调，积极响应推进城镇建设用地提效工程的号召。

（2）城市更新再推进，产业升级有规划。徐州市提高城市建设水平，推动产业转型升级，着力打造高水平的"三高两新"现代化开发区和提升自然资源要素保除能力。

（3）服务企业再增效，改革创新有动力。推动产业转型，通过盘活低效用地保障服务等企业、产业基地的用地需求，在引导低效企业退出部分土地的同时，通过给予一定政策优惠的方式，鼓励企业加大投资强度，开展技术创新和工艺改进。

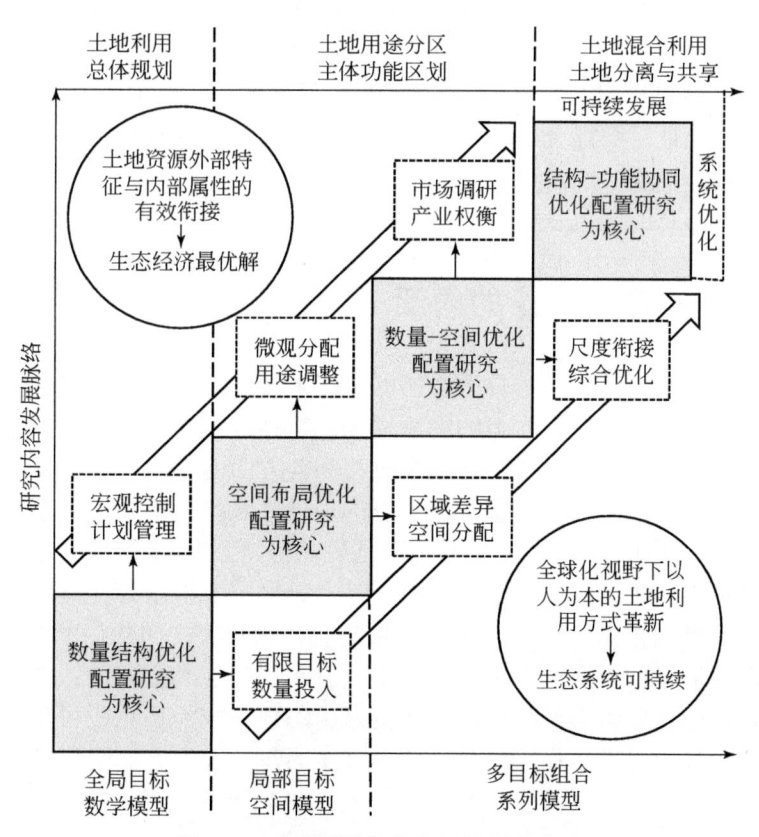

图 2-8 土地资源优化配置的研究进展

2.6 生态文明建设理论概述

2.6.1 生态文明建设理论的提出

自人类进入工业文明时代，工业建设、城市发展等一些以改造自然、征服自然为目的的人类活动破坏了生态环境，盲目、"野蛮"的经济建设活动忽略了给生态系统带来的破坏，这对当代乃至后代来说都是一种切断人类生存命脉的行为。因此，人类开始进行反思，以寻求解决工业文明困境所进行的一种新的文明建设活动。马克思生态理论对资本主义社会工业文明进行了深刻的批判及反思，其认为人类的生产实践与生态保护是辩证统一的，人类社会生产实践的进步发展，离不开生态环境；生态环境的恶化，必然阻碍社会生产实践的发展。因此，要通过生产实践的方式表达人类社会与自然界的和谐统一。自改革开放以来，我国对马克思的生态理论进行了积极探索和实践。早在2005年，我国就提出了生态文明这一理念。"生态"简言之就是自然界生物的生存状态，主要体现在生物和生物之间以及生物与环境之间的关系；而"文明"作为人类财富的总和，主要指人类精神文明范畴，是人类在认识以及改造世界中长期积累或者形成的观念。2012年，党的十八大提出将生态文明建设提升至与政治、经济、文化、社会建设并列的战略高度，这说明生态文明建设不再仅仅是环境领域的策略，更是国家层面的重要战略措施。其内容主要包含以"两山论"为核心的辩证思想、最严格的法律制度保障体系、山水林田湖草的系统治理观、共享最普惠的民生福祉、共谋全球生态建设之路、实现人与自然和谐共生六个方面，深刻改变了以往以牺牲环境换取经济进步的末端发展模式，走出了一条国家政策允许、资源环境认可、人民群众满意的绿色发展道路[①]。

2.6.2 生态文明建设理论的内涵

基于党的十八大成果，从人与自然和谐的角度来看，将生态文明定义为生态文明是人类为保护和建设美好生态环境而取得的物质成果、精神成果和制度成果的总和，贯穿于经济建设、政治建设、文化建设、社会建设全过程和各方面的系统工程，反映了一个社会的文明进步状态。随着时代发展，生态文明建设的理论体系内涵正在不断丰富：①"生态兴则文明兴，生态衰则文明衰"，生态文明建设是提高经济发展质量和资源利用效率、促进产业结构转型升级的内在要求，是积极应对气候变化、维护全球生态安全的重大举措；②"绿水青山就是金山银山"理念和绿色发展理念作为生态文明建设的根本要求，是协调经济发展与生态环境保护平衡关系的根本推手，有利于实现共赢局面；③生态文明建设的核心要义，就是增加优质生态产品供给，让良好生态环境成为普惠的民生福祉；④推进生态文明建设，生态环境保护工作必然是主阵地和主力军；⑤生态文明建设强调"山水林田

---

① 毛丽红. 习近平生态文明思想对马克思主义生态理论的继承与发展研究. 重庆：重庆邮电大学，2020.

湖草沙是一个生命共同体"的系统观；⑥生态文明建设立足国际，提倡国际社会携手同行，生态文明和绿色发展理念得到国际社会的广泛认同。

生态文明建设主要包括四方面内容：①建设生态意识文明，推动价值观念的树立与思维方式的养成，以指导人们的行动；②建设生态行为文明，鼓励人类用具体行为参与到协调人与自然的矛盾、协调人类自身矛盾的过程中去，以实际行动推进生态文明建设的进程；③建设生态制度文明，调整协调人与生态环境关系的制度规范，以适应时代变化特征并满足地区差异化需求，从制度上保护和建设好地区生态环境；④建设生态产业文明，发展环保产业以及生态工业、生态农业、生态旅游业，为生态文明建设打牢物质基础，是推进生态文明建设的重要手段。

2.6.3 生态文明建设在规划中的应用

生态文明建设是国土空间规划的目标及核心任务，而国土空间规划是实现生态文明建设的重要工具和手段。2015年，中共中央、国务院印发的《生态文明体制改革总体方案》提出，要"建立国土空间开发保护制度"和"建立空间规划体系"，形成"推进生态文明建设—实施国土空间开发保护政策—编制国土空间规划"的施政架构，将二者更紧密联系在一起，相互依赖、相辅相成。生态文明建设在国土空间规划中的战略任务主要表现在四方面：一是要优化国土空间开发格局。按照人口资源环境相均衡、经济社会生态效益相统一的原则，控制开发强度，调整空间结构，促进生产空间集约高效、生活空间宜居适度、生态空间山清水秀。二是要全面促进资源节约。要节约集中利用资源，推动资源利用方式根本转变，加强全过程节约管理，大幅降低能源、水、土地消耗强度，提高利用效率和效益。三是要加大自然生态系统和环境保护力度。实施重大生态修复工程，增强生态产品生产能力，推进荒漠化、石漠化、水土流失综合治理。四是要加强生态文明制度建设。要把资源消耗、环境损害、生态效益纳入经济社会发展评价体系，建立体现生态文明要求的目标体系、考核办法、奖惩机制。

而要实现生态战略任务就需要构建生态型的国土空间规划：一是要做好生产、生活及生态空间的基础划分工作，将"三生"空间落实国土空间规划工作，协调好经济发展、社会稳定及环境保护三者的关系；二是要进行科学的资源承载力评价，全面、客观、深入分析区域的本底状况及所能承载的开发力度，制定合理的规划方案和开发计划，在保护生态环境的前提下最大化发展经济；三是要通过多元来利用提升空间效益，加强国土空间资源的节约集约利用，加大空间集聚开发力度，从横向开发密度和纵向开发探伸两方面提升空间效益；四是要建设和完善生态补偿机制，以经济补偿为主要方式对生态进行补偿，完善生态转移支付制度，减少资源浪费，加强生态保护；五是要建设好城市生态体系，保护城市原有生态环境，建设城市生态系统，综合整治并优化空间格局。

本 章 小 结

（1）区位理论是通过地球表面的几何要素（点、线、面）及其组合实体（网络、地带、地域类型、区域、土地），从空间或地域方面研究自然地理要素和人类社会经济活动分布及其空间中的相互关系的理论。农业区位理论、工业区位理论、中心地理论、市场区位理论等都是经典的区位理论，能够为产业及企业布局、城市聚集区建设、主体功能区建设等提供指导。

（2）地域分异理论是指地理环境整体及其组成要素在某个确定的方向上保持特征的相对一致性，而在另一确定方向表现出差异性，使其发生更替的规律。这种规律表现为纬度地带性、经度地带性和垂直地带性，常应用于主体功能区规划、自然区划、生态环境区划等。

（3）区域协同理论主要包括协同效应、役使原理和自组织原理，其核心思想是任何复杂系统中的子系统通过"自组织"过程，都可以产生新的稳定有序的结构，可应用于区域协调发展战略、城市群协同发展等。

（4）空间正义理论即在社会经济发展中，追求资源分配效率之上要照顾不同的群体的利益，尊重区域内每一位居民的基本权利，创造人人可享的基本保障和公共服务，提供均等自由的发展机会。其核心是兼顾效率与公平、政府与市场，实现整体利益与长远利益的最大化。空间正义理论能够在规划中引导不同类型空间的分布、城市发展模式等。

（5）资源优化配置理论是以合理配置为前提，旨在实现经济和社会的可持续发展以及整个社会经济的协调发展，在一定的自然、经济和社会条件下，为了满足人类社会、经济需要，对相对稀缺的资源在不同用途间进行权衡并最终确定较优的一种用途的行为。规划中各类要素空间整合、不同要素的统筹调动等都需要利用资源优化配置理论进行指导。

（6）生态文明是人类为保护和建设美好生态环境而取得的物质成果、精神成果和制度成果的总和，贯穿于经济建设、政治建设、文化建设、社会建设全过程。而生态文明建设是国家层面的重要战略措施，其内容主要包含以"两山论"为核心的辩证思想、最严格的法律制度保障体系、山水林田湖草的系统治理观、共享最普惠的民生福祉、共谋全球生态建设之路、实现人与自然和谐共生六个方面，创建了人与自然和谐共生的绿色发展道路。

关键术语：国土空间规划理论、区位理论、地域分异规律、区域协同理论、空间正义、资源优化配置、生态文明建设理论

复习思考题

（1）简述区位理论的相关概念与现实应用。
（2）地域分异规律是如何影响国土规划综合分区的？
（3）简述区域协同理论的内涵及其在区域协同发展中的应用。
（4）简述空间正义理论的概念及特征。
（5）简述土地资源优化配置的过程与意义。
（6）简述生态文明建设的理论内涵及与国土空间规划的关系。

第 3 章　国土空间规划方案编制

本章导读：

国土空间规划的实质是对未来国土空间资源配置和社会经济发展的空间设计，擘画了地区高质量和可持续发展的空间蓝图。国土空间规划方案的编制是规划制定与实施的关键环节和前置基础。国土空间规划方案需要在对过去和当前国土空间综合研究的基础上，通过摸清资源家底和环境承载能力，运用现代规划理论和方法，科学地制定出未来一定时期内国土空间开发、利用、整治和保护的总体部署。在国土规划方案的编制过程中，要充分尊重国情，加强对国土空间资源的全面调查和科学研究，认清国土空间开发和整治的现实潜力，按照自然规律、经济规律和社会发展规律办事，创造有序的社会经济发展建设空间秩序，美化人类生存环境。本章节将重点围绕国土空间规划方案编制的基本原则和技术流程，深入理解规划编制的实际操作步骤，以提升专业技能与综合素养，推动空间高质量发展与生态文明建设。

重点问题：

- 国土空间规划编制总则
- 国土空间规划编制的工作程序

3.1　国土空间规划体系的总体框架

国土空间规划体系，包括国家级、省级、市级、县级、乡镇级五级国土空间总体规划，城镇开发边界内外的控制性详细规划和村庄规划两类详细规划，针对特定区域、特定流域、特定领域编制的国土空间专项规划，以及规划编制审批体系、实施监督体系、法规政策体系、技术标准体系，也就是"五级三类四体系"的国土空间规划体系（图3-1）。

1. 从规划层级和内容类型来看，国土空间规划分为"五级三类"

（1）"五级"是从纵向看，对应我国的行政管理体系，分五个层级，即国家级、省级、市级、县级、乡镇级。全国国土空间规划是对全国国土空间作出的全局安排，是全国国土空间保护、开发、利用、修复的政策和总纲，侧重战略性，由自然资源部会同相关部门组织编制，由党中央、国务院审定后印发；省级国土空间规划是对全国国土空间规划的落实，指导市县国土空间规划编制，侧重协调性，其协调性主要体现在空间发展权利分解过程中的区域平衡，以及对跨区域重大设施布局的综合统筹，由省级政府组织编制，经同级人大常委会审议后报国务院审批；市级、县级和乡镇级国土空间规划是本级政府对上级国土空间规划要求的细化落实，是对本行政区域开发保护作出的具体安排，侧重实施性。其中，市级、县级国土空间规划的编制仍以结构引导与底线管控为侧重点，组织进行三类

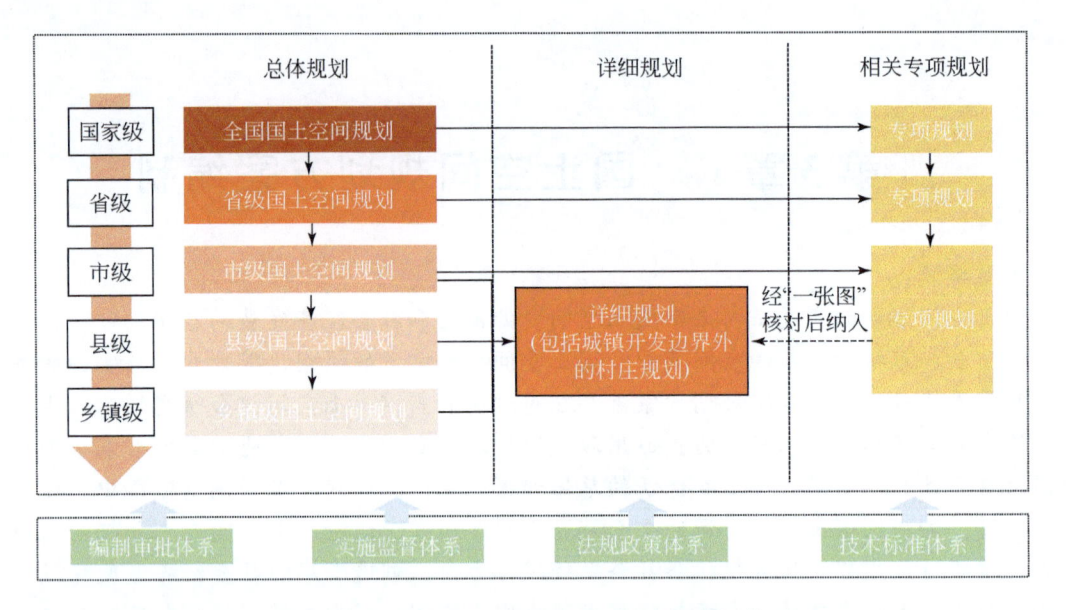

图3-1 "五级三类四体系"的国土空间规划体系

空间的综合布局和"三线"的具体划定，以"三线"作为底线管控的工具。乡镇级国土空间规划是国土空间总体规划体系中直接参与基层社会治理的实施性规划，对引导城乡社区有序发展、落实乡村振兴战略具有重要意义。该级别的编制工作由省级政府根据当地实际情况，明确审批内容和程序要求。

（2）"三类"是指规划的类型，分为总体规划、详细规划以及相关专项规划。总体规划强调的是规划的综合性，是对一定区域，如行政区全域范围涉及的国土空间保护、开发、利用、修复作出的全局性安排。相关专项规划强调的是专门性，一般是由自然资源部或者相关部门来组织编制，可在国家级、省级和市县级层面进行编制，不同层级、不同地区的专项规划可结合实际选择编制的类型和精度，特别是对特定的区域或者流域，为体现特定功能，对空间开发保护利用作出的专门性安排，如海岸带、自然保护地等专项规划及跨行政区或流域的国土空间规划，由所在区域或上一级政府自然主管部门牵头组织编制，报同级政府审批；涉及空间利用的某一领域专项规划，如交通、能源、水利、农业、信息、市政等基础设施，公共服务设施，军事设施，以及生态环境保护、文物保护、林业草原等专项规划，由相关主管部门组织编制。

（3）详细规划是开展国土空间开发保护活动，包括实施国土空间用途管制、核发城乡建设项目规划许可，进行各项建设的法定依据。此外，新一轮的国土空间规划编制强调在城镇开发边界外，将村庄规划作为详细规划，从而进一步规范村庄规划。详细规划强调实施性，一般是在市县以下组织编制，是对具体地块用途和开发强度等作出的实施性安排。城镇开发边界外的乡村地区，以一个或几个行政村为单元，由乡镇政府组织编制"多规合一"的实用性村庄规划作为详细规划，报上一级人民政府审批；而城镇开发边界内，由市县自然资源主管部门组织编制详细规划，报同级政府审批。

需要强调的是总体规划对专项规划的指导约束作用以及总体规划与详细规划的多层级传导关系[①]：

1）总体规划与专项规划的关系：行政区、特殊区域、特殊领域统筹相结合的要素组织配置

一是按行政区统筹，侧重底线综合管控。各级行政区国土空间总体规划中应提出对各专项规划内容的统筹约束，并以底线综合管控的形式表现出来，既在总体规划中为各专项规划留出接口，又为各专项规划在同一空间中的综合集成奠定基础，变"九龙治水"为"五指成拳"。具体而言，总体规划除划定"三线"外，还可以通过划定生态公益林和天然林等基本林地、基本草原、湿地、自然岸线、历史文化线，以及城镇、农村居民点等保护或开发边界，对各专项规划进行指导约束。

二是依特殊区域统筹，侧重多要素系统治理。根据《若干意见》，对海岸带、自然保护地以及跨行政区域或流域的特定国土空间，由所在区域或上一级自然资源主管部门牵头编制专项规划。这类专项规划针对大尺度特殊区域，以多要素的系统性与耦合性为前提，在山水林田湖草系统治理与统一生态保护修复方针的指导下，开展以区域为尺度的统筹治理。

三是依特定领域统筹，侧重单要素配置的同时，与总体规划衔接。涉及空间利用的某一领域专项规划，如交通、能源、水利、农业、信息、市政等基础设施，公共服务设施，军事设施，以及生态环境保护、文物保护、林业草原等专项规划，由相关主管部门组织编制。

2）总体规划与详细规划的关系：因地制宜的多层级传导体系下要素落地管控

详细规划在市、县及以下编制，既需要落实市、县、乡三级总体规划的要求，又要综合体现各专项规划的主要内容。详细规划直接面向要素的落地管控，需充分保障其在规划管理工作中的实施性与适应性，宜根据地方具体情况，建立分类型多层级的中国特色详细规划体系，充分发挥地方在灵活管理、制度创新方面的积极性。一方面，应紧扣城市、乡村两类地域空间在治理复杂性、管控重点的差异性，以城镇开发边界为界，实行城乡有别的详细规划编制管理办法，落实差异化的空间管控策略。另一方面，由于我国在同一级行政区间，各市、县的面积差异大，详细规划也应根据不同地区在规划管理中的实际需求，在城镇开发边界内，设置差异化的详细规划分级体系。但最低层级的详细规划精度应满足核发建设项目规划许可证与审定建设项目报批的管理要求。

2. 从规划运行方面来看，国土空间规划体系分为四个子体系

国土空间规划体系按照规划流程可以分为规划编制审批体系和规划实施监督体系；而从支撑规划运行角度来看包括两个技术性体系，分别为法规政策体系和技术标准体系。这四个子体系共同构成了国土空间规划体系。四个体系分别需遵循的原则和特点如下：

1）编制审批体系

编制国土空间规划应该基于土地调查结果，坚持生态优先和绿色可持续发展，科学统筹生态、农业、城镇等功能空间，优化国土空间结构和布局，提升国土空间开发、保护的

---

① 林坚. 新时代国土空间规划与用途管制："区域—要素"统筹. 北京：中国大地出版社，2021.

质量和效率。关于新的国土空间规划和现有规划的衔接工作，在协调性与一致性的处理过程中，有四个不得突破：①不得突破土地利用总体规划确定的耕地保有量等约束性指标；②不得突破已经确定的生态保护红线和永久基本农田控制线；③不得突破城市、镇的总体规划所确定的禁止建设区等规划强制性的内容；④不得突破新的国土空间规划提出的一些新的管理要求。关于审批流程，主要要解决规划审批周期过长的问题，大幅压缩规划审批时间，主要有四个方面的内容：①减少报国务院审批总体规划的城市数量。要体现地方对规划的自主权，主要是落实国家的控制性指标和管控边界。国务院审批城市重点是计划单列市、省会城市、直辖市这三类。②改变审查的内容。管什么批什么，上一级政府审查下一级政府的规划，明确上一级政府对下一级政府规划有什么要求，从技术性审查转换到控制性审查。重点审查发展目标、约束性指标、管控边界、相邻关系四个方面。尽量把报国务院审批总体规划审查时间控制在90天内。③取消编制大纲或规划纲要的审查环节。取消在规划成果正式上报前的一个中间审查环节，减少重复性的审查，压缩时间。④对于市县一级不是报国务院批准的城市审查内容和程序，由省一级人民政府根据自身的实际情况来确定。

2）实施监督体系

（1）强化规划权威性。规划一经批复，任何部门和个人不得随意修改、违规变更，防止出现换一届党委和政府改一次规划的不良现象。

（2）改进规划审批手续。按照谁审批、谁监管的原则，分级建立国土空间规划审查备案制度。精简规划审批内容，管什么就批什么，大幅缩减审批时间。

（3）健全用途管制制度。以国土空间规划为依据，对所有国土空间分区分类实施用途管制。

（4）监督规划实施。依托国土空间基础信息平台，建立健全国土空间规划动态监测评估预警和实施监管机制。

（5）推进"放管服"改革。以"多规合一"为基础，统筹规划、建设、管理三大环节，推动"多审合一""多证合一"。

3）法规政策体系

完善法规政策体系。研究制定国土空间开发保护法，加快国土空间规划相关法律法规建设。梳理与国土空间规划相关的现行法律法规和部门规章，针对"多规合一"改革设计突破现行法律法规规定的内容和条款，按程序报批，取得授权后施行，并确保做好过渡时期的法律法规衔接工作。完善适应主体功能区要求的配套政策，保障国土空间规划的有效实施。

4）技术标准体系

国土空间规划的技术标准涉及规划编制的程序和内容。根据2021年自然资源部、国家标准化管理委员会印发的《国土空间规划技术标准体系建设三年行动计划（2021—2023年)》，国土空间规划技术标准体系由基础通用、编制审批、实施监督、信息技术四种类型标准组成。

（1）基础通用类标准，适用于国土空间规划从编制审批到实施监督全流程，具有基础性和普适性。同时，该类标准也是其他相关标准的基础，具有广泛的指导意义。基础通用类标准包括基本术语、用地用海、主体功能区、陆海统筹等基础标准,以及规划编制的技术方法、基础评价、重要控制线等相关标准。

(2)编制审批类标准,适用于支撑不同类别国土空间规划编制、审批的技术方法,强调通过标准强化规划编制审批的权威性。编制审批类标准可分为国土空间总体规划、详细规划和相关专项规划的编制审批标准。

(3)实施监督类标准,适用于各类空间规划在实施管理、监督检查方面的相关标准规范,强调规划用途管制和过程监督。

(4)信息技术类标准,以建筑物三维实景数据、自然资源调查监测数据为基础;采用统一的测绘基准和测绘系统,建立国土空间基础信息平台的相关标准规范。信息技术类标准涉及国土空间规划数据采集、汇交、应用和数据库建设。

现已出台的技术标准主要包括:①在国土空间分类方面,《国土空间调查、规划、用途管制用地用海分类指南》为国土空间调查、规划、用途管制提供了空间分类标准。②在不同层级国土空间规划编制方面,《省级国土空间规划编制技术规程》为省、自治区、直辖市,以及跨省级行政区域、流域和城市群、都市圈等区域性国土空间规划提供了参考依据;《市级国土空间总体规划编制指南(试行)》(以下简称《市级指南》)为市级(包括副省级和地级城市)国土空间总体规划的编制提供了指导。③在国土空间的开发利用与环境保护方面,《资源环境承载能力和国土空间开发适宜性评价技术指南(试行)》《生态保护红线划定指南》为优化国土空间开发保护格局、保障国家生态安全提供了参考依据。

3.2 国土空间规划编制总则

3.2.1 编制原则

2019年5月,《若干意见》指出国土空间规划的编制原则要做到体现战略性、提高科学性、加强协调性与注重操作性四点。

1. 体现战略性

全面落实党中央、国务院重大决策部署,体现国家意志和国家发展规划的战略性,自上而下编制各级国土空间规划,对空间发展作出战略性、系统性安排。重点落实国家安全战略、区域协调发展战略和主体功能区战略,通过明确空间发展目标,优化城镇化格局、农业生产格局、生态保护格局,确定空间发展策略,转变国土空间开发保护方式,提升国土空间开发保护质量和效率。

2. 提高科学性

坚持生态优先、绿色发展,尊重自然规律、经济规律、社会规律和城乡发展规律,因地制宜地开展规划编制工作;坚持节约优先、保护优先、自然恢复为主的方针,在资源环境承载能力和国土空间开发适宜性评价的基础上,科学有序地统筹布局生态、农业、城镇等功能空间，划定生态保护红线、永久基本农田、城镇开发边界等空间管控边界以及各类海域保护线，强化底线约束，为可持续发展预留空间。坚持山水林田湖草生命共同体理念，加强生态环境分区管治，量水而行，保护生态屏障，构建生态廊道和生态网络，推进生态系统保护和修复，依法开展环境影响评价。坚持陆海统筹、区域协调、城乡融合，优化国土空间结构和布局，统筹地上地下空间综合利用，着力完善交通、水利等基础设施和公共服务设施，延续历史文脉，加强风貌管控，突出地域特色。坚持上下结合、社会协同，完善公众参与制度，发挥不同领域专家的作用。运用城市设计、乡村营造、大数据等手段，改进规划方法，提高规划编制水平。

3. 加强协调性

强化国家发展规划的统领作用，强化国土空间规划的基础作用。国土空间总体规划要统筹和综合平衡各相关专项领域的空间需求。详细规划要依据批准的国土空间总体规划进行编制和修改。相关专项规划要遵循国土空间总体规划，不得违背总体规划强制性内容，其主要内容要纳入详细规划。

4. 注重操作性

按照谁组织编制、谁负责实施的原则，明确各级各类国土空间规划编制和管理的要点。明确规划约束性指标和刚性管控要求，同时提出指导性要求。制定实施规划的政策措施，提出下级国土空间总体规划和相关专项规划、详细规划的分解落实要求，健全规划实施传导机制，确保规划能用、管用、好用。

3.2.2 规划范围与期限

1. 规划范围

国土空间规划的规范范围包括一个国家或地区的所有国土，具体范围涵盖陆地国土和海洋国土。具体来说，规划范围涵盖了从全部行政辖区到具体功能区的多个层次，如市域范围可能包括多个县市区，而中心城区则聚焦于城市的核心建设区域及周边村庄。

2. 规划期限

在规划期限方面，通常以 15 年为一个主要周期，同时设定近期（如至 2025 年）和远期（如至 2035 年）目标，以确保规划的时效性和阶段性实施。此外，还可能进行远景展望，如展望到 2050 年，以指导更长期的空间发展策略。
《浙江省国土空间规划（2021—2035 年）》规划基期年为 2020 年，规划期限为 2021～2035 年，近期目标年为 2025 年，规划目标年为 2035 年，规划展望年为 2050 年。

3. 数据基准

以第三次全国国土调查成果 2020 年现状数据为规划基数，采用 2000 国家大地坐标系和 1985 国家高程基准作为空间定位基础，按照《国土空间调查、规划、用途管制用地用海分类指南》[①]，采用统一的用地分类。

3.3 国土空间规划编制工作程序

国土空间规划编制的一般工作程序主要有三个阶段：基础准备阶段、规划方案编制阶段、成果提交阶段。国土空间规划编制的技术路线如图 3-2 所示。

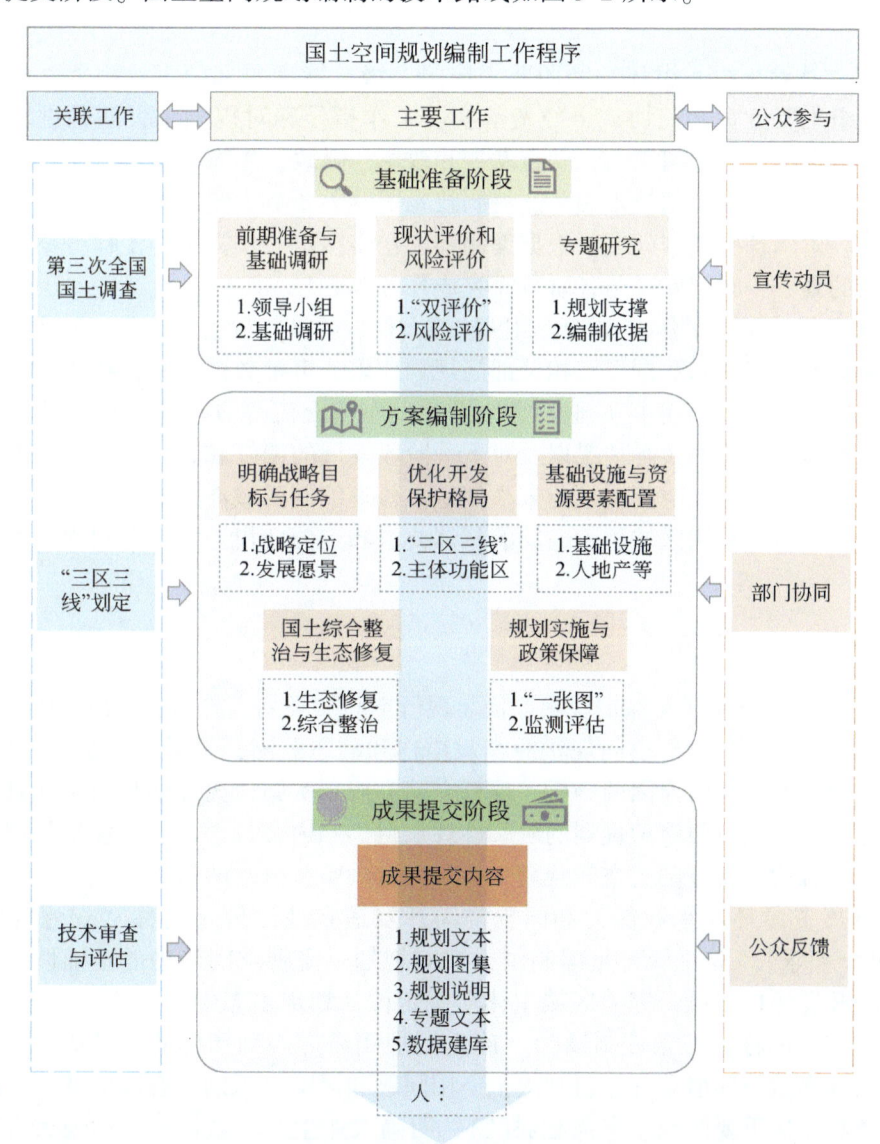

图 3-2 国土空间规划编制工作程序

---

① 中华人民共和国自然资源部. 自然资源部关于印发《国土空间调查、规划、用途管制用地用海分类指南》的通知（自然资发〔2023〕234 号）. [2023-11-24]. https://m.mnr.gov.cn/tzggxcx/202311/t20231124_2807521.html.

3.3.1 基础准备阶段

国土空间规划编制的基础准备阶段是编制的开始阶段,这一步需要对编制区域基础情况进行全面了解,同时奠定国土空间规划编制的基础。其内容包括前期准备与基础调研、现状评价和风险评价、专题研究。

1. 前期准备与基础调研

(1) 成立领导小组,组建编制团队。按照上级自然资源部门工作部署,成立领导小组,领导小组主要负责部门协调、经费落实、工作指导和对规划重大问题进行决议等工作。同时,由自然资源部门牵头,联合发展和改革、财政、生态环境等多个部门,建立协作联动工作机制,组建编制技术团队。编制技术团队主要负责组织开展具体工作、召开部门联席会议,协调各类编制问题。根据编制要求初步拟定工作方案,工作方案内容主要包括工作阶段的划分、时间安排与各阶段需完成任务等。

(2) 开展基础调研工作。收集编制区域的人口、经济、社会、文化、城乡建设、灾害风险等相关的基础资料和数据以及相关部门规划成果、审批数据。结合初步收集的资料和数据进行分类整理和初步分析,通过实地勘察、座谈交流等方法考察重点地区、重点部门,深入了解地方发展的实际情况以及对下一阶段发展的偏好和合理需求,掌握编制地区各部门行业的发展趋势、空间需求与未来期望。梳理编制区域涉及的重大战略政策,整理出相关重大战略对于编制区域国土空间的具体要求和定位,指导国土空间规划编制工作的开展。

2. 现状评价和风险评价

(1) 开展国土空间开发保护现状评估与现行空间类规划实施情况评估工作。国土空间开发保护现状评估是对国土空间现状的客观描述和动态监测,是对现状水平、现状特征、年度动态变化情况和背后原因的分析。现行空间类规划实施情况评估是对某项具体规划执行情况的评估,重点对照该项规划的阶段性规划目标和内容,评估实施成果与规划目标之间的差距。两者均是指导国土空间规划目标和内容调整、修改的依据。

(2) 开展资源环境承载能力和国土空间开发适宜性评价(简称"双评价")。按照《若干意见》要求,"双评价"是编制国土空间规划、完善空间治理的基础性工作,是优化国土空间开发保护格局、完善区域主体功能定位,划定生态保护红线、永久基本农田、城镇开发边界(简称"三条控制线"),确定用地用海等规划指标的参考依据。旨在通过分析区域资源禀赋与环境条件,研判国土空用问题和风险,识别生态保护极重要区(含生态系统服务功能极重要区和生态极脆弱区),明确农业生产、城镇建设的最大合理规模和适宜空间,为编制国土空间规划、优化国土空间开发保护格局、完善区域主体功能定位、划定"三条控制线"、实施国土空间生态修复和国土综合整治重大工程提供基础性依据。

(3) 开展风险评价。结合自然地理本底特征和"双评价"结果,针对不确定性和不稳定性因素分析区域发展和城镇化趋势、人口与社会需求变化、科技进步和产业发展、气候变化等因素，系统梳理国土空间开发保护中存在的问题，对潜在的灾害和风险进行评估。

3. 专题研究

国土空间规划的专题研究以空间规划为核心，为开展两个评价、绘制规划底图、形成规划总图、编制一本规划、搭建信息平台、建立一套机制等后续工作的开展和目标任务的落实提供基础支撑和科学依据，包括经济社会发展总体思路研究、国土空间开发保护战略研究、产业发展与布局研究、人口与建设用地规模研究、公共服务保障研究、基础设施廊道建设研究、水资源合理利用与优化配置研究、"三区三线"划定技术研究、国土综合整治与生态修复研究、国土空间用途管制研究等。

3.3.2 方案编制阶段

方案编制阶段是国土空间规划编制的主体阶段，主要工作内容包括但不限于明确战略目标与任务、优化开发保护格局、基础设施与资源要素配置、国土综合整治与生态修复、规划实施与政策保障等。

1. 明确战略目标与任务

依托基础准备工作，综合考虑国家和上级重大战略决策部署，充分对接区域发展战略、乡村振兴战略和区域协同策略，结合规划区域的主体功能定位，深入研究规划区在区域范围内的地位和作用，明确初始空间发展战略，即确定规划区的总体发展愿景和战略定位。结合上级规划的规划指标体系选取约束性、预期性指标，从上至下逐级分解约束性指标，并依据规划区地方特色增添建议性指标，在现状、近期和远期三个时点设置空间发展战略目标，并对这些目标进行优化，从而建立一套多时段多层面的完整的规划目标体系。

2. 优化开发保护格局

按照耕地和永久基本农田、生态保护红线、城镇开发边界优先序，统筹划定"三条控制线"。强化自然灾害综合风险、能源战略性资源保障及历史文化遗产保护等其他安全发展的空间基础。统筹确定农产品主产区、重点生态功能区和城市化地区格局优化的重点区域。同时，基于区域自然资源本底，统筹生态、农业、历史文化等重要保护区域和廊道，细化落实主体功能区战略，形成国土空间保护格局；分析人、地、产、城、交通关系，确定城镇、产业开发的轴带和重要节点，依托基础设施支撑体系，形成国土空间开发格局。

3. 基础设施与资源要素配置

落实国家重大基础设施网络布局和重大项目，结合本区域城镇发展、人口和产业集聚对重大基础设施的需求，考虑气候变化和地震、气象、地质灾害风险，按照适度超前、均衡通达、便捷高效、绿色智能、共建共享、安全有效的目标和原则，布局区域交通、能源、水利、通信、物流、防灾减灾等重大基础设施项目及建设时序安排。通过分析历年土地、水、矿产、森林、草原、海洋等资源开发利用的数量、质量、结构、空间布局特征和演变规律，明确自然资源保护与利用存在的问题和薄弱环节，提出自然资源供给总量、结构、布局调整的重点方向以及时序安排等。

4. 国土综合整治与生态修复

生态保护要求明确全域生态保护修复的目标任务、策略路径、重点方向与重点区域，分别针对各类生态空间，提出生态保护和修复要求、重点工程及重点项目。国土综合整治则分为城乡两部分。一方面，对城市范围提出明确实施城市更新范围的标准，划定规划期内实施城市更新的范围，并提出城市更新的总体目标和基本原则，设定城镇低效用地再开发的目标任务、策略路径、重点方向与重点区域，规划更新改造的重点工程、重点项目及时序安排。另一方面，对农村区域明确全域农村土地综合整治的目标任务、策略路径、重点方向与重点区域，规范开展城乡建设用地增减挂钩，加强对农村存量低效用地的评价和引导，提出农村人居环境整治的主要目标和重点领域。

5. 规划实施与政策保障

围绕保障规划确定的国土空间开发保护战略目标、空间格局、主体功能区布局和主要任务实现，结合国土空间规划体系建立和统一履行所有国土空间用途管制职责，从健全法规和技术标准、完善配套制度政策、建立规划传导机制、健全国土空间用途管制、推进国土空间规划"一张图"、实施监督信息系统建设、强化规划监测评估预警、作好近期规划安排等方面，提出规划实施的激励和约束机制。

> **知识链接 3-1**
>
> **不同层级国土空间规划编制重点内容**
>
> 国家级国土空间规划的重点内容主要包括：①体现国家意志导向，维护国家安全和国家主权，谋划顶层设计和总体部署，明确国土空间开发保护的战略选择和目标任务。②明确国土空间规划管控的底数、底盘、底线和约束性指标。③协调区域发展、海陆统筹和城乡统筹，优化部署重大资源、能源、交通、水利等关键性空间要素。④进行地域分区，统筹全国生产力组织和经济布局，调整和优化产业空间布局结构。⑤合理规划城镇体系，合理布局中心城市、城市群或城市圈。⑥统筹推进大江大河流域治理，跨省区的国土空间综合整治和生态保护修复，建立以国家公园为主体的自然保护地体系。⑦提出国土空间开发保护的政策宣言和差别化空间治理的总体原则。省级国土空间规划的重点内容主要包括：①落实国家规划的重大战略、目标任务和约束性指标。②提出省域国土空间组织的空间竞争战略、战略性区位、空间结构优化战略、空间可持续发展战略和解决空间问题的"一揽子"战略方案。③合理配置国土空间要素，划定地域分区，突出永久基本农田集中保护区、生态保育区、旅游休闲区、农业复合区等功能区；提出省域内重大资源、能源、交通、水利等关键性空间要素的布局方案；坚持历史文化和风貌特色保护。④加强国土空间整治修复。⑤强化国土空间区际协调。⑥制定规划实施保障

政策。市级国土空间规划的重点内容主要包括：①落实国家级和省级规划的重大战略、目标任务和约束性指标，提出提升城市能级和核心竞争力、实现高质量发展和创造高品质生活的战略指引。②确定市域国土空间保护、开发、利用、修复、治理总体格局，构建"多中心、网络化、组团式、集约型"的城乡国土空间格局。③确定市域总体空间结构、城镇体系结构，明确中心城市性质、职能与规模，落实生态保护红线，划定市级城镇开发边界和城市周边基本农田保护区。④落实省级国土空间规划提出山、水、林、田、湖、草等各类自然资源保护、修复的规模和要求，明确约束性指标。⑤统筹安排市域交通等基础设施布局和廊道控制要求，明确重要交通枢纽地区选址和轨道交通走向；提出公共服务设施建设标准和布局要求；统筹安排重大资源、能源、水利、交通等关键性空间要素。⑥对城乡风貌特色、历史文脉传承、城市更新、社区生活圈建设等提出原则要求。⑦在总体规划中提出分阶段规划实施目标和重点任务，明确下位规划需要落实的约束性指标、管控边界和管控要求。⑧建立健全从全域到功能区、社区、地块，从总体规划到专项规划、详细规划，从地级市到县（县级市、区）乡（镇）的规划传导机制。县级国土空间规划的重点内容主要包括：①落实国家和省域重大战略决策部署、发展战略，落实省级和市级规划的目标任务和约束性指标，明确未来空间发展定位和发展方向。②确定全域镇村体系、村庄类型和村庄布点原则；确定全域国土空间规划分区及其准入规则，统筹、优化和确定"三条控制线"等空间控制线，明确管控要求。③明确重要交通枢纽地区选址和轨道交通走向；提出公共服务设施建设标准和布局要求；对城乡风貌特色、历史文脉传承、城市更新、社区生活圈建设等提出原则要求。④确定城镇开发边界内集中建设地区的功能布局，设置存量建设用地更新改造规模、地下空间开发利用等指标，划定县级集建区"五线"（蓝线、绿线、紫线、红线、黄线）。⑤明确国土空间生态修复目标、任务和重点区域，安排国土综合整治和生态保护修复重点工程的规模布局和时序。⑥划定乡村发展和振兴的重点区域，提出优化乡村居民点空间布局的方案。⑦因地制宜划定国土空间规划单元，明确单元规划编制指引。⑧明确国土空间用途管制、转换和准入规则，完善规划实施措施和保障机制。乡镇级国土空间规划的重点内容主要包括：①落实县级规划的战略、目标任务和约束性指标，确定不同时段的发展定位和发展方向。②统筹生态保护修复，制定国土空间整治和生态修复项目规划。③统筹耕地和永久基本农田保护，统筹耕地和其他农用地的空间分布，优化农用地空间格局。④统筹农村住房布局，加强规划设计，合理确定农民住房规模、选址、强度、风貌等。⑤统筹产业发展空间。制定乡村产业发展和新型业态发展规划，明确产业发展方向，制定村庄禁止和限制发展产业目录。⑥统筹基础设施和基本公共服务设施布局。⑦制定乡村综合防灾减灾规划。⑧统筹自然历史文化传承与保护，划定乡村建设的历史文化保护线。⑨根据需要因地制宜进行国土空间用途编定，制定详细的用途管制规则。

3.3.3 成果提交阶段

成果提交阶段是国土空间规划编制的最终阶段。国土空间规划编制成果主要包括规划文本、规划图集、规划说明、专题文本、数据建库以及其他材料等。

国土空间规划文本是具有法律效力的核心文件，其内容涵盖规划文本、规划说明、专题研究报告及规划表格等组成部分。其中，规划文本需强制纳入资源环境承载能力与国土空间开发适宜性评价（"双评价"）报告、规划说明以及人大审议意见，作为法定附件以保障规划的权威性；同时，可根据实际需求选择性提交专题研究报告（如生态修复、产业发展等专项研究）、部门协调意见、公众参与记录及专家论证意见，以补充规划的完整性与科学性。规划文本的主体内容由五部分构成：①通过现状分析明确国土空间资源禀赋与开发潜力；②以规划总则界定目标、原则与实施范围；③提出国土空间发展战略以统筹保护与开发格局；④通过管控体系，划定"三区三线"并制定分区分类规则；⑤以实施措施衔接规划传导、监测评估及近期行动计划，确保规划从目标到落地的系统性。

规划图集由规划成果图、基础分析图、评价分析图三类构成。规划成果图主要包括国土空间总体规划图、主体功能分区图等；基础分析图主要包括地形地貌图、土地利用现状图等；评价分析图主要包括生态保护重要性评价结果图、农业生产适宜性评价结果图等。

规划说明是对国土空间规划成果的具体阐释和分析，侧重规划决策的编制基础、技术分析等内容，是规划实施过程中配合规划文本与规划图件使用的重要参考。

规划数据库是国土空间规划成果数据的集合，是国土空间信息平台的支撑内容，也是链接空间规划成果与信息平台的纽带。

本 章 小 结

（1）国土空间规划体系主要包括"五级三类四体系"。从规划运行方面来看，分为规划编制审批体系、规划实施监督体系、法规政策体系和技术标准体系；从规划层级方面来看，主要包括国家级、省级、市级、县级、乡镇级国土空间规划；基于规划的内容，主要包括总体规划、详细规划、相关专项规划。

（2）国土空间规划编制过程中主要遵循战略性、科学性、协调性和操作性等原则。其中，战略性体现落实国家安全战略、区域协调发展战略和主体功能区战略；科学性坚持生态优先，尊重自然、经济和社会规律；协调性统筹和综合平衡各相关专项领域的空间需求；操作性明确各级政府对规划编制和管控要点，确保规划能用、管用、好用。

（3）国土空间规划编制的规范范围包括陆域和管辖海域；规划期限一般为15年，以5年为一期。

（4）国土空间规划编制的一般工作程序主要有三个阶段：基础准备阶段、方案编制阶段、成果提交阶段。其中，基础准备阶段包括前期准备与基础调研、现状评价和风险评价、专题研究；方案编制阶段包括明确战略目标与任务、优化开发保护格局、基础设施与资源要素配置、国土综合整治与生态修复、规划实施与政策保障等；成果提交阶段包括对规划文本、规划图集、规划说明、专题文本、数据建库以及其他材料等的提交与上报。

关键术语：国土空间规划体系、规划编制方案、规划编制原则、规划编制范围与期限、规划编制工作程序

复习思考题

（1）阐述国土空间规划体系。
（2）论述不同层级国土空间规划特点。
（3）阐述国土空间规划编制的工作程序。
（4）试述国土空间规划方案编制的重要性。
（5）论述不同层级国土空间规划方案编制阶段重点内容异同点。

第 4 章　资源环境承载力与适宜性评价

本章导读：

每个地区的资源环境承载能力是有限度的，与之相适合的开发建设活动也是不同的。在生态环境极其脆弱的区域开展高强度开发活动，或者在农业生产潜力极高的地区进行城市建设，都会导致严重的环境恶果和经济损失。要实现经济、社会、资源和环境可持续发展，实现国土空间开发整体效益最大化，就必须摸清国土空间开发的本底条件，也就是认清每个地区的资源环境承载能力和国土空间开发适宜性，对区域进行资源环境"最大负荷"承载力以及国土空间开发适宜性的评价，在这个基础上描绘规划的蓝图。因此，对于资源环境承载能力与国土空间开发适宜性评价的理论和方法学习是非常有必要的。本章围绕相关问题进行了阐述。

重点问题：

- "双评价"的发展历程
- "双评价"的主要内容
- "双评价"的一般程序
- "双评价"成果在国土空间中的应用

4.1　"双评价"概述

4.1.1　"双评价"的发展历程和概念

1. 资源环境承载能力的内涵发展

自提出起，资源环境承载能力的概念经历了"生态承载力—资源承载力—环境承载力—资源环境承载力"的发展过程[1]（表 4-1）。20 世纪 50 年代之前，在最初的"生态承载力"研究阶段，其探讨的是区域生物种群的最大存活数量；20 世纪 60~70 年代，承载力开始关注资源和人口之间的关系，探究自然资源能养活的最大人口量，也就是"资源承载力"；20 世纪 70 年代以后的"环境承载力"则考虑了人口与环境的关系，探究了区域环境所能承受的人类活动阈值；20 世纪 90 年代以后，承载力不再局限于"资源-人口"或"环境-人口"，而是拓展到了"资源-环境-人类活动"，演变为"资源环境

---

[1] 封志明，李鹏. 承载力概念的源起与发展：基于资源环境视角的讨论. 自然资源学报，2018，33（9）：1475-1489.

承载力"，探究资源环境对人类活动的最大负荷。在新时代国土空间规划背景下，承载力有了新的内涵，即面向全域的资源环境要素对人类活动的最大负荷。究其本质，资源环境承载能力是自然系统与人类社会系统两者互相作用形成的结果，是衡量两者之间协调关系的指标。

表 4-1　资源环境承载能力概念的发展历程

时间	概念名称	核心问题	具体内涵
20 世纪 50 年代之前	生态承载力	土地所能承载的最大生物量	特定栖息地所能最大限度承载某个物种的最大种群数量，且不对所依赖的生态系统构成长期破坏并减少该物种未来承载相应数量的能力
20 世纪 60~70 年代	资源承载力	资源所能承载的最大人口量	在一定生产条件和生活水平下，自然资源所能持续承载的人口限度
20 世纪 70 年代以后	环境承载力	环境容纳特定活动的能力	在某一时期、某种状态或条件下，某地区的环境所能承受的人类活动的阈值
20 世纪 90 年代以后	资源环境承载力	资源环境要素对人类活动的最大负荷	基于一定发展阶段、经济技术水平和生产生活方式，一定地域范围内资源环境要素能够支撑的农业生产、城镇建设等人类活动的最大规模

1）基于生态视角的"生态承载力"

承载力最初是力学术语，指在不产生破坏的前提下，物体能够承受的最大负荷。在承载力的众多衍生概念中，基于生态学视角的承载力，即生态承载力（ecosystem carrying capacity，ECC）较早受到关注。目前，最早可追溯到 1880 年在美国 *Science* 杂志上发表的《新西兰的适应环境》（*Acclimatization in New Zealand*），文章对有关特定环境条件下某种个体存在数量最高极限进行了讨论[①]。这可能是学术界最早考虑封闭陆域环境下土地所能承载的最大生物量的能力。此后，在《美国农业部年鉴》（*Yearbook of the United States Department of Agriculture*）中，也报道了 J. S. Cotton 在美国西部的主要牧场进行的牧群养殖过载调查[②]，其中报告采用了"carrying capacity"这一术语。

1921 年，生态承载力的概念首次由 Hawden 与 Palmer 确切阐述，即指"在某一种特定的环境条件下，某种生物个体所存在可能数量的最高极限"。1922 年，Hawden 和 Palmer 基于在美国阿拉斯加州对驯鹿种群数量变化的观察研究[③]，提出了针对草场生态系统的承载力概念，即"草场上可以支持的不会损害草场的牲畜的数量"。此后，许多学者也提出了自己对生态承载力概念的见解，尽管概念在表述上不尽相同，但其所表达的内涵大同小异。综合来看，生态承载力可定义为特定栖息地所能最大限度承载某个物种的最大种群数量，且不对所依赖的生态系统构成长期破坏并减少未来承载该物种相应数量的能力。生态

---

① Thomson G M. Acclimatization in New Zealand. Science, 1886, ns-8 (197): 426-430.
② United States Department of Agriculture (USDA). Yearbook of the United States Department of Agriculture, 1906.
③ Hadwen S, Palmer L J. Reindeer in Alaska. Washington D. C. : Government Printing Office, 1922.

承载力被视为可反映区域土地总面积与物种有机体之间特征的函数[1]。在相同条件下，区域土地总面积越大，其生态承载能力越强。

2) 基于人口与资源关系视角的"资源承载力"

承载力概念提出一个世纪以后（1940年后），承载体依旧为自然系统。然而，当承载的研究对象由生物体或自然系统上升到人类（或人口量）时，基于人口与资源关系的资源承载力的概念应运而生，其突出代表为土地（资源）承载力。

人口承载力最早由 Aldo Leopold 于 1943 年提出[2]，起初该概念所表达的内容依旧维持在生态承载力层面，即单位面积上能容纳多少人（不考虑粮食支持），而并非指单位面积或区域自然资源所能承载或养活的人口数量。此后，Vogt 的《生存之路》（*Road to Survival*）[3] 与 Ehrlich 的《人口爆炸》（*The Population Bomb*）[4] 产生了较大的影响力。其中，Vogt 较早给出了土地承载力的概念方程式，即 $C = B : E$（式中，C 为一定土地面积的负载能力；B 为生物潜力；E 为环境阻力）。

真正意义上的资源承载力的定义，最早形成于 1949 年 Allan 在非洲农牧业的研究[5]，即土地承载力研究。同时，Allan 也给出了土地承载力的计算公式，即 $A = 100 \times C \times L/P$（式中，$A$ 为人均土地面积；C 为种植因子；L 为某一时间上的人均种植面积；P 为不同土地/土壤类型的种植比重）。

1986 年，中国科学院自然资源综合考察委员会提出土地承载力是"在一定生产条件下土地资源的生产力和一定生活水平下所承载的人口限度"，就此开创了我国土地承载力相关研究的先河[6]。中国科学院自然资源综合考察委员会还牵头开展了"中国土地资源生产能力及人口承载量研究"，认为我国土地理论的最高人口承载量可能是 15 亿~16 亿人，并且在相当长的时期内将处于临界状态[7]。总的来说，从传统意义上讲，土地承载力的研究实质上是围绕"耕地–粮食–人口"而展开的，即以耕地为基础，以粮食为中介，以人口容量的最终测算为目标。

3) 基于人口与环境关系视角的"环境承载力"

自然资源与自然环境互为孪生兄弟，因角度不同而从属两个不同概念[8]。基于人口与环境关系的环境承载力概念既是对资源承载力的逆向思考，也是对生态承载力、资源承载力研究内涵的拓展。此外，生态承载力与资源承载力的早期研究主要是立足于陆地生态系统[9]，而环境承载力研究则延伸至水域（含海洋）生态系统[10]。与资源承载力侧重描述资

---

[1] Daily G C, Ehrlich P R. Population, sustainability, and earth's carrying capacity. BioScience, 1992, 42 (10): 761-771.
[2] Leopold A. Wildlife in American culture. The Journal of Wildlife Management, 1943, 7 (1): 1-6.
[3] Vogt W. Road to Survival. New York: William Sloan, 1948.
[4] Ehrlich P R, Ehrlish A. The Population Bomb. San Francisco: Sierra Club/Ballantine Books, 1968.
[5] Allan W. Studies in African Land Usage in Northern Rhodesia. Cape Town: Oxford University Press, 1949.
[6] 陈念平. 土地资源承载力若干问题浅析. 自然资源学报, 1989, 4 (4): 371-380.
[7] 石玉林, 李立贤, 石竹筠. 我国土地资源利用的几个战略问题. 自然资源学报, 1989, 4 (2): 97-105.
[8] 封志明. 资源科学导论. 北京: 科学出版社, 2004.
[9] Thomson G M. Acclimatization in New Zealand. Science, 1886, 8 (197): 426-430.
[10] Cairns J R J. Aquatic ecosystem assimilative capacity. Fisheries, 1977, 2 (2): 5-7.

源（如土地、水）的人口承载能力不同，环境承载力在关注区域最大人口数量的同时，还着重关注与之相应的经济规模及人类生存与经济发展对环境空间占用、破坏与污染的耐受能力与同化能力（assimilative capacity）[1]。

20世纪30年代就有"environmental carrying capacity"偶见于相关研究文献，但其概念内容仍停留在生态学意义上的承载力，有时与资源承载力难以区分。20世纪70年代以来，全球的环境破坏与污染问题，促使环境科学领域的科学家、环保人士与团体更加自信地使用"环境承载力"这一概念[2]。在科学研究层面，正是由于工业革命吹响了世界工业化与城市化的号角，人口大量涌入的集中区——城市面临一系列环境问题，为环境承载力概念的提出与实证研究提供了沃土[3]。国外有关环境承载力的定义出现在1985年前后，认为环境承载力是环境的一种属性，其定义为容纳特定活动的能力，而不造成难以接受的影响[4]。在国内，较为严格的"环境承载力"概念最早出现在北京大学于1991年完成的《福建湄洲湾开发区环境规划综合研究总报告》中，将其定义为"在某一时期、某种状态或条件下，某地区的环境所能承受的人类活动的阈值"。

事实上，由于资源与环境的对立有机关系，环境承载力在指区域环境系统对人口-经济活动的支持或承受能力时，与资源承载力概念非常接近。只有当环境承载力在表达区域环境系统的同化能力、纳污容量或现有人口-经济规模对区域环境容量的影响时，环境承载力才有别于资源承载力。

4）基于"人-资源-环境"视角的"资源环境承载力"

作为承载力派生出的综合性概念，资源环境承载力的形成大致始于20世纪90年代前后，是基于人类社会可持续发展这一目标提出的，代表性事件为1987年2月世界环境与发展委员会出版的《我们共同的未来》（*Our Common Future*）与1992年6月联合国环境与发展大会通过的《里约环境与发展宣言》（*Rio Declaration*）和《21世纪议程》（*Agenda 21*）。1990年以来，全球可持续发展的理念促使资源环境承载力真正从概念、理论、科学研究走向管理实践，成为可持续发展的基础与核心内容之一。资源环境承载力关注地球系统内的人-资源-环境等问题，认为"自然资源-社会经济-生态环境"是相互联系、相互作用、相互制约的一个整体，其对承载力的理解也更系统，更具综合性。一般认为资源环境承载力是从分类到综合的资源承载力与环境承载力的统称。

2019年5月9日印发的《若干意见》指出，"双评价"是国土空间规划编制的前提和基础。在国土空间规划中，资源环境承载能力更强调其现实意义。首先，映射在空间上的社会系统具有开放性和流动性，人口的跨区域迁徙决定了社会经济要素也具有相当程度的流动性。同时，大部分自然资源要素和环境要素也具有区域间的流动性，这就决定了在判

---

[1] Arrow K, Bolin B, Costanza R, et al. Economic growth, carrying capacity, and the environment. Science. 1995, 268 (5210): 520-521.

[2] Pearce D. The limits of cost-benefit analysis as a guide to environmental policy. Kyklos, 1976, 29 (1): 97-112.

[3] Huang S L, Chen C W. A system dynamics approach to the simulation of urban sustainability. WIT Transactions on Ecology and the Environment, 1999, 34: 1-10.

[4] Portmann J E, Lloyd R. Safe use of the assimilative capacity of the marine environment for waste disposal—Is it feasible? Water Science and Technology, 1986, 18 (4/5): 233-244.

断承载力的过程中，区域和范围成为决定性要素。此外，水资源、大气资源、各种形态的污染物都是在区域间流动的，使得权力责任关系的区域界定尤为重要。其次，与自然生态系统不同，人类社会具有差异性和动态性，不同地区的经济社会发展水平导致了资源需求水平、环境干预水平和生态需求水平等也存在差异，同时这些要素还在随时间不断变化，这表明不能以单一的农业生产作为人口容量的判断依据，而是要综合各因素并发现地区特定的短板。最后，人类社会与自然资源与环境是相互作用的，人类不只扮演着消费者的角色，随着技术的发展，如可再生能源的开发利用，人类也在一定程度上影响着自然资源和环境。

自然资源部发布的《资源环境承载能力和国土空间开发适宜性评价技术指南（试行）》（以下简称《技术指南》），为"双评价"提供了科学的指导。基于国土空间规划中资源环境承载能力的特点，《技术指南》给出了资源环境承载能力的定义，认为资源环境承载能力是"基于一定发展阶段、经济技术水平和生产生活方式，一定地域范围内资源环境要素能够支撑的农业生产、城镇建设等人类活动的最大规模"。

纵观资源环境承载能力的发展历程，由于研究和认识的深度不同，其概念内涵也有所不同。在作为科学研究中的特定概念提出之前，承载力就如同地球重力一样，是一种客观存在的自然属性。作为一种"力"的概念，承载力最初诞生于工程机械领域，但却在生态学、地理学、资源科学与环境科学等地球学科中得到了持续的发展。现如今，资源环境承载能力已经不是单要素的单一评价，而是包含人类所有活动、涵盖多个领域、涉及多个学科的综合性评价，已成为区域可持续发展的重要科学判据之一。

因此，概括来说，资源环境承载能力主要指"在某一时期、某种状态或条件下，区域资源环境所能承受的农业生产、城镇建设等人类活动的最大限度，除了包括区域资源环境所能承受的一定生活水平的人口数量之外，还包括该区域以资源环境为活动对象的经济、生产、建设等规模的承载，涵盖时间、区域、经济、环境等的各种约束因素"。

知识链接 4-1

资源环境承载力评价

进入 21 世纪后，我国的资源环境承载力评价开始应用于空间规划编制之中[1]。例如，2002 年天津国土规划试点中开展了资源环境承载力评价；2007 年国务院要求以资源环境承载能力为基础编制主体功能区规划；2010 年启动的《全国国土规划纲要》编制工作也将资源环境承载力作为重要科学基础。2008 年汶川发生特大地震后，中央要求根据资源环境承载力评价，编制灾后重建规划，指导灾区恢复重建工作。此后的玉树、舟曲、芦山等灾后恢复重建工作也都把资源环境承载力作为重要基础和依据。

---

[1] 郝庆，邓玲，封志明. 国土空间规划中的承载力反思：概念、理论与实践. 自然资源学报，2019，34（10）：2073-2086.

2. 国土空间开发适宜性的内涵发展

国土空间开发适宜性是由土地适宜性发展而来的。早期，为了确定土地税收提出了土地适宜性评价的概念；20世纪60年代，许多国家为了合理利用土地开展了土地调查，土地适宜性评价有了进一步的发展，土地研究开始从土地清查走向真正的土地评价，土地评价开始为土地利用规划服务；20世纪80年代以后，由于学科间的交叉渗透与"3S"技术的快速发展，土地适宜性评价向综合化、定量化、精确化的方向发展；新时代国土空间规划背景下，随着生态文明建设的深入推进，提出了国土空间开发适宜性评价的概念，其内涵涵盖了生态保护、农业生产、城镇建设的多种功能领域，重点关注土地空间属性与特定开发方式需求之间的匹配程度（表4-2）。

表4-2 国土空间开发适宜性评价的发展历程

时间	代表性研究	国家（组织）	主要特征
20世纪30年代	《农地评价条例》	德国	用于确定税收
	斯托利指数分级	美国	
20世纪60年代	土地潜力分类系统	美国	开始以合理利用土地为目的
	土地生成分类	苏联	
20世纪70年代	《土地评价纲要》	FAO	为土地利用规划服务
20世纪80年代以后	《可持续土地利用纲要》	FAO	多学科交叉研究和"3S"技术应用
	决策支持系统	巴西	
新时代国土空间规划背景下	《资源环境承载能力和国土空间开发适宜性评价技术指南（试行）》	中国	关注土地空间属性与特定开发方式需求之间的匹配程度

1）基于税收目的

土地适宜性评价最初是为了确定土地税收而开展的。这个阶段的土地适宜性指的是农业土地适宜性，主要评价土壤对农业生产的适宜程度。19世纪，俄罗斯的恰耶夫在当地政府的支持下对黑钙土地区进行了考察和鉴定，目的就是确定土地税收。英国土壤学家道库恰耶夫在1877年开展了土地评价工作。德国财政部在1934年提出了《农地评价条例》。美国在1937年提出了斯托利指数分级也是为了增加国家的农业税。

2）基于合理利用土地目的

1961年，美国农业部土壤保持局（现为自然资源保护局）正式颁布了土地潜力分类系统，这是世界上第一个较为全面的土地评价系统。1967年，麦克哈格正式提出了土地生态适宜性评价办法，旨在强调对土地的合理利用。20世纪60年代，加拿大和英国土壤调查局相继推出了各自的土地潜力分类系统。英国的土地潜力分类系统较为全面，将土地对农业生产的限制性分为了七个等级，并规定了限制性因素值。澳大利亚的土地适宜性评价也是从最初的土地调查和土地潜力评价发展而来的。20世纪60年代末期，苏联对土地生产进行了等级分类，包括土地类、土地等、土地级和土地种，实际上它们都属于土地适宜性评价。这一时期，土地评价都是结合土地清查而进行的，评价考虑的是土地自然属性的变化，未涉及社会经济条件和技术因素的变化，未能指出土地对特定作物的适宜性和土地的最佳利用方式。

3) 基于土地利用规划目的

20世纪70年代，随着更广泛的资源调查和遥感等技术手段的应用，土地研究开始从土地清查走向真正的土地评价。1976年，联合国粮食及农业组织（FAO）制定了《土地评价纲要》，提出了从适宜性角度对土地进行定级，分为纲、类、亚类和单元四级，明确提出了土地评价为土地利用规划服务。土地评价从一般目的的土地评价转向特殊目的的土地评价，评价结果不仅揭示了土地的生产潜力，更重要的是针对某种土地利用方式来进行，反映了土地的最佳利用方式和适宜程度。

4) 适宜性与土地潜力评价相结合

20世纪80年代，由于学科间的交叉渗透与横向移植以及计算机的广泛应用，土地适宜性评价逐渐向综合化、定量化、精确化的方向发展。加拿大的杜曼斯基和斯图尔特发展了FAO的农业生态区计划方法，用来预测加拿大作物生产潜力并测算土地对各种作物的适宜性。20世纪90年代以后，各国的土地适宜性评价，实际上已形成适宜性评价与土地潜力评价的结合。

5) 新时代的"国土空间开发适宜性"

国土空间开发适宜性的概念来源于"土地适宜性"。基于多因素综合的国土空间开发适宜性评价主张国土空间是一个由资源、环境、社会等要素在内的集成系统，任何国土空间开发方式和功能都基于这个复杂的、集成的、多元的系统。国土空间开发适宜性是国土空间内多种因素对某项国土开发活动共同作用的结果，从本质上关注的是土地空间属性与特定开发方式需求之间的匹配程度，是特定开发建设活动带来生态、灾害风险以及潜在的社会经济效率与损失。因此，国土空间开发适宜性侧重从宏观角度判断国土空间承载城镇化、工业化开发等社会经济活动过程中地域功能的适宜程度，其本质上仍然是以土地为实体，是对土地潜力评价的深化与拓展。自然资源部国土空间规划局发布的《资源环境承载能力和国土空间开发适宜性评价技术指南（试行）》对国土空间开发适宜性进行了术语定义，即"在维系生态系统健康前提下，综合考虑资源环境要素和区位条件，特定国土空间进行农业生产、城镇建设等人类活动的适宜程度"。这是目前形成的共识概念。

根据以上对国土空间开发适宜性发展历程的分析可以得出，国土空间开发适宜性是随着现实的需要和研究的深入而不断发展的，其概念内涵也日趋完善和准确。从最初以税收为目的到现在以服务国土空间规划编制为目的，国土空间开发适宜性评价已经不是单纯地针对土地的农业生产适宜性的评价，而是包含了农业生产、城镇建设、生态保护等多个领域的综合性评价。因此，可以对国土空间开发适宜性作如下定义，国土空间开发适宜性是指"综合考虑区域生态环境、资源条件、人口经济、发展基础与潜力等多种因素来判断区域内不同的开发保护利用方式的适宜性程度"。

> **知识链接 4-2**
>
> **土地适宜性评价**
>
> 我国综合性的土地适宜性评价始于 20 世纪 70 年代后期，为建立适合中国国情的土地评价系统，评价的范围已由荒地发展到整个农用地。这个时期主要形成了两个全国性的土地评价系统。一个是全国第二次土壤普查所采用的土地评价系统，另一个是《中国 1∶100 万土地资源图》。全国第二次土壤普查所采用的土地评价系统根据土地的适宜性和限制性，将全国的土地分为 8 级。随着级别增高，土地适宜性降低，而限制性增强。在这个评价体系的基础上，我国完成了全国第二次土壤普查任务。《中国 1∶100 万土地资源图》由中国科学院自然资源综合考察委员会编制，是一个土地资源分类系统，采用 5 级分类制，即土地潜力区、土地适宜类、土地质量、土地限制型和土地资源单位。把全国划分为 9 个土地潜力区、8 个土地适宜类和 10 个土地限制型。这是我国第一套全面系统反映土地资源潜力、质量、类型、特征、利用的基本状况及空间组合与分布规律的大型小比例尺专业性地图。

4.1.2 "双评价"的目的意义

1. "双评价"是科学、系统、全面认知我国自然地理特征和发展格局演变规律的必然途径

我国战略性自然资源的人均占有量少，自然条件区域差异大。据测算，我国人均后备适宜建设用地面积仅为 0.32 亩[①]/人；人均可利用水资源南多北少，水资源短缺成为很多北方地区发展瓶颈。此外，部分地区生态系统十分脆弱，区域自然生态系统一旦破坏，就难以恢复甚至无法恢复。

因此，亟需开展"双评价"工作，摸清我国国土资源环境的本底条件，做好规划的基本功。"宜水则水、宜山则山，宜粮则粮、宜农则农，宜工则工、宜商则商"，充分发挥各区域的比较优势，实现国土空间整体综合效益的最大化。

2. "双评价"为可持续发展提供科学基础和决策支撑，直面我国建设发展中存在的问题和突出的短板

长期以来，以牺牲资源环境为代价换取经济快速发展成为我国区域发展的主导模式。尤其是在 21 世纪初期中国快速发展的 10 年，我国天然林面积减少了 10.3%，自然海岸线长度减少了 10.7%，这直接影响了陆海生态系统的健康发展，加剧了区域生态安全的风

---

① 1 亩 ≈ 666.76 m²

险。资源错配、不合理的开发利用使得的生态保护形势严峻、资源约束趋紧、环境污染严重成为当前面临的紧要问题。

在生态文明建设的新时代，人民日益增长的美好生活需要表现为对建设美丽中国、建设人与自然和谐共生的现代化、增加优质生态产品供给的诉求以及对形成节约资源和保护环境的空间格局、产业结构、生产方式、生活方式的要求。大量消耗资源环境虽然能在短期内实现区域经济快速提升，但在无形之中也付出了许多高额代价。通过"双评价"对发展中存在的诸多问题和突出短板进行全面系统的探查，加大产业结构布局调整，优化国土空间开发布局与开发秩序，有利于协调区域发展，提高资源利用效率和效益，逐步实现产业与资源供给和需求相适应的开发格局，形成资源节约、结构合理、环境友好的发展模式。

3. "双评价"科学指导区域国土空间开发，推动国土空间高质量发展

开展"双评价"，有利于提高对国土空间合理开发的科学认知，全面掌握国土空间在开发过程中土地承载力、资源环境容量、开发强度、开发潜力及空间分布特点等。通过划分区域国土空间开发适宜性等级，明确开发优势、预期开发方向及制约因素，科学指导国土空间的开发时序、开发内容、开发规模及开发程度，从而保障区域国土空间开发的合理性和科学性。

高质量发展是符合生态文明要求的发展，是在发展中以人与自然和谐共生为前提，尊重自然规律，强调环境保护，在关注经济效益和社会效益的同时注重发展的生态效益。《生态文明体制改革总体方案》确立了以国土空间开发保护制度为核心的生态文明制度，建设美丽家园、打造高品质国土、形成有序空间结构、营造优越人居环境成为国土空间规划的基本要求和工作重点。兼顾自然地理要素和空间发展要素的"双评价"，以可持续发展理念为基础，通过全面客观地审阅国土空间开发状况，形成一系列具有控制性作用的关键参数；在推动开发类空间转型优化的同时，给保护类空间以强有力的保障，是国土空间规划满足新时期区域发展要求的必然选择。

4. "双评价"为优化区域空间布局提供基础依据，是符合国土空间规划科学编制基本规范的技术举措

以区域资源环境禀赋为前提，结合区域空间开发实际，根据区域不同功能及适宜性等级，科学划分鼓励类、限制类和禁止开发类区域。在此基础上，合理确定各区域功能导向，提出国土空间开发新途径，合理布局建设空间，合理安排区域产业空间，为产业结构调整、空间布局优化、土地科学管理提供解决方法及基础依据。

"双评价"作为国土空间规划编制的参考依据和基础性工作，不仅能够为规划编制提供基础底图、确定关键参数，同时还可用于规划实施的动态评估，对规划的实施状况及区域承载力和开发适宜性的变化情况进行监测评估。"双评价"给出的控制性约束参数，可以通过功能降尺度传导实现自上而下的规划管控，将不同层级的规划有机衔接形成统一体系。

4.1.3 "双评价"的原则

"双评价"基于底线约束思想，评价成果科学可靠，符合区域特点，能够服务于未来土地资源的开发规划。遵循评价的原则是完成评价任务，确保评价成果科学有效的重要保障。关于"双评价"的原则，不同的学者看法有所不同。但总体看来，基本意思相差不大。归纳起来，关于"双评价"的原则主要有以下几点：

1）生态优先

以习近平生态文明思想为指导，坚持最严格的生态环境保护制度、耕地保护制度和节约用地制度。突出生态保护功能，识别生态系统服务功能的重要区域，确保生态系统完整性和连通性，坚守生态安全底线，以实现未来区域的可持续发展。

2）科学客观

从实际情况出发，充分考虑区域的资源环境要素，客观全面地评价区域资源环境禀赋条件、开发利用现状及潜力，确保评价结果的真实性和科学性。从选取评价指标到指标权重的确定、涉及有关的计算与合成都要以行业认可的科学性方法作为依据，尽可能全面地反映研究区域的真实情况。数据来源也应保证准确，指标易于获取且保证相关单位统一，做到指标数据便于量化，从而保证后续评价过程的顺利进行。

3）因地制宜

决定和影响"双评价"的各个要素遵循特定的地域分布规律，在空间上形成了千差万别的人地关系。因此，在强化资源环境底线约束的同时，应该充分考虑区域和尺度差异，精选能够体现区域特点的代表性指标。结合本地实际和地域特色，因地制宜地确定评价要素与指标，优化评价方法，细化分级阈值。

4）简便实用

国土空间开发越来越重视其综合性、科学性与实用性。评价应广泛运用到国土空间开发和资源保护、国土规划编制、国土综合整治、地质环境保护、能源矿产、旅游、经济社会等各个领域，提高区域国土资源环境管理决策的科学性。因此，要抓住解决实际问题的本质和关键，强化目标、问题和操作导向，科学客观地反映评价对象的客观实际情况，确保评价结果在不同时期以及不同活动对象间均可适用，保证评价成果的科学性、管用性、好用性和适用性。

4.2 "双评价"的一般程序与主要内容

4.2.1 "双评价"的一般程序

对资源环境承载能力和国土空间开发适宜性进行辨析，可知它们是两个独立的概念，但又有紧密的联系。资源环境承载能力描述的是区域自然条件对生态保护的需求和对人类农业生产、建设开发的支撑能力，尺度上侧重区域性（可以是水系流域等自然地理区域，也可以是乡镇、县、省、国家等行政区域)。而国土空间开发适宜性则是具体到区域内某一具体地块（或网格单元）对生态保护、建设开发、农业生产等开发利用保护方式的适宜程度。"双评价"的最终出口，都要落实在用地适宜性分区、开发限制性分类和风险警示性分级上。二者之间的联系体现为对某一功能（生态功能、农业生产、建设开发）而言，区域资源环境承载能力高则区域内对应功能适宜性高的面积占比高，反之亦然。例如，某区域对建设开发的承载能力高，则该区域内可能有80%的地块单元适宜建设开发，20%的地块单元（湖泊、河流、山体、湿地等）不适合建设开发。

"双评价"需要有一套科学、系统、规范化的实施办法来保证评价工作顺利实施。评价工作涉及大量空间数据操作和复杂环节，易造成评价结果的错误。为此，评价过程需要有一种质量可控、可检查、可追溯的技术手段来对评价结果进行分析，以切实保证评价成果的可靠性。因此，应在充分搜集可靠数据的基础上，串联递进地开展"资源环境要素单项评价–资源环境承载能力集成评价–国土空间开发适宜性评价"综合分析，如果涉及海域，还将开展陆海统筹。即国土空间开发适宜性评价是在资源环境承载力评价基础上，通过综合考虑国土空间开发利用需求和发展方向，判断评估国土空间自然和社会条件对城镇开发、农业生产、生态保护三类利用方式的适宜程度。针对不同功能指向和评价尺度，采用差异化的指标体系，并进行全面分析。按照评价时间的先后顺序，其一般工作程序可以分为三个主要阶段：准备阶段、工作阶段、成果提交阶段。

1. 准备阶段

准备阶段是评价的开始阶段。结合同级国土空间规划编制需求，明确评价目标，合理制定评价工作方案，组建综合性与专业化相结合的多领域技术团队和专家咨询团队，明确责任分工、工作内容、进度安排等。开展具体评价工作前，应充分利用各部门、各领域已有相关工作成果，结合实地调研和专家咨询等方式，系统梳理当地资源环境生态特征与突出问题，在此基础上，确定评价内容、评价单元及核心指标，并开展相关数据资料收集工作。根据评价目标可以确定评价所要用的数据和资料，一般包括土地利用数据、自然地理数据、社会经济数据、规划数据等。数据资料收集要保证权威性、准确性和时效性，数据时间与同级国土空间规划要求的基期年保持一致，如缺失基期年相关数据，应采用最新年份数据，并结合实际进行适当修正。若市县层面缺乏优于省级精度数据，可直接应用省级评价结果。当下我国开展"双评价"工作在很大程度上受到数据精度和可靠性的制约。因此，开展"双评价"之前应通过数据筛选、转换、集成，构建可靠可比的基础数据库。

2. 工作阶段

这是"双评价"的主要阶段，具体的工作目标是识别生态保护极重要区（生态系统服务功能极重要区和生态极脆弱区），明确农业生产、城镇建设的最大合理规模和适宜空间。其内容包括评价单元划分、评价指标选取、资源环境承载能力集成评价和国土空间开发适宜性集成评价。

知识链接 4-3

资源环境承载能力和国土空间开发适宜性评价数据清单

2019年6月，自然资源部国土空间规划局编制的《资源环境承载能力和国土空间开发适宜性评价技术指南（试行）》中提到，数据收集应按照数据清单搜集评价所需的各类基础数据。数据内容按属性包括基础地理类、土地资源类、水资源类、环境类、生态类、灾害类和气候气象类数据（表4-3）。数据精度根据评价需要与要素属性确定，基础数据获取时应确保数据的权威性、准确性、时效性以及可获得性。其中，图形数据为GIS软件支持的矢量数据，统计数据一般为Access或Excel软件支持的表格数据。

表4-3　数据收集清单

类型	名称	精度要求	来源
基础地理类	省/市/县行政区划	—	自然资源部门
	省/市/县海域勘界数据（滨海地区）	—	
	地理国情监测数据（包括地表覆盖数据和地理国情要素）	优于或等于1∶1万	
	数字高程模型（DEM）	优于或等于1∶25万	
	遥感影像	优于2m	
土地资源类	第三次全国国土调查成果及年度变更数据（"三调"成果形成之前使用全国第二次土地利用调查2018年年度变更成果）	优于或等于1∶1万	自然资源部门
	农用地质量分等	1∶1万	
	海岸线利用现状调查数据	1∶5000	
	省/市土壤数据库（含不同土壤粒径百分比，土壤有机质含量百分比）	优于等于1∶100万	农业农村部门
水资源类	第二、第三次全国水资源调查评价成果	—	水利部门
	省/市近五年水资源公报	—	
	省/市水资源综合规划	—	
	四级或五级水资源流域分区图及多年平均水资源量	—	
	省/市/县用水总量控制指标	—	
	地下水超采区分布、多年平均地下水超采量（分深层和浅层超采量）	—	自然资源部门、水利部门
	地下水水位和水质（含矿化度）	—	
环境类	大气环境容量标准数据及其分级结果	5km×5km	生态环境部门
	各控制单元或流域分区水质目标	与控制单元或流域分区一致	
	省/市水（环境）功能区划	—	
	省/市/县历年环境污染物统计数据	—	
	省/市/县历年大气、水环境质量监测数据	—	
	土壤污染状况详细调查数据	—	
	省/市近五年环境质量报告书	—	

续表

类型	名称	精度要求	来源
生态类	植被覆盖度	30m	自然资源部门
	全国森林资源清查及年度变更数据	—	林业和草原部门
	森林、灌丛、草地（草甸、草原、草丛）、园地（乔木、灌木）、湿地、冰川及永久积雪等陆地生态系统，以及红树林、珊瑚礁、海草床、河口、滩涂、浅海湿地、海岛等海洋生态系统（滨海地区）空间分布	—	自然资源部门、林业和草原部门
	水土流失、土地沙化、石漠化、盐渍化、海岸侵蚀（滨海地区）等生态退化区域和强度分级	—	自然资源部门、水利部门、林业和草原部门
	一级、二级饮用水水源保护区分布	—	水利部门
	国家公园、自然保护区、自然公园、森林公园、风景名胜区、湿地公园、地质公园、海洋特别保护区等自然保护地分布	—	林业和草原部门
	国家重点保护物种、中国生物多样性红色名录及分布（含水生生物）	—	生态环境部门、林业和草原部门
	渔业种质资源保护区、重要鱼类产卵场、索饵场、越冬场及洄游通道（滨海地区）	—	农业农村部门
灾害类	地震动峰值加速度	—	应急管理部门
	活动断层分布图	—	自然资源部门
	地质灾害易发区数据（包括崩塌、滑坡、泥石流和地面沉降、矿山地面塌陷和岩溶塌陷等）	不低于1：10万	
	风暴潮灾害危险性（滨海地区）	—	
气候气象类	评价区及其周边气象台站站点坐标	—	气象部门
	多年平均风速、大风日数	涉及空间插值的数据精度，应与所使用的DEM一致	
	多年平均静风日数		
	多年平均降水量		
	多年日平均气温≥0℃活动积温		
	蒸散发		
	干燥度指数		
	多年月均气温（华氏温度）		
	多年月均空气相对湿度（%）		
	逐日平均风速		
	气象灾害数据（干旱、洪涝、低温寒潮等）	—	

1）评价单元划分

评价单元是"双评价"工作的基本单元，在评价单元内部认为其性质无差异性。土地评价是对各个土地评价单元的差异性进行综合分析，每个评价单元的评价结果进行综合即为土地评价结果。评价单元划分的依据是：评价对象的变异程度、评价目标的精度要求、土地调查所能达到的程度等。在选择评价单元时，既要保证评价单元内部各种性状尽量达到一致，又要在保证一致性的基础上尽可能地选择大的评价单元，以保证评价的经济性。目前，主要的评价单元划分方法有以土壤类型分类单元、土地利用现状图斑、行政单元（如行政村）、格网单元等为评价单元。土地评价工作者必须根据各方面的情况综合考虑，确定所采用的方法。

2）评价指标选取

评价因子的选择直接影响评价结论，应该根据评价对象和评价目的选择合适的因子和分级阈值。关键参数可以是资源环境瓶颈因素，也可以是社会经济因素，需要因地而异，进行进一步的细化和调整。例如，地形、降水量和生态系统类型等是影响生态环境的主要因素，因此这些因子应作为主要因素选入评价因子体系；坡度、表层土壤质地、降水量和气象灾害对农业生产有显著影响，因此这些因子应该作为评价土地对农业生产适宜性的主要因素；在城镇土地适宜性评价中，区位可达性、交通密度、土地自身特征等因子常被选入评价因素。同时，评价指标的选取需要考虑指标的动态变化，选取相对稳定的指标。

此外，选择合适的因子权重至关重要。权重反映度量参评因子的重要程度，越是重要的影响因子，其权重应该越大。由于权重结构和数值会直接影响评价结果的科学性和准确性，因此合理确定权重值也是一项关键步骤。确定权重的方法有：德尔菲法（专家打分法）、层次分析法（AHP）、因子分析权数法、主成分分析法、熵权法、标准离差法等。

3）资源环境承载能力评价

首先，按照评价对象和尺度差异遴选评价指标，从生态、土地资源、水资源、气候、环境、灾害、区位等自然要素分别开展单项评价。将评价结果与评价标准进行对比，分析原因并得出区域空间资源环境禀赋初步结论，总结区域资源环境的比较优势和存在的短板。

在单要素评价结果的基础上，基于现有经济技术水平和生产生活方式，以水资源、空间约束为主要约束，缺水地区重点考虑水平衡，分别评价各评价单元可承载农业生产、城镇建设的最大合理规模。各地可结合环境质量目标、污染物排放标准和总量控制等因素，评价环境容量对农业生产、城镇建设的约束要求。按照短板原理，取各约束条件下的最小值作为可承载的最大合理规模。

4）国土空间开发适宜性评价结果的计算

在资源环境承载能力评价的基础上，综合分析资源开发利用现状和生态环境状况，评价不同地域空间资源开发利用与生态环境保护存在的压力，进行生态保护区、农业区、城市地区等区域的专项评价和适宜性开发方向决策。此外，结合当地实际，可针对海洋资源、历史文化和自然景观资源等，开展必要的补充评价。

知识链接 4-4

《技术指南》中的"双评价"指标体系

2019 年 6 月，自然资源部国土空间规划局发布《技术指南》。《技术指南》提出的"双评价"流程方法在业内具有很强的权威性，也为资源环境承载力评价提供了科学的指导。《技术指南》评价统一采用 2000 国家大地坐标系（CGCS2000）和高斯—克吕格投影，陆域部分采用 1985 国家高程基准，海域部分采用理论深度基准面高程基准，从生态保护、农业生态、城镇建设三个维度进行评价（表 4-4）。首先进行单项评价，其次进行集成评价，最后进行结果的综合分析。

表 4-4 资源环境承载能力和国土空间开发适宜性评价指标体系表

功能指向	资源环境承载能力评价					
	土地资源	水资源	气候	生态	环境	灾害
生态保护	—	—	—	生态系统服务功能重要性、生态敏感性	—	—
农业生产	农业耕作条件：坡度、土壤质地	农业供水条件：降水量	农业生产气候条件：光热条件	盐渍化敏感性	农业生产环境条件：土壤环境容量	气象灾害风险：干旱、洪涝、寒潮等
城镇建设	城镇建设条件：坡度、高程、地形起伏度	城镇供水条件：水资源总量模数	城镇建设气候条件：舒适度	—	城镇建设环境条件：大气环境容量、水环境容量	灾害危险性：地震危险性、地质灾害易发性、风暴潮灾害危险性

资料来源：根据《技术指南》整理而成。

在单项评价中，总体技术路线是选取土地资源、水资源、气候、环境、生态和灾害六类要素，针对生态保护、农业生产、城镇建设三大功能指向和评价尺度，构建差异化的评价指标体系，确定三大功能指向的资源环境承载能力评价结果。集成评价在单要素评价结果的基础上，根据综合评价指数分别对生态保护、农业生产、城镇建设三类功能开展集成评价，综合集成评价结果对应三类功能对区域资源环境承载能力依次进行分级。其中，生态保护等级高值区应具备生态功能重要性或生态系统敏感性；而承载能力高值区应具备良好的水土资源基础、生态环境本底和较低的自然灾害约束。

知识链接 4-5

资源环境承载能力评价指标体系的构建方法

对资源环境承载能力进行定量评价，就要对影响资源环境承载能力的要素和指标因子进行选取，从而建立评价指标体系。兰利花和田毅[①]归纳了资源环境承载能力指标体系的构建方法（表4-5），将其主要分为四类：模型类、系统类、要素类和指令类。四种方法具有不同的适用条件和侧重点：模型类评价指标的建立必须以完备的模型基础和科学理论为支撑，是建立在完备模型基础上的评价，必须明确模型的架构和使用逻辑；系统类评价体系适用于多种系统交互作用下的承载，取决于系统的边界和交互作用的强度与规模，不适用于单一系统的评价；要素类评价指标体系的建立首先必须明确在承载体基础上被承载要素的组成和结构，从而以对承载要素的评价来反推和体现承载体的承载力大小；指令类评价指标体系需要考虑区域或领域政策导向和指令要求，主要以限制性约束条件进行评价指标体系的构建。现阶段评价指标体系的构建逐渐实现各种类型的有机结合，不再局限于单一类型的构建，如在区域政策指令引导下，考虑区域要素组成成分，通过构建科学系统结构选取合理的模型演替方法进行承载力评价。

表 4-5 资源环境承载能力指标体系构建方法

指标体系	构建方法	内涵
模型类	ECCO 模型	综合动态模拟方法，分析消耗和生产之间的关系
	PSR 模型	压力–状态–响应
	DPSI 框架	驱动力–压力–状态–影响–响应
	D-PSR-C	驱动力–压力–状态–响应–调控力
系统类	资源–环境–生态	侧重自然资源承载力，关注自然生态的原始保护
	自然–经济–社会	将自然承载状态加入人类的经济活动和社会影响
	生产–生活–生态	基于功能协同发展的国土空间保护
	本底–压力–预警	递进的评价维度，强调承载力评价的动态性和预期性
要素类	空气、水、土地、能源和生态	通过选取自然资源要素组成部分，确定评价指标因子
	资源供给–环境容量–人类活动	考虑在人类活动影响下自然环境的容量值
指令类	—	《资源环境承载能力监测预警技术方法（试行）》《全国水资源承载能力监测预警技术大纲（修订稿）》
	—	《国土资源环境承载力评价技术要求（试行）》《关于建立资源环境承载力监测预警长效机制的若干意见》
	—	《资源环境承载能力和国土开发适宜性评价指南（试行）》
	—	《海洋资源环境承载能力监测预警指标体系和技术方法指南》《畜禽粪污土地承载力测算技术指南》

---

① 兰利花，田毅. 资源环境承载能力理论方法研究综述. 资源与产业，2020，22（4）：87-96.

知识链接 4-6

市县级多要素国土空间开发适宜性评价指标体系

国土空间开发适宜性评价包括生态保护重要性评价、农业生产适宜性评价和城镇建设适宜性评价三个方面。姜华等[①]从自然因素和社会经济因素两个方面构建了国土空间开发适宜性评价指标体系，对湖北省宜昌市的农业生产适宜性及城镇建设适宜性进行了评价。该研究是在资源环境要素评价的基础上，将农业生产适宜性的初步判断纳入地块连片度考量，将城镇建设适宜性的初步判断纳入区位优势度和地块集中度的评估维度，以此开展综合评价。资源环境要素主要包括土地资源、水资源、环境、自然灾害、区位优势度五个要素（表4-6）。

表 4-6　国土空间开发适宜性评价指标体系

评价类型	指标体系	评价要素	具体指标
农业生产适宜性	限制性指标	土地资源	坡度、土壤质地、土地利用现状
		水资源	降水量
		环境	土壤污染物含量
		自然灾害	洪涝、干旱、低温寒潮、霜冻
	适宜性指标	地块	地块连片度
城镇建设适宜性	限制性指标	土地资源	坡度、高程、地形起伏度、土地利用现状
		水资源	地表水资源量、地下水资源量
		环境	大气环境容量、水环境容量
		自然灾害	地质灾害
	适宜性指标	区位优势度	区位条件、交通网络密度
		地块	地块集中度

优先识别生态保护极重要区（生态系统服务功能极重要和生态极敏感空间）。一般来说，生态系统服务功能越重要，生态脆弱性就越高，且生态系统完整性和生态廊道的连通性越好，生态保护重要性就越高。目前，生态保护重要性评价的方法主要有模型法、净初级生产力（NPP）法和简化模型法等。

在生态保护极重要区以外的区域，开展农业生产适宜性评价，识别农业生产适宜区和不适宜区时，可结合特色村落布局、重大农业基础设施配套、重要经济作物分布、特色农产品种植等，进一步识别优势农业空间。另外，基于区域自然地理和农业生产格局，应开

---

① 姜华，唐晓华，杨利亚，等. 基于土地资源的市县级多要素国土空间开发适宜性评价研究：以湖北省宜昌市为例. 中国地质，2020，47（6）：1776-1792.

展必要的区域分析，从而提升评价结果的科学性。

在生态保护极重要区以外的区域，开展城镇建设适宜性评价时，应优先考虑环境安全、粮食安全和地质安全等底线要求，识别城镇建设不适宜区。根据城镇化发展阶段特征，增加人口、经济、区位、基础设施等要素，识别城镇建设适宜区。沿海地区针对海洋开发利用活动开展评价，结合海洋资源优势，识别海洋开发利用适宜区。

最后，要对适宜性等级划分结果进行专家校验，综合判断评价结果与实际状况的相符性。若存在较大差别，则应检查评价过程，包括评价方法与评价数据及计算过程。对明显不符合实际的评价结果，应开展必要的现场核查校验与优化。

3. 成果提交阶段

将获得的评价结果进行验证修改后，编制评价图件与报告成果并提交。为了使评价成果能够有效为实际服务，就必须提供条理清晰、论证充分的评价成果。提交的成果一般应包括报告、表格、图件、数据集等。其中，评价报告是最主要的评价成果，以文本形式呈现；图件主要包括基础图、现状图、成果图等，图面内容应完整、明确、清晰、美观；数据集主要包括单项评价结果数据表、集成评价结果数据表等。报告应重点说明评价方法及过程、评价区域资源环境优势及短板、问题风险和潜力，对国土空间格局、主体功能定位、三条控制线、规划主要指标分解方案等提出建议。最后，应按照国土空间规划相关数据标准和汇交要求，形成评价成果数据集，随国土空间规划成果一并上报入库。"双评价"的流程示意图见图4-1。

新时代背景下，国土空间开发适宜性评价是对现有各类土地适宜性评价的集成和深入，是面向国土空间用途管制的综合评价。该研究主要集中在土地-人口-经济-环境等多要素约束下的土地适宜用途、限制性因素、适宜程度等，评价指标体系早期以工程地质条件为主，随后涉及要素日益多元化，涵盖地质地貌、生态、经济、社会各方面[1]。在评价方法方面，目前主要以多要素叠置综合分析法（数学方法的空间叠置分析）、空间相互作用及趋势模拟分析法（景观格局理论的过程分析与模拟）、生态位空间供需耦合分析法（生态位模型的应用耦合）和参与式综合评价法（社会公众参与）四种适宜性评价方法为主[2]。尽管评价方法看似简单，但是许多分项专业性较强，实际操作复杂性较高。

4.2.2 资源环境承载能力评价的主要内容

资源环境承载能力评价是对自然资源禀赋和自然生态环境本底的综合评价，能够确定国土空间在生态保护、农业生产、城镇开发建设等不同功能指向下的承载能力等级。在开展的资源环境承载能力评价实践过程中，研究者可根据不同层级国土空间规划的精度需

---

[1] 喻忠磊，张文新，梁进社，等. 国土空间开发建设适宜性评价研究进展. 地理科学进展，2015，34（9）：1107-1122.

[2] 杜海娥，李正，郑煜. 资源环境承载能力评价和国土空间开发适宜性评价研究进展. 中国矿业，2019，28（S2）：159-165.

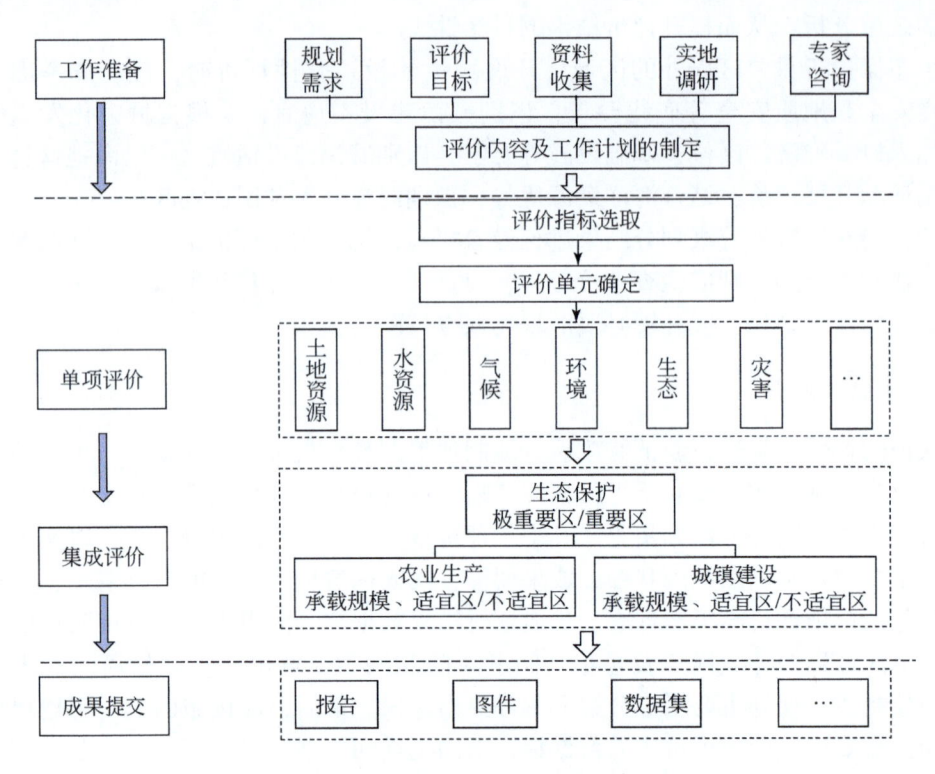

图 4-1 "双评价"技术路线示意图

求，围绕生态保护、农业生产、城镇建设功能指向，从六个方面入手展开评价，包括土地资源承载力、水资源承载力、气候承载力、环境承载力、生态承载力、灾害承载力[1]。通过这六个方面承载力的评价，就可以确定合理耕地规模、合理农业人口供养数、合理城市规模、合理城市人口供养数以及合理生态用地规模，从而确定合理的土地利用结构、人口规模和合理开发强度，为调整、制定科学的土地政策、人口政策、环境政策提供依据。

1. 土地资源承载力

土地资源是人类赖以生存和发展的基础，以现有土地资源可承载多少人口为核心的土地资源承载力是资源环境承载力研究的热点领域[2]。土地资源承载力主要是指区域土地资源对农业生产、城镇建设的可利用程度，评价方向主要分为农业功能导向和城镇功能导向[1]。新形势下，土地承载能力不再仅仅局限在耕地这一传统的研究对象，园地、林地、建设用地、水域等也应包含在内；承载的内容除了粮食生产以外还包括人类活动中的其他社会经济利益，如人口规模、城市发展、交通布局、经济产值，环境污染状况等。

---

[1] 杜海娥，李正，郑煜. 资源环境承载能力评价和国土空间开发适宜性评价研究进展. 中国矿业，2019，28（S2）：159-165.

[2] 封志明，杨艳昭，闫慧敏，等. 百年来的资源环境承载力研究：从理论到实践. 资源科学，2017，39（3）：379-395.

2. 水资源承载力

水资源承载力主要是指区域水资源对农业生产、城镇建设的保障能力。水资源承载力可细分为湿地承载力、渔业资源承载力、地下水承载力等，通过评价区域水资源的丰富程度、可持续利用量、最大承载限度来反映。我国是水资源匮乏大国，而人类社会对水资源具有高度的依赖性，水资源是人类社会生产生活、开发建设不可缺少的基本条件。因此，水资源承载能力评价的开展必不可少。

3. 气候承载力

气候承载力是指在一定的时间和空间范围内，气候资源（如光、温、水、风等）对社会经济某一领域（如农业、水资源、生态系统、人口、社会经济规模等），乃至整个区域社会经济可持续发展的支撑能力[1]。随着社会经济的发展和气候变化影响的逐渐显现，气候问题越来越被重视，应对气候变化是未来城市发展面临的重要挑战之一。开展地区气候承载力的探索研究和分析，是合理利用资源、保障协调发展、减缓气候风险的必要基础。

4. 环境承载力

环境承载力决定着一个流域（或区域）经济社会发展的速度和规模。在一定社会福利和经济技术水平条件下，流域（或区域）的人口和经济规模超出其生态环境所能承载的范围，将会导致生态环境的恶化和资源的匮竭。环境承载力评价主要是指区域环境系统对社会经济活动产生的各类污染物的承受能力，以及光照、通风、热量等环境条件对农业发展和城镇建设的支撑能力。目前，环境承载力研究主要集中在矿产资源承载力、土壤环境承载力、大气环境承载力、城市水环境承载力和旅游环境承载力等方面，应用于污染物阈值估算、畜牧人口容量负荷、环境管理与规划、环境影响评价及灾后重建等领域。

5. 生态承载力

生态承载力是在一定的区域环境条件下，保持生态性能稳定和趋于良好所需的生态用地限度。当前，我国大力推进绿色发展，加大生态用地保护力度，将生态文明建设提高到前所未有的高度。生态承载力是生态文明建设的重要抓手，是判断社会经济活动与资源环境、生态系统协调与否的重要途径，也是生态系统整体水平的表征。因此，资源环境承载能力评价中亟须开展生态承载力评价。生态承载力可以用生态用地、土地退化面积等来衡量。

6. 灾害承载力

灾害承载力主要是指区域灾害对农业生产和城镇建设的影响程度。灾害承载力评价能够为区域防灾减灾和区域脆弱性评价提供依据。根据评价结果，对易发生灾害地区的人口进行迁移，在开发建设中规避易受灾地区，保障人们的生命和财产安全。因此，开展灾害

---

[1] 王伟光，郑国光. 应对气候变化报告（2015）：巴黎的新起点和新希望. 北京：社会科学文献出版社，2015.

承载力评价,能够避免许多灾害对人类社会产生破坏,减少不必要的损失。灾害承载力一般选择干旱危险性、洪水危险性、地震危险性、地质灾害危险性等作为对农业生产或城镇建设影响的评价指标。

总的看来,资源环境承载能力的研究内容受研究主体、空间尺度和要素构成的影响而有所不同[①]。根据评价主体的不同可以分为种群承载力、人口承载力和地质承载力等;根据空间尺度的不同分为城市群承载力、区域承载力和旅游承载力等,基于空间尺度的承载力评价具有综合性和系统性,一般反映资源环境要素的综合评价;基于要素的资源环境承载力评价包括矿产资源、水资源、森林资源、土地资源等单一要素承载力评价,其中土地资源是资源环境承载能力的主体和热点问题,这是由于土地是一切要素的载体,土地的承载功能是区域发展的重要基石,对土地进行承载力评价,就是对包含在土地之上的一切资源环境及综合承载力进行评价,从而为高效合理利用土地资源以及国土空间规划提供服务。

4.2.3 国土空间开发适宜性评价的主要内容

国土空间开发适宜性评价是根据国土空间的自然资源条件、社会经济特征、人类生产生活方式以及政府管理政策等方面,研究国土空间对农业生产、城镇建设、生态保护等预定发展用途的适宜与否、适宜程度以及限制状况。从研究对象来看,国土空间是在政治视角下界定的概念,其本质上仍是以土地为实体,以地域为表现形式,对土地潜力评价的进一步发展。根据国土空间开发适宜性评价中侧重点的不同和是否考虑土地的一定用途,将国土空间开发适宜性评价区分为生态保护重要性评价、农业生产适宜性评价和城镇建设适宜性评价等。例如,生态保护重要性评价是以生态环境状况为主的评价;农业生产适宜性评价是以影响农作物生产的自然和社会因素为主的评价;城镇建设适宜性评价是以影响城镇开发建设的自然和社会因素为主的评价等等。

1. 生态保护重要性评价

生态保护重要性评价是国土空间开发适宜性评价工作的重要组成部分,其评价结果是划定区域生态安全底线和区域生态保护红线的重要依据。生态保护重要性评价从区域生态安全底线出发,通过开展生态系统服务功能重要性和生态脆弱性评价,综合识别生态保护极重要区和重要区。

生态系统服务功能重要性主要包括生物多样性维护、水源涵养、水土保持、防风固沙、海岸防护等生态系统服务功能。该评价在分析生态系统的结构、过程与生态系统服务功能关系的基础上,进一步探讨了生态系统服务功能特征,并结合最新的生态系统服务理论与研究成果,分析了生态系统服务功能的研究进展与趋势。基于其对某区域生态安全的重要性程度,对生态系统的重要性等级进行了划分。生态敏感性主要包括水土流失、土地沙化、石漠化、海岸侵蚀等生态敏感性,是自然状况下生态系统某一生态潜在的活动强

---

① 兰利花,田毅. 资源环境承载力理论方法研究综述. 资源与产业,2020,22 (4):87-96.

度，用于标明其对人类活动反应的敏感程度，进而说明产生生态失衡与生态环境问题的可能性。

2. 农业生产适宜性评价

农业生产适宜性评价是国土空间开发适宜性评价的一个重要内容，是引导农业空间规划布局的基础。农业生产适宜性主要包括种植业生产适宜性、畜牧业生产适宜性和渔业生产适宜性。该评价是评定土地资源对于农业生产是否适宜以及适宜程度的重要指标，是农业区域开发与规划的重要步骤。在评价过程中，主要考虑水文、土壤等自然地理属性与作物生长的匹配。

在生态保护极重要区以外的区域，开展种植业、畜牧业、渔业等农业生产适宜性评价，以识别农业生产适宜区和不适宜区。地势越平坦，水资源丰度越高，光热越充足，土壤环境容量越大，气象灾害风险越低。同时，地块规模和连片程度越高，农业生产适宜性等级也相应越高。面向农业生产适宜性的土地资源评价是指土地资源适宜于农业生产的程度，主要以农业耕作所要考虑的地形条件、气候条件和土壤条件为指标。

3. 城镇建设适宜性评价

城镇建设适宜性为一定地域空间内，由资源环境承载能力、经济发展基础与潜力决定的承载城镇建设的适宜程度。建设用地适宜性评价是国土空间开发适宜性评价的又一重要内容，是城镇规划布局的基础，影响着城市各功能布局与经济社会发展。通过这一评价，可以确定研究区域建设用地的最大供给量及分布状况。建设开发适宜性评价旨在评定土地资源对于城镇建设是否适宜以及适宜的程度，强调在自然条件稳定、良好的区域布局城镇建设等。

在生态保护极重要区以外的区域，优先考虑环境安全、粮食安全和地质安全等底线要求，开展城镇建设适宜性评价。沿海地区针对海洋开发利用活动开展评价。地势越低平，水资源越丰富，水气环境容量越大，人居环境条件越好，自然灾害风险越低。同时，地块规模和集中程度越高，地理及交通区位条件越优越，城镇建设适宜性等级也相应越高。2009 年，住房和城乡建设部颁布了《城乡用地评定标准》（CJJ 132—2009），该标准指出，城市建设用地适宜性评定是为了满足城乡发展的要求，对可能作为城乡发展用地的自然环境条件及其工程技术上的可能性与经济性，进行综合质量评定，以确定用地的建设适宜程度，为合理选择城乡发展用地提供依据[①]。

伴随生态文明建设和国土资源整治的热潮，对于推动国土空间开发适宜性评价还需要进行更多的努力。第一，应当加强对国土空间开发建设适宜性概念和内涵的探讨，充分挖掘其理论依据，广泛借鉴地理学、社会学、空间经济学、生态学等多学科理论，构建统一规范的研究体系；第二，进一步完善评价框架体系，改进相关计算方法与评价方法，构建能够广泛应用于不同层面的开放式、参与式的综合评价框架；第三，优化适宜性的类型或

---

① 中华人民共和国住房和城乡建设部. 城乡用地评定标准（CJJ 132—2009）. 北京：中国建筑工业出版社，2009.

等级划分方案，并将适宜性分类与空间管制、空间治理相结合，为城镇空间扩展、生态空间保护、生产要素和资源的空间配置等提供依据；第四，国土空间开发适宜性评价对空间冲突、国土开发利用保护、土地利用变化等同样具有重要意义，后续研究应继续探索扩展其应用价值。随着研究深度与广度的拓展，国内外学者对国土空间开发适宜性相关理论研究不断深入，适宜性评价方法不断改进与创新，指标体系日趋完善，在城市规划、土地开发、灾后重建等领域发挥了积极作用，为国土空间规划的编制奠定了坚实基础。

4.3 评价成果在国土空间规划编制中的应用

国土空间规划是国家空间发展的指南、可持续发展的空间蓝图，是各类开发保护建设活动的基本依据。建立国土空间规划体系并监督实施，将主体功能区规划、土地利用规划、城乡规划等空间规划融合为统一的国土空间规划，实现"多规合一"，强化国土空间规划对各专项规划的指导约束作用，是党中央、国务院作出的重大部署。2018年，自然资源部成立，承担建立空间规划体系并监督实施的职责，构建以空间规划为基础、以用途管制为主要手段的国土空间开发保护制度；构建以空间治理和空间结构优化为主要内容，全国统一、相互衔接、分级管理的空间规划体系。按照《若干意见》和《自然资源部关于全面开展国土空间规划工作的通知》要求，"双评价"是国土空间规划编制的前提和基础。开展"双评价"工作一方面是基于党中央"生态优先"的战略要求，另一方面也是对国土空间规划编制需求的响应。从国土空间规划技术标准体系的结构来看，"双评价"处于调查分析阶段的核心环节（图4-2）。

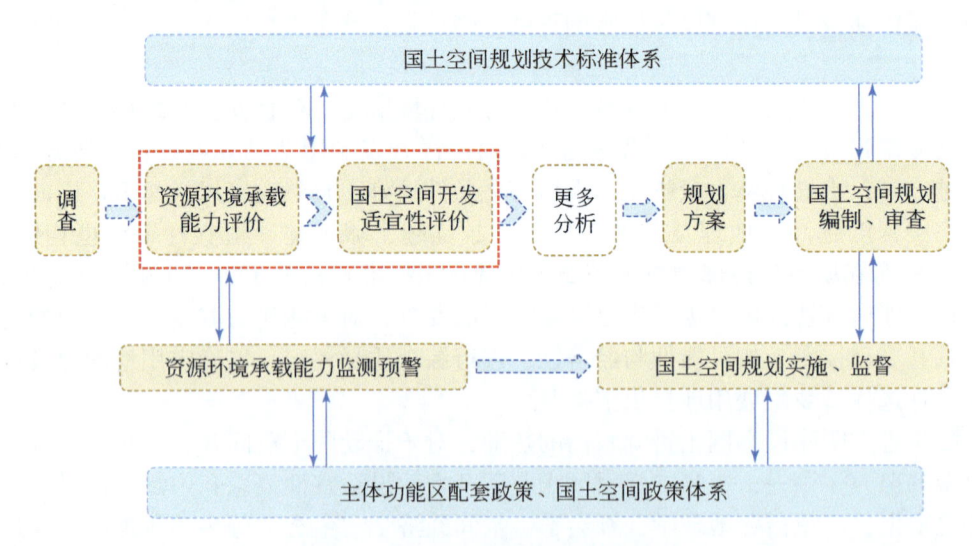

图4-2 国土空间规划技术标准体系

随着我国经济建设进入新常态，生态文明建设深入推进，面对发展过程中导致的环境污染、资源约束、生态系统退化、国土空间开发失衡等问题，《中共中央关于全面深化改革若干重大问题的决定》明确提出，"建立资源环境承载力监测预警机制，对水土资源、环境容量和海洋资源超载区域实行限制性措施"。"双评价"充分考虑了生态环境保护与可持续利用对城市发展的重要影响，并将其落实于空间单元，指导城市有序发展，有助于科学分析城市发展的能力与潜力，保护生态环境与农业发展，防止城市无序蔓延，优化城市空间布局。科学开展"双评价"，统筹布局生态、农业、城镇等功能空间，合理有效地划定"三条控制线"，对于解决国土空间开发的冲突与矛盾、加快形成绿色生产方式和生活方式具有重要意义。评价成果可从多方面支撑国土空间规划编制，本书主要从以下三个方面展开具体介绍。

4.3.1 国土空间格局优化

国土是生态文明建设的空间载体，是人们赖以生存和发展的家园。我国辽阔的陆地国土和海洋国土，是中华民族繁衍生息和可持续发展的家园。为了促进生产空间集约高效、生活空间宜居适度、生态空间山清水秀的发展要求，给自然留下更多修复空间，给农业留下更多良田，给子孙留下天蓝、地绿、水净的美好家园，党的十八大报告强调，要优化国土空间开发格局。《若干意见》中也提到，2035年应全面提升国土空间治理体系和治理能力现代化水平，基本形成生产空间集约高效、生活空间宜居适度、生态空间山清水秀，安全和谐、富有竞争力和可持续发展的国土空间格局。

"双评价"是摸清资源利用上限与环境质量底线的重要举措，是划定"三区三线"、优化国土空间格局的基本依据。通过识别资源环境比较优势和限制因素，分析生态保护、农业生产、城镇建设等功能的适宜程度，成为优化国土空间开发保护格局、确定主体功能定位的重要依据。在城镇开发边界划定中，以资源环境承载能力控制建设开发规模上限，以生态优先、耕地保护优先的国土空间开发适宜性限制建设用地布局，对优化国土空间开发利用保护布局，促进绿色发展、高质量发展起到了积极作用。主要体现在以下几个方面：

（1）为保障生态保护红线（或生态空间）面积稳定，需根据"双评价"结果调整生态保护红线（或生态空间）。将生态系统服务功能极重要和生态极敏感区域，作为划定生态保护红线的空间基础。在建设开发适宜性中，首先考虑生态要素，定性分析区域内具体指标对建设开发的限制性；充分考虑耕地质量指标，引导建设开发少占优质耕地。在建设用地布局选址上，比较同一地块的生态重要性和敏感性、农业开发适宜性和建设开发适宜性等级，按照生态优先、耕地保护优先原则确定地块规划功能。如果建设功能指向的国土空间开发适宜性评估结果为建设用地高适宜区，且为已开发或待开发的区域，经论证后可调出生态保护红线（或生态空间）；再从生态保护重要性等级为重要（及以上）的且在红线外的区域遴选地块，经确认为非聚居非耕作区后，调入生态保护红线（或生态空间）。

（2）为保障区域快速发展的需求，可根据"双评价"结果调整开发边界（或城镇空间）。城镇开发边界划定应优先选择城镇建设适宜区和较适宜区，并尽量避让城镇建设不适宜区，无法避让的区域需进行专门论证并采取相应措施。将邻近集中建设区的建设用地中、高适宜区划入弹性发展空间；对城镇空间内评估出的重要生态斑块，且处于内部的区域划为不可分割的生态要素予以保护，而处于边界的区域则划出开发边界（或城镇空间）；

结合"三调"成果及"模拟开发边界",将现状建设发展情况较好的区域合理纳入开发边界,将建设情况一般且不在未来发展计划内的区域划出开发边界。

(3) 为保障基本农田(或农业空间)面积稳定,可根据"双评价"结果调整基本农田(或农业空间)。首先,按照《技术指南》要求,在扣除农业生产适宜区内的现状建设用地、生态极重要区的基础上,结合第三次国家农业普查,分析区域耕地资源、后备耕地资源、农业水资源、粮食生产能力和要素投入贡献率等农业资源开发利用情况。其次,预测农业空间在近、中、远期耕地资源变化趋势,进一步优化农业资源配置、调整农业生产格局、明确农业生产潜力空间。农业生产适宜区和较适宜区,应作为永久基本农田的优选区域;退耕还林、退耕还草等则应优先选择农业生产较不适宜区和不适宜区内的耕地。最后,根据农业适宜性评估结果,将不适宜的区域调出基本农田,再结合县域各乡镇规模、主导功能,将优质农业用地调入基本农田。

土地资源作为人类开展各项生活生产活动的重要载体,它的好坏对区域经济、社会发展产生重要影响。适时地进行区域土地资源评价,了解和掌握区域土地资源状况,对区域国土空间规划具有重要意义。基于"双评价"策略开展区域土地资源评价,客观地反映区域土地资源与环境开发的优势区与劣势区,发现区域土地资源开发与利用的潜力区,有助于提升区域资源环境承载能力,推动区域土地资源利用可持续发展。通过全面落实国家安全战略、区域协调发展战略和主体功能区战略,明确空间发展目标,优化城镇化格局、农业生产格局、生态保护格局,确定空间发展策略,转变国土空间开发保护方式,以提升国土空间开发保护质量和效率。

知识链接 4-7

特 色 小 镇

特色小镇的建设是中国城镇化的一次革命,它开辟了城镇化的另一条路,即基于原乡本土自然、人文资源,融入创新技术及特色产业进行开发与建设,使特色小镇带动区域发展。

赵腾和胡凯富[1]根据生态服务功能和生态敏感性两个层面,结合特色小镇"生态-生产-生活"协调发展的要求,选取了九个影响因子。通过借助 GIS 软件的空间分析技术,采用层次分析法以及多因素综合评价法,构建了一个适宜性分析模型,用以对河北雄安新区进行生态适宜性评价。该研究将研究区分为低生态适宜性区域、较低生态适宜性区域、中生态适宜性区域、较高生态适宜性区域以及生态适宜性区域。从风景园林的角度出发,将生态适宜性评价结果与雄安新区特色小镇规划图相叠加,从而得到研究区生态功能分区规划,包括生态保护区、生态修复区、特色小镇开发区及城市综合建设区,并针对各分区提出建设策略。

---

[1] 赵腾,胡凯富. 雄安新区:基于生态适宜性评价的特色小镇建设. 北京规划建设,2018,(5):103-106.

4.3.2 支撑完善主体功能分区

主体功能区规划是根据不同区域的资源环境承载能力、现有开发强度和发展潜力，统筹谋划未来人口分布、经济布局、国土利用和城镇化格局，将国土空间划分为优化开发区、重点开发区、限制开发区和禁止开发区，采取大区域均衡、小区域集中的开发模式。基于"双评价"进行主体功能分区研究是中国人文与经济地理学家面对新时期国家发展需求，对人地关系地域系统理论开展的创新性研究与应用[①]。通过综合分析自然本底条件和区域空间结构关系，"双评价"科学评估区域对不同人类活动的适宜程度，为主体功能区划、规划、战略和基础性制度的制定起到有力支撑。

"双评价"作为地域功能识别的核心环节，为主体功能区划方案编制、战略实施、配套政策修订等提供了重要依据和基础。基于主要地域功能生成及演化理论，"双评价"从承载力和开发适宜性两个维度系统构建了"全国主体功能区划地域功能识别指标体系"。该指标体系包括六项自然承载力指标和四项反映社会发展空间组织的指标[②]。自然承载力指标围绕支撑区域发展的基础自然要素，定量评估水土资源对区域开发的支撑能力、水气环境对污染物的容纳能力、生态系统的重要性和脆弱性，以及自然灾害的易发性和危险程度等，从而获得区域资源环境保护和开发的程度，作为确定保护类和开发类主体功能的基础。社会发展空间组织指标从区位条件、人口经济基础和潜力、战略导向等方面，对区域开展地域功能的空间组织效应进行评估。"双评价"以县级行政区为单元，通过单项评价和综合评价，得到地域功能适宜性综合评价指数，并形成其核心成果——全国地域功能适宜性综合评价图。综合评价图反映了国土空间对开发类和保护类的指向分异，不仅成为主体功能区划的基础数据，也是校验最终区划方案的重要参考，为《全国主体功能区规划》编制和国土空间结构均衡奠定了坚实的科学基础。

（1）在优化开发区内，基于空间资源约束编制国土空间规划。优化开发区是指经济比较发达、人口比较密集、开发强度较高以及环境问题更加突出的区域，其规划原则是优化空间结构、城镇布局、人口分布、产业结构、发展方式、基础设施布局和生态系统格局。此类地区存在着空间资源约束性，需要转变经济发展方式，城镇空间的快速蔓延已经对自然生态空间的不断萎缩产生了影响，这也是工业化和城市化过程的空间表现。因此，合理配置空间资源是解决这一问题的重要途径。

（2）在重点开发区内，基于空间与资源并重编制国土空间规划。重点开发区要增强产业和要素集聚能力。重点开发区内土地资源需求量大，存在由于城市化与工业化而将农业空间转化为城市生产空间和生活空间的过程。因此，重点开发区内国土空间规划要关注城市建设用地增加与农村建设用地减少的政策导向，同时强化空间资源集约利用导向和环境效益导向，将空间和资源放在同等重要位置进行国土空间规划编制。

[①] 樊杰，周侃，陈东. 生态文明建设中优化国土空间开发格局的经济地理学研究创新与应用实践. 经济地理，2013，33（1）：1-8.

[②] 樊杰. 中国主体功能区划方案. 地理学报，2015，70（2）：186-201.

（3）在限制开发区内，基于环境资源优先编制国土空间规划。限制开发区是指关系到国家农产品供给安全和生态安全，不适宜大规模、高强度工业化和城镇化开发的区域。限制开发区需注重保护和修复生态环境，提高生态产品供给能力。在国土空间规划中面对的主要问题就是农业生产空间与生态空间的空间管制。限制开发区内国土空间规划要做到生产空间和生态空间继续增加的同时，人口总量有序减少，形成城镇空间、生产空间和生态空间结构合理、疏密得当的空间格局。

（4）在禁止开发区内，严格保护生态资源编制国土空间规划。习近平总书记说过"生态环境问题，归根到底是由资源过度开发、粗放利用、奢侈消费造成的"。禁止开发区要依法严禁各类开发活动，引导人口逐步有序转移，实施强制性保护。因此，禁止开发区内国土空间规划应该严格保护生态资源。

综合来看，生态保护、农业生产、城镇建设单一功能特征明显的区域，可作为重点生态功能区、农产品主产区和城市化发展区的备选区域。两种或多种功能特征明显的区域，按照安全优先、生态优先、节约优先、保护优先的原则，结合区域发展战略定位以及在全国或区域生态、农业、城镇格局中的重要程度进行综合权衡，确定其主体功能定位。优化开发区内的国土空间规划编制需基于空间资源约束，重点开发区内的国土空间规划编制需基于空间与资源并重，限制开发区内的国土空间规划编制需基于环境资源优先，禁止开发区的国土空间规划编制则应该以严格生态保护为主。

> **知识链接 4-8**
>
> **国土空间分区**
>
> 在西部某地区的实践中，根据地理空间的自然分割，将发展主体分为区域 A、区域 B、区域 C 三个部分[①]。评价结果显示，区域 A 的可用土地、水资源分别占全域总量的 40% 和 70%，水环境容量占 60%，资源环境条件优越，有较大的发展潜力，未来可作为发展的核心区域；区域 C 城镇现状人口约占全域总人口的 1/3，但可用水资源量仅占全域总量的 10%，水环境容量占比不足 10%，资源环境约束趋紧，不建议进行大规模的开发，且发展过程中需加强水环境保护。

4.3.3 重大决策和重大工程安排

国土综合整治与生态修复作为调控国土空间结构、提高国土资源利用效率与提升国土空间魅力品质的重要支撑手段，不仅是解决新时期国土空间资源保护、利用与提升之间矛盾问题的理性应对和实现精明增长的理想途径，更是新时期生态文明建设背景下践行"绿水青山就是金山银山"和"人与自然生命共同体"理念，系统推进乡村振兴等国家战略

---

① 田川，刘广奇，李宁，等. 国土空间规划体系下"双评价"的实践与思考. 规划师，2020，36（5）：15-20.

的坚实举措。在国家全面推进国土空间规划体系改革的背景下，国土综合整治与生态保护修复作为国土空间规划体系的重要组成部分，成为现阶段亟需探讨的重要内容。

在2018年出版的《土地整治术语》中，国土综合整治主要是指针对国土空间开发利用中产生的问题，遵循山水林田湖草生命共同体理念，综合采取工程、技术和生物等多种措施，修复国土空间功能，提升国土空间质量，促进国土空间有序开发的活动，是统筹山水林田湖草系统治理及建设美丽生态国土的总平台。国土空间生态修复是面向国土全域性质的生态修复，是以生态空间修复为核心内容的全域生态系统保护与修复，是协助受损生态系统恢复或大体恢复到原有结构和功能状态的过程。总体而言，新时期生态文明建设背景下国土综合整治与生态修复的实质内涵不同于以往任何时期，二者的关系是相辅相成、相互促进的，以国土空间高质量发展、塑造美丽生态国土为最终目标，围绕"保本底、优利用、提品质"三位一体开展的国土综合整治与生态修复的综合工程和系统工程。

国土空间生态修复和国土综合整治重大工程的确定与时序安排，应与评价识别的生态极脆弱、灾害危险性高、环境污染严重等区域相匹配，并优先安排在此类区域开展。合理有效地保护国土空间生态资源是开展国土综合整治与生态修复的原则和目标，而资源本底辨识则是优化国土空间开发利用格局、提升全域空间品质的前提条件。国土综合整治和生态修复以国土生态系统的综合评价和诊断评估为基础，精准辨识国土空间生态保护重要、极重要区域的分布情况，明确生态资源的本底约束，判读国土综合整治与生态修复应重点关注的问题及其风险区域。国土综合整治是人类优化国土空间与资源利用的全部活动的抽象表达，应重点围绕综合性，以乡镇为评价单元，结合城镇自然-经济-社会复合生态系统的各组成要素，系统构建国土综合整治潜力评价指标体系。

2020年，经中央全面深化改革委员会第十三次会议审议通过，国家发展和改革委员会、自然资源部联合颁布实施了《全国重要生态系统保护和修复重大工程总体规划（2021—2035年）》。作为生态保护修复领域的首个综合性规划，该文件对全国生态修复工作具有重要引领作用：一方面，该文件继承了传统土地整治以问题为导向的"重点区域—重大工程—保障机制"主线条，发展了以目标为导向的国土空间优化、生态服务提升等重点任务；另一方面，该文件明确了土地综合整治的基础作用，在陆域范围内的全部重大工程中均将土地综合整治作为主攻方向。新时期的国土空间生态修复需权衡人类需求和自然资源保护，解决生态空间不足、生态格局破碎化及生态产品稀缺等问题，为区域发展提供可持续的物质保障。其中，较为常用的生态修复分区方法主要有生态安全格局、生态系统服务、景观特征指数、复合系统协调度、生态系统地域性规律及人类干扰活动等。基于区域生态系统问题评估和诊断，同时参考省市生态环境保护规划和生态保护红线划定等相关成果，科学划定以生态保育、控制、修复和提升等为内涵的县域生态分区，系统提出以"生态战略点、生态廊道、生态源地"为核心的生态格局修复措施和以山、水、林、田、湖、草等为核心的生态要素的修复措施，从而提升区域国土空间魅力品质。

随着城市化进程的推进，我国存在建设用地供需矛盾突出、耕地破碎化程度高、违规违法占用耕地的压力大、国土空间利用效率偏低等问题。为解决这些问题，需按照土地综合整治要求和识别农业生产和城镇建设适宜区剩余可用空间。通过追溯资源环境要素单项评价指标，可见很多空间既符合城镇建设功能又满足农业生产功能。虽然考虑了地块集中度、连片度等因素，但很难避免二者结果的重叠。建议结合城市发展意向，明确不同区域功能指向的侧重，在满足农业空间的保护要求的同时，兼顾城镇发展的需要。因此"双评价"结果需结合行政区划、山脊线、山谷线、流域边界、自然资源确权界等实际进行校核，遵循生态保护红线只增不减、基本农田总量不变和城镇开发边界集约利用的原则，最终明确国土空间的"三区三线"。

本 章 小 结

（1）资源环境承载能力理论的发展历程，表现出了研究视角的发展演变规律（由最初的自然系统上升到人类社会）；而国土空间开发适宜性概念的演变历程则体现了研究目的演变规律。同时，二者受外界政策、环境等条件的影响，在不同的时期和地区具有不同的研究内容和重点。

（2）资源环境承载能力评价从六个方面入手，包括土地资源承载力、气候承载力、环境承载力、水资源承载力、生态承载力和灾害承载力。国土空间开发适宜性评价则主要从生态保护、农业生产和城镇建设三个方面展开，还可根据需要进行海洋开发、文化保护等其他功能类型的评价。

（3）为保证评价成果科学可靠，根据研究任务和目的，在开展资源环境承载能力与国土空间开发适宜性评价时应遵循生态优先、科学客观、因地制宜和简便实用四项基本原则。

（4）"双评价"以可持续发展理念为基础，兼顾自然地理要素和空间发展要素，是科学系统认识我国自然地理特征和发展格局演变规律的必然途径。在倒逼开发类空间转型优化的同时，也为保护类空间提供了强有力的保障，是国土空间规划满足新时期区域发展要求的必然选择。

关键术语："双评价"、资源环境承载能力评价、国土空间开发适宜性评价、生态保护、农业生产、城镇建设、国土空间规划

复习思考题

（1）试述资源环境承载能力与国土空间开发适宜性评价的目的与意义。
（2）资源环境承载能力评价的主要工作内容有哪些？
（3）国土空间开发适宜性评价的主要工作内容有哪些？
（4）简述土地资源环境承载能力评价的一般程序。
（5）简述国土空间开发适宜性评价的一般程序。

第 5 章　国土空间规划的战略研究与选择

本章导读：

国土空间发展战略是建立在对地区发展内、外部环境和条件分判断的基础上而作出的重大的、关乎地区整体发展的谋划。2019 年，《若干意见》提出，在落实国家安全、区域协调发展等战略性要求的基础上对空间发展作出战略性系统安排。强化总体规划的战略引领和底线管控作用，结合本地发展阶段和特点，确定城市性质和国土空间发展目标，提出国土空间开发保护战略。因此，作为引领空间规划体系并指导约束各专项规划的国土空间规划，其战略研究的内涵是什么，如何开展战略研究将成为本章学习重点内容。

重点问题：

- 国土空间规划战略研究的主要内容
- 国土空间规划战略制定的一般程序
- 国土空间规划指标体系构建

5.1　国土空间规划战略研究的内涵与内容

5.1.1　国土空间规划战略研究的内涵

战略泛指重大的、带有全局性或决定全局性的谋划。国土空间规划战略是指从宏观的角度和战略的层面对国家或地区未来国土空间开发利用保护进行的全局性的、长远性的、具有指导意义的总体谋划，反映的是国家或地区在国土空间发展上的总体利益和长远利益。国土空间发展战略是国土空间规划目标制定、空间格局与治理策略谋划的根本出发点，其核心是解决地区在一定时期的基本发展目标和实现这一目标的途径。

国土空间规划战略具有整体性、前瞻性、层次性和创新性等特征[1][2]。

（1）整体性。国土空间规划战略所关注的是整体性或全局性的发展，强调站在全局和整体的立场上看待国土空间开发利用问题，强调对总体目标实现有决定性意义的因素或关系以及对全局整体性发展具有重大指导意义的元素。任何一种空间战略谋划都不是单一的，必须整体考察社会、经济、生态、文化各种因素的相互作用对国土空间规划学的影响，如科技、经济、社会与自然资源的相互渗透和协调发展问题，整个空间的发展潜力问

---

[1] 张占录. 国土空间规划学. 北京：中国农业出版社，2023.
[2] 何丽华，李建松，於新国，等. 城市空间发展战略研究的分析内容与方法. 地理空间信息，2020，18（10）：25-27，4.

题，以及整体空间的再生产问题。

（2）前瞻性。国土空间规划战略的着眼点不是当前，而是未来。前瞻性是国土空间发展战略的生命力所在，是放眼未来，考虑长远发展的国土空间开发利用保护的系统性安排。在制定国土空间发展战略过程中，要立足于现在，预测未来，多角度、全方位地分析现状和发展，具备敏锐的捕捉信息能力，从而提前作出正确的判断。

（3）层次性。空间系统结构的层次性决定了为其发展服务的战略谋划具有结构层次性。对于解决不同层次的空间发展问题，应制定不同的发展战略。例如，国家级、省级、市级、县（区）级的国土空间发展战略都应该是不相同的，但具有传导性。大量研究表明，国土空间格局与过程的发生、时空分布、相互耦合等特性都是尺度依存的，因此只有在特定的国土空间尺度上对其考察和研究，才能把握不同空间尺度发展战略的内在规律。尺度性和层次性是紧密联系在一起的，只有深刻认识和详细把握不同尺度国土空间的结构组成、异质性特征、响应与反馈的非线性属性、干扰因素的影响，才能更好地揭示国土空间多层次系统及层次间相互联系的内在规律。

（4）创新性。谋划国土空间发展战略，需要打破固有的思维模式，以新的角度新的方式去思考空间发展问题。例如，国土空间规划在新时期被赋予了突出高质量发展的导向，这要求规划不仅要考虑经济增长，还要注重社会和谐与生态环境保护。通过建立国家级、省级、市级、县级各级的数字化地图，实现"数、线、图"一致，推动国土空间数字化、信息化治理实现质的飞跃。这有助于提升空间治理能力现代化水平，打造适应数字化生态文明的智慧国土。

5.1.2 国土空间规划战略研究重点内容

2019年6月，自然资源部发布了《自然资源部关于全面开展国土空间规划工作的通知》（以下简称《工作通知》），提出按照"管什么就批什么"的原则，将省级和市县级国土空间规划的审查和国土空间战略目标、定位等均作为重点审查容；而且在《市级指南》规定的主要编制内容中，第一条就要求确定城市性质和国土空间发展目标，提出国土空间开发保护战略。由此可见，科学、合理地确定城市性质、国土空间发展目标和国土空间开发保护战略不仅是市县级国土空间总体规划编制的重要内容，还是规划审批的重要内容，同时也是国土空间规划战略研究的主要内容。

1. 城市性质

城市性质是指各城市在国家经济和社会发展中所处的地位和所起的作用，是各城市在城市网络以至更大范围内分工的主要职能，由城市形成与发展的主导因素特点所决定。城市是一个综合实体，其职能往往也是多方面的，城市性质关注的是城市最主要的职能，是对主要职能的高度概括。明确城市性质，便于在国土空间规划中把规划的一般原则与城市的个性化特点结合起来，使得规划编制更切合区域实际。

不同的城市性质决定着各个城市规划的不同特点，对城市规模的大小、城市用地的布局结构以及各种市政公用设施的水平起着重要作用。在编制国土空间规划时，首先要确定城市的性质，这是确定城市产业发展重点以及一系列技术经济措施及其相适应的技术经济指标的前提和基础。

城市性质的确定，可以从两个方面去认识（表5-1）：一是从城市在国民经济和社会发展的中长期计划、远景规划和区域规划，结合区域的自然、资源、能源、国防和历史条件去认识，城镇体系规划规定了区域内城镇的合理分布、城市的职能分工和相应的规模，是确定城市性质的主要依据。二是从城市形成与发展的基本因素中去确定，包括城市的经济地理位置和交通运输条件。城市发展的现状和远景规划，是确定城市性质的重要方面。

需要注意的是，城市性质的表达需要反映城市的宏观区位意义，地域要明确，能够反映城市最主要的职能，而不是罗列一般职能；同时，需要体现前瞻性和动态性，要在认识客观存在的前提下，糅合对未来发展的合理预期。此外，城市性质的文字表述准确简练，凸显个性，弱化共性。

表5-1 城市性质一览表[①]

名称	城市性质					
	城市空间	城市产业	城市文化	城市特色	城市功能	城市形象
《广州市国土空间总体规划（2021—2035年）》	粤港澳大湾区区域发展核心引擎、国家中心城市	国际商贸中心	国家历史文化名城	科技教育文化中心	广东省省会、综合性门户城市、综合交通枢纽	国际大都市
《朔州市国土空间总体规划（2020—2035年）》	—	全国资源型城市低碳转型示范基地	右玉精神转化示范地	京津冀生态涵养区与休闲避暑旅游胜地	—	山西省生态宜居幸福城市
《醴陵市国土空间总体规划（2020—2035年）》	长株潭都市圈次中心城市、湘赣边区域性中心城市	国际陶瓷之都	—	—	—	绿色生态宜居宜游示范城市
《惠州市国土空间总体规划（2020—2035年）》	粤港澳大湾区重要节点城市	世界级绿色石化能源产业基地；珠江东岸先进制造业产业集群重要城市	国家历史文化名城	—	—	—

---

① 田川，刘广奇，李宁，等. 国土空间规划体系下"双评价"的实践与思考. 规划师，2020，36（5）：15-20.

续表

名称	城市性质					
	城市空间	城市产业	城市文化	城市特色	城市功能	城市形象
《杭州市国土空间总体规划（2021—2035年)》	长江三角洲区域中心城市、国家中心城市	全国数字经济第一城	国家历史文化名城	国际文化旅游休闲中心、国家综合性科学中心	浙江省省会	世界一流的社会主义现代化国际大都市
《西宁市国土空间总体规划（2021—2035）》	国家区域性中心城市	—	—	世界级高原文化旅游名城	青海省省会	—

2. 战略目标

2019年，《若干意见》中强化了战略引领规划的要求，提出了"发挥国土空间规划在国家规划体系中的基础性作用，为国家发展规划落地实施提供空间保障"的总体要求，规划要首先体现战略性，明确提出了"对空间发展作出战略性系统性安排"等核心任务。

国土空间规划的战略目标是地区发展战略的核心，是战略思想的集中反映，一般表示规划期限内地区国土资源利用、城市品质提升及社会经济发展的方向和希望达到的最佳程度。国土空间规划的目标是地区发展一种长期的目标和总方向，是特定时期内地区发展应达到的标准，是从量上对地区发展进行科学预测和认定，战略目标按期限可以分为5年左右的短期（近期）目标，10年的中期目标和15年及20年以上的远期（长期）目标。国土空间战略目标的确定要基于现实发展问题，在此基础上做到以目标为导向，统筹把握核心问题，并以宏观趋势作为研判依据（表5-2）。

表5-2 国土空间发展战略目标一览

名称	国土空间发展目标
《临汾市国土空间总体规划（2021—2035年)》	到2025年，走特色化省域副中心城市建设路线，以"生态+文化+枢纽"为重点，全面融入黄河金三角协同发展格局；到2035年，初步形成山西省特色化省域副中心城市，建成生态文明建设的典范城市；到2050年，全面建成山西省特色化省域副中心城市，生态文明建设达到更高水平
《哈尔滨市国土空间总体规划（2020—2035年)》	到2025年，生态管控、耕地保护扎实有效，哈尔滨都市圈格局初步构建；到2035年，生态屏障更加牢固，黑土地保护水平大幅提升，国土空间更加安全韧性，哈尔滨都市圈格局更加成熟；2050年，综合竞争力更强，全域魅力格局更加彰显
《运城市国土空间总体规划（2020—2035年)》	到2025年，市域国土空间开发和保护统筹协调明显改善，对外开放程度进一步提升，黄河金三角区域中心城市地位进一步增强；到2035年，建立健全市域国土空间开发和保护协调机制，建成区域对外开放门户，建成黄河金三角区域中心城市；到2050年，全面建成黄河流域（运城段）生态保护和高质量发展示范区，各项发展指标达到区域先进水平

国土空间规划体系下的国土空间发展目标应首先聚焦城镇、农业、生态三类空间的发展。其次，国土空间发展目标需要通过具体的规划目标指标进行落实，如《市级指南》明确指标体系包含空间底线、空间结构与效率及空间品质三个指标项及若干具体指标。

3. 战略重点

国土空间规划的战略重点是指对研究地区未来发展有重大影响的关键部门、支柱行业、重点地区、重点项目或决定性的问题。战略重点是由地区因素和国家因素共同决定的，确定战略重点需要考虑地区发展中的优势领域和薄弱环节，地区经济发展的基础性建设及地区发展的关键问题或关键因素。

其核心内容包括两个层面：一是城市的长期发展目标和包括社会经济等各方面在内的发展战略，以及城市空间发展方向和空间布局等宏观长远问题。二是与城市近中期发展密切相关的问题研究，包括近中期国土空间开发利用保护策略、城市重大基础设施布局等方面。

需要指出的是，战略重点并非一成不变，随着区域内外部环境的变化，区域发展的矛盾会发生变化，区域发展的战略重点也会发生变化。

4. 战略措施

战略措施是实现战略目标的步骤和途径，如果将城市性质和国土空间发展目标视为美好愿景的话，那么战略则为实现这一愿景的现实途径。具体而言，战略措施是把相对抽象的战略目标具体化，以达到可操作的过程。《市级指南》中明确提出国土空间开发保护战略，即在城市性质的主导框架下，通过国土空间开发保护战略的实施确保达到国土空间发展目标。战略措施通常包括基本产业政策和产业结构调整，农业、生态与城镇空间布局的改变，国土资源要素结构调整优化，重大工程项目的安排等方面，其中政策研究在战略措施中占有重要地位。

战略措施的实施必须具有前瞻性、针对性和综合性，同时兼具宏观视角以及微观的可操作性，还需考虑区域发展的软件因素，注意资源环境本底、人文经济特征的协同发展思路。随着我国社会发展，国土空间规划中社会公共服务措施、自然文化遗产及生态环境保护战略举措越来越受到重视（表5-3）。

表5-3 国土空间发展战略措施一览

名称	国土空间开发保护战略
《深圳市国土空间总体规划（2020—2035年）》	强化核心引领与创新驱动，实现更高质量的协调发展；精准配置国土空间资源要素，实现更有效率的集约发展；构建优质均衡的公共服务体系，实现更加公平的和谐发展；保护与修复自然生态系统，实现更可持续的绿色发展；完善城市资源保障体系，实现更为安全的健康发展

续表

名称	国土空间开发保护战略
《常州市国土空间规划（2020—2035年）》	自然资源整体保护和合理利用；生态修复和国土综合整治；国土空间品质提升；城乡发展支撑体系完善
《杭州市国土空间总体规划（2021—2035年）》	坚持科学布局，打开"一核九星"的新空间；坚持绿色发展，打开"两山"转化的新空间；坚持内涵提升，打开集约高效的新空间；坚持保护优先，打开资源配置的新空间
《安吉县国土空间总体规划（2021—2035年）》	山环水镶嵌，即基于环绕的山体屏障和镶嵌全域的水系构建生态空间；区域产城链，即重点对接杭州都市区和产业平台，谋划产城联动发展；镇村星罗棋布，即优化镇村布局和农业空间，塑造特色城乡建设空间；魅力融绿间，即在魅力空间内，激发创新活力，培育生态型新经济

5.2 国土空间规划空间发展战略模式选择

国土空间规划空间发展战略模式主要有均衡发展、非均衡发展和非均衡协调发展三种理论模式，它们在经济发展、资源配置和社会公平等方面各有侧重。

5.2.1 均衡发展战略模式

均衡发展战略模式强调地区之间的经济发展水平、发展速度、人均国民收入等经济发展指标处于大体相当的状态。该模式的主要特点包括：①注重地区间的平衡。通过政策调控和资源配置，努力实现各地区经济的均衡发展，避免地区间的发展差距过大。②强调公平。注重公共服务的均等化，确保各地区居民都能享受到基本的生活和发展条件，缩小地区间的社会差距。③整体协调发展。追求经济、社会和环境的整体协调发展，以实现可持续发展为目标。然而，均衡发展也存在一些挑战，如投资的经济效益可能较为低下，全国和区域系统的整体效益可能受到影响。

国土空间规划中体现均衡发展战略模式的方式主要体现在以下几个方面：

（1）区域协调与内部协同。在国土空间规划和分区编制中，区域之间的协调一致和区域内部的协同发展是至关重要的。这要求在不同地区之间实现基础设施、公共物品、生产和生活条件的均衡布局，即便在数量上难以达到绝对均衡，也应在空间布局上体现出均质特点。例如，通过优化交通网络、完善公共服务设施等措施，促进不同区域间的经济、社会和文化交流，实现共同发展。

（2）人口、经济与资源环境的均衡。国土空间规划还需要注重人口、经济与资源环境之间的空间均衡。这包括按照人口、经济、资源环境相协调的要求进行开发，促进三者之间的合理配置和协同发展。例如，在人口密集的地区，可以适度增加公共设施和就业机会的供给，以满足居民的基本需求；在资源丰富但经济相对落后的地区，可以依托资源优势发展特色产业，带动当地经济发展。

（3）优化产业空间结构。通过土地功能分区，明确各区域的主导产业，形成互补而非竞争的产业格局，是实现国土空间均衡发展的重要手段。例如，在自然资源丰富的地区，可以发展特色农业和旅游业；在交通便利的城市周边，可以布局高科技园区和现代服务业。这样的产业布局有助于避免经济活动过度集中于某些区域，实现区域间的均衡发展。

（4）推进新型城镇化。合理规划城镇发展空间，提升农村土地使用效率，促进城乡融合发展，也是国土空间均衡发展战略的重要组成部分。通过改善基础设施、实现公共服务均等化等措施，吸引人口回流农村或小城镇，缓解大城市过度拥挤问题。这有助于缩小城乡差距，实现城乡之间的均衡发展。

（5）绿色空间预留与生态保护。在国土空间规划中，还需要预留足够的绿色空间，如湿地、森林、公园等，以保护生物多样性并发挥其生态服务功能。这有助于支撑区域的可持续发展，同时实现经济发展与生态环境保护的平衡。

（6）构建区域联动机制。推动跨行政区的协调合作，如共建产业园区、交通网络，共享教育资源和医疗资源等，有助于形成区域经济一体化格局，缩小区域发展差距。通过构建区域联动机制，可以实现资源共享、优势互补和协同发展，进一步推动国土空间的均衡发展。

综上所述，国土空间规划中体现均衡发展战略模式的方式是多种多样的。这些措施的实施将有助于促进不同区域间的协调发展、优化资源配置、提高人民生活水平，最终实现国家的整体均衡发展。

5.2.2 非均衡发展战略模式

非均衡发展是指将有限的资源首先投向效益较高的区域和产业，以获得区域经济的高速增长，并带动其他区域、其他产业的发展。该模式的主要特点包括：①资源优化配置。通过优先发展具有比较优势和竞争优势的地区和产业，实现资源的优化配置和高效利用。②经济增长快速。非均衡发展能够快速推动特定地区和产业的发展，实现经济增长的快速突破。③区域间竞争与合作。鼓励地区间的竞争和合作，激发整体经济的活力和创造力，推动整体经济的发展。非均衡发展的优点在于能够快速实现经济增长，但也可能导致地区间的发展差距扩大，因此需要采取相应的政策措施来缩小这种差距。

5.2.3 非均衡协调发展战略模式

非均衡协调发展是一种介于均衡发展与非均衡发展之间的策略。该模式既强调资源的优化配置和高效利用，又注重地区间的平衡发展和社会公平。该模式具体特点包括：①有限资源优化。在有限的资源条件下，通过优先发展具有潜力的地区和产业，实现经济的快速增长。②区域协调发展。在推动经济增长的同时，注重地区间的协调发展，避免发展差距过大。③社会公平。在经济发展的同时，注重公共服务的均等化，确保各地区居民都能享受到基本的生活和发展条件。非均衡协调发展模式旨在实现经济、社会和环境的协调发展，既追求经济效益，又注重社会公平和可持续发展。

5.2.4 总结与对比

均衡发展注重地区间的平衡发展和社会公平，但可能会牺牲一定的经济效率。非均衡发展追求经济效益的最大化，但可能导致地区间的发展差距扩大。而非均衡协调发展在有限的资源条件下，既追求经济增长，又注重地区间的平衡发展和社会公平。在选择空间发展战略模式时，应根据地区的实际情况和发展需求进行综合考虑。对于发展基础薄弱、地区间发展差异较大的地区，可以优先考虑均衡发展策略；而对于经济基础较好、发展潜力较大的地区，则可以更多地采用非均衡发展策略；同时，也可以结合两种策略的优点，制定综合性的非均衡协调发展策略。

5.3 国土空间规划战略选择依据

确定地区发展战略，必须要有扎实的研究基础和充分的依据。首先，战略选择与定位一般要先进行深入的区情分析，包括对区域外部环境、区域自身特点和区域内部差异的调研研究与分析评估；其次，要归纳总结出地区发展的优势与劣势、面临的机遇与障碍；再次，提出国土空间规划战略的多情景方案；最后，进行方案评估与选择。

5.3.1 调查研究与情景预测分析

地区发展的内部条件分析包括地区发展的自然资源条件分析，如自然资源的类型、数量、质量、地理分布特征、地域组合、开发利用方向和效应等，尤其要关注地区发展的资源环境底线问题；地区发展的社会条件分析，如区位条件、基础设施条件、人口条件、市场条件、科学技术条件、生态环境与历史文化条件等；地区发展的经济条件分析，如经济基础、地区发展阶段、产业化水平、市场参数等。地区发展的外部环境包括世界发展新趋势、全国发展形势和周边地区的情况。产业环境是关于主导产业的原料、市场、产品创新度等的情况。这些作为外部环境条件都会影响着战略的选择。

审视环境是考察区域未来发展前景的重要步骤，其目的是寻找、确认对区域未来至关重要的若干问题。研究人员可以综合选择自然地理分析、历史分析、流分析等多层次、多角度分析的方法，通过历史发展趋势、对标比较分析、情景预测、公众参与调查等分析方式，锁定区域发展过程中的关键性问题，然后对涉及的每个战略问题作出更为精确的图景预测。需要指出的是，应用大数据和云计算等现代工具进行调研研究、情景预测与综合评估，在国土空间规划战略研究中的应用越来越多。

5.3.2 地区发展优势与机遇判断

确定地区发展的优势与劣势，通常需要作两种比较，这一分析主要基于两个部分完成：①外部分析，指出外部环境所带来的关键性风险和良机；②内部分析，列明所涉及的每项战略问题的组织实力和薄弱点。此外，也可以从"纵向""横向"两个方面来解读城市："纵向"是以区域的"过去—现在—未来"为轴向，解剖所研究区域历史演变与发展的过程，从中找出它的某些规律和影响它发展的条件，从而推测和预见它未来的发展方向和途径；"横向"是指"比较"，即与区域内其他城市或与国内国外同类城市进行比较，以找出自身的问题与差距。在战略抉择中，既要识别地区的优势和劣势，又要了解优势和劣势转化的条件，促使潜在优势转变为现实优势，将有利条件转变为地区的财富。

SWOT分析法常被用于确认区域所面临的优势（strength）和劣势（weakness）、机会（opportunity）和威胁（threat），并据此提出应对战略的方法。优势和劣势的分析一般是围绕着区域的内部环境，对区位条件、自然条件、社会历史条件、经济条件、区域建设条件等方面进行分析比较；而区域发展的机会和威胁则多是从区域的外部环境进行分析，如技术优势、产业优势、竞争优势。这些分析既要深入，又要全面，通过采用系统的方法和整体的思维，对区域发展的方方面面进行考察。

5.3.3 制定战略方案与应对预案

所谓战略方案，就是根据空间战略制定的依据和内容及调查研究和情境预测分析评估的结果，设计出一条适合本地区未来要走的路，或者说设计出一个带有目标性、纲领性和指导性的发展框架。制定战略方案的难点是全局性和不确定性。全局性是指所考虑的问题是全域覆盖的、长远的、重大的和带有根本性的，是对未来高层次和综合性的战略预见。它要对各种机遇和挑战作出判断，根据这种判断结合自身的优势作出针对性选择。例如，要对环境中出现的机遇而地区恰好有这种优势、环境中可能存在一些阻碍但地区仍然有这种优势、环境中存在机遇但地区并不具备优势、环境中有障碍而地区也不具备优势等情况作出综合分析，从而作出结构性的战略选择。

然而，区域的发展面临着复杂且不确定的内外环境，组成空间的各要素存在不确定性，空间能够产生的结果也存在不确定性，不能简单套用纯粹、线性的增长规划范式，缺少不同情景的发展预案，这将给区域带来不可逆的经济社会成本和巨大的风险。因此，战略研究需要对区域发展的多种情景进行系统讨论，通过对多方案的得失、利弊权衡来明确区域发展的关键策略，并提出可供备选的应对预案（图5-1）。所谓应对预案，是指根据评估分析或经验，对潜在的或可能发生的突发事件的类别和影响程度事先制定的应急处置方案，它要求战略方案留有适度的余地和弹性，以确保在面对不同情况时，战略方案有多种路径可以选择。

5.3.4 方案评估与选择

制定空间战略的本质是一种以地区愿景和目标为核心，以资源、要素和组织为基础，通过更好的协调和更优的配置等行为来创造更高价值的过程。战略方案是否简明扼要，是

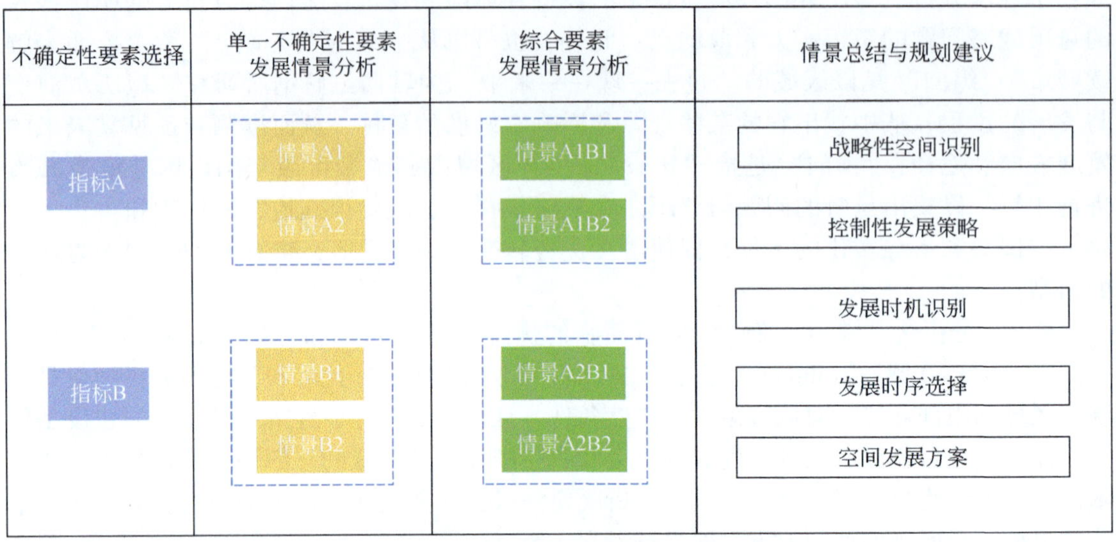

不确定性要素选择	单一不确定性要素发展情景分析	综合要素发展情景分析	情景总结与规划建议
指标A	情景A1 情景A2	情景A1B1 情景A1B2	战略性空间识别 控制性发展策略 发展时机识别
指标B	情景B1 情景B2	情景A2B1 情景A2B2	发展时序选择 空间发展方案

图 5-1　国土空间规划战略情景规划分析①

否便于理解和执行，是否可行和有效，还必须要经过适应性、一致性、可持续性和可行性等方面的评估。其关键点为：①地区空间发展愿景是否清晰。能否正确描述发展愿景并使战略目标与其匹配，是检验战略制定者对未来走向的了解是否清晰的关键。②评估地区内部资源、要素和组织体制之间是否具有一致性，各个组成要素之间是否彼此一致并形成了一个系统的整体。如果对此理解不够清楚，就可能对地区的整体价值造成损害。③评估空间战略与外部环境之间的适应性以及对于不断变化的环境的可持续性。如果不具有可持续性，包括经济、社会、生态的可持续性，那么战略方案很难成功实现。④评估战略方案的可行性，包括经济的可行性、技术的可行性、政策的可行性、组织的可行性、社会的可行性、文化的可行性和风险因素控制的可行性等。⑤战略方案的实施能否产生地区的某种竞争优势，同时这种优势能否为地区发展创造新的价值②。

5.4　国土空间规划战略目标的制定

5.4.1　规划目标概念

目标是个人或组织所期望的成果，是工作的努力方向和要求达到的结果。它隐含着一定的价值观和可以实现的梦想和理想的预期，它可能以指标、标准、规则、图示等方式向系统明确告知，或者通过潜移默化的影响，许可、鼓励、促进、节制、约束、修正系统的

---

① 张京祥，黄贤金. 国土空间规划原理，南京：东南大学出版社，2021.
② 张占录. 国土空间规划学. 北京：中国农业出版社，2023.

行为。规划目标就是规划所要追求的目的和达到的状态。规划目标具有下列基本属性：①概括性。要能用简短文字加以概括提炼，以表示一些理想和所要导向的目的地，具有行动导向功能。②可达性。目标必须既是需要的，又是通过一定的努力可以达到的，具有务实性。③可观测性。目标必须是明确的，要便于观察、测量、辨识、检查、比较和判别。④约束性。目标与约束条件是共生的，规划不但要列出目标，还要列出约束条件。⑤时效性。规划的目标是有时间表的，如长远目标、阶段目标、短期目标等。

5.4.2 规划目标构成

规划目标分为总目标和分目标，总目标是规划编制并实施的总纲，一切措施都是围绕总目标来实现的，因此总目标的制定非常重要，必须简单明了，具有全局性和概括性。分目标是阶段性目标，是指将整个规划期分为若干个发展阶段，以总目标为依据，相应规定的各阶段所应实现的目标。为顺利实现目标，在划分阶段目标时，需注意前后阶段的区别与连续性，重点是前后阶段的转变，前一阶段除需要完成规划的要求外，还要为后一阶段目标做好准备；后一阶段除自身的特点外，应在一定程度上是上一阶段的继续和连续。分目标具有更具体、实践性更强、可达性更明显的特点。

5.4.3 目标体系构建

制定国土空间规划目标的目的在于明确地区发展方向，动员和组织各方面的力量为实现理想的追求而努力，既要高度地综合、概括，又不能太抽象。这就要求国土空间规划目标必须通过一定指标来量化和具体化，形成目标体系。它既以国土规划的目标为依据，又是国土规划目标的具体反映，以规划指标的形式体现。

规划指标作为国土空间规划的重要组成部分，贯穿现状评估、目标传导、空间管控、实施监督全过程，反映了规划的核心目标、管控要求和发展思路。既是建立国土空间规划实施监测、评估和预警体系的核心内容，也是落实国土空间规划指导约束作用的重要抓手。

根据自然资源部印发的《省级国土空间规划编制技术规程》《市级指南》等文件，国土空间规划中的指标分为约束性指标、预期性指标和建议性指标。约束性指标是在规划期内必须实现的指标，旨在确保规划目标的实现，不得突破或必须达到。预期性指标是根据经济社会发展预期，规划期内努力实现或不突破的指标，具有一定的灵活性。建议性指标则是根据地方实际情况，可供选择的规划指标，没有强制性的要求。这些指标的分类体现了国土空间规划的多维度目标和政策引导的灵活性，旨在平衡国家宏观调控与地方自主发展的需求，同时确保规划的有效实施和资源的合理配置。

1. 构建原则

1）符合新时代要求和新发展理念

指标应秉承生态优先和绿色发展理念，加快经济发展方式和土地利用方式的转型，严守生态、粮食、能源资源等安全底线。坚持人与自然和谐共生，协同人、地、产关系，优化国土空间开发保护格局。深化供给侧结构性改革，促进区域与城乡融合发展。

2）刚性与弹性兼并

指标构建中要严格落实约束性指标和以引导为主的预期性指标，加强指标体系的刚性和弹性。刚性主要体现在指标约束、用途管制方面；而弹性则是指规划在保证其严肃性和权威性的基础上，应对市场经济发展的不确定性因素所表现出来的灵活性和变动性。

3）与规划实施管理紧密结合

指标体系须充分体现国土空间规划的法定职责、调控职能和政策意图，每个指标都应附着清晰的政策内涵、调控意图、实践效用和管理要求；指标的内涵和测算方法应清晰明确，能界定、可量化、易收集。

4）普适性与差异性相结合

普适性指标主要是指与国土空间规划核心调控意图密切相关的指标，应坚持自上而下逐级传导，各层级规划均应落实；差异性指标主要指考虑不同地域自然资源禀赋、经济社会发展差异，以及陆地和海洋的差异等，设置差异化的指标类型。

2. 构建方法

指标体系的确定应以战略定位和发展目标为基础，结合当地实际制定规划指标。一般以"定位—战略—目标—指标"的路径构建规划指标体系，即结合区域发展愿景确定区域定位，制定区域发展战略，确立区域发展目标。从人口、生态环境、土地和水资源、能源、自然和文化遗产保护等方面构建指标体系，重点突出规划的刚性管控思维，同时兼顾国土空间高品质发展。

省级国土空间规划指标体系可以从生态保护、农业发展、区域建设三大方面出发（表5-4）；市级国土空间规划指标体系可以从空间底线、空间结构与效率和空间品质三个方面出发（表5-5），落实上级规划要求的同时，根据地方特色和实际情况调整规划指标，形成市级规划指标体系。在指标体系构建过程中，地市级及以上国土空间规划应注重发展战略的统一，空间结构及布局强调"三线"的底线管控，明确与其他专项规划的协调机制等。县市级国土空间规划涉及管控底线的具体落位、城镇扩展边界的衔接和明确各类用地等，其规划指标体系应包括各专项规划涉及的空间管控与布局等核心内容的指标，但不宜形成详尽的、面面俱到的指标体系。如果指标体系过于具体，则难以与各专项规划衔接，失去了规划的弹性，反而会增加多规指标间的矛盾。乡镇规划是底层规划，是多规指标的层层分解，要求与上位规划衔接。

表5-4 省级国土空间规划指标体系

序号	名称	单位	属性
1	耕地保有量	hm²	约束性
2	永久基本农田保护面积	hm²	约束性
3	生态保护红线面积	km²	约束性

续表

序号	名称	单位	属性
4	大陆自然岸线保有率	%	约束性
5	自然保护地陆域面积占陆域国土面积比例	%	预期性
6	森林覆盖率	%	预期性
7	草原综合植被盖度	%	预期性
8	湿地保护率	%	预期性
9	水域空间保有量	hm²	预期性
10	用水总量	m²	约束性
11	单位国内生产总值建设用地使用面积下降	%	预期性

表 5-5 市级国土空间规划指标体系

项目	编号	指标项	指标属性	指标层级
空间底线	1	生态保护红线面积/km²	约束性	市域
	2	用水总量/亿 m³	约束性	市域
	3	永久基本农田保护面积/km²	约束性	市域
	4	耕地保有量/km²	约束性	市域
	5	建设用地总面积/km²	约束性	市域
	6	城乡建设用地面积/km²	约束性	市域
	7	林地保有量/km²	约束性	市域
	8	基本草原面积/km²	约束性	市域
	9	湿地面积/km²	约束性	市域
	10	大陆自然海岸线保有率/%	约束性	市域
	11	自然和文化遗产/处	预期性	市域
	12	地下水水位/m	建议性	市域
	13	新能源和可再生能源比例/%	建议性	市域
	14	本地指示性物种种类/种	建议性	市域
空间结构与效率	15	常住人口规模/万人	预期性	市域、中心城区
	16	常住人口城镇化率/%	预期性	市域
	17	人均城镇建设用地面积/m²	约束性	市域、中心城区
	18	人均应急避难场所面积/m²	预期性	中心城区
	19	道路网密度/(km/km²)	约束性	中心城区
	20	轨道交通站点 800m 半径服务覆盖率/%	建议性	中心城区
	21	都市圈 1 小时人口覆盖率/%	建议性	市域
	22	每万元 GDP 水耗/m³	预期性	市域
	23	每万元 GDP 地耗/m²	预期性	市域

续表

项目	编号	指标项	指标属性	指标层级
空间品质	24	公园绿地、广场步行5分钟覆盖率/%	约束性	中心城区
	25	卫生、养老、教育、文化、体育等社区公共服务设施步行15分钟覆盖率/%	预期性	中心城区
	26	城镇人均住房面积/m²	预期性	市域
	27	每千名老年人养老床位数/张	预期性	市域
	28	每千人口医疗卫生机构床位数/张	预期性	市域
	29	人均体育用地面积/m²	预期性	中心城区
	30	人均公园绿地面积/m²	预期性	中心城区
	31	绿色交通出行比例/%	预期性	中心城区
	32	工作日平均通勤时间/min	建议性	中心城区
	33	降水就地消纳率/%	预期性	中心城区
	34	城镇生活垃圾回收利用率/%	预期性	中心城区
	35	农村生活垃圾处理率/%	预期性	市域

注：各地可因地制宜增加相应指标。

3. 规划指标值确定

1）明确初始目标

确定国土规划目标，首先需要了解各方面对地区发展的最终要求，即地区在未来时期需要达到的目标。通常包括两个方面：一是目标的种类；二是期望值或达到的程度。一般由规划人员通过走访、召开专家会议、采用德尔菲法等方法，研究确定一个目标的初始方案，作为最终目标体系的基础。

2）搞好目标预测

这一阶段的主要任务是对初始目标实现的可能性及可能程度进行科学预测。①确定预测内容与任务，包括预测的期限、范围及所要达到的要求。②搜集预测资料。③选择预测方法，对于同一目标的预测，最好能采用不同的预测方法，提出几个不同的预测方案。即使是同一预测方法，也要采取不同的假设条件，提出不同的预测结果，以便择优选择。④评审预测结果，主要是分析误差，修正结果。

3）进行目标优化

采用各种预测方法确定的各指标数值尚不能作为规划目标，这是由于该指标值只是各预测对象自然演化状态下的数值，且没有考虑各指标值间的相互关联与制约。因此，需要进行优化研究，将各指标值作为一个整体，在各种约束条件下，寻求各指标发展的最优值。目标优化可改变各种约束条件，模拟未来各种环境因素变化对目标的影响，从而得出不同的目标优化方案。在此基础上，利用各种目标决策方法，确定本地区国土规划目标的实施方案。

4)建立目标体系

将优化后的目标指标,依据其内在联系,编制成目标实施方案,具体要求如下:①完整性。目标体系要能反映地区开发所要达到的总体要求。②有机联系性。目标体系不是几个目标的拼凑或机械组合,而是相互联系、彼此制约的整体。③综合效益最佳。目标体系不能仅表明国土规划的某个或某几个方面的效益最佳,而应表明在经济、社会、生态等各方面都能取得比较满意的结果。

需指出的是,通过以上步骤所确定的目标体系并不意味着国土规划目标研究工作的最终完成。随着国土空间规划工作的全面展开,总体规划目标还可能遇到许多新的情况,要求必须修正目标体系。修正可从一步开始,也可从中间某个步骤开始。

4. 规划指标分解

规划指标分解是规划管控的核心内容,也是要求下位规划落实的内容,需要在国家层面定量后要求下级规划层层分解落实。国土空间规划指标的传导体系主要体现自上而下的传导机制,不仅是规划目标任务分解下达的过程,也是指标管控逐级细化的过程。具体主要通过落实上级规划明确的约束性指标,将耕地保有量、永久基本农田保护面积、生态保护红线控制面积等指标分解下达至下一级政府,基于各区(县)现状基础及目标定位,制定差异化的考核指标,下级对上级下发的指标体系进行校核反馈,即采取"上下联动"的工作方式,实现重要指标在下级规划中的分解落实。从纵向来看,下位规划指标体系在落实上位指标分解时,应坚守刚性的指标要求,保住底线,合理分配指标,引导县乡级协调保护与发展的关系。从横向来看,在国土空间规划指标保持一致性的前提下,根据专项规划、详细规划对现有指标进行延伸、细分,可进一步拓展指标体系的目标维度,服务于总体规划目标的实现。

本 章 小 结

(1)国土空间发展战略的核心是解决地区在一定时期的基本发展目标和实现这一目标的途径,其具有整体性、前瞻性、层次性和创新性等特征。国土空间发展战略研究的主要内容包括城市性质、国土空间发展目标和国土空间开发保护战略,同时三者也是市县级国土空间总体规划编制和规划审批的重要内容。

(2)在战略制定过程中,地区发展的区情分析至关重要,它包括对区域内部条件和外部环境的综合调查评估,以及对区域优势与劣势、机遇与挑战的系统分析。此外,战略方案的评估与选择是实现地区愿景和目标的关键步骤,需要考虑方案的适应性、一致性、可持续性和可行性等。

(3)国土空间规划指标体系一般以"定位—战略—目标—指标"的路径进行构建,指标分为约束性指标、预期性指标和建议性指标三类。规划指标分解是规划管控的核心内容,需要在国家层面定量后下级规划层层分解落实。

关键术语:国土空间规划战略、城市性质、战略目标、战略措施、规划指标

复习思考题

（1）试述国土空间规划战略的内涵。
（2）国土空间规划战略研究的内容有哪些？
（3）简述国土空间规划战略选择的依据。
（4）简述国土空间规划指标确定依据。

第6章 国土空间规划格局

本章导读：

构建国土空间开发保护新格局是在我国即将全面建成小康社会、开启全面建设社会主义现代化国家新征程的历史时刻提出的，是新时代优化国土空间布局、推进区域协调发展和新型城镇化的战略目标，具有十分重大的意义。这是尊重自然、建设人与自然和谐共生的现代化的需要，是高效利用国土空间、实现空间高质量发展的需要，是实施空间治理、实现国家治理现代化的需要。国土空间格局强调生产空间集约高效、生活空间宜居适度、生态空间山清水秀，是指导区域要素投入的重要纲领。依据国家战略，将生态保护、农业生产、城镇发展与城乡融合的计划都列在一张图上，是编制国土空间规划极其重要的内容，而如何进行规划格局的布局也是国土空间规划编制中的难点。因此，本章围绕国土空间规划总体格局构建相关问题进行阐述。

重点问题：

- 国土空间规划格局的内涵、作用与任务
- 国土空间规划格局主要类型及其差异
- 国土空间规划划定的基本逻辑与技术流程

6.1 构建国土空间规划格局的内涵、作用与任务

6.1.1 国土空间规划格局内涵

国土空间规划格局是国土空间要素的结构特征、空间分布以及规划期内的要素配置模式与趋势特征，是对发展战略确定的国土空间发展定位、总体目标与发展战略的空间落实，是对未来国土空间开发利用保护的全局性、长远性总体谋划的空间响应，是国土空间保护、开发、利用、修复的政策和总纲。

国土空间格局是各类要素在空间上的分布和配置。但在不同学科和情景下，"要素"所指代的内容差别较大，并随空间尺度的变化而被分解或聚合，呈现出物理实体或者功能系统的状态。因此，需要在特定的空间尺度和情景下理解国土空间格局的概念内涵。例如，城市既可以看作真实存在的物理实体空间，也可以视作由道路、生活区、商务区、工厂等物理实体组成的具有更高能级的功能系统，即在一定的空间尺度上，"城市"这个物理实体并不存在，只是人为建构的概念。再如，在市县层级上，构成国土空间格局的物质实体要素包括山川、河流、森林等自然要素，人口、产业、城镇、交通设施等经济社会要

素，以及农田、园地、公园等人工改造后的自然要素。从形态上看，这些要素呈现出点、线、面等形态。其中，"点"是指依赖于尺度，且与周围环境不同的点状国土空间实体，如居民点、生态斑块等；"线"是指依赖于尺度的线性国土空间实体，如交通线路、河流等；"面"是指点状要素镶嵌其内、相对面积较大的基质性国土空间实体，如生态系统基质、行政区全域等。除了这些实体空间外，还存在由"点、线、面"等国土空间实体组成的非实体性功能性空间，包括内部相对一致的均质区域和内部联系相对紧密的功能区域。例如，都市圈是由城镇、交通线路等国土空间实体，以及都市圈内联系各城镇的发展轴等功能性区域组成的更大空间尺度的功能性空间。非实体性的功能性空间可以用"轴""屏""圈"等表述。

6.1.2 国土空间规划格局优化作用

优化国土空间格局既有保障国家战略落地实施的战略要求，也有地方化解国土空间利用冲突、提升国土空间开发保护效率、实现高质量发展的现实诉求[①]。

（1）将国家重大战略转化为重大功能分区，并进行层级传导和空间落实。例如，将主体功能区战略转化为国家生态安全屏障、农产品基地、城市群与都市圈等国家战略功能区，在国家、省、市、县等不同层级的国土空间规划中进行传导，并在市县级行政单元上细化落实到具体的国土空间。

（2）协调不同空间使用主体之间的利益纷争，实现国土空间与功能之间的最适宜匹配。在保障全局和长期利益的前提下，尽可能地实现特定利益的最大化，并保障其他利益的最起码满足。例如，在农产品主产区需要通过优化农业空间格局来提升区域的农产品供给能力，同时也需要满足地方产业发展和城乡建设对城镇空间的基本需求。

（3）明确各类开发保护活动的区域和边界，为实施国土空间用途管制提供依据。通过划定城镇空间、农业空间、生态空间等功能性空间，为各类国土空间开发保护活动提供指引，引导这些空间特定地域功能的提升；通过划定永久基本农田和生态保护红线等刚性管控空间，加强对特定类型空间的强制性管控，确保守住这些国土空间的功能底线。

6.1.3 重点任务

根据国家发展战略和国土空间规划的总体要求，我国国土空间规划格局的任务是通过重塑城市化地区、农产品主产区、生态功能区三大空间以及其他重要空间格局，形成"主体功能明显、优势互补、高质量发展"的国土空间开发保护新格局。具体而言，一是强化系统观念，统筹国土空间开发和保护，着力完善三大空间总体格局，既保障国家粮食安全和生态安全，确保可持续发展，又促进区域协调发展和新型城镇化，增强发展动力和活力。二是坚持底线思维，把城镇、农业、生态空间和生态保护红线、永久基本农田保护红

---

① 郝庆，封志明，袁国华. 省级国土空间规划编制的几点思考. 中国国土资源经济，2018，31（1）：29-33.

线、城镇开发边界作为调整经济结构、规划产业发展、推进城镇化不可逾越的红线，倒逼经济社会转型发展。三是加强源头治理，通过优化国土空间布局和完善国土空间功能，促进产业布局合理调整和产业结构优化升级，在提升国土空间品质的同时，推动经济高质量发展。

6.2 国土空间规划格局主要类型与要素构成

6.2.1 国土空间规划格局的主要类型

国土空间规划格局从类型上看，既包括总体格局，又包括农业空间格局、生态空间格局和城镇空间格局等特定要素和特定类型的空间格局；从空间尺度上看，既包括宏观尺度上的国家级、省级国土空间格局，又包括中观尺度上的市级、县级国土空间格局，以及微观尺度上的乡镇级国土空间格局[①]。

1. 总体格局

国土空间总体格局是结合国土空间开发保护战略与目标，立足规划区域自然资源本底，统筹生态、农业、海洋、历史文化等重要保护区域和廊道，分析人、地、产、城、交通关系，确定城镇、产业开发的轴带和重要节点，依托基础设施支撑体系，进行的社会经济与生态地理要素的空间分布与配置。

总体格局的构建应尊重和顺应自然与历史格局，以问题导向、目标导向和治理导向为原则，解决资源在空间上的重大矛盾冲突，回应战略在空间上的重点问题，构建区域全域覆盖、坚持主体功能、适应空间发展规律和阶段以及兼顾开发和保护的总体架构。

2. 生态空间格局

生态空间是指具有自然属性、以提供生态产品或服务为主导功能的国土空间，涵盖需要保护和合理利用的森林、草原、湿地、河流、湖泊、滩涂、岸线、海洋、荒地、荒漠、戈壁、冰川、高山冻原和无居民海岛等。

生态空间格局是按照生态文明建设和主体功能区规划要求，综合考虑自然因素和社会经济条件，遵循生态系统完整性、主体生态功能与生态建设措施的相似性，以全国范围内生态功能分区为基底，以我国山川河流为骨架，打破行政区域限制，加强生态环境保护和治理，扩大区域生态空间，构建顺应自然发展的生态安全格局。同时，依据生态保护重要性评价，结合生态极重要区分布，规划提升生态系统的全面性、整体性和连通性，以及保护和修复具有生态服务和生态容纳功能的国土生态空间，维护国土生态安全同样是不可忽视的重要工作内容。

---

① 中华人民共和国自然资源部.《市级国土空间总体规划编制指南（试行）》有关情况新闻发布会.［2020-09-24］. http://www.mnr.gov.cn/dt/zb/2020/sjkjgh/.

生态空间格局具体体现在统筹山水林田湖草沙等各类要素，明确自然保护地体系，结合国家公园、各类自然保护区、自然公园（海洋公园、森林公园、地质公园、湿地公园等）等空间分布，统筹山体山脉、河流水系、海域岸线、区域绿等重要生态廊道，加强城市内部的水系、绿地与城市外围河湖、森林、耕地的建设，共同形成健康、完整、连续的绿色空间网络，构建网络化的生态保护格局。对于沿海地区生态空间格局，可以构建连续的沿海岸带绿色生态廊道，串联沿海重要的自然保护区、湿地等生态要素，以提高沿海地区的生态环境质量。

3. 农业格局

农业空间是指以农业生产和农村生活为主体的功能空间，包括农业生产空间和农村生活空间。农业生产空间是指包括耕地、园地和草地等在内的用于农产品生产的空间。概念强调农业空间不仅仅包括耕地、草地和林地等，还包括农业发展和与乡村振兴息息相关的生产和生活空间。

农业空间格局是立足区域资源禀赋、环境承载能力和农业发展基础，构建因地制宜、特色鲜明和逐级带动的现代化农业生产空间协同发展新格局。农业发展格局主要是基于农业结构优化和畜牧业结构调整得以实现。其中，优化农业结构体现在构建现代新型农业产业体系，提高粮食生产能力和综合效益，实现稳量增效，同时大力发展区域特色产业，加快建设区域特色农业发展带，培育区域特色农产品基地，促进农产品提档升级，形成区域性标志和品牌。

4. 城镇空间格局

城镇空间是指以承载城镇经济、社会、政治、文化、生态等要素为主的功能空间，包括城市和建制镇等城镇居民点在内的建设空间，以及城镇居民点之外的独立工矿空间。城镇空间以集约适度和绿色发展为原则，集中进行城镇开发建设，涉及城市、建制镇以及各类开发区等。

城镇空间格局是根据资源、用地和环境容量等约束条件，研究城乡人口流动和集聚特征等内容，以此确定发展规模，并在全域统筹产业、用地、基础设施和公共服务等要素。城镇总体空间发展思路、发展目标和发展总体结构的提出需要明确城镇体系，确定所辖县（市）的职能定位、规模等级和空间布局，统筹新旧城区、生活与生产功能区，划定战略留白区，促进城镇与交通等基础设施协同发展。

5. 其他空间格局类型

在国土空间规划中，空间格局优化除了以上类型外，还包括国土空间格局的其他重要组成部分，如产业空间发展格局、防灾减灾空间格局等。但一般情况下，为了避免国土空间总体格局上呈现的要素过多，往往将其他空间格局单独呈现，并作为编制相关领域专项规划的指引。

知识链接 6-1

国土空间规划格局主要类型：以河池市为例

1）总体格局

广西壮族自治区河池市依托国家和自治区发展战略，结合主体功能区要求，以自然地理格局为基础，遵循底线约束，统筹保护类要素和发展类要素，突出生态绿色、创新驱动、协同发展，综合考虑优化城镇空间，布局农业空间，保护生态空间，确定了"绿水青山为底，林田湖城为基，一核两轴三副，一廊一屏两区"的河池市国土空间开发保护总体格局，以实现全域多中心、网络化联通、集约化利用、开放式发展的局面。

2）生态空间格局

河池市在明确自然保护地等生态重要和生态敏感地区，以及重要生态廊道、屏障和网络后，结合生态保护红线划定结果，构建了"三区两屏三带"生态保护格局。"三区"指九万山生态品质提升区、金宜城乡生态环境提升区、南部石漠化生态安全保护区。"两屏"指三江水源涵养屏障、东巴凤绿色生态保育屏障。"三带"分别为龙江生态廊道、刁江生态廊道、红水河生态廊道。

3）农业格局

河池市深入贯彻落实习近平总书记乡村振兴战略，树立新发展理念，顺应脱贫攻坚需求，坚持农业农村优先发展，对接"十四五"的发展战略，坚持质量兴农、绿色兴农、品牌强农，深化农业供给侧结构性改革，推动现代特色农业技术升级、改革升级、产业升级，加快构建更加完备的现代农业产业体系、生产体系、经营体系，促进农村三次产业融合发展。优化农业产业结构，围绕打造"生态农业、特色农业、长寿农业、现代农业"的发展思路，着力挖掘山区特有的资源优势，重点培育发展桑蚕、糖料蔗、水果、蔬菜、食用菌等特色农业产业，依托特色资源，推进农旅结合，打造形成河池市"生态、绿色、长寿"农业品牌，积极发展乡村休闲旅游，增添乡村产业发展亮点。培育和打造一批特色突出、主题鲜明的乡村休闲旅游精品产业，宣传推介一批有地域特色的休闲旅游精品路线。依托资源禀赋，发展特色农业，增加区域投入，打造优势农业区，实现集聚规模化发展，利用交通优势，打造观光、旅游农业，依照不同农业产业功能构建"四区多片、多基地"农业发展格局，推进农业现代化发展。

"四区"，即特色种养农业产业区、长寿康养农业集聚区、现代农业生产示范区、粮食生产保障区。

4）城镇格局

河池市考虑未来城镇化和工业化的主体。对城镇格局进行了优化，在2021~2035年国土空间规划中构建了"一核三副两轴一带"的城镇格局。

"一核"为金城江-宜州中心城市发展核，推进金宜一体化发展，提升中心城区综合服务与人口产业承载能力，建设公共服务中心、商贸物流中心、区域综合交通枢纽、重要的产业平台、现代智慧新城示范区。

> "三副"为南丹县城、巴马县城和都安县城，规划确定为市域副中心，在公共服务、物流商贸及产业发展中发挥辐射引领作用。
> "两轴"指全市两条城镇发展轴。沿南北向交通走廊，串联金城江区、环江毛南族自治县、都安瑶族自治县、大化瑶族自治县，形成市域纵向城镇发展轴；沿黔桂交通走廊，串联金城江区、宜州区、南丹县、东兰县、罗城仫佬族自治县，形成市域横向城镇发展轴。
> "一带"指红水河生态文旅带。沿红水河，串联天峨县、凤山县、东兰县、巴马瑶族自治县、都安瑶族自治县和大化瑶族自治县，形成红水河生态文旅带。

6.2.2 不同层级国土空间格局的差异及其主要关系

不同层级的国土空间格局所关注的侧重点均有所不同，同时其需要调节的主要关系也不一致。各层级国土空间格局之间相互衔接、环环相扣，从而构成多层级的国土空间格局体系。

（1）主要规划对象的差异。省级规划强调资源要素的保护，对各类空间具体的落位关注较少，因此各类空间的核心区域成为省级部门重点治理的对象。相较之下，地级市中心城区的国土空间格局由市级政府确定，中心城区以外的国土空间格局由市级、区县级政府共同确定，区县级土地利用方式的确定与之类似。这种各层级间复杂的竞合关系也体现在规划对象和深度要求的差异上，即市县级各类空间规划将关注重点分成两部分，一是对中心城区范围内的国土空间进行用地布局深度的研究，二是对于中心城区以外的国土空间，明确其对下级规划的管控指引。

（2）问题识别重点的差异。省级国土空间规划基于格局尺度，聚焦跨区协调和功能组织等"面状"问题识别，而市县级国土空间规划则从多尺度、多维度对全域国土空间问题进行分类识别。

（3）格局谋划导向的差异。省级国土空间格局以总体结构的谋划为重点，突出战略引领作用。市县级国土空间格局以优化为重点，突出对上一级政府重大发展要求的空间落实，中心城区和重要开发区的空间优化是重点内容。

（4）管控指引方式的差异。省级国土空间规划重点对跨行政区问题区域进行分区指引，对重点区域进行分类指引；而市级、县级国土空间规划则重点对主要空间布局进行分区指引、对全域空间进行分类指引[①]。

（5）不同层级国土空间格局优化路径差异。宏观层面的国土空间格局塑造重点在于从全域视角，基于"纵向联动、横向协调"原则，统筹城市发展与生态保护的关系，谋划国

---

① 林旻，胡继元，李壮．省、市、县级国土空间规划中产业空间规划方法的差异性研究．规划师，2023，39(6)：134-141.

土空间保护利用格局[1]。中观层面的国土空间格局优化重点在于从管控单元视角，基于"总量管控、流量配置"的原则，兼顾集约高效与宜居均衡的关系，在城市动态发展过程中实现空间要素配置的统筹平衡、集约高效和宜居均衡。该层级以城镇单元、农业单元、生态单元为抓手，实现小尺度与大尺度的三类空间相互传导反馈。主要优化策略包括划分国土空间要素配置单元、建立国土空间要素配置评价体系、分类制定国土空间要素配置策略。微观层面的国土空间格局优化重点在于从地块尺度协调刚性管控要素与弹性引导要素的空间关系，通过规划管制与规划引导达到阶段的规划目标和空间时效。

6.3 国土空间规划格局划定的基本逻辑与技术流程

6.3.1 国土空间格局影响因素

国土空间规划格局应综合考虑区域主体功能与本底要求，并充分衔接规划战略要求。①国土空间规划格局应充分结合主体功能区定位，以及城镇化、工业化的合理需求与国土空间保护要求，实施国土集聚开发与分类保护，以保障国家重大战略实施。以资源环境承载能力和国土空间开发适宜性评价为基础，结合规划目标与战略，统筹山水林田湖草沙等保护类要素和城乡、产业、交通等发展类要素布局，构建陆海一体、城乡融合、多中心、网络化、组团式、集约型的国土空间规划格局。②本底要求。国土空间规划格局是国土空间结构与自然地理格局、社会经济变化、资源环境承载能力和国土空间开发适宜性等进行充分融合，综合考虑时间维度和空间维度，最终落实到实体空间的结果，是各类空间要素管控的基本依据。因此，国土空间格局要求综合考虑区域自然要素、经济布局、人口分布、国土利用和生态环境保护等因素，科学布局生态空间、农业空间和城镇空间等，以防可能出现的不合理资源配置行为。③与规划战略衔接。国土空间发展战略与规划格局应实现逻辑统一和行动协调。国土空间发展战略的制定是为了更加科学地构建国土空间规划格局，国土空间规划格局是国土空间发展战略的实践和响应，即战略孕育出格局，格局承载着战略，二者在发展的进程中是一种相辅相成的存在关系，只有两者协调统一，才能最终实现规划战略，并重塑国土空间开发保护新格局。

6.3.2 划定的基本逻辑

空间格局优化作为国土空间规划的核心内容，需要关注价值观层面与技术层面相融合的逻辑框架。在价值观层面，需要突出国土空间规划的基于人与自然和谐共生的可持续发展价值、基于战略引领的高质量发展价值和基于空间治理的规划效能价值；在技术层面，需要突出国土空间规划的战略性、科学性、协调性和操作性。因此，国土空间规

---

[1] 唐欣，钱竞，赖权有. 多尺度视角下超大城市国土空间格局优化策略：以深圳市为例. 中国国土资源经济，2022，35（11）：41-47.

划格局的划定需要以治理逻辑、规划逻辑和共生逻辑三大逻辑为基本逻辑，实现价值观与技术性的融合，构建国土空间规划格局的整体框架和技术体系（图6-1）。

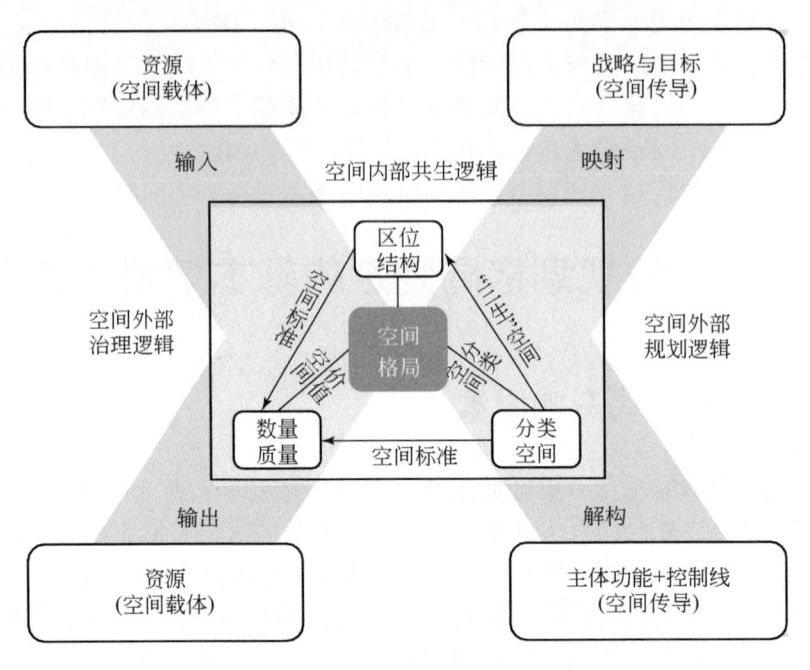

图6-1 国土空间规划空间格局构建的整体框架体系①

基于治理逻辑的空间格局构建，突出空间格局作为资源配置重要依据的治理逻辑，建立"资源—空间—资源"的治理逻辑链条，按照定量化、空间化、精准化的技术标准，强调客观、真实的资源本底评价，遵循自然地理格局、历史演进规律和经济发展规律，明确空间需求和空间矛盾，进而指导资源的科学再分配，实现空间格局的优化，促进人、地、水的匹配和国土空间生态、经济、社会的综合效益最大化。基于资源与空间的逻辑闭环，通过空间维度回答资源分配的取和舍问题，通过时间维度回答资源利用的缓和急问题，通过治理维度回答资源利用的轻和重问题。

基于规划逻辑的空间格局构建，突出空间格局作为实现政府施政纲领的规划逻辑，充分发挥国土空间规划的基础性作用，构建"战略—格局—系统"的逻辑链条，形成本地禀赋和比较优势，落实发展定位和战略，统筹三大空间格局，通过主体功能区、三条控制线和网络化廊道等空间治理手段及指标、控制线、政策、重大项目传导等传导手段，形成上下贯通、左右衔接的"一张蓝图"规划体系。

基于共生逻辑的空间格局构建，从实现人与自然和谐共生的角度看，为解决长期存在的人和自然之间、自然生态系统内部关系之间、生产和生活活动之间、城市和城市之间、城市和乡村之间的空间矛盾，应立足于"三生"空间的空间数量关系和空间质量关系，构建人与自然和谐共生的空间格局，并将其作为"三生"空间格局优化的共生逻辑。同时，

---

① 卢庆强，尚嫣然，崔音. 省级国土空间规划空间格局构建逻辑与技术体系. 规划师，2021，37（6）：11-18.

明确各类空间底线和上限临界点，用好各类空间管制和用途管制手段，实现"三生"空间和谐共生的"一张蓝图"。

同时，从规划体系来看，原有多规并存下规划格局之间的冲突严重阻碍了空间规划的体系化建设，生态、农业和城镇空间之间的交叉重叠无法适应现有国土空间规划编制的系统性与全局性要求；从规划格局来看，生态、农业和城镇空间面临要素整合、结构优化、功能提升和价值实现等多样化空间目标，单一维度的国土空间识别与优化不足以支撑可持续性的国土空间利用和系统性的国土空间治理，需要更加精细化的国土空间分解与衔接路径。因此，国土空间格局应强调层级性的多维度分解和系统性的传导路径（图6-2），前者体现国土空间格局的连续性和延续性，后者则表明其交互性和衔接性。

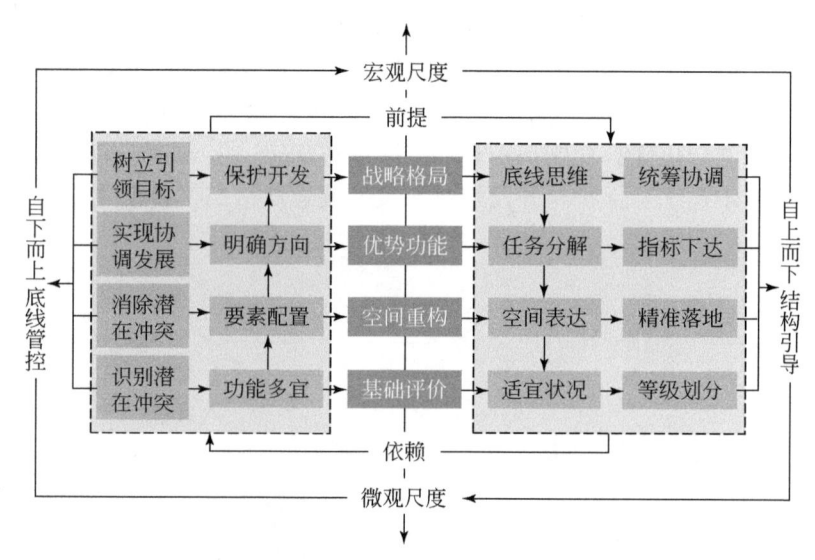

图 6-2 国土空间格局多维度分解与传导路径逻辑关系[①]

多维度分解侧重将国土空间格局延伸至空间重构、功能分区和战略格局三个维度，表现为微观层面的国土空间结构重组、行政区层面的优势功能识别以及全域层面的保护与开发战略格局。传导路径强调把国土空间格局拓展至横向传导与纵向传导两个方面，横向传导侧重同一层级之间资源禀赋与规划任务的空间匹配。纵向传导分为自下而上与自上而下两个方面，前者强调资源环境禀赋的底线管控，而后者注重为落实高层次规划目标与指标分配而进行的结构引导。其中，多维度分解是基础，为国土空间格局传导路径提供了架构支撑；传导路径是保障，横向传导将多维度分解予以延伸，形成了并联式的空间匹配格局，纵向传导将不同层级空间格局进行衔接，形成了串联式的空间传导格局。

---

① 王世磊，曲衍波，宗海柠，等. 市域国土空间格局多维度分解与传导路径. 自然资源学报，2022，37（11）：2803-2818.

6.3.3 国土空间格局划定的技术流程与方法

1. 一般技术流程

国土空间格局划定一般遵循"适宜性评价—国土空间重构—优势功能识别—地域一致性抽象"的技术过程（图6-3），第一步是以国土空间开发适宜性作为国土空间格局确定的前提，了解国土空间利用过程的资源环境本底条件，明晰栅格的生态重要性和农业生产、城镇建设适宜性等级。第二步是以国土空间潜在冲突识别与调解重构国土空间格局，基于国土空间开发适宜性评价结果，判别潜在冲突类型和强度，结合刚性和弹性规则进行潜在冲突调解，形成适应自然要素综合特征的国土空间利用格局，实现由要素统筹到结构优化传导。第三步是供需权衡与协同识别国土空间优势功能，以行政区（镇、村）为单元，通过单一化和复合化优势功能识别和功能区调整划定，实现由空间结构优化到功能用途管控传导。第四步是统筹保护与开发构筑区域发展战略格局，遵循"结构一致性、空间

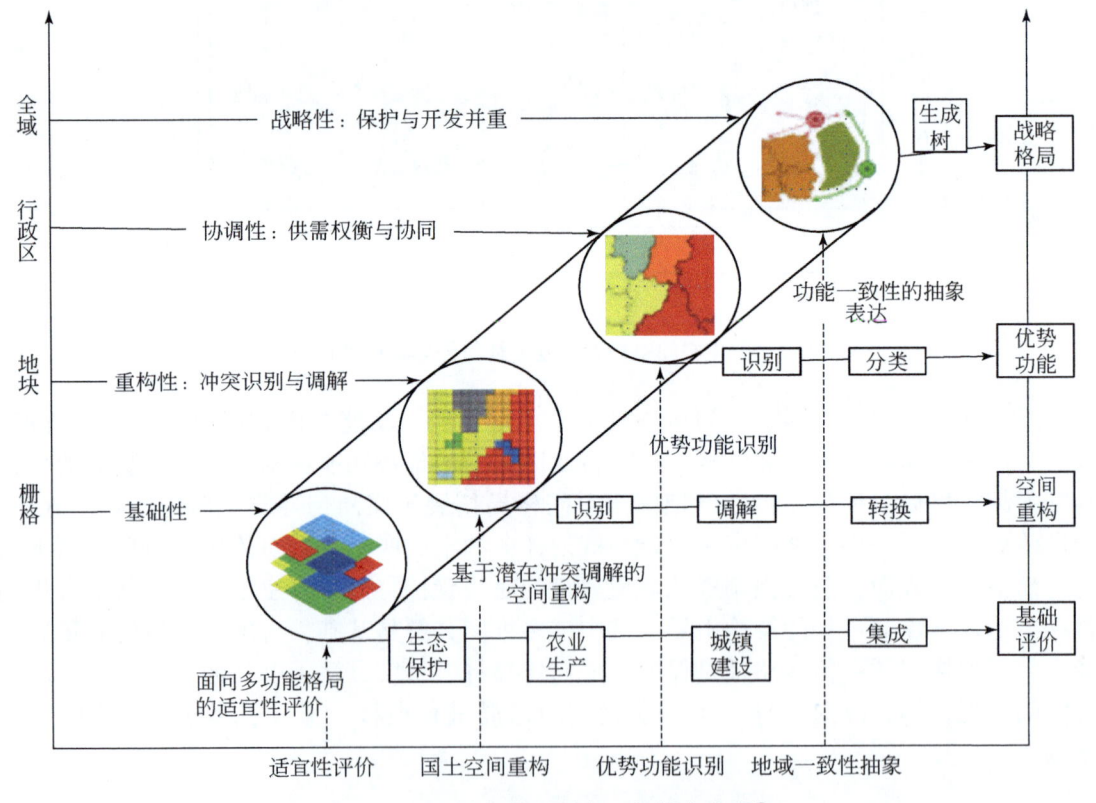

图6-3　国土空间格局划定一般技术流程[①]

[①] 王世磊，曲衍波，宗海柠，等. 市域国土空间格局多维度分解与传导路径. 自然资源学报，2022，37（11）：2803-2818.

连通性"的原则，面向全域构建以"生态保护、农业生产、城镇建设、弹性发展"四大功能为导向的国土空间战略格局，形成由功能用途管控到区域战略决策传导。基于以上流程，可构建不同层级国土空间格局有效衔接的传导路径，形成从微观栅格到宏观全域的多维度国土空间单元载体，以国土多功能空间供给、利用、管控和决策为衔接的国土空间传导过程，为实现上级任务能落地、区域发展有保障的双重目标提供空间载体衔接，是实现国土空间格局在战略性、协调性和实施性等层面空间价值纵向协调与横向匹配的关键。

2. 主要技术方法

1）国土空间基础评价

生态、农业和城镇空间作为国土空间规划统筹布局的空间载体，明晰适宜性等级是识别并调解国土空间潜在冲突、推进国土空间格局合理有序以及传导有效的基础；同时，"双评价"指出要针对生态保护、农业生产和城镇建设功能空间开展适宜性评价以支撑国土空间格局优化以及"三线"划定。因此，构建空间格局应以"双评价"为基础，综合考虑生态、人口、土地、农业、文化资源的分布特征及历史格局变迁情况，根据资源备选性、互补性和排他性等原则，解读本地资源现状和资源演变趋势，建立全域覆盖的两档四级本底资源多级评价矩阵（图6-4）。此外，加强对双宜区、多宜区的要素再识别和整体协调统筹，强调重点生态和农业空间的重要性和优先级，并按重要性程度层层下落，下一级服从上一级。

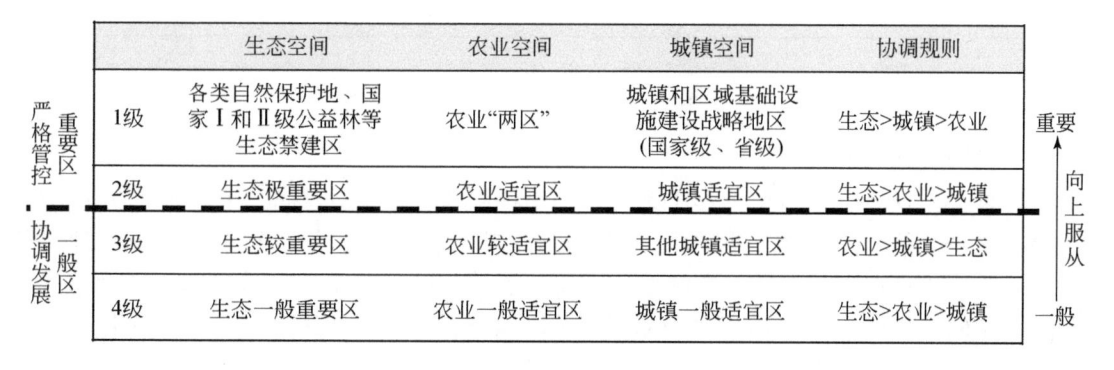

		生态空间	农业空间	城镇空间	协调规则	
严格管控 重要区	1级	各类自然保护地、国家Ⅰ和Ⅱ级公益林等生态禁建区	农业"两区"	城镇和区域基础设施建设战略地区（国家级、省级）	生态>城镇>农业	重要 ↑ 向上服从 ↓ 一般
	2级	生态极重要区	农业适宜区	城镇适宜区	生态>农业>城镇	
协调发展 一般区	3级	生态较重要区	农业较适宜区	其他城镇适宜区	农业>城镇>生态	
	4级	生态一般重要区	农业一般适宜区	城镇一般适宜区	生态>农业>城镇	

图6-4 开发保护空间评价矩阵①

2）国土空间转译、解构与重构

空间战略是将国家各级战略定位和发展目标落实到规划策略上的重要转译与解构手段。国土空间转译是将发展定位、目标从发展规划语境转译为国土空间规划语汇，具有突出的空间性；国土空间解构是将发展定位、目标按照提纲挈领的要求转换为可落实、可分解的具体功能及空间映射，以促进空间战略对规划整体的引领作用；而国土空间重构则是在转译、解构基础上，识别国土空间潜在冲突，消除国土空间潜在威胁，实现由栅格层面的基础评价传导至地类图斑层面的生态空间、农业空间和城镇空间划定的过程（图6-5）。

---

① 卢庆强，尚嫣然，崔音. 省级国土空间规划空间格局构建逻辑与技术体系. 规划师，2021, 37（6）：11-18.

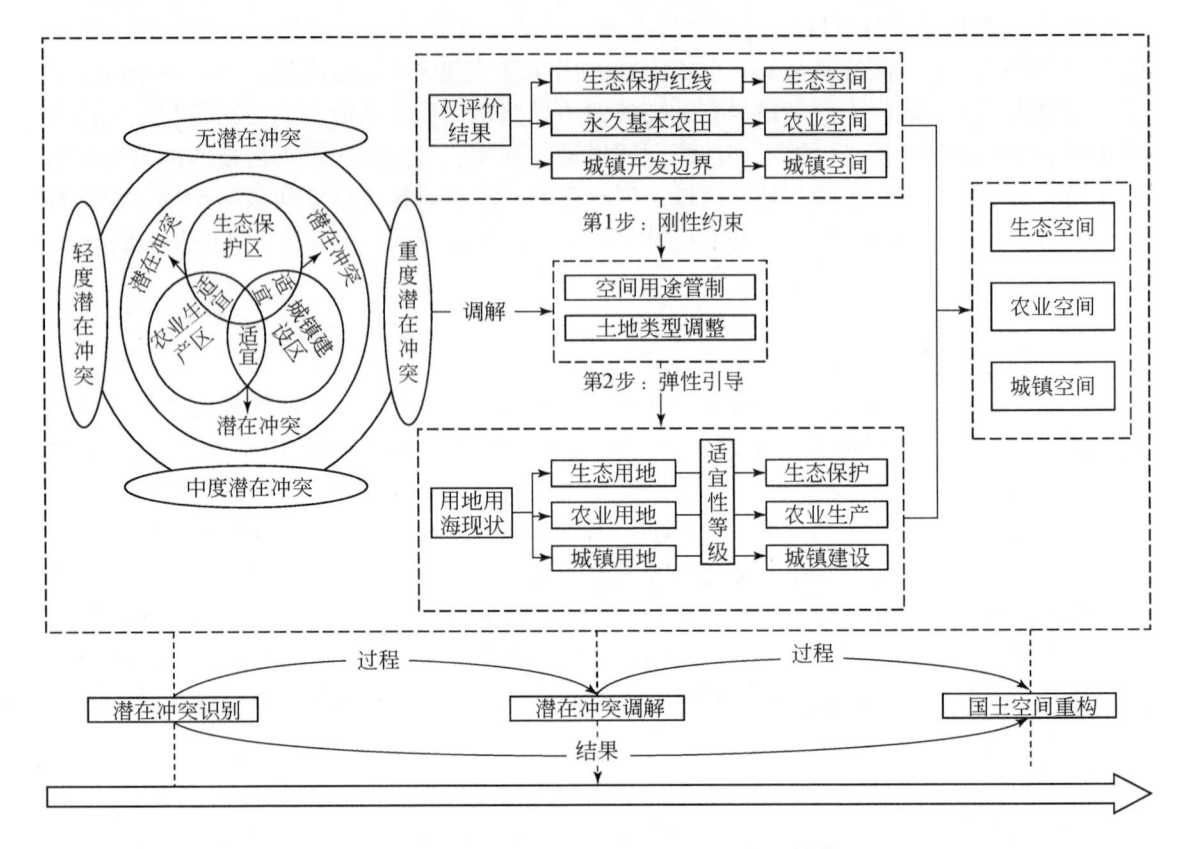

图 6-5 基于潜在冲突调解的国土空间重构[①]

3）优势功能识别

一般来说，行政单元内部大多由多种空间结构构成而并非均为同质化，优势功能识别就是要在充分遵循空间资源禀赋和比较优势的基础上，通过细化空间单元、补充评价要素，进一步优化存在资源矛盾和空间冲突的主要区域。例如，某一区域的国土空间重构格局为生态空间，但受所在乡镇大部分农业空间影响而被定义为农产品主产区或弹性发展区，此种现象将掩盖国土空间实际构成样态，易导致空间决策失效。同时，经由国土空间重构得到的国土空间优势功能分区主要受资源环境影响，社会经济因素考虑不足易导致功能分区的客观性缺失。因此，作为国土空间格局传导的中间环节，开展乡镇单元，甚至更细单元尺度上的优势功能精准识别能够在微观和宏观层面上起到承上启下的衔接作用，并增强宏观战略格局的科学性。

4）战略格局构建

将国土空间优势功能演绎为战略格局最为关键，也是实现国土空间格局多维度传导的难点。为清晰直观和相对具象地描述各类空间的组织结构，应结合不同空间发展阶段和空间结构关系，在抽象结构表达上采用"高等级重点功能空间–主要走廊网络化链接–不同

[①] 王世磊，曲衍波，宗海柠，等. 市域国土空间格局多维度分解与传导路径. 自然资源学报，2022，37（11）：2803-2818.

主体功能分区"的"点线面"组合方式进行空间格局表达。注重解决各类空间矛盾冲突和明确冲突避让规则，构建"点线面"三类空间要素的矛盾冲突矩阵表，进一步梳理各类要素的融合叠加和避让规则（表6-1），协调各类空间的矛盾冲突。

表6-1 国土空间格局中三类空间矛盾冲突处理规则矩阵[①]

项目	"点"：城镇点 （开发类）	"线"：发展轴、 发展带、大通道等 （开发类）	"面"：经济优势区、 战略地区等（开发类）
"点"：重点保护核心区（保护类）	保护优先，开发类避让	保护优先，发展类避让	保护优先，串接保护点构建保护走廊
"线"：生态、河流、通风、动物迁徙廊道（保护类）	合理确定"点"规模，保障生态廊道的连通性	在确保保护廊道连通性良好的基础上，保障发展走廊，构建复合型廊道	做好各类保护红线划定工作和强化刚性管控，避免集中连片"摊大饼"式发展，明确避让规则
"面"：重点生态功能区、粮食主产区（保护类）	避让保护核心区，加强"点"上集聚、"面"上保护，确保区域主导功能	避让保护核心区，基于空间资源的战略性、稀缺性、适宜性和备选性进行评级，确定避让规则	优先考虑重点生态功能区和粮食主产区，综合评估重大国家开发类战略地区，其他开发类功能区尽量避让保护类功能区

同时，要避免出现传统"点-轴"结构表达方式中忽视生态、农业、城镇格局有机互动的问题。要加强网络化空间组织，网络空间的构建要体现水、生态、人口、历史文化资源的空间要素流动和三类空间的有机互动。空间格局要通过网络化空间组织加强资源保护性、资源融合性和资源支撑性三大特性。例如，在资源保护性方面，可通过构建生物多样性保护网络和生境质量提升网络等加强对生物资源的保护；在资源融合性方面，可通过构建魅力游道网络、文化遗产线路网等彰显具有代表性的历史文化和自然景观资源；在资源支撑性方面，重点通过交通、水利和能源等基础设施网络的构建，支撑区域人口等资源要素的流动和各类开发空间的建设，从以往强调体系完整的蓝图性规划向侧重保障和实施的支撑性规划转变。

空间格局的构建立足治理逻辑，回答资源对于空间的需求映射问题；立足规划逻辑，回答空间战略对于空间的需求映射问题；尊重和顺应自然与历史格局，以问题导向、目标导向和治理导向为原则，解决资源在空间上的重大矛盾冲突，回应战略在空间上的重点问题，构建全域覆盖、坚持主体功能、适应空间发展规律和阶段以及兼顾开发和保护的总体格局（图6-6）。

尊重和顺应自然与历史格局，就是要站在大历史观的角度充分遵循和顺应相对固化的自然地理与人口经济格局，遵循空间资源禀赋和比较优势。同时，充分将"双评价"结果纳入分类空间格局，在生态格局的构建上，应强调自然恢复和重点生态保护；在农业格局的构建上，应充分遵循和顺应农业耕作历史，并将集中连片优质农田集中区、特色农产品主产区和未来重点现代化产业区等农业空间纳入其中。

---

① 卢庆强，尚嫣然，崔音. 省级国土空间规划空间格局构建逻辑与技术体系. 规划师，2021，37（6）：11-18.

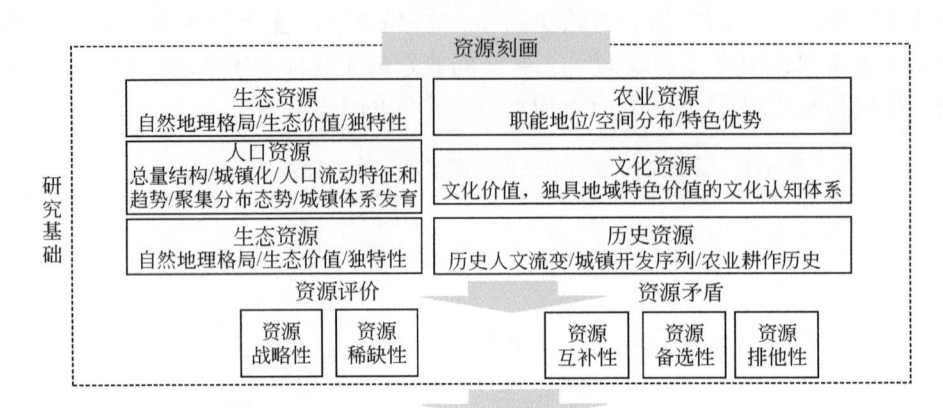

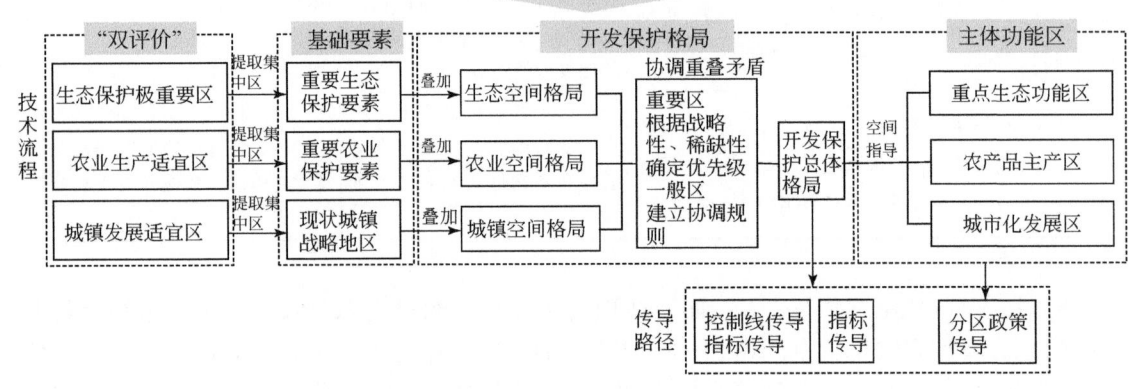

图 6-6　总体格局与三大空间格局构建技术路线

在问题导向上，空间格局构建需要重点优化存在资源矛盾和空间冲突的主要区域。例如，在生态格局的构建上，应加强对重点问题区域的集中修复，完成生态修复任务；在农业格局的构建上，应解决农业空间与交通廊道建设、生态保护红线、城镇建设空间的矛盾；在城镇格局的构建上，应通过加强都市圈、城市群的建设，解决中心城市带动力不足等问题。

在目标导向上，空间格局构建需要将保护和开发提出的空间类目标落实到空间上。根据不同区域特征，保护格局应充分对接林地、草地和湿地等专项规划目标，实现森林覆盖率、森林蓄积量、基本草原面积等核心指标。在开发格局构建上，空间格局构建应满足重大开放通道、开放平台和重点产业空间保障的需求。

在治理导向上，空间格局构建需要通过指标分解、控制线和分区管控等手段实现空间治理。以生态空间为例，可通过调入候鸟迁徙通道和节点，以及补划红树林、珊瑚礁、重要河口、海洋重要生态区等方式，引导生态保护红线落地生态格局，确保将重点生态功能区纳入生态格局，并进一步明确相应的重点管控要求。

本 章 小 结

（1）国土空间格局是各类要素在空间上的分布和配置。优化国土空间格局既有保障国家战略落地实施的战略要求，也有地方化解国土空间利用冲突、提升国土空间开发保护效率、实现高质量发展的现实诉求。其任务是，通过重塑城市化地区、农产品主产区、生态功能区三大空间以及其他重要空间格局，实现国土空间"主体功能明显、优势互补、高质量发展"。

（2）从类型上看，国土空间规划格局包括农业空间格局、生态空间格局、城镇空间格局等特定要素和特定类型的空间格局；从空间尺度上看，国土空间规划格局包括宏观尺度上的国家级、省级国土空间格局，以及中微观尺度上的市级、县级、乡镇级国土空间格局。不同类型及尺度下的国土空间规划格局各有特色、相互联系，从而构成国土空间规划格局体系。

（3）国土空间规划格局的划定具有一套基本逻辑与规范的技术流程，在综合考虑区域主体功能与本底要求和充分衔接规划战略要求的基础上，遵循一般技术流程，基于各类技术方法，实现对国土空间格局的基础评价、转译、解构及重构，将国土空间优势功能演绎成战略格局。

关键术语：国土空间规划格局、国土空间规划格局优化、主体功能区、国土空间基础评价、国土空间重构

复习思考题

（1）试述国土空间规划格局的作用与任务。
（2）国土空间规划格局有哪几种类型？其特点分别是什么？
（3）阐述不同层级国土空间格局需要关注的几种关系。
（4）试述划定国土空间格局的基本逻辑与主要技术方法。
（5）如何处理国土空间格局中的空间矛盾？

第 7 章　国土空间"三线"划定

本章导读：

"三线"即生态保护红线、永久基本农田保护红线、城镇开发边界三条控制线，是国土空间规划的重要内容，是实现国土空间用途管制的基础，更是推进生态文明改革、建设美丽中国的主要抓手。中国共产党第十九次全国人民代表大会明确提出要完成三条控制线的划定工作，标志着"三线"划定工作在全国范围内必须全面启动。"三线"不仅仅是表现在规划空间上的三条引导线，更重要的是形成与之相配套的管理机制和实施政策，以及强调各项政策在空间上的综合性和协同性，这是对管理提出的更加精细化和高效的新要求。本章将梳理"三线"政策演变脉络与目标，厘清"三线"的概念内涵，并阐述"三线"划定技术方案与管控措施。

重点问题：

- 永久基本农田的内涵
- 永久基本农田划定的一般流程与管控措施
- 生态保护红线的内涵
- 生态保护红线划定的一般流程与管控措施
- 城镇开发边界的内涵
- 城镇开发边界划定的一般流程与管控措施

7.1　永久基本农田划定

7.1.1　相关概念内涵与进展

1. 相关概念内涵

（1）耕地是指用于种植农作物的土地，包括熟地、新开发、复垦、整理地，休闲地（含轮歇地、休耕地），以及平均每年能保证收获一季的已垦滩地和海涂。耕地的内涵不仅包括了正在耕种的土地，还涵盖了潜在的可耕地，即那些可能被用于种植农作物的土地。这些土地应当具备一定的耕作条件，如土壤肥力、水源供应等，以确保其能够稳定地用于农业生产。

（2）耕地保有量（耕地总量）是指在一定时期、一定区域内的耕地面积的总量。它等于上一年结转的耕地数量扣除年内各项建设占用耕地的数量，再扣除年内农业结构调整和生态退耕占用的耕地数量，加上年内土地开发、复垦和整理所增加的耕地数量。

（3）高标准基本农田是一定时期内，通过土地整治建设形成的集中连片、设施配套、高产稳产、生态良好、抗灾能力强，与现代农业生产和经营方式相适应的基本农田，包括经过整治的原有基本农田和经整治后划入的基本农田。从原则上看，全国的高标准基本农田应该是高等级的、集中连片的农田，但由于耕地质量等别在区域间不平衡，在保证一定面积的基础上，不同省份确定的高标准基本农田质量等级不完全相同。

（4）永久基本农田是指按照一定时期人口和经济社会发展对粮食等重要农产品的需求，依据国土空间规划确定的不得擅自占用或者改变用途，实行特殊保护的耕地。"永久基本农田"即无论什么情况下都不能改变其用途，不得以任何方式挪作他用的基本农田。永久基本农田既不是在原有基本农田中挑选的一定比例的优质基本农田，也不是永远不能占用的基本农田。永久基本农田就是常说的基本农田。加上"永久"两字，体现了党中央、国务院对耕地特别是基本农田的高度重视，体现的是严格保护的态度。

2. 我国耕地保护政策历史沿革

新中国成立初期，国家实行的土地改革、大规模农田水利建设等极大地调动了农民的生产积极性，大量未利用地被开垦为耕地。20世纪六七十年代，由于忽视了土地本身的生产力限度和生态环境的脆弱性，掀起了一阵盲目开荒的热潮，耕地面积骤增，但同时造成了耕地质量下降和生态环境恶化。改革开放后，社会经济的快速发展导致建设用地大量占用耕地。为控制耕地流失速度、保证粮食安全，我国开始探索最严格的耕地保护政策[①]。

1）政策出台早期探索阶段（1978~1985年）

改革开放后，家庭联产承包责任制的实行极大提高了农民收入，再加上对乡镇企业的大力支持，滥用耕地盖房、建设等现象频发[②]。基于此，国家对耕地保护有了初步的认识，进行了政策出台的早期探索。1981年和1982年国务院先后出台了《国务院关于制止农村建房侵占耕地的紧急通知》和《村镇建房用地管理条例》，提出了"修建房屋优先选择荒地、坡地、原有宅基地等""规定人均宅基地面积""对腾出耕地的农民免征农业税""处罚擅自占用耕地行为"等措施。1983年，国务院发布了《国务院关于制止买卖、租赁土地的通知》，禁止非法转让土地。这一阶段的政策数量较少，政策工具的使用规律不明显。总体来看，主要以严禁、必须等强制语气为主，部分政策提出要追究违法批地、占地的刑事责任，但此时没有专门针对土地管理的法律，可操作性较差。例如，提出罚款但未规定标准、提出加大宣传但未规定渠道等。

2）政策体系建立探索阶段（1986~1996年）

前期政策未能有效遏制滥占耕地的现象，经济和乡镇企业的蓬勃发展加剧了与耕地保护之间的矛盾[③]。为给耕地流失现象降温，1986年国家将耕地保护上升为基本国策；成立了土地管理局，有了专门的土地管理部门；第一部《中华人民共和国土地管理法》出台，

---

① 王文旭，曹银贵，苏锐清，等. 基于政策量化的中国耕地保护政策演进过程. 中国土地科学，2020，34（7）：69-78.
② 漆信贤，张志宏，黄贤金. 面向新时代的耕地保护矛盾与创新应对. 中国土地科学，2018，32（8）：9-15.
③ 宋小青，欧阳竹. 1999—2007年中国粮食安全的关键影响因素. 地理学报，2012，67（6）：793-803.

从法律上确立了耕地保护的重要地位；耕地保护途径得以拓展，耕地占用税、土地开发复垦、土地利用总体规划、基本农田保护、土地集约利用等措施相继提出，中国耕地保护政策体系基本形成。1992年前后的"开发区热"使得耕地面积急剧减少[①]，"开发区"成为这一阶段耕地保护政策的关键词。1992年，国务院办公厅发布的《国务院办公厅关于严禁开发区和城镇建设占用耕地撂荒的通知》中，提出了"加大审批力度""占而不用的土地恢复耕种"，11月国务院发布的《国务院关于严格制止乱占、滥用耕地的紧急通知》明确了开发区的严格审批和监管，开始利用用地规划计划、控制指标等控制建设占用耕地；《中华人民共和国土地管理法》的出台使得破坏耕地的法律责任更加明确。土地税费尤其是耕地占用税的提出使经济激励型政策工具的使用频率大幅提升，多项政策在规定"并处罚款"的同时明确了具体的罚款数额和负责部门，26.5%的政策探索了正向的经济激励模式，包括奖励耕地保护行为、设立土地开发建设基金和农业发展基金等多项基金。第一次使用了信息公开型政策工具，包括事务公开、接受群众举报、曝光负面典型等方式，但强度较弱。"土地日"的设立拓宽了耕地保护的宣传途径，国家鼓励农业科技创新、节约用地等行为，但相关的激励措施较少，能调动的积极性有限。

3) 政策体系初步形成阶段（1997~2002年）

1997年，《中华人民共和国刑法》增加了"非法占用耕地罪"，加大了占用耕地的处罚力度。1998年，国土资源部成立，耕地保护的职能更加明确。同年，修订了《中华人民共和国土地管理法》，增设了"耕地保护"和"土地利用总体规划"章节，对土地调查、土地利用规划、耕地占用补偿、基本农田、土地整治等内容加以规范，耕地保护政策体系初步形成。这一时期丰富完善了多类耕地保护政策，一是1998年修改了《基本农田保护条例》，取消了划分一等二等基本农田，规定"基本农田至少占行政区域耕地总面积的80%"。二是确定了耕地占补平衡，《中华人民共和国土地管理法》的修订明确了耕地占用补偿；2000年，国土资源部发布的《关于加大补充耕地工作力度确保实现耕地占补平衡的通知》提出了具体规定履行耕地"占一补一"的法定义务。三是提升了土地执法效率，2000年国土资源部发布的《关于利用卫星遥感监测技术开展土地执法检查工作的通知》首次利用了遥感技术进行执法检查。这一时期政策内容仍以数量保护为主，虽然多项政策指出要"努力提高耕地质量"，但没有相应的办法、考核机制等，土地执法也仍以耕地数量保护情况为准。政策工具的使用形式、强度都有所丰富和提升。命令控制型政策工具设立了"非法占用耕地罪"，占用耕地的处罚力度增强；同时，全面修编了土地利用总体规划，制定了土地利用年度计划，指标控制更加严格。经济激励型政策工具丰富了多项土地税费政策，如新增建设用地有偿使用费、土地复垦费等；罚款等负向调节方式使用频率大幅下降，但正向调节的方式亦没有太大创新。公众参与型政策工具的使用强度增加，尤其是更加重视群众举报内容，并健全了举报途径如邮箱、电话等。宣传引导型政策工具探索了"百分之六十折抵"等具体措施来激励政府和公众保护耕地。

在这一时期，我国逐步构建起一个以法律为基础、以管理为手段、以保护为目标的耕地保护体系。这一体系的建立，标志着我国耕地保护工作进入了一个新的阶段，体现了国

---

① 林坚，周琳，张叶笑，等. 土地利用规划学30年发展综述. 中国土地科学，2017，31（9）：24-33.

家对耕地资源保护的高度重视和战略部署。

4) 体系化政策调整完善阶段（2003~2011年）

2003~2011年，中国耕地保护政策的发展经历了重要的转变和完善。2003年，国土资源部发布的《关于进一步采取措施落实严格保护耕地制度的通知》提出了界定公益性和经营性建设用地，区分土地征收和征用；2004年，《国务院关于坚决制止占用基本农田进行植树等行为的紧急通知》发布，标志着政府开始采取紧急措施来保护基本农田，特别是通过遏制植树造林和挖塘养鱼等活动来防止农田面积的减少。同年，国土资源部出台了《关于基本农田保护中有关问题的整改意见》，进一步强化了对基本农田的保护。2005年，中央一号文件《中共中央 国务院关于进一步加强农村工作提高农业综合生产能力若干政策的意见》提出了实行最严格的耕地保护制度，确保基本农田的总量不减少、质量不下降、用途不改变，并要求这些措施具体落实到地块和农户。2006年，根据《关于开展设立基本农田保护示范区工作的通知》，各省（区、市）开始组织申报基本农田保护示范区，推动了基本农田保护工作的实施。2008年，中国共产党第十七届中央委员会第三次会议提出"划定永久基本农田，建立保护补偿机制"，这体现了对基本农田保护的进一步加强，并将其提升到了一个新的战略高度。2011年，国务院对《基本农田保护条例》进行了修正，将"征用"修改为"征收"，并明确规定了基本农田保护区经依法划定后，任何单位和个人不得改变或占用。这一法律的修订进一步加强了对基本农田的保护。

这一时期我国耕地保护体系基本完善。第一，耕地保护手段从单纯的数量管控转向数量质量并重。但这一阶段耕地质量的监测评价机制不够健全，质量的保护效果并不理想。第二，耕地保护的权责更加明确。2005年，国务院办公厅发布了《省级政府耕地保护责任目标考核办法》，规定各级人民政府主要负责人对耕地保有量和基本农田保护面积等负责。第三，土地督察制度得以建立。2006年，国务院办公厅发布的《国务院办公厅关于建立国家土地督察制度有关问题的通知》对土地督察的机构组成、工作任务等作出了规定。第四，土地执法监察力度不断加强。2005年，国土资源部发布了《查处土地违法行为立案标准》。另外，基本农田保护、建设用地增减挂钩等政策不断完善，政策工具的内涵也得到了进一步丰富。命令控制型政策工具提出了"18亿亩耕地红线"，使耕地保护的目标更加具体；同时，耕地保护效果的考核机制更加严格，耕地保护责任更加明确。经济激励型政策工具进一步规范了土地税费的征收和监管等程序；同时，创新了耕地保护补偿、主产区利益补偿、农业"三项补贴"等正向调节模式，负向调节的使用频率进一步降低。公众参与型政策工具的使用频次大幅增加，提出了建立网络公开查询系统、推进国土资源信息服务集群化、设立12336举报电话等措施，公众参与程度明显加强。宣传引导型政策工具继续加强了宣传力度，并提出通过宣讲、媒体报道、树立项目标志牌等方式拓宽宣传途径，同时更加注重激励措施的可行性。

5) 政策体系趋于成熟阶段（2012~2018年）

2012年，国家首次提出了"三位一体"综合保护的理念，强调了耕地数量、质量和生态的综合保护。随后，国土资源部和农业部于2014年联合发布了《国土资源部农业部关于进一步做好永久基本农田划定工作的通知》，这一通知要求在已有划定永久基本农田工作的基础上,将城镇周边、交通沿线现有易被占用的优质耕地优先划为永久基本农田,进一步严格划定永久基本农田保护红线。2015年,《生态文明体制改革总体方案》进一步要求完善基本农田保护制度,划定永久基本农田红线,并按照面积不减少、质量不下降、用途不改变的要求,将基本农田落地到户、上图入库,实行严格保护。2016年,国土资源部发布了《城市周边永久基本农田划定情况专项督察工作方案》的通知,确保106个重点城市周边永久基本农田划定按时保质保量完成。同年,国土资源部发布的《国土资源部关于全面实行永久基本农田特殊保护的通知》提出,加快构建数量、质量、生态"三位一体"耕地保护新格局,建立健全永久基本农田"划、建、管、补、护"长效机制,全面落实特殊保护制度。2018年,自然资源部成立,统一行使全民所有自然资源资产所有者职责。

这一阶段耕地保护上升到了更高的高度,耕地保护政策体系逐渐趋于成熟,中国耕地保护政策进入了一个新的阶段,即数量、质量、生态"三位一体"保护政策强化阶段。这一阶段的核心在于全面提升耕地保护的整体性和科学性,确保耕地数量稳定、质量提升和生态良好。

6) 深化改革阶段(2019年至今)

近年来,国家继续加大耕地保护力度,通过出台政策文件、完善耕地保护制度、提升耕地质量、结合耕地保护与利用以及落实耕地保护责任等措施,推动耕地保护政策的深化改革。①进一步压实保护责任考核制度,强调耕地保护和粮食安全党政同责,压实省级党委、政府耕地保护主体责任,对耕地保护突出问题实行"一票否决"。同时,通过经济激励政策,如设立专项基金和增加补贴,提高农民保护耕地的积极性。②制定耕地保护红线政策,明确不得突破的耕地保有量底线。《永久基本农田保护红线管理办法》从划定、管控、储备区建设、调整以及补划等环节加强永久基本农田全面规范化管理,规定永久基本农田一经划定,任何单位和个人不得擅自占用或改变用途。对于重大建设项目确需占用永久基本农田的,必须严格论证,并按照"数量不减、质量不降、布局优化"的原则进行补划。③进一步完善耕地保护制度,改革占补平衡管理方式,提出耕地"进出平衡"政策,要求对耕地转为其他农用地及农业设施建设用地实行年度"进出"平衡,除特定情形外,应当通过统筹其他农用地及农业设施建设用地整治为耕地等方式补足同等数量、质量的耕地。拓宽补充耕地来源,将盐碱地等未利用地、低效闲置建设用地以及其他农用地等统筹作为补充耕地来源。完善占补平衡落实机制,坚持"以补定占",将省域内稳定利用耕地净增加量作为下年度非农建设允许占用耕地规模上限。④加强耕地质量提升保护,国家出台全国逐步把永久基本农田建成高标准农田的实施方案,明确建设内容、投入标准和优先序;实施黑土地保护性耕作、农田基础设施建设、肥沃耕层构建等综合治理措施。同时,完善黑土地质量监测预警网络,加强工程实施评估和成效监测;开展盐碱地综合改造利用,并进一步强化耕地盐碱化防治。

7.1.2 基本农田保护区划定的技术方法

1. 划定数量

我国坚守 18 亿亩耕地保护红线，这是基于现阶段粮食安全形势作出的战略性安排。根据国家规定，永久基本农田的划定规模应按照省级层面侧重落实国家保护任务，市、县级层面则应体现主体功能差异的原则逐级分解落实。依照《中华人民共和国土地管理法》，省级层面需严格落实国家永久基本农田保护目标要求，省级永久基本农田一般应当占本行政区域内耕地的 80% 以上。而在市、县级层面，保护目标的分解则不宜简单按照 80% 的比例"一刀切"，需统筹考虑以下三方面因素：一是主体功能差异，需落实国家主体功能区战略意图，根据城市化地区、农产品主产生态功能区功能定位差异，将保护目标重点向农产品主产区倾斜；二是资源禀赋差异，保护目标分解还需充分考虑不同区域耕地资源禀赋优劣，确保永久基本农田划定规模与区域内现状耕地禀赋水平相适应，避免不切实际地强制性摊派保护指标；三是规划延续性和稳定性，在区域资源禀赋条件尚未发生根本性变化的前提下，永久基本农田保护目标分解也应保持一定延续性和稳定性，避免对原规划确定的保护目标产生颠覆性改变。

2. 划定对象

落实《中华人民共和国土地管理法》《耕地保护法（草案）》有关规定，下列耕地应当划为永久基本农田：①经国务院农业农村主管部门或者县级以上地方人民政府批准确定的粮、棉、油、糖等重要农产品生产基地内的耕地；②黑土层深厚、土壤性状良好的黑土地；③蔬菜生产基地；④农业科研、教学试验田内的耕地；⑤有良好的水利与水土保持设施的耕地，正在实施改造计划以及可以改造的中、低产田和已建成的高标准农田范围内的耕地；⑥国务院规定应当划为永久基本农田的其他耕地。下列耕地不得划为永久基本农田：①根据国家规定需要退耕还林、还牧、还草、还湖的耕地；②坡度大于 25°且未采取水土保持措施的耕地；③因生产建设或者自然灾害严重损毁且不能恢复耕种的耕地、河道两岸堤防范围内不适宜或者难以稳定利用的耕地；④严重污染纳入农用地严格管控且无法恢复治理的耕地；⑤位于自然保护地核心保护区的耕地；⑥国务院规定不得划为永久基本农田的其他耕地。

3. 划定方法

1）基于农用地分等定级成果划定永久基本农田

结合农用地分等定级成果进行永久基本农田划定是早期永久基本农田划定规程推荐方法，其基本操作过程如图 7-1 所示：①以耕地现状图作为底图，叠加农用地分等定级成果，获取耕地质量等级信息；②以现状永久基本农田分布为底图，叠加农用地分等定级成果，获取基本农田质量等级信息；③将叠加结果再进行空间叠加，在实地调查的基础上，结合已实施的高标准基本农田项目，结合城市周边和交通沿线分析，确定基本农田保护的范围；④依据永久基本农田保护任务，在长期稳定利用耕地中，按照质量优先序，确定应当优先划入永久基本农田的范围；⑤确定可不纳入保护范围的耕地；⑥结合保护目标最后划定永久基本农田保护范围。

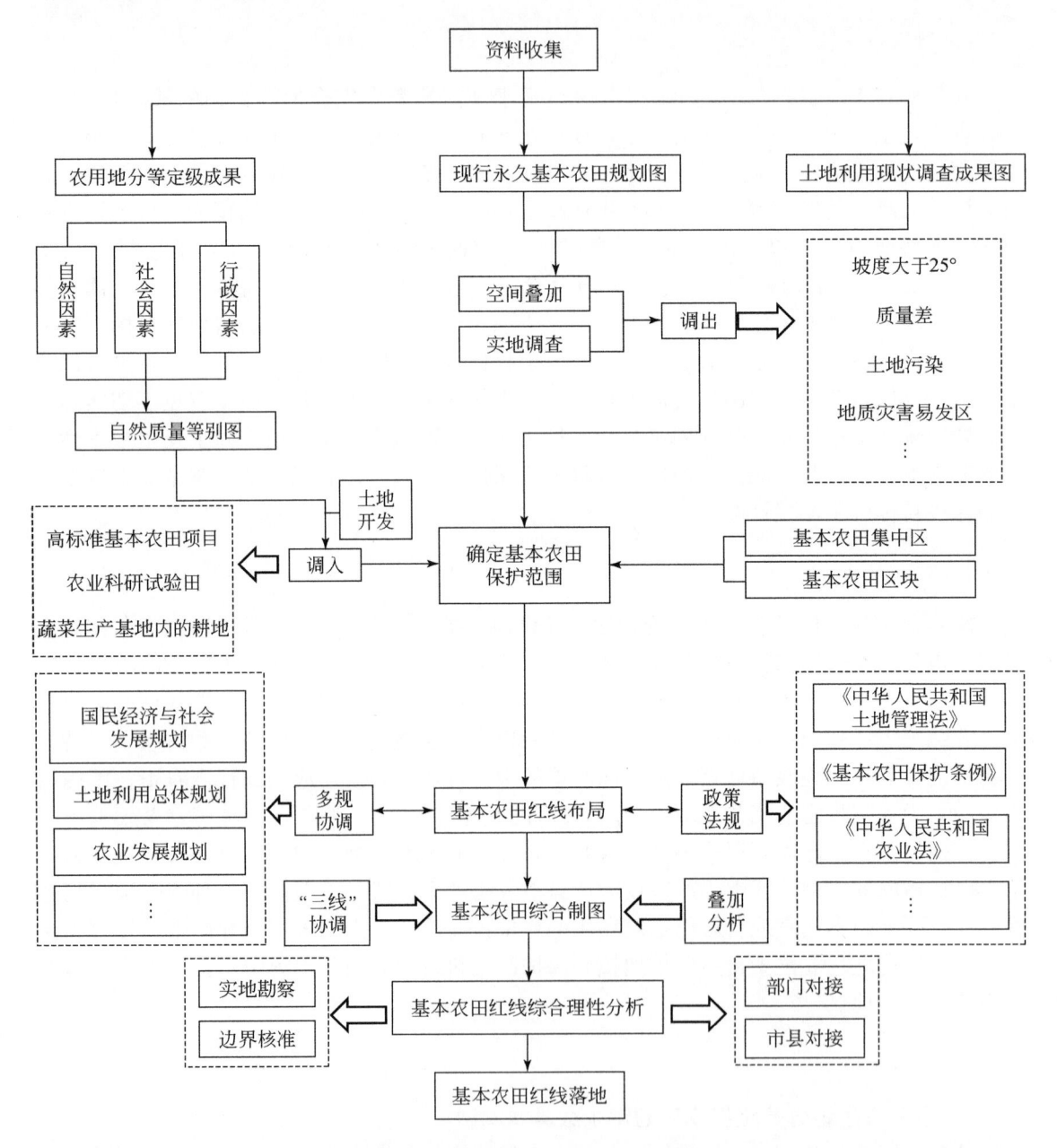

图 7-1 永久基本农田划定技术路线

农用地分等定级成果应用于基本农田划定中，在一定程度上解决了以往只注重数量忽略耕地质量的问题，避免了划定基本农田时的主观随意性。同时，直接应用农用地分等定级成果筛选优质耕地，划定基本农田的方法，简单便捷，易操作，能够提高工作效率。但由于划定过程对农用地分等定级成果依赖性较强，因此农用地分等定级成果的好坏将直接影响筛选耕地的合理性。此外，农用地分等定级成果只考虑了农用地质量，而忽略了农用地的社会经济价值、生态环境因素在基本农田划定中的作用，具有其片面性。

2) 基于耕地综合评价指标体系划定永久基本农田

该方法比较典型的就是美国 LESA 评价体系，即土地评价与立地分析（land evaluation and site assessment，LESA），LESA 系统由美国土壤保持局创立，由土地评价（LE）和立地评价（SA）两部分组成。土地评价重在农用地的自然条件，其评价体系由地力等级、土壤生产力等级、土壤潜在等级和重要农田等级四个部分组成。立地评价部分重在评价农用地的社会经济条件、农用地周边的城市基础设施情况、农用地与周围用地的适应性、土地用途管制等方面，用于评估一个地区保留农业用地适宜性。LESA 评价系统将土壤质量、农业生产能力、发展压力、公共价值等因素结合起来，综合评定农用地重要性，并以此结果作为划定永久基本农田依据。该系统具有很强的灵活性，可以针对不同的地区选定评价因素和设定权重，从而确保评估结果的准确性和有效性。我国学者也在该评价框架下进行了实践探讨，董秀茹等[①]从耕地的自然条件和立地条件两方面建立了评价指标体系，实现了基本农田数量和质量共同保护的目标；杨成乐等[②]通过考虑耕地自然质量、区位以及空间形态三方面建立了耕地质量评价体系，实现了基本农田的选入分析。刘霈珈等[③]进一步丰富了评价指标，构建了基于数量、质量、生态三位一体的指标体系，通过整合耕地综合质量评价的成果，对基本农田布局进行了调整。

除此之外，国土空间规划编制过程中，有学者在"双评价"的基础上，构建了"承载力、适宜性、质量"三位一体的永久基本农田划定技术模型。基于短板理论，从农业生产指向功能出发，通过开展耕地资源承载力评价，在耕地资源环境承载等级的基础上，开展耕地资源环境承载力评价，合理进行农业生产空间布局，并同步开展生态保护适宜性评价，识别生态保护重要区，优化永久基本农田基本布局。同时，结合耕地质量评价结果，保障划定的永久基本农田的质量。在此基础上，通过综合制定耕地分区划定规则，完成永久基本农田划定[④]。

7.1.3 用途管制措施

1. 永久基本农田保护要点

永久基本农田的管控，应做到耕地数量、质量、生态"三位一体"保护。需严格限制

[①] 董秀茹，尤明英，王秋兵．基于土地评价的基本农田划定方法．农业工程学报，2011，27（4）：336-339.

[②] 杨成乐，张永福，雷亚君，等．基于耕地质量综合评价的耕地选入基本农田分析．干旱地区农业研究，2017，35（6）：252-260.

[③] 刘霈珈，吴克宁，赵华甫，等．基于耕地综合质量的基本农田布局优化：以河南省温县为例．中国土地科学，2015，29（2）：54-59，2.

[④] 申杨，龚健，叶菁，等．基于"双评价"的永久基本农田划定研究：以黄石市为例．中国土地科学，2021，35（7）：27-36.

其用途转为其他用地，强调永久基本农田作为农业生产用途的唯一性和稳定性。严格限制建设占用，实行正面清单管理，可准入类型主要包括国家级重大建设项目、军事国防项目、国家级交通类项目、国家级能源项目、国家级水利项目，以及为贯彻落实党中央、国务院重大决策部署，由国务院投资主管部门或国务院投资主管部门会同有关部门支持和认可的交通、能源、水利基础设施项目等。符合准入要求的项目，在占用永久基本农田时需严格落实"占一补一、占优补优"要求，即占用的耕地需要通过补充同等数量和质量的耕地来补偿。优先在永久基本农田储备区中补划，且补划永久基本农田应与既有永久基本农田布局集中连片，以避免对规划确定的永久基本农田布局产生较大冲击，确保永久基本农田布局的相对稳定。

2. 耕地转为其他农用地管制

国家实施耕地"进出平衡"制度，严格控制耕地转为林地、草地、园地、农业设施建设用地。因农业结构调整、农业设施建设等，确需将永久基本农田以外的耕地转为其他农用地的，应当按照"出多少，进多少"的原则，通过将其他农用地整治为耕地等方式，补充同等数量质量的耕地。但国家安排的生态退耕、自然灾害毁损难以复耕、河湖水面自然扩大造成耕地永久淹没等自然因素导致的耕地减少除外。

县级以上地方人民政府负责统筹耕地和其他农用地转用的安排，落实耕地补充资金与任务。耕地补充应当首先在县域范围内落实，县域范围内无法落实的，在市域范围内落实；市域范围内仍无法落实的，在省域范围内统筹落实。

确需将永久基本农田以外的耕地转为其他农用地的，应当优先选择质量较低、零星分散、难以长期稳定利用的耕地。不得通过将平原、坝区、城市周边优质耕地转为其他农用地的方式，规避非农业建设占用耕地补充责任。

国务院自然资源主管部门依据年度国土变更调查形成的耕地调查监测评价结果，对各省、自治区、直辖市落实耕地转为其他农用地的耕地补充情况进行考核。

3. 建设占用耕地管制

建设占用土地，涉及耕地转为建设用地的，应当办理农用地转用审批手续。永久基本农田转为建设用地的，由国务院批准。在国土空间规划确定的城市和村庄、集镇建设用地规模范围内，为实施该规划而将永久基本农田以外的耕地转为建设用地的，按土地利用年度计划分批次按照国务院规定由原批准国土空间规划的机关或者其授权的机关批准。在国土空间规划确定的城市和村庄、集镇建设用地规模范围外，将永久基本农田以外的耕地转为建设用地的，由国务院或者国务院授权省、自治区、直辖市人民政府批准。

国家实行建设占用耕地补充制度。非农业建设经批准占用耕地的，按照"占多少，补多少"的原则，由占用耕地的单位负责补充与所占用耕地数量和质量相当的耕地。没有条件补充或者补充的耕地不符合要求的，应当按照省、自治区、直辖市的规定缴纳耕地开垦费或者耕地补充费用，专款用于补充新的耕地；占用永久基本农田的，按两倍缴纳。所需费用作为建设项目用地成本纳入建设项目工程概算。

农村村民建住宅，应当尽量使用原有的宅基地和村内空闲地，不得占用永久基本农田；确需占用永久基本农田以外耕地的，由县级人民政府落实补充耕地，不得向农村村民收取耕地开垦费或者补充耕地费用，补充耕地可以优先通过组织农村集体经济组织实施土地开发整理复垦等方式落实。

建设项目施工和地质勘查需要临时用地的，应当尽量不占或者少占耕地，避让永久基本农田。临时用地确需占用永久基本农田的，必须能够恢复原种植条件，并编制土地复垦方案。

7.2 生态保护红线划定

7.2.1 相关概念内涵与进展

1. 相关概念内涵

2011年10月，《国务院关于加强环境保护重点工作的意见》首次提出了"生态红线"的概念。随后，水利、海洋、林业部门均提出了相应的"红线"，强调对各生态保护区域的刚性约束。2013年，《中共中央关于全面深化改革若干重大问题的决定》将生态保护红线的适用范围扩至环境质量和资源利用领域。在此基础上，2014年1月，环境保护部印发了《国家生态保护红线——生态功能基线划定技术指南（试行）》，对"生态保护红线"的内涵与外延进行了界定，包括生态功能红线（生态功能保障基线）、环境质量红线（环境质量安全底线）、资源利用红线（自然资源利用上限），将生态保护红线定义为指对维护国家和区域生态安全及经济社会可持续发展，保障人民群众健康具有关键作用，在提升生态功能、改善环境质量、促进资源高效利用等方面必须严格保护的最小空间范围与最高或最低数量限值。2017年，中共中央办公厅、国务院办公厅印发的《关于划定并严守生态保护红线的若干意见》中提到生态保护红线是指在生态空间范围内具有特殊重要生态功能、必须强制性严格保护的区域，是保障和维护国家生态安全的底线和生命线，通常包括具有重要水源涵养、生物多样性维护、水土保持、防风固沙、海岸生态稳定等功能的生态功能重要区域，以及水土流失、土地沙化、石漠化、盐渍化等生态环境敏感脆弱区域。2021年8月，自然资源部发布了《生态保护红线管理办法（试行）（征求意见稿）》（自然资源空间规划函〔2020〕234号）。该办法对生态保护红线的定义进行了明确：生态保护红线是指在陆地和海洋生态空间具有特殊重要生态功能、必须强制性严格保护的区域，包括水源涵养、生物多样性维护、水土保持、防风固沙、海岸防护等生态功能极重要区域，水土流失、土地沙化、石漠化、海岸侵蚀及沙源流失等生态极脆弱区域，以及其他经评估目前虽然不能确定但具有潜在重要生态价值的区域。

国内一些专家学者也对生态保护红线进行了不同解读。饶胜等[①]认为生态保护红线是为维护国家或区域生态安全和可持续发展，根据生态系统完整性和连通性的保护需求，

---

① 饶胜，张强，牟雪洁. 划定生态红线创新生态系统管理. 环境经济，2012，(6)：57-60.

划定的需实施特殊保护的区域，进而制定出的最低限度的综合生态风险标准体系。曹明德[1]认为生态保护红线是保障国家生态系统安全和社会全面可持续发展而制定的最低限度的综合生态风险标准体系。王金南等[2]认为生态保护红线是为维护国家或区域生态安全和可持续发展，根据自然生态系统完整性和连通性的保护需求，划定的需实施特殊保护的区域。在此基础上，高吉喜等[3]又将生态保护红线定义为在重要生态功能区、生态环境敏感区、脆弱区等区域划定的必须实行严格保护的国土空间。蒋大林等[4]认为生态保护红线包括"空间"红线和"数量"红线。"空间"红线是生态保护红线的空间范围及分布，是红线在区域的具体分布位置和边界线；"数量"红线则是生态保护红线的面积及其占全区面积的比例，以及区域内各环境要素的承载力底线和资源可利用的数量上限，所有对保护、开发和建设的规划和管理，必须保证在该限值范围内。

2. 划定背景与历程

1) 初步探索阶段（2000~2010年）

2000年，国务院颁布了《全国生态环境保护纲要》，明确了生态保护的指导思想、目标和任务，要求开展全国生态功能区划工作。在21世纪初，中国开始意识到生态环境保护的重要性，并在全国和地方层面进行了初步探索。

2001年，国家环境保护总局会同有关部门组织开展了全国生态现状调查。基于此项调查，中国科学院以甘肃省为试点开展了省级生态功能区划研究，并编制了《全国生态功能区划》，为后续生态保护工作奠定了理论基础。

2004年，江苏省率先完成了生态功能区划工作，将全省划分为3个生态区、7个生态亚区和33个生态功能区[5]，开创了省级生态功能区划的先河。

2005年，深圳市颁布了《深圳市基本生态控制线管理规定》，成为全国生态控制线划定的先驱和标杆，为其他地区提供了宝贵经验。

2007年，《全国生态功能区划》编制完成，并于2008年正式颁布实施，将全国划分为216个生态功能区，其中具有生态调节功能的区域占国土面积的78%。这一划分为后续的生态保护工作提供了重要的空间指引。同期，四川省、福建省、山西省等省份也相继开展了生态功能区划工作。

2010年，《全国主体功能区规划》的颁布为国家范围内划定生态保护红线提供了重要依据，标志着中国在生态空间管控方面的思路逐渐清晰。

在此阶段，虽然尚未形成统一的生态保护红线概念，但通过生态功能区划和生态控制线的实践，为后续的生态保护红线划定工作积累了丰富的经验和数据基础。

---

[1] 曹明德. 生态红线责任制度探析：以政治责任和法律责任为视角. 新疆师范大学学报（哲学社会科学版），2014，35（6）：71-78.
[2] 王金南，吴文俊，蒋洪强，等. 构建国家环境红线管理制度框架体系. 环境保护，2014，42（S1）：26-29.
[3] 高吉喜，邹长新，杨兆平，等. 划定生态红线，保障生态安全. 中国环境报，2012-10-18（2）.
[4] 蒋大林，曹晓峰，匡鸿海，等. 生态保护红线及其划定关键问题浅析. 资源科学，2015，37（9）：1755-1764.
[5] 燕守广，林乃峰，沈渭寿. 江苏省生态红线区域划分与保护. 生态与农村环境学报，2014，30（3）：294-299.

2）政策出台阶段（2011~2013年）

这一阶段是生态保护红线概念正式提出并在政策层面得到重视的关键时期。

2011年10月，国务院在《国务院关于加强环境保护重点工作的意见》中首次提出了"生态红线"概念，标志着生态红线正式进入国家战略视野。随后，水利、海洋、林业等部门也相继提出了相应的"红线"概念，强调对各类生态保护区域的刚性约束。

2012年3月，环境保护部组织召开了全国生态红线划定技术研讨会，开始系统部署生态红线划定工作，并组建了以南京环境科学研究所、中国环境科学研究院与中国科学院为主的技术团队。

2013年，中国共产党第十八届中央委员会第三次全体会议明确提出了"划定生态保护红线"的要求，将其上升为国家生态文明制度建设的重要内容。同年，江苏省颁布实施了《江苏省生态红线区域保护规划》，成为全国首个省级生态红线规划，为其他省份提供了示范。与此同时，河北省、甘肃省、武汉市等多个省市也开始探索生态红线划定工作。在海洋生态保护方面，2012年国家海洋局印发了《关于建立渤海海洋生态红线制度的若干意见》；2013年，山东省成为首个在渤海建立并实施海洋生态红线制度的省份。

在此阶段，生态红线的概念从最初的国土空间生态保护扩展到资源能源利用及环境质量改善等多个方面，为后续的全面实施奠定了坚实的政策基础。

3）试点推广阶段（2014~2015年）

这一阶段是生态保护红线从概念走向实践的关键时期，标志着生态保护红线划定工作进入全国整体推进阶段。

2014年1月，环境保护部印发了《国家生态保护红线——生态功能红线划定技术指南（试行）》，首次从国家层面对生态保护红线的内涵与外延进行了界定，成为中国首个生态保护红线划定的纲领性技术指导文件，为全国生态功能红线划定提供了技术支撑。随后，多个省市如天津市、广州市等开始进行生态保护红线划定的试点工作。天津市在2014年3月正式施行了《天津市生态用地保护红线划定方案》，成为试点城市中较早完成划定工作的地区。

2015年9月，中共中央、国务院印发的《生态文明体制改革总体方案》进一步要求"划定生态保护红线，按照面积不减少、性质不改变、功能不降低的原则，实行严格保护"，将生态保护红线上升为生态文明制度建设的重要内容。同年5月，环境保护部印发的《生态保护红线划定技术指南》，在试行版基础上进一步规范和细化了划定工作。2015年11月，环境保护部选择江苏省、海南省、湖北省、重庆市和沈阳市开展了生态保护红线管控试点，在生态保护红线区环境准入、绩效考核、生态补偿和监管等方面进行了探索。

在此阶段，生态保护红线的划定工作从理论研究逐步走向实践应用，各地在实践中不断积累经验，为后续全面推进奠定了基础。同时，海洋生态红线划定工作也在沿海省份全面铺开，标志着中国生态保护制度建设进入了新的历史阶段。

4）制度化推进阶段（2016~2017年）

这一阶段是生态保护红线划定工作进入制度化、规范化和全面推进的重要时期。

2016年，国家发展和改革委员会等9部委印发了《关于加强资源环境生态红线管控的指导意见》，强调要划定并严守生态保护红线。

2017年2月，中共中央办公厅、国务院办公厅印发了《关于划定并严守生态保护红线的若干意见》，从国家层面明确了生态保护红线的划定范围、总体目标和刚性约束，为生态保护红线制度化提供了顶层设计，标志着全国生态保护红线的划定与管控的制度建设正式全面启动。

2017年5月，环境保护部、国家发展和改革委员会联合印发的《生态保护红线划定指南》，进一步细化了划定的技术路线和方法，全面启动了全国生态保护红线划定工作。这份指南要求采取自上而下和自下而上相结合的方式，按照定量与定性相结合的原则，通过科学评估来识别生态保护的重点类型和重要区域。同年底，国家海洋局完成了海洋生态保护红线划定并发布实施，标志着我国陆海统筹的生态保护红线体系初步形成。

在此阶段，生态保护红线的划定工作从局部试点走向全国推广，从单一部门推进发展为多部门协作，制度体系和技术方法不断完善，为后续的全面实施和精细化管理奠定了坚实基础。

5）政策深化阶段（2018年至今）

这一阶段是生态保护红线划定工作进入全面实施、深化和精细化管理的重要时期。

2018年2月，国务院批准了京津冀、长江经济带沿线省市等15个省（区、市）的生态保护红线划定方案，标志着生态保护红线从理论和试点阶段进入实质性落地阶段。同年，国土资源部发布的《关于全面实行永久基本农田特殊保护的通知》，推动了生态保护红线与永久基本农田保护的协调，体现了国土空间规划中"三线"划定的整体性思维。

2019年6月，自然资源部、生态环境部联合发布的《关于开展生态保护红线评估工作的函》，明确提出了生态保护红线评估调整工作的开展及要求，体现了红线划定的动态管理特征。

2019年10月，中共中央办公厅、国务院办公厅印发的《关于在国土空间规划中统筹划定落实三条控制线的指导意见》，进一步明确了生态保护红线、永久基本农田、城镇开发边界三条控制线的协调划定要求，标志着生态保护红线正式纳入国土空间规划体系。

2021年8月，自然资源部发布的《生态保护红线管理办法（试行）（征求意见稿）》，进一步细化了生态保护红线的管理要求。

2022年，全国生态保护红线划定工作全面完成，并纳入国土空间规划"一张图"实施监督信息系统，实现了数字化管理。

2023年，自然资源部发布了《中国生态保护红线蓝皮书（2023年）》，系统总结了全面完成生态保护红线划定的历程、方法、成果和实践案例。

在此阶段，生态保护红线的划定从单纯的线划定转向全面的空间管控，管理手段也从行政管控逐步向法治化、精细化方向发展。同时，生态保护红线的管理开始注重与其他国土空间要素的协调，如与永久基本农田、城镇开发边界的统筹，以及与自然保护地体系的整合，体现了生态文明建设在国土空间治理中的核心地位。

7.2.2 生态保护红线划定的技术流程

根据环境保护部办公厅、国家发展和改革委员会办公厅发布的《关于印发〈生态保护红线划定指南〉的通知》（环办生态〔2017〕48号），全国和各省（区、市）生态保护红线应采取自上而下和自下而上相结合的方式划定，按照定量与定性相结合的原则，通过科学评估，识别生态保护的重点类型和重要区域，合理划定生态保护红线，具体流程如图7-2所示。

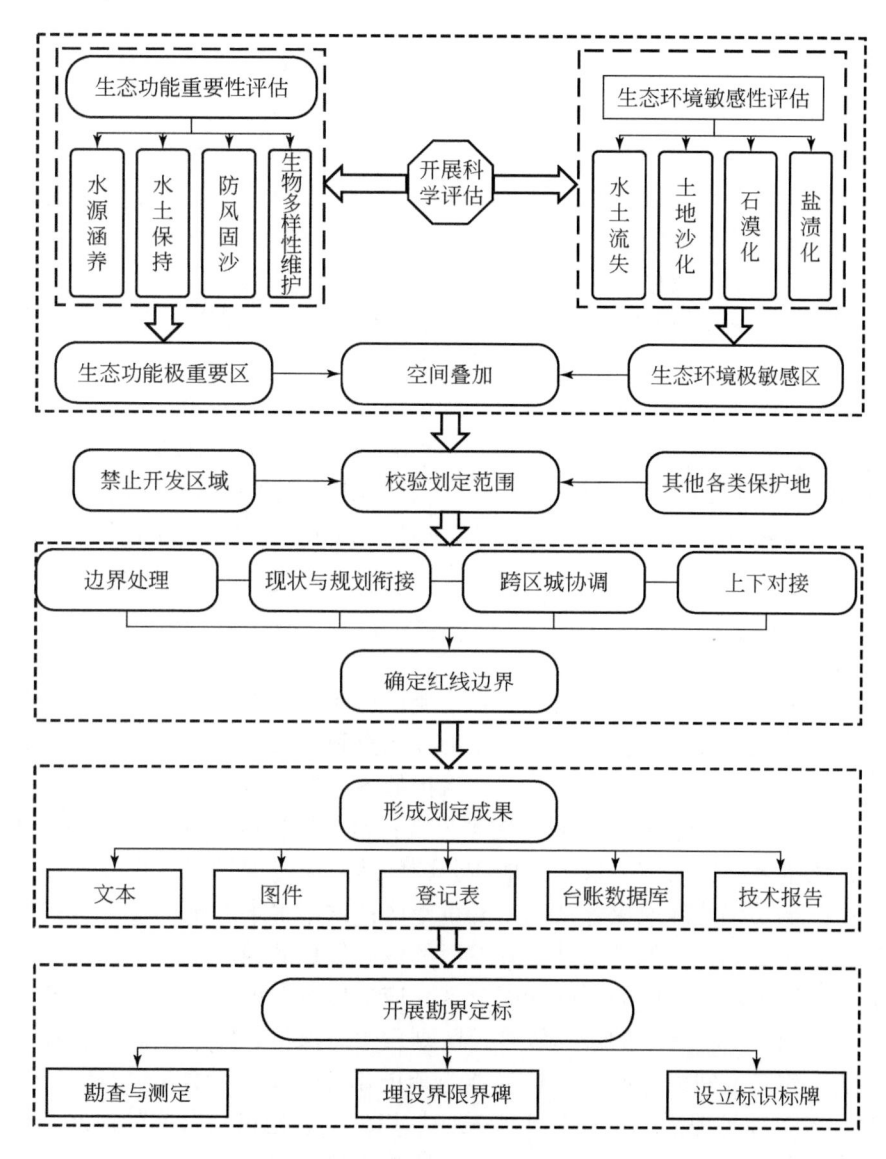

图7-2 生态保护红线划定技术流程

1. 开展科学评估

在国土空间范围内，按照资源环境承载能力和国土空间开发适宜性评价技术方法，开展生态功能重要性评估和生态环境敏感性评估，确定水源涵养、生物多样性维护、水土保持、防风固沙等生态功能极重要区域及水土流失、土地沙化、石漠化、盐渍化等生态环境极敏感区域，纳入生态保护红线。科学评估的主要步骤包括确定基本评估单元、选择评估类型与方法、数据准备、模型运算、评估分级和现场校验。

（1）确定基本评估单元。根据生态评估参数的数据可获取性，统一评估工作精度要求。原则上，评估的基本空间单元应为 250m×250m 网格，有条件的地区可进一步提高精度。评估工作运行环境采用地理信息系统软件。

（2）选择评估类型与方法。根据本地区生态环境特征和主要生态问题，确定生态功能和生态环境敏感性类型，并结合数据条件，选取适宜的评估方法。

（3）数据准备。根据评估方法，搜集评估所需的各类数据，如基础地理信息数据、土地利用现状及年度调查监测数据、气象观测数据、遥感影像、地表参量、生态系统类型与分布数据等。评估的基础数据类型为栅格数据，非栅格数据应进行预处理，统一转换为便于空间计算的网格化栅格数据。

（4）模型运算。根据评估公式，在地理信息系统软件中输入评估所需的各项参数，计算生态系统服务功能重要性和生态环境敏感性指数。

（5）评估分级。根据评估结果，将生态功能重要性依次划分为一般重要、重要和极重要三个等级，将生态环境敏感性依次划分为一般敏感、敏感和极敏感三个等级。

（6）现场校核。根据相关规划、区划中重要生态区域空间分布，结合专家知识，综合判断评估结果与实际生态状况的相符性。针对不符合实际情况的评估结果开展现场核查校验与调整，使评估结果趋于合理。

2. 校验划定范围

根据科学评估结果，将评估得到的生态功能极重要区和生态环境极敏感区进行叠加合并，并与以下保护地进行校验，形成生态保护红线空间叠加图，确保划定范围涵盖国家级和省级禁止开发区域，以及其他有必要严格保护的各类保护地。

（1）国家级和省级禁止开发区域：国家公园；自然保护区；森林公园的生态保育区和核心景观区；风景名胜区的核心景区；地质公园的地质遗迹保护区；世界自然遗产的核心区和缓冲区；湿地公园的湿地保育区和恢复重建区；饮用水水源地的一级保护区；水产种质资源保护区的核心区；其他类型禁止开发区的核心保护区域。

对于上述禁止开发区域内的不同功能分区，应根据生态评估结果最终确定纳入生态保护红线的具体范围，如将其中的最高级管控区划入生态保护红线，次高级管控区归入其他生态空间，位于生态空间以外或人文景观类的禁止开发区域，不纳入生态保护红线。

（2）其他各类保护地。除上述禁止开发区域以外，各地可结合实际情况，根据生态功能重要性，将有必要实施严格保护的各类保护地纳入生态保护红线范围，主要涵盖：极小种群物种分布的栖息地、国家一级公益林、重要湿地（含滨海湿地）、国家级水土流失重点预防区、沙化土地封禁保护区、野生植物集中分布地、自然岸线、雪山冰川、高原冻土等重要生态保护地。

此外，生态保护红线划定还应注意以下几个问题：①生态保护红线划定应协调好与永久基本农田、城镇开发边界以及已有国土空间开发利用活动的矛盾冲突，确保三条控制线不交叉不重叠。②为保持生态系统的连续性和完整性，位于生态功能极重要、生态极脆弱区域内零星的耕地、园地，人工商品林、人工草地、改良草地、交通、通信、能源管道、输电等线性基础设施，风电、光伏、海洋能等设施，以及军事、文物古迹、宗教、殡葬等特殊用地，可划入生态保护红线。③按照生态功能重要性与生态环境敏感性等级评价结果明确生态保护红线类型。④应关注不同类型的重要生态区和脆弱区的空间范围和最小保护面积。

3. 确定红线边界

将上一步确定的生态保护红线叠加图，通过边界处理、现状与规划衔接、跨区域协调、上下对接等步骤，确定生态保护红线边界。

（1）边界处理。采用地理信息系统软件，对叠加图层进行图斑聚合处理，合理扣除独立细小斑块和建设用地、基本农田。边界调整的底图建议采用第一次全国地理普查数据库或土地利用现状及年度调查监测成果，按照保护需要和开发利用现状，结合以下几类界线勾绘调整生态保护红线边界：①自然边界，主要是依据地形地貌或生态系统完整性确定的边界，如林线、雪线、流域分界线，以及生态系统分布界线等；②自然保护区、风景名胜区等各类保护地边界；③江河、湖库，以及海岸等向陆域（或向海）延伸一定距离的边界；④地理国情普查、全国土地调查、森林草原湿地荒漠等自然资源调查等明确的地块边界。

（2）现状与规划衔接。将生态保护红线边界与各类规划、区划空间边界及土地利用现状相衔接，综合分析开发建设与生态保护的关系，结合经济社会发展实际，合理确定开发与保护边界，提高生态保护红线划定合理性和可行性。

（3）跨区域协调。根据生态安全格局构建需要，综合考虑区域或流域生态系统完整性，以地形、地貌、植被、河流水系等自然界线为依据，充分与相邻行政区域生态保护红线划定结果进行衔接与协调，开展跨区域技术对接，确保生态保护红线空间连续，实现跨区域生态系统整体保护。

（4）上下对接。采取上下结合的方式开展技术对接，广泛征求各市县级政府意见，修改完善后达成一致意见，确定生态保护红线边界。

4. 形成划定成果

在上述工作基础上，编制生态保护红线划定文本、图件、登记表及技术报告，建立台账数据库，形成生态保护红线划定方案。

5. 开展勘界定标

根据划定方案确定的生态保护红线分布图，搜集红线附近原有平面控制点坐标成果、控制点网图，以高清正射影像图、地形图和地籍图等相关资料为辅助，调查生态保护红线各类基础信息，明确红线区块边界走向和实地拐点坐标，详细勘定红线边界。选定界桩位置，完成界桩埋设，测定界桩精确空间坐标，建立界桩数据库，形成生态保护红线勘测定界图。设立统一规范的标识标牌，主要内容包括生态保护红线区块的范围、面积、具体拐点坐标、保护对象、主导生态功能、主要管控措施、责任人、监督管理电话等。

7.2.3 用途管制措施

2022年8月,自然资源部会同生态环境部、国家林业和草原局联合印发了《自然资源部 生态环境部 国家林业和草原局关于加强生态保护红线管理的通知(试行)》,针对自然保护地核心保护区以外的生态保护红线区域,明确了10种允许有限人为活动类型,细化了国家重大项目占用的审批程序,严格了相关部门监管要求。在此基础上,指导地方结合实际细化管控规则,是生态保护红线用途管制措施重要依据。

1. 有限人为活动管控

生态保护红线内,自然保护地核心保护区原则上禁止人为活动。生态保护红线内、自然保护地核心保护区外,在符合现行法律法规的前提下,除国家重大项目外,仅允许对生态功能不造成破坏的有限人为活动:①管护巡护、保护执法、科学研究、调查监测、测绘导航、防灾减灾救灾、军事国防、疫情防控等活动及相关的必要设施修筑。②原住居民和其他合法权益主体,允许在不扩大现有建设用地、用海用岛、耕地、水产养殖规模和放牧强度(符合草畜平衡管理规定)的前提下,开展种植、放牧、捕捞、养殖(不包括投礁型海洋牧场、围海养殖)等活动,修筑生产生活设施。③经依法批准的考古调查发掘、古生物化石调查发掘、标本采集和文物保护活动。④按规定对人工商品林进行抚育采伐,或以提升森林质量、优化栖息地、建设生物防火隔离带等为目的的树种更新,依法开展的竹林采伐经营。⑤不破坏生态功能的适度参观旅游、科普宣教及符合相关规划的配套性服务设施和相关的必要公共设施建设及维护。⑥必须且无法避让、符合县级以上国土空间规划的线性基础设施、通讯和防洪、供水设施建设和船舶航行、航道疏浚清淤等活动;已有的合法水利、交通运输等设施运行维护改造。⑦地质调查与矿产资源勘查开采。⑧依据县级以上国土空间规划和生态保护专项规划开展的生态修复。⑨根据我国相关法律法规和与邻国签署的国界管理制度协定(条约)开展的边界边境通视道清理以及界务工程的修建、维护和拆除工作。⑩法律法规规定允许的其他人为活动。

2. 红线调整

生态保护红线一旦划定,非经法定程序不得调整。确需调整的应根据资源环境承载能力监测、生态保护重要性评价和国土空间规划实施"五年一评估"情况,由省级人民政府编制生态保护红线局部调整方案,纳入国土空间规划修改方案报国务院批准,并抄送生态环境部。

(1)调入。拟调入生态保护红线的区域,应属生态功能极重要、生态极脆弱区域,或位于生态保护红线邻近区域的重要生态空间,调入后有利于提高生态系统的完整性和空间连通性。

(2)自然保护地等禁止开发区域边界范围发生调整的,生态保护红线相应调整,更新国土空间规划"一张图"。将山水林田湖草生态修复工程新增的,以及人为活动退出后符合管控规则的生态功能区极重要区域补充划入生态保护红线。

（3）调出。因国家重大项目建设，确需占用生态保护红线的，经评估对生态功能造成破坏的，按相关程序调整生态保护红线。

3. 监督实施

生态保护红线划定方案经国务院批准后，纳入全国国土空间规划"一张图"，并与国家生态保护红线生态环境监督平台实现信息共享，作为开展实施监督重要依据。各级自然资源主管部门会同相关部门，强化对生态保护红线实施情况的监督检查。

7.3 城镇开发边界划定

7.3.1 相关概念内涵与进展

1. 相关概念内涵

城镇开发边界相关概念内涵在我国发展已久，无论是最初的"规划区""集中建设区"，还是"三区四线""城市增长边界"等都是控制盲目扩张、引导城市合理发展的城市增长管理工具[1]。在当前我国各级政府积极推进国土空间规划改革的时代背景下，城镇开发边界划定作为新一轮规划的核心重点，得到了广泛的关注与重视。《城镇开发边界划定指南（试行，征求意见稿）》[2]指出，通过划定城镇开发边界，防止城镇盲目扩张和无序蔓延，促进城镇发展由外延扩张向内涵提升转变，优化城镇布局形态和功能结构，提升城镇人居环境品质，推动形成边界内城镇集约高效、宜居适度，边界外山清水秀、开敞舒朗的国土空间格局。

《城镇开发边界划定指南（试行，征求意见稿）》正式提出了城镇开发边界概念内涵，即城镇开发边界是在国土空间规划中划定的，一定时期内指导和约束城镇发展，在其区域内可以进行城镇集中开发建设，重点完善城镇功能的区域边界。随后，《关于在国土空间规划中统筹划定落实三条控制线的指导意见》[3]《市级指南》[4]也先后明确了城镇开发边界是在一定时期内因城镇发展需要，可以集中进行城镇开发建设、以城镇功能为主的区域边界，涉及城市、建制镇以及各类开发区等。城市开发边界是根据地形地貌、自然生态、环境容量和基本农田等因素划定的，可进行城市开发建设和禁止进行城市开发建设

---

[1] 张兵，林永新，刘宛，等. 城镇开发边界与国家空间治理：划定城镇开发边界的思想基础. 城市规划学刊，2018，(4)：16-23.

[2] 自然资源部. 城镇开发边界划定指南（试行，征求意见稿）. [2021-01-08]. https://www.longquanyi.gov.cn/lqyqzfmhwz_gb/c123139/2021-12/06/content_96b6bf51805f42f58f9262cce009a22e.shtml.

[3] 中共中央办公厅国务院办公厅. 关于在国土空间规划中统筹划定落实三条控制线的指导意见. [2019-11-01]. https://www.gov.cn/zhengce/2019-11/01/content_5447654.htm.

[4] 自然资源部. 市级国土空间总体规划编制指南（试行）. [2020-09-28]. https://www.gov.cn/xinwen/2020-09/28/content_5547813.htm.

的区域之间的空间界线，是允许城市建设用地拓展的最大边界。城市开发建设用地与非开发建设用地的分界线，是控制城市无序蔓延而采取的一种技术手段和政策措施。通过划定城市开发边界，有利于践行生态文明理念，加强生态环境保育和建设；有利于避免出现大城市无限扩张、中小城市无序发展，合理配置空间资源；有利于优化城市空间结构，合理布局城市功能用地；有利于引导地方政府盘活城市用地存量，节约集约用地。此外，城镇开发边界指的是中心城区的边界而不是市辖区的边界。

城镇开发边界内分为城镇集中建设区、城镇弹性发展区和特别用途区（图7-3）。城镇集中建设区是根据规划城镇建设用地规模，为满足城镇居民生产生活需要，划定的一定时期内允许开展城镇开发和集中建设的地域空间。城镇弹性发展区是为应对城镇发展的不确定性，在城镇集中建设区外划定的，在满足特定条件下方可进行城镇开发和集中建设的地域空间。在不突破规划城镇建设用地规模的前提下，城镇建设用地布局可在城镇弹性发展范围内进行调整，同时相应核减城镇集中建设区用地规模。特别用途区是为完善城镇功能，提升人居环境品质，保持城镇开发边界的完整性，根据规划管理需划入开发边界内的重点地区，主要包括与城镇关联密切的生态涵养、休闲游憩、防护隔离、自然和历史文化保护等地域空间。特别用途区原则上禁止任何城镇集中建设行为，实施建设用地总量控制，原则上不得新增除市政基础设施、交通基础设施、生态修复工程、必要的配套及游憩设施外的其他城镇建设用地。

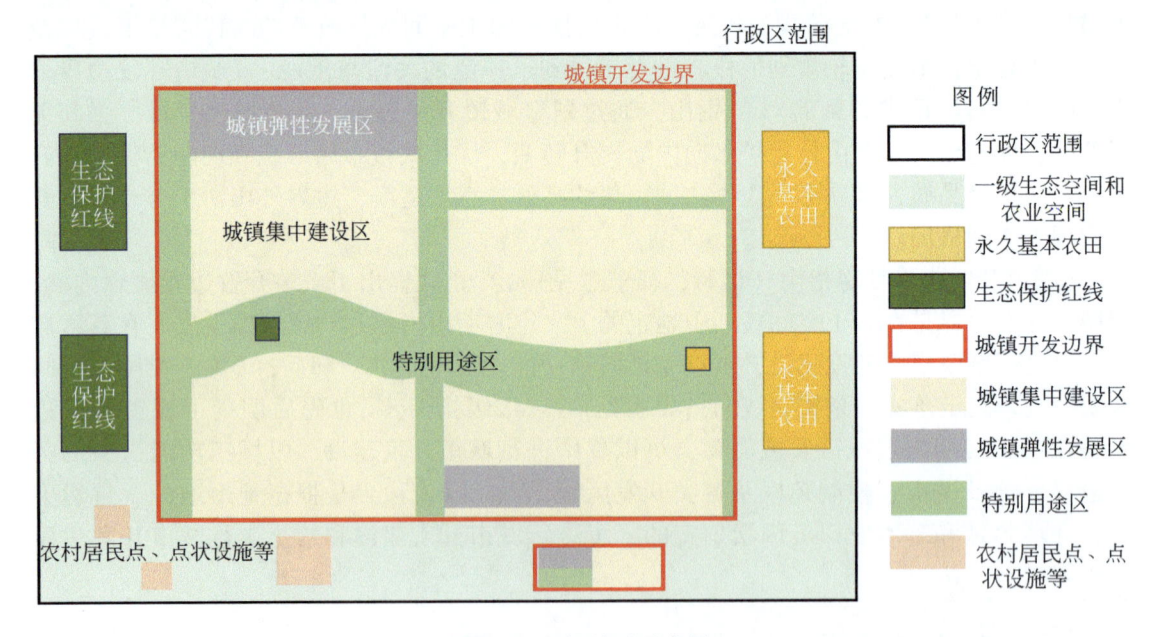

图7-3 空间关系示意图

当前，学界对城镇开发边界的理解可大致分为三类，一是认为城镇开发边界是城镇建设中无法突破的刚性边界，是城市发展建设的最大限度，是绝不能超越的生态安全底线。对特大城市、超大城市，以及某些山谷型、河谷型城市，应研究划定永久性开发边界。二是认为城镇开发边界是根据城镇建设发展而动态调节的弹性边界，城镇开发边界应适当大于规划建设用地范围，留有一定比例的弹性空间，为规划建设用地的具体使用及建设项目选址留有一定弹性。在不突破规划城镇建设用地规模的前提下，经法定程序，允许在城镇开发边界内调整布局，以优化土地使用。三是认为城镇开发边界应兼具永久性的"刚性"属性和阶段性的"弹性"属性，一方面需要解决快速城市化导致的高品质土地流失和生态环境破坏问题，另一方面也要考虑到我国正处在社会经济和城市化快速发展的时期，应充分满足一定时期内城市发展扩张的建设用地需求。因此，城镇开发边界的划定既要考虑自然本底因素和顺应自然地理条件，又要结合城镇发展的需求，优化城镇的功能布局和空间形态；既要防止城镇无序蔓延，又要给未来发展留有余地。

2. 背景与历程

城镇开发要设定边界的思想可以追溯到1898年的霍华德"田园城市"思想，该理论体系指出将田园城市建立在中心城市周边，结合城市周围的农业用地则将其作为保留的永久性绿带，用此来限定城市无限扩张的可能，同时又可以保证生态、农业的稳定发展。通过城市外围绿带对城市规模加以限制，被视为城镇开发边界的最早构想。1944年，大伦敦规划中的"城市绿带环"是城镇开发边界的雏形，指为防止城市盲目扩展或与近邻城市连成一片，在城市四周或在相邻城市之间设置用以限制城市建设的地带，这种地带可以是风景区、林地、农田等[1]，其基本目标是通过保留一定的永久性开敞地带而限制城市的蔓延[2]。1947年，英国的《城乡规划法》制定了相应条款，"绿带环"作为限制城市盲目扩张的工具首次被赋予法律效力，框定了城市开发建设活动的范围，是城市可进行开发建设用地与外部生态空间的分界线，环内的开发建设受到严格的限定。

为了抑制城市盲目扩张，实现城市紧凑、内涵式发展，美国进行了大量城市增长管理和土地利用制度改革的实证探索，许多州政府都在试图通过限制城市过度增长从而达到土地资源更合理的利用。1950年，肯塔基州列克星敦市将城市边界的管理与政策和经济导向紧密结合，提出了城市服务边界（urban service boundary，USB）作为引导城市增长的一种工具，由政府划定提供城市基础设施以及公共服务的区域范围，而在此边界外政府则不支持城市的建设[3]。立法管理的原动力是出于经济上的激励，即尽可能地降低基础设施的配套成本。城镇增长边界（urban growth boundary，UGB）的确切概念在20世纪70年代诞生，1976年美国俄勒冈州塞勒姆市（Salem）提出了用以管理城市用地的政策指导工具，通过划定城市区域和农村区域之间的界限，利用区划、开发许可证的控制和其他土地利用调控手段，将合法的城市开发控制在边界之内[4]。这是城镇开发边界概念首次作为应对城市郊区化的管控工具和引导手段被提出。

20世纪90年代，由于城市发展过度郊区化，中心城区的衰落进一步加剧，导致城市布局如一盘散沙，大大增加了城市基础设施集中配置的难度，因此城镇开发边界这一重要

---

[1] 黄雨薇. 英国绿带政策形成、发展及其启示. 武汉：华中科技大学，2012.
[2] 倪文岩，刘智勇. 英国绿环政策及其启示. 城市规划，2006，30（2）：64-67.
[3] 沈山，秦萧. 国外城市服务边界研究进展及启示. 城市与区域规划研究，2012，（2）：148-158.
[4] 张润朋，周春山. 美国城市增长边界研究进展与述评. 规划师，2010，26（11）：89-96.

管理工具的价值得到体现。之后，城镇开发边界得到推广，并在全美100多个地区得到广泛的实践，其重要性逐渐被各国认可，巴黎、东京、墨尔本等世界各地先后开始了城镇开发边界划定工作，至此，城镇开发边界逐步成为大批城市在城市规划中广泛应用的政策和技术工具。例如，在日本的城市规划制度中，也可见到类似城镇开发边界的概念，体现了国土空间领域的公共政策导向。其主要做法是通过城市化政策区"划线"，将区域划分为城市化促进区、城市化控制区和城市规划区三类空间，以此作为制定土地使用区划、公共设施规划、其他特别用途区划等规划层次需要遵守的空间框架[①]。在城市化控制区内，除了农、渔、林业设施建设外，其他的土地开发和分割土地的行为原则上都是被禁止的；而在城市化促进区，则支持和鼓励农业用地的城市化转变，包括可以制定土地使用区划或进一步细分用地。

回溯国内有关城镇开发边界的政策文件（表7-1），可将其政策意图的发展历程提炼为"政策萌芽—划定探索—划管结合"三个阶段。

表7-1 我国城镇开发边界相关文件梳理

发布时间	发布部门	文件名称	主要内容
2005年12月	建设部	《城市规划编制办法》	首次提出在城市总体规划纲要阶段要"研究中心城区空间增长边界，提出建设用地规模和建设用地范围"
2008年10月	中共中央、国务院	《全国土地利用总体规划纲要（2006—2020年）》	加强建设用地空间管制，严格划定城乡建设用地扩展边界，控制建设用地无序扩张
2009年5月	国土资源部办公厅	《国土资源部办公厅关于印发市县乡级土地利用总体规划编制指导意见的通知》	提出"建设用地边界"的概念，具体包括"城乡建设用地规模边界""城乡建设用地扩展边界"以及"禁止建设用地边界"
2014年2月	国土资源部	《关于强化管控落实最严格耕地保护制度的通知》	提出要按照国家新型城镇化发展要求，依据第二次全国土地调查成果，合理调整土地利用总体规划，严格划定城市开发边界、永久基本农田和生态保护红线，强化规划硬约束。严格控制城市建设用地规模，确需扩大的，要采取串联式、组团式、卫星式布局，避让优质耕地。这是首次在政策文件中提到三条控制线
2014年3月	中共中央、国务院	《国家新型城镇化规划（2014—2020年）》	首次提出城市规划要由扩张性规划逐步转向限定城市边界、优化空间结构的规划
2016年2月	中共中央、国务院	《中共中央 国务院关于进一步加强城市规划建设管理工作的若干意见》	加强空间开发管制，划定城市开发边界，根据资源禀赋和环境承载能力，引导调控城市规模，优化城市空间布局和形态功能，确定城市建设约束性指标
2017年1月	中共中央办公厅、国务院办公厅	《省级空间规划试点方案》	提出按照基础评价结果和开发强度控制要求，兼顾城镇布局和功能优化的弹性需要，从严划定城镇开发边界，有效管控城镇空间

---

① 程遥，高捷，赵民．多重控制目标下的用地分类体系构建的国际经验与启示．国际城市规划，2012，27（6）：3-9．

续表

发布时间	发布部门	文件名称	主要内容
2019年5月	中共中央、国务院	《中共中央 国务院关于建立国土空间规划体系并监督实施的若干意见》	分别提出城镇开发边界内、外的管制方式，要求"强化底线约束，为可持续发展预留空间"
2019年6月	自然资源部	《城镇开发边界划定指南（试行）》	作为第一部系统说明开发边界设定和管理要求的国家政策文件，正式提出城镇开发边界概念内涵，以及划定原则、工作组织、划定技术流程、管理要求等
2019年11月	中共中央办公厅、国务院办公厅	《关于在国土空间规划中统筹划定落实三条控制线的指导意见》	提出按照集约适度、绿色发展要求划定城镇开发边界；当三条控制线出现矛盾时，城镇开发边界要避让重要生态功能，不占或少占永久基本农田
2020年9月	自然资源部	《市级国土空间总体规划编制指南（试行）》	将三条控制线作为国土空间规划编制的强制性内容，并把城镇开发边界概念内涵及划定相关要求纳入到附录G中
2022年4月	自然资源部	《自然资源部关于在全国开展"三区三线"划定工作的函》	要求划定城镇开发边界，要充分尊重自然地理格局，统筹发展和安全，统筹农业、生态、城镇空间布局；坚持反向约束与正向约束相结合，避让资源环境底线、灾害风险、历史文化保护等限制性因素，守好底线；设置扩展系数，严控新增建设用地，推动城镇紧凑发展和节约集约用地
2023年10月	自然资源部	《自然资源部关于做好城镇开发边界管理的通知（试行）》	要求坚决维护"三区三线"划定成果的严肃性和权威性，推动城镇开发边界划定成果精准落地实施，统筹做好规划城镇建设用地安排，严格规范城镇开发边界的全周期管理
2023年11月	自然资源部办公厅	《自然资源部办公厅关于做好城镇开发边界管理成果数据汇交更新的函》	提出城镇开发边界管理成果数据汇交更新工作，通过全国国土空间规划"一张图"实施监督信息系统开发的城镇开发边界管理模块开展

1）政策萌芽阶段（2005~2012年）

21世纪初，我国城市建设用地快速扩张导致的城市蔓延引发了一系列城市发展和社会问题。我国借鉴了西方的城市增长边界（UGB）思想，2005年在《城市规划编制办法》中首次提出了在城市总体规划中设置"城镇开发边界"的概念。《全国土地利用总体规划纲要（2006—2020年）》要求加强建设用地空间管制，控制建设用地无序扩张的目标。为加强对城乡建设用地的空间管制，《国土资源部办公厅关于印发市县乡级土地利用总体规划编制指导意见的通知》提出，市、县、乡级土地利用总体规划应当根据管理需要，因地制宜地划定城乡建设用地规模边界、城乡建设用地扩展边界以及禁止建设用地边界。这个时期的边界设定是基于短期的空间增长预测，主要为应对城市蔓延而设定边界，重视阶段性发展，仅是要求在规划编制过程中开展相关的研究，并未就增长边界的划定作出具体规定。

2）划定探索阶段（2013~2016年）

在国家生态文明建设和"五位一体"总体布局指导下，2013年中央城镇化工作会议提出"尽快把每个城市特别是特大城市开发边界划定",明确了划定意图在于调控城市发展规模,严格控制城市建设相关指标。2014年,中共中央、国务院印发的《国家新型城镇化规划(2014—2020年)》提出了"合理控制城镇开发边界";同年7月,国土资源部会同住房和城乡建设部召开了"划定城市开发边界试点工作启动会"。两部共同确定了在14个城市开展划定城市开发边界的试点工作。同时期,四川省、陕西省、安徽省等省份也发布了地方性的城镇开发边界划定技术规定。此后,开始探索对增量用地进行严格控制,城镇开发边界的作用从单纯的规模扩展控制过渡到更注重城市内部空间的优化配置,以防止无序扩张。2016年,《中共中央 国务院关于进一步加强城市规划建设管理工作的若干意见》再次提出了要划定城市开发边界,强调了"引导调控城市规模,优化城市空间布局和形态功能,确定城市建设约束性指标",是"依法制定城市规划"的一部分。

3) 划管结合阶段(2017年至今)

2017年10月,党的十九大报告提出要在"美丽中国"的建设目标下"完成生态保护红线、永久基本农田、城市开发边界三条控制线的划定工作",这体现了国土空间规划新时期对城市底线空间和生态环境保护的重视。在此背景下,如何在严格控制城市空间发展增量的基础上,引导城市空间形成高效的结构布局,构建美丽国土空间格局,成为城镇开发边界划定中的重中之重。2019年印发的《若干意见》明确要求在城镇开发边界内外实施差异化的国土用途管制制度,并对城镇开发边界内外的规划编制审批权限进行明确说明。同年发布的《城镇开发边界划定指南(试行)》作为第一部系统说明开发边界设定和管理要求的国家政策文件,正式提出了城镇开发边界概念内涵,以及划定原则、工作组织、划定技术流程、管理要求等。此外,《关于在国土空间规划中统筹划定落实三条控制线的指导意见》《市级指南》《自然资源部关于在全国开展"三区三线"划定工作的函》等政策文件均提出了要落实上位国土空间规划确定的三条控制线等划定要求,强化资源环境底线约束。为在国土空间开发保护利用中加强和规范城镇开发边界管理,2023年发布的《自然资源部关于做好城镇开发边界管理的通知(试行)》,要求坚决维护"三区三线"划定成果的严肃性和权威性,推动城镇开发边界划定成果精准落地实施,统筹做好规划城镇建设用地安排,严格规范城镇开发边界的全周期管理。同年发布的《自然资源部办公厅关于做好城镇开发边界管理成果数据汇交更新的函》体现了国家对城镇开发边界数据成果的高度重视,预示着未来对城镇开发边界的管控将更加精细化。

总体而言,虽然城镇开发边界这一政策工具的最初设计起源于解决城市蔓延等现实问题,但在我国发展的新时期,城镇开发边界的划定是国家空间治理体系建设的新措施,政策意图已经超出最初的设定,从早期单纯控制城市蔓延、保护耕地的设想,转向兼有控制城市扩张、促进城市转型发展、主动塑造美丽国土空间的综合作用[①]。进行城镇开发边界的划定和管理是国家为了适应资源环境紧约束下经济社会发展的需求,更好地统筹建设空间和非建设空间管理,达到明确城市发展规模、优化城市发展形态、控制城市无序蔓延的目标。

---

① 张兵,林永新,刘宛,等. 城镇开发边界与国家空间治理:划定城镇开发边界的思想基础. 城市规划学刊,2018,(4):16-23.

7.3.2 城镇开发边界划定方法

1. 工作组织

1）划定主体

城镇开发边界由市、县人民政府在组织编制市县国土空间规划中划定，具体工作由市、县自然资源主管部门负责。

2）职责分工

省、自治区人民政府应在省级国土空间规划中提出城镇体系格局，明确城镇定位、规模指标等控制性要求，提出省域范围内的城镇开发边界划定的总体目标、要求和原则，统筹协调城市群、都市圈的城镇开发边界划定工作，组织指导市县城镇开发边界划定工作。

市人民政府应依照上一级国土空间规划确定的城镇定位、规模指标等控制性要求，结合地方发展实际，明确市域范围内城镇开发边界划定的总体目标、完善城镇功能的重点区域、划定要求和原则；组织划定市辖区城镇开发边界；统筹指导所辖县的城镇开发边界划定工作，并提出县人民政府所在地镇（街道）、各类开发区的城镇开发边界指导方案。

县人民政府应依据市人民政府提出的指导方案，划定县域范围内的城镇开发边界，包括县人民政府所在地镇（街道）、其他建制镇、各类开发区等。

3）组织方式

市、县人民政府应按照"自上而下、上下联动"的组织方式，同步推进城镇开发边界划定工作。市、县两级应对城镇开发边界划定成果进行校核反馈，确保形成协调一致的划定成果，整合形成城镇开发边界"一张图"。

2. 规划期限

从我国城镇开发边界划定 14 个试点城市所做的尝试来看，城镇开发边界大致可分为三种类型。①只划一期边界。该类型分为三类情形：深圳、厦门、杭州划定永久性开发边界；上海结合城市总体规划和土地利用总体规划的编制，划定 2040 年开发边界；苏州、沈阳、西安、郑州、南京、贵阳按照试点要求，只划定 2020 年开发边界。②划定两期边界。北京、武汉、成都都分别划定 2020 年和 2030 年的开发边界。③划定三期边界。广州划定 2020 年、2030 年和永久性三种开发边界，并将其命名为管制型、"弹性"型、极限型开发边界。从上述实践看，开发边界的划定时限存在永久性和非永久性的争议，非永久性边界又存在划到什么时限的困惑[1]。《市级指南》提出，城镇开发边界期限原则上与国土空间规划相一致。特大、超大城市以及资源环境超载的城镇，应划定永久性开发边界。

---

[1] 林坚，乔治洋，叶子君．城市开发边界的"划"与"用"——我国 14 个大城市开发边界划定试点进展分析与思考．城市规划学刊，2017，(2)：37-43.

3. 划定技术流程

现有的城镇开发边界划定方法大致可归纳为以下三类。

（1）正向增长法。正向增长法基于现状土地利用情况，预测未来建设用地扩张的趋势和规模以及发展过程中的土地需求数量，进而模拟未来土地利用并划定城镇开发边界。它以城市增长规律为指引，从城市发展潜力出发，预测分析经济社会发展、人口增长等因素，模拟城市空间增长模式和发展方向，并预留适量的弹性空间。正向增长法通过城市建设用地增长速率、强度、方向等参数，构建相关模型进行城市用地扩张模拟，常用的模型包括元胞自动机（CA）模型及其衍生模型，如 PLUS 模型、FLUS 模型。不少学者在其基础上进行改善，如引入约束性元胞自动机、SLEUTH 模型、人工神经网络模型等。虽然这种方法注重城镇发展的科学性和客观性，但过度依赖数学模型和客观数据，可能忽视城市发展的复杂性、多样性以及资源环境的限制，缺少对空间总体结构和生态自然格局的考虑。

（2）反向约束法。反向约束法是一种以生态保护为导向的城镇开发边界划定方法，通过叠加基本农田、生态保护红线等限制性空间要素，形成城镇建设适宜性底图，剔除不宜建设的区域，反向推导出适宜城市发展的用地范围，最终形成城市增长不可逾越的刚性边界。常用的技术手段包括城镇建设适宜性评价、生态安全格局构建、绿色基础设施评价和最小累积阻力（MCR）模型等。尽管该方法能有效保护重点生态区域，但由于过分关注生态保护，忽略了城镇自身发展的规律和实际需求，缺乏灵活性和对城市空间发展的有序引导，影响了评价结果的科学性。

（3）综合划定法。综合划定法是一种将正向增长法和反向约束法相结合的划定方法。该方法通常在扣除反向约束法确定的不宜建设区域基础上，结合正向增长法对城市增长规模的预测，通过基础分析、生态保护约束、增长空间预判和协调划定等环节，构建出既满足生态保护需求又符合城镇发展规律的城镇开发边界。一些学者通过引入资源承载力评价和国土空间开发适宜性评价，明确了生态保护极重要区、农业生产适宜区和城镇建设适宜区，随后运用 CA 模型、FLUS 模型、PLUS 模型等模型模拟城镇扩张形态，并据此划定开发边界。综合划定法通过自上而下的政策性约束和自下而上的需求导向，确保划定的开发边界既符合地方实际发展需求，又促进资源的合理利用和环境的可持续发展，使结果更为平衡和准确，是目前较为全面的城镇开发边界划定方法。

根据《市级指南》，城镇开发边界划定一般遵循"基础数据收集—开展评价研究—边界初划—方案协调—边界划定入库"五个环节技术流程（图7-4）。

1）基础数据收集

依托市县国土空间规划研究和编制工作，有针对性地开展经济社会发展、国土空间利用、生态环境保护、城乡建设等方面调研，收集相关资料数据，梳理城镇发展需求和趋势，分析确定采用的基础数据，编绘相关现状基础图件。

2）开展评价研究

（1）城镇发展定位研究。紧紧围绕"两个一百年"奋斗目标，落实国家和区域发展战略，依据上级国土空间规划要求，明确城镇定位、性质和发展目标。

（2）资源环境承载能力和国土空间开发适宜性评价。对自然资源和生态环境本底条件

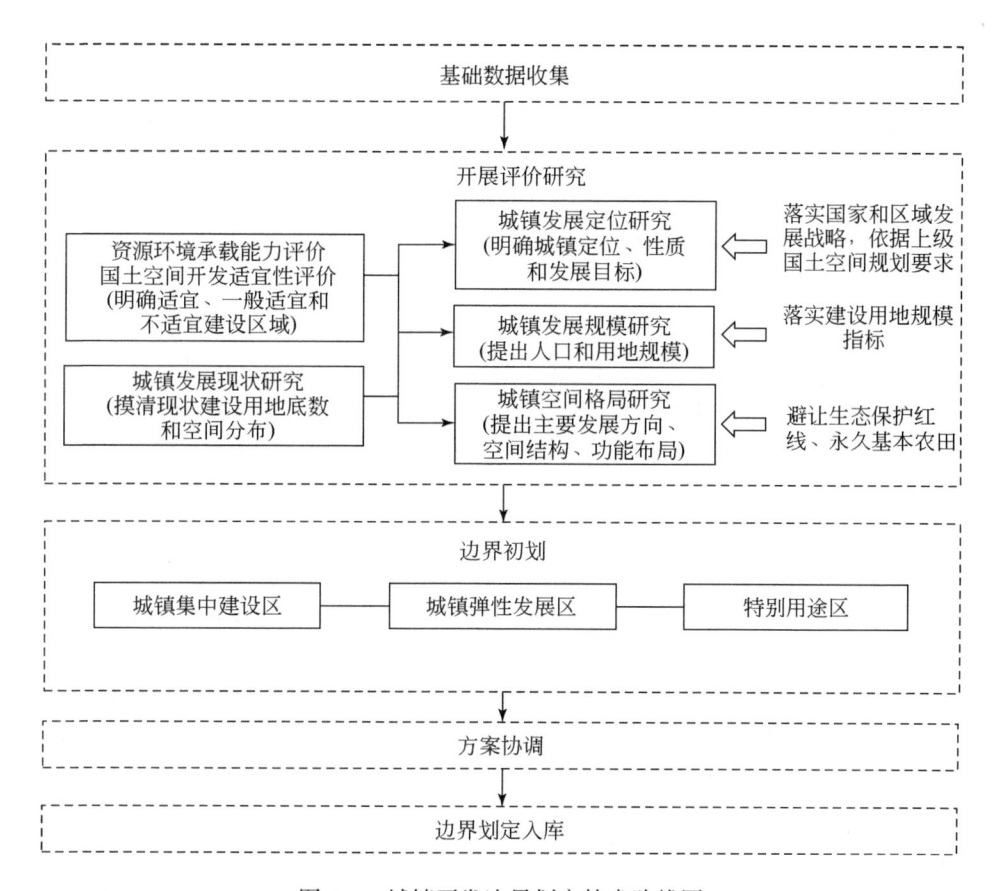

图 7-4　城镇开发边界划定技术路线图

开展综合评价，识别城镇发展的限制因素和突出问题；对国土空间开发保护适宜程度进行综合评价，明确适宜、一般适宜和不适宜城镇开发的地域空间。

（3）城镇发展现状研究。摸清现状建设用地底数和空间分布；对现行城乡规划、土地利用规划等空间性规划和国土空间开发保护情况进行分析，对国土空间面临的潜在风险和重大挑战进行评估，提出优化方案和应对措施。

（4）城镇发展规模研究。分析城镇人口发展趋势和结构特征、经济发展水平和产业结构、城镇发展阶段和城镇化水平，落实上级国土空间规划规模指标要求，根据城镇扩张、稳定或收缩的特点，提出行政辖区内不同城镇的人口和用地规模。

（5）城镇空间格局研究。综合研判城镇主要发展方向，平衡全域和局部、近期和长远、供给和需求，可以运用城市设计、大数据等方法，延续历史文脉，控制生态廊道，提出城镇空间结构和功能布局。

3）边界初划

（1）城镇集中建设区初划。结合城镇发展定位和空间格局，依据国土空间规划中确定的规划城镇建设用地规模，将规划集中连片、规模较大、形态规整的地域确定为城镇集中建设区。现状建成区，规划集中连片的城镇建设区和城中村、城边村，依法合规设立的各类开发区，国家、省、市确定的重大建设项目用地等应划入城镇集中建设区。城镇建设和发展应避让地质灾害风险区、蓄泄洪区等不适宜建设区域，不得违法违规侵占河道、湖面、滩地。

市级总规在市辖区划定的城镇开发边界内，划入城镇集中建设区的规划城镇建设用地一般不少于市辖区规划城镇建设用地总规模的80%。县级总规按照市级总规提出的区县指引要求划定县（区）域的全部城镇开发边界后，以县（区）为统计单元，划入城镇集中建设区的规划城镇建设用地一般应不少于县（区）域规划城镇建设用地总规模的90%。

（2）城镇弹性发展区初划。在与城镇集中建设区充分衔接、关联的基础上，在适宜进行城镇开发的地域空间合理划定城镇弹性发展区，做到规模适度、设施支撑可行。城镇弹性发展区面积原则上不得超过城镇集中建设区面积的15%，其中现状城区常住人口300万以上城市的城镇弹性发展区面积原则上不超过城镇集中建设区面积的10%，现状城区常住人口500万以上城市、收缩城镇及人均城镇建设用地显著超标的城镇，应进一步收紧弹性发展区所占比例，原则上不超过城镇集中建设区面积的5%。

（3）特别用途区初划。根据地方实际，特别用途区可以包括对城镇功能和空间格局有重要影响、与城镇空间联系密切的山体、河湖水系、生态湿地、风景游憩、防护隔离、农业景观、古迹遗址等地域空间。同时，对于影响城市长远发展，在规划期内不进行规划建设，也不改变现状的空间，可以以林地、草地或湿地等形态，一并划入特别用途区予以严格管控。特别用途区应做好与城镇集中建设区的蓝绿空间衔接，形成完整的城镇生态网络体系。对于开发边界围合面积超过城镇集中建设区面积1.5倍的，对其合理性及必要性应当予以特殊说明。

4）方案协调

城镇开发边界应尽可能避让生态保护红线、永久基本农田。出于城镇开发边界完整性及特殊地形条件约束的考虑，零散分布或确需划入开发边界的生态保护红线和永久基本农田，可以"开天窗"形式不计入城镇开发边界面积，并按照生态保护红线、永久基本农田的保护要求进行管理。

5）边界划定入库

（1）明晰边界。尽量利用国家有关基础调查明确的边界、各类地理边界线、行政管辖边界、保护地界、权属边界、交通线等界线，将城镇开发边界落到实地，做到清晰可辨、便于管理。城镇开发边界由一条或多条连续闭合线组成，范围应尽量规整、少"开天窗"，单一闭合线围合面积原则上不小于30hm^2。

（2）上图入库。划定成果矢量数据采用2000国家大地坐标系和1985国家高程基准，在第三次全国国土调查成果基础上，结合高分辨率卫星遥感影像图、地形图等基础地理信息数据，作为国土空间规划成果一同汇交入库。

7.3.3 用途管制措施

1. 严禁超越城镇开发边界进行建设

各类城镇建设所需要的用地（包括能源化工基地等产业园区、围填海历史遗留问题区域的城镇建设或产业类项目等）均需纳入全省（区、市）规划城镇建设用地规模和城镇开发边界扩展倍数统筹核算。不得擅自突破城镇建设用地规模和城镇开发边界扩展倍数，严禁违反法律和规划开展用地用海审批。城镇开发边界外不得进行城镇集中建设，不得规划建设各类开发区和产业园区，不得规划城镇居住用地。在落实最严格的耕地保护、节约用地和生态环境保护制度的前提下，结合城乡融合、区域一体化发展和旅游开发、边境地区建设等合理需要，在城镇开发边界外可规划布局有特定选址要求的零星城镇建设用地，并依据国土空间规划，按照"三区三线"管控和城镇建设用地用途管制要求，纳入国土空间规划"一张图"严格实施监督。涉及的新增城镇建设用地纳入城镇开发边界扩展倍数统筹核算，等量缩减城镇开发边界内的新增城镇建设用地，确保城镇建设用地总规模和城镇开发边界扩展倍数不突破。

2. 严控城镇开发边界调整

城镇开发边界一经划定，原则上不得调整，确需调整的，按国土空间规划修改程序进行。在规划实施期内，城镇开发边界可基于五年一次的规划实施评估，按照法定程序经原审批机关同意后进行调整。严格城镇开发边界内耕地和永久基本农田保护，确需对城镇开发边界范围内永久基本农田进行集中连片整治的，原则上仍应以"开天窗"方式保留在城镇开发边界范围内，且总面积不减少；确需调出城镇开发边界范围的，应确保城镇建设用地规模和城镇开发边界扩展倍数不扩大。

3. 对城镇开发边界内外进行差异化管理

1）边界内管理

（1）在城镇开发边界内建设，实行"详细规划+规划许可"的管制方式，并加强与水体保护线、绿地系统线、基础设施建设控制线、历史文化保护线等控制线的协同管控。

（2）在不突破规划城镇建设用地规模的前提下，城镇建设用地布局可在城镇弹性发展范围内进行调整，同时相应核减城镇集中建设区用地规模。调整方案由国土空间规划审批机关的同级自然资源主管部门同意后，及时纳入自然资源部国土空间规划监测评估预警管理系统实施动态监管，调整原则上一年不超过一次。未调整为城镇集中建设区的城镇弹性发展区不得编制详细规划。

（3）特别用途区原则上禁止任何城镇集中建设行为，实施建设用地总量控制，不得新增城镇建设用地。根据实际功能分区，在市县国土空间规划中明确用途管制方式。

2）边界外管理

（1）城镇开发边界外空间主导用途为农业和生态，是开展农业生产、实施乡村振兴和加强生态保护的主要区域。

（2）城镇开发边界外不得进行城镇集中建设，不得设立各类开发区，严格控制政府投资的城镇基础设施资金投入。允许建设交通、基础设施及其他线性工程，军事及安全保密、宗教、殡葬、综合防灾减灾、战略储备等特殊建设项目，郊野公园、风景游览设施的配套服务设施，直接为乡村振兴战略服务的建设项目，以及其他必要的服务设施和城镇民生保障项目。

(3) 城镇开发边界外的村庄建设、独立选址的点状和线性工程项目，应符合有关国土空间规划和用途管制要求。

4. 合理安排城镇建设用地时序

市县国土空间规划实施中，在城镇开发边界内的增量用地使用上，要为"十五五""十六五"期间至少留下35%、25%的增量用地。在年度增量用地使用规模上，至少为每年保留五年平均规模的80%，其余可以用于年度间调剂，但不得突破分阶段总量控制，以便为未来发展预留合理空间。各地在实行分阶段总量控制和年度增量控制中，部分地方确因经济社会发展等需要局部突破的，原则上应在本市州范围内实行规模统筹。

5. 严格规范城镇开发边界的全生命周期管理

落实地方政府对国土空间规划管理的主体责任，规范城镇开发边界布局优化工作程序。市州、县级人民政府作为申报主体，逐级向省自然资源厅提出申请并对申报材料的真实性、合法性负总责。城镇开发边界发生变化的，省级自然资源主管部门应及时向部汇交数据（附审查认定文件、矢量数据等），检验合格纳入国土空间基础信息平台和国土空间规划"一张图"实施监督信息系统并反馈省级自然资源主管部门后，方可作为规划管理、用地用海审批的依据。自然资源部将依托国土空间规划"一张图"实施监督信息系统，加强对城镇开发边界实施、监督、评估、考核、执法等全生命周期管理。国家自然资源督察机构将把地方政府落实城镇开发边界管控要求情况作为督察的重要内容。

本 章 小 结

（1）永久基本农田是指经依法划定并实施特殊保护的优质耕地，旨在保障国家粮食安全。中国耕地保护实现了由数量管控，到数量、质量并重，再到数量、质量、生态"三位一体"的目标演变，并形成了国土空间总体规划、耕地占补平衡制度、永久基本农田保护制度、土地用途管制制度等为支撑的最严格的耕地及永久基本农田保护制度体系。永久基本农田的划定和管护，必须采取行政、法律、政策、经济、技术等综合手段，不断加强管理，实现永久基本农田的质量、数量、生态的综合全面管护。

（2）生态保护红线是指在生态空间范围内具有特殊重要生态功能、必须强制性严格保护的区域，是保障和维护国家生态安全的底线和生命线，通常包括具有重要水源涵养、生物多样性维护、水土保持、防风固沙、海岸生态稳定等功能的生态功能重要区域，以及水土流失、土地沙化、石漠化、盐渍化等生态环境敏感脆弱区域。生态保护红线划定的流程主要为开展科学评估、校验划定范围、确定红线边界、形成划定成果和开展勘界定标。

（3）城镇开发边界是在国土空间规划中划定的，一定时期内因城镇发展需要，可以集中进行城镇开发建设，完善城镇功能、提升空间品质的区域边界。城镇开发边界的划定是国家空间治理体系建设的新措施，政策意图已经超出最初的设定，从早期单纯控制城市蔓延、保护耕地的设想，转向兼有控制城市扩张、促进城市转型发展、主动塑造美丽国土空间的综合作用。掌握城镇开发边界的发展历程、划定方法、用途管制和规划审批对于理解城镇化进程中城镇开发边界作用的变化、划定流程的实施，以及规划执行的政策框架等具有重要意义。

关键术语：三线划定、永久基本农田、生态保护红线、城镇开发边界

复习思考题

（1）简述三条控制线的基本内涵。

（2）论述如何如何应用"双评价"成果开展生态保护红线划定。

（3）阐述城镇开发边界划定的一般技术方法。

（4）论述城镇开发边界内外管制措施有何异同点。

（5）思考如何统筹划定三条控制线，"三区三线"关系。

第 8 章　国土空间用途分区与要素配置

本章导读：

国土空间用途分区与要素配置是国土空间规划中的核心内容，对优化国土空间布局、提高国土空间利用效率、促进区域协调发展具有重要意义。国土空间用途分区与要素配置相互关联、相互促进。一方面，国土空间用途分区为要素配置提供了指导和依据，明确了不同功能区域的要素配置要求和限制条件；另一方面，要素配置是国土空间用途分区的重要支撑和保障，通过合理的要素配置可以优化国土空间布局和功能结构，提高国土空间利用效率和质量。

重点问题：

- 国土空间用途分区基本内涵
- 国土空间用途分区类型及管控重点
- 国土空间要素配置基本内涵
- 国土空间要素配置重点内容与技术路径

8.1　国土空间规划分区

规划分区作为国土空间规划中实现发展意图与传导用途管制的重要环节，发挥着重要作用。2019 年 5 月，《若干意见》发布，提出国土空间规划需要划定主导用途分区，以作为用途管制的依据，尤其是城镇开发边界外，基于主导用途分区的分区准入规则是进行用途管制的重要依据。2020 年 9 月，自然资源部发布了《市级国土空间总体规划编制指南（试行）》，提出"按照主体功能定位和空间治理要求，优化城市功能布局和空间结构，划分规划分区……"，将划分规划分区作为落实主体功能定位以及空间治理要求的重要基础。

8.1.1　基本内涵

我国规划分区研究历程较早，在主体功能区划、城乡规划、土地利用总体规划、生态环境保护规划等多种规划中均有涉及，但由于管控内容及事权职能的差异，各类分区的分区尺度、划定方法、管控措施有所不同。在主体功能区划中，主要以行政区划作为划分单元，通过优化开发区、重点开发区、限制开发区和禁止开发区四种类型对国土空间开发保护进行控制，本质上是一种政策分区；在土地利用规划中为土地利用控制分区，以规划相同主导功能的地类图斑融合作为划分依据，采用用途规则管制与规模指标相结合的方式进行开发管控，有着较为成熟的管控体系；在城乡规划中为功能分区，以规划主导功能作为划分依据，分区之间界限模糊，更多的是一种引导性的空间布局结构。此外，分区管控措施一般以功能引导、用途准入等手段为主，一般限制类作用较强，但传导力度有限。

国土空间用途分区，也称国土空间功能分区，它是将国土空间根据用途管制的需要，按开发保护的管理目标和经济社会发展的客观要求，划分不同的空间区域。不同的区域国土空间开发利用整治保护的基本功能存在明显差异。划分国土空间用途分区的目的：一是保障自然资源合理利用的需要；二是保障公共利益的需要，如为了保护生态环境、保护基本农田、防治自然灾害、降低负外部性等。

国土空间规划总体功能定位以及目标通过量化指标与空间格局逐层级落实，总体格局上分为生态、农业、城乡等空间，发展规模上通过生态保护红线、永久基本农田、城镇开发边界三条控制线进行约束，功能布局上则通过划分规划分区进行细分的功能结构与规模管控。规划分区是市级国土空间规划传导至下一层级的基础，通过规划分区，能够基本完成全市域各类功能的规模结构和空间布局，为后续用途管制要求的约束指标和分区准入要求提供依据（图8-1）。

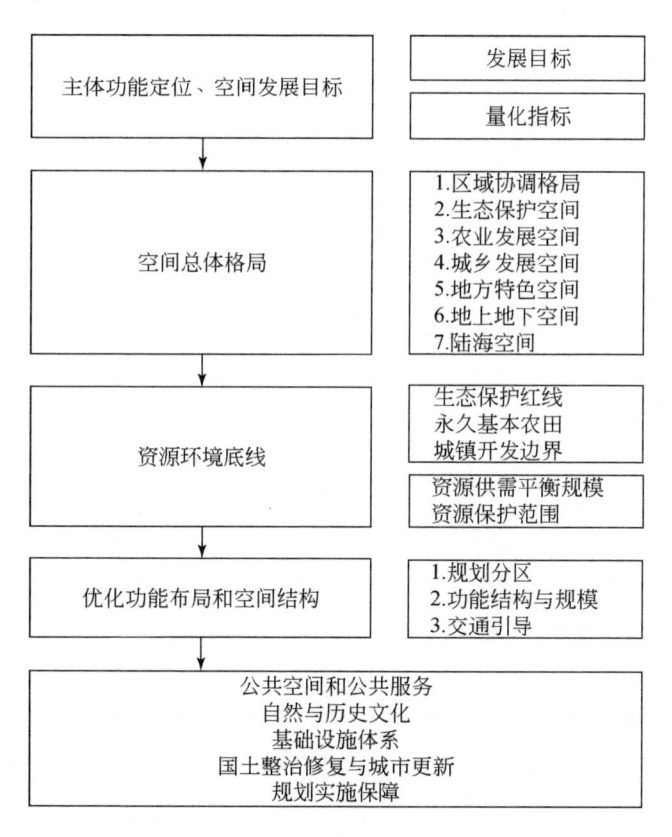

图8-1 国土空间规划分区在总体规划编制中地位与作用[①]

---

① 王蔚炫. 国土空间规划分区的思考与实践探索. 浙江国土资源, 2020, (S1): 22-27.

8.1.2 分区类型与划定方法

1. 分区类型

自然资源部在《市级国土空间总体规划编制指南（试行）》中以附录的形式发布了规划分区的部颁指南，指出规划分区类型分为一级规划分区和二级规划分区，一级规划分区包括生态保护区、生态控制区、农田保护区等七类。将城镇发展区、乡村发展区、海洋发展区分别细分为二级规划分区（表8-1），并明确"各地可结合实际补充二级规划分区类型"。例如，浙江省国土空间规划分区分类标准在对接部颁指南的基础上，结合浙江实际进行了细化、补充和调整[①]。

表8-1 国土空间规划分区

一级规划分区	二级规划分区		含义
生态保护区			具有特殊重要生态功能或生态敏感脆弱、必须强制性严格保护的陆地和海洋自然区域，包括陆域生态保护红线、海洋生态保护红线集中划定的区域
生态控制区			生态保护红线外，需要予以保留原貌，强化生态保育和生态建设、限制开发建设的陆地和海洋自然区域
农田保护区			永久基本农田相对集中需严格保护的区域
城镇发展区	城镇集中建设区		城镇开发边界围合的范围，是城镇集中开发建设并可满足城镇生产、生活需要的区域
		居住生活区	以住宅建筑和居住配套设施为主要功能导向的区域
		综合服务区	以提供行政办公、文化、教育、医疗以及综合商业等服务为主要功能导向的区域
		商业商务区	以提供商业、商务办公等就业岗位为主要功能导向的区域
		工业发展区	以工业及其配套产业为主要功能导向的区域
		物流仓储区	以物流仓储及其配套产业为主要功能导向的区域
		绿地休闲区	以公园绿地、广场用地、滨水开敞空间、防护绿地等为主要功能导向的区域
		交通枢纽区	以机场、港口、铁路客货运站等大型交通设施为主要功能导向的区域
		战略预留区	在城镇集中建设区中，为城镇重大战略性功能控制的留白区域
	城镇弹性发展区		为应对城镇发展的不确定性，在满足特定条件下方可进行城镇开发和集中建设的区域
	特别用途区		为完善城镇功能，提升人居环境品质，保持城镇开发边界的完整性，根据规划管理需划入开发边界内的重点地区，主要包括与城镇关联密切的生态涵养、休闲游憩、防护隔离、自然和历史文化保护等区域

[①] 胡庆钢，吕冬敏. 浙江省全域全要素用途分区与用地分类的探索实践. 浙江国土资源，2020，(S1)：10-13.

续表

一级规划分区	二级规划分区	含义
乡村发展区		农田保护区外，为满足农林牧渔等农业发展以及农民集中生活和生产配套主的区域
	村庄建设区	城镇开发边界外，规划重点发展的村庄用地区域
	一般农业区	以农业生产发展为主要利用功能导向划定的区域
	林业发展区	以规模化林业生产为主要利用功能导向划定的区域
	牧业发展区	以草原畜牧业发展为主要利用功能导向划定的区域
海洋发展区		允许集中开展开发利用活动的海域，以及允许适度开展开发利用活动的无居民海岛
	渔业用海区	以渔业基础设施建设、养殖和捕捞生产等渔业利用为主要功能导向的海域和无居民海岛
	交通运输用海区	以港口建设、路桥建设、航运等为主要功能导向的海域和无居民海岛
	工矿通信用海区	以临海工业利用、矿产能源开发和海底工程建设为主要功能导向的海域和无居民海岛
	游憩用海区	以开发利用旅游资源为主要功能导向的海域和无居民海岛
	特殊用海区	以污水达标排放、倾倒、军事等特殊利用为主要功能导向的海域和无居民海岛
	海洋预留区	规划期内为重大项目用海用岛预留的控制性后备发展区域
矿产能源发展区		为适应国家能源安全与矿业发展的重要陆域采矿区、战略性矿产储量区等区域

2. 划定方法

按照《市级国土空间总体规划编制指南（试行）》中明确的分区类型及含义，规划分区划定统筹陆海全域，突出主导功能，逐级进行划分[①]。

一级规划分区划定应充分衔接生态保护红线、永久基本农田、城镇开发边界三条控制线的划定。首先，优先划定生态保护区和农田保护区。生态保护区为陆域生态保护红线、海洋生态保护红线集中划定的区域。《生态保护红线划定指南》已明确提出了"为减少红线的破碎化程度，一般应将面积小于 $1km^2$ 的独立图斑扣除"，故按此要求划定的陆域生态保护红线、海洋生态保护红线已经较为集中连片，可分别直接作为陆域、海域的生态保护区。而农田保护区则需以永久基本农田保护红线为基础，通过聚合手段划定其中相对集中需严格保护的区域。其次，划定生态控制区，在生态保护区和农田保护区之外，可根据"双评价"识别生态系统服务功能重要区和生态环境脆弱敏感区，顺应自然地形地貌形态

[①] 杨箐丛，朱江，詹浩，等. 国土空间规划分区划定与管控研究以东莞水乡功能区为例. 南方建筑，2021（2）：9-17.

进行划定，作为需要强化生态保育、限制开发建设的区域。最后，海域范围内除生态保护区和生态控制区以外的区域划定为海洋发展区；而陆域范围内落实城镇开发边界，划定城镇发展区，包括城镇集中建设区、城镇弹性发展区、特别用途区；城镇开发边界以外的地区，依据重要采矿权范围和规划矿区、战略性矿产储藏区等划定为矿产能源发展区；其他地区作为乡村发展区。

二级规划分区在一级规划分区基础上根据主导功能进一步深化细化划定。其中，城镇集中建设区内应区分现状保留地区、存量改造地区、规划增量地区三种不同类型，采用不同的方式划定二级规划分区：现状保留地区以"三调"现状建设用地类型为基础，按城镇建设主导功能进行地类归并划定；存量改造地区应结合更新改造意向方案进行划定；规划增量地区应强调对各类生产生活和生态游憩空间的合理布置，在此基础上进行主导功能区的划分，并适度预留弹性，确定战略预留区的选址和布局。乡村发展区内应按照一定规模的要求，将中心村、重点村等较为集中连片的村庄地区划定为村庄建设区，并在其中预留一定比例的村庄用地拓展区域。其他地区则按照生产类型，将农业生产为主的地区划定为一般农业区，将规模化林业生产的地区划定为林业发展区，草原畜牧业发展为主的地区划定为牧业发展区。海洋发展区内主要依据海域使用和管理要求，划定渔业用海区、交通运输用海区、工矿通信用海区、游憩用海区、特殊用海区、海洋预留区共六类二级规划分区（图8-2）。

需要注意的是，关于规划分区划定方法尚缺乏标准指导，上述分区划定技术思路仍面临以下几个难题：①划定尺度没有明确标准。"三线"的划定技术要求对已有最小图斑及最小孔洞面积进行规定，但规划分区的尺度与"三线"划定技术要求的衔接还未明晰。若参考土地利用总体规划土地用途分区的最小上图面积规定，仍可能存在满足面积规定却零星分布的用地单元，分区的连片尺度、如何保持分区紧凑性和连续完整性的规则仍需更多的讨论与实践。②边界衔接关系仍未明晰。围绕规划分区的边界是否应该符合用地规整化要求、兼顾行政辖区范围、衔接管理单元的职权范围以及与区域性设施布置方案等，目前已有相关讨论，但尚未形成不同层级规划分区的边界衔接重点、关系一致性标准。③不同分区重叠时的冲突协调机制尚未明确。在实际划定工作中，往往出现同一空间范围可能被划入多个不同类型分区的情况。"三区三线"划定的协调原则、操作技术、优先次序机制已较为明确，对一级规划分区的划定具有一定的指导，但二级规划分区的先后次序、多宜性矛盾解决机制和规则、操作性规程还没有具体探讨。④规划分区的管控和传导机制不明晰，导致规划分区意义作用不明，在实际工作中缺乏目标导向，容易导致分区划定原则的摇摆。

8.1.3 规划分区管控

规划分区管控始于19世纪的德国和美国，目前已在全世界广泛应用，是当今发达国家和地区进行土地开发利用控制的最主要方式（表8-2）。中国的国土空间用途分区随着对生态环境和社会经济环境的认识而逐渐深化，总体来说，中国国土空间用途分区管制根据管制范围大致可分为三个阶段：土地用途分区管制阶段、自然生态空间用途分区管制阶段和国土空间用途分区管制阶段（表8-3）。

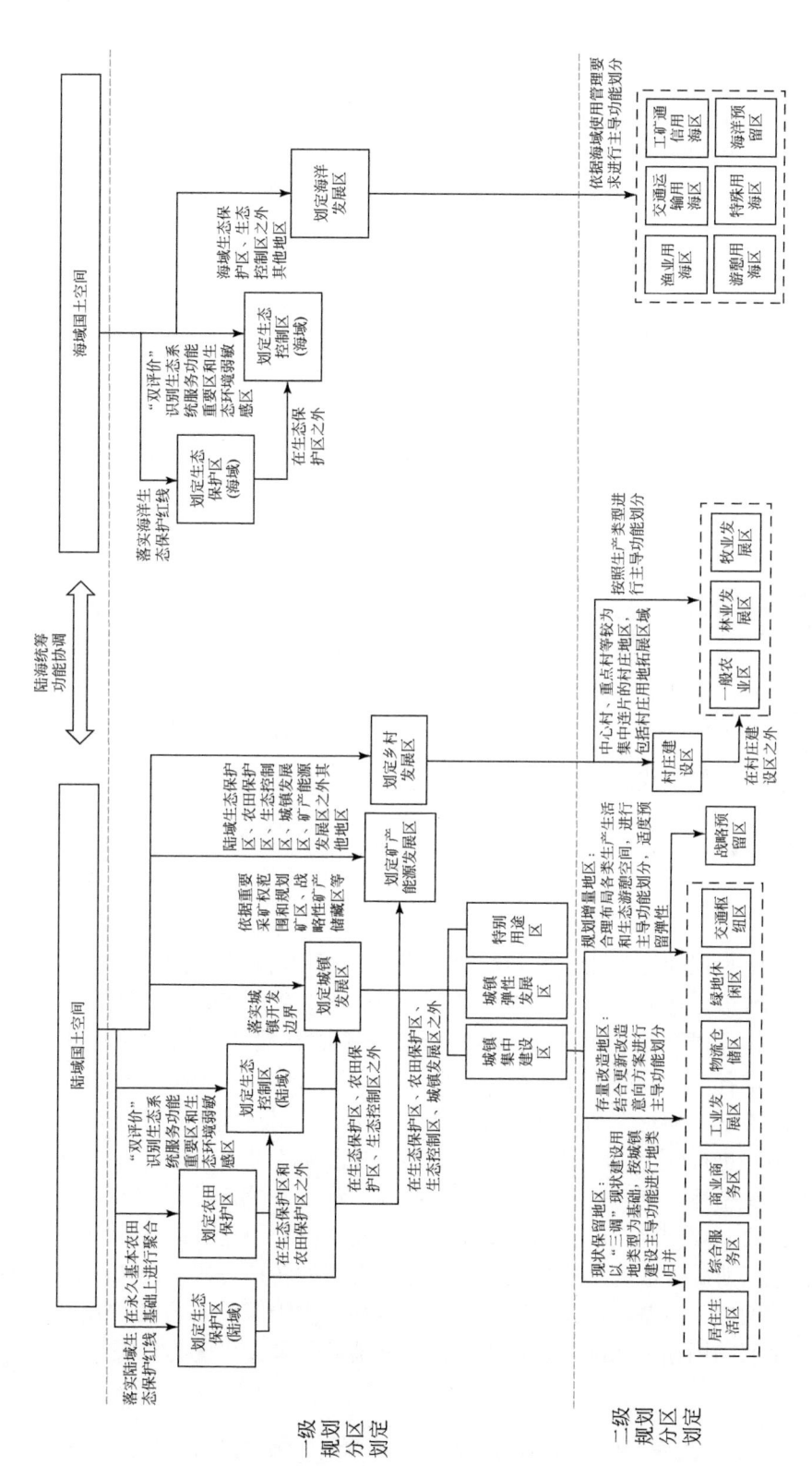

图8-2 国土空间规划分区划定技术思路

表 8-2　国际土地用途分区核心内容和方法比较

国家或地区	核心内容或方法
美国	以控制国土空间开发密度、容积方法为核心的国土空间用途分区规则；以控制城市规模、保护农用地为主的国土空间用途分区规则
德国	土地空间规划（F规划）的主要内容是国土空间用途分区管制； 地区详细规划（B规划）规定国土具体开发、使用和保护的方式和标准
法国	不同行政区划单独用土地利用规划（POS）以限定国土用途分区管制
日本	《国土利用规划法》首先将全国国土空间进行分区，在此之上制定和实施国土空间基本规划，然后根据此进行分区
新加坡	以城市功能划分为主的国土空间分区制度，对规划实施区域内的土地用途实行限制规定
中国台湾	《区域计划法》将国土空间划分为都市区和除前者以外的地区
韩国	《国土利用计划法》将全国国土分为指定目的的城市、准城市、农林、准农林、自然环境保全五大地域

表 8-3　用途分区管制对比分析

类别	土地用途分区管制	自然生态空间用途分区管制	国土空间用途分区管制
主要依据	土地利用总体规划	国土空间规划	国土空间规划
管制范围	农用地、建设用地、未利用地	森林、草原、湿地、河流等	生产、生活、生态空间
核心目标	保护耕地资源	自然生态空间保护	山水林田湖草
管制重点	数量管控	空间管控	数量和空间管控
管制方式	计划为主	保护为主	计划与市场并重
管制规则	严格控制农用地转为建设用地 维持耕地总量动态平衡	区域准入和用途 转用许可制度	国土空间用途管制指标、规模、强度、准入等控制

结合国土空间规划的控制性内容和约束性指标，用途分区管制规则可确立总量管控、计划管理、边界管护、功能管制、效能管控五个管制维度[①]。其中，总量管控要求各用途分区管制应满足耕地保有量、生态保护红线面积、大陆自然岸线长度等总量类约束性指标；计划管理要求各用途分区管制应满足年度土地利用指标等计划类管理指标；边界管护要求各用途分区管制应满足空间控制线管控指标；功能管制要求各分区应对主导用途、兼容用途、禁止用途进行管控；"效能管控"要求各用途分区管制应满足人均城镇建设用地面积等效率类重要指标，同时引导各类资源节约集约利用。

各用途分区管制规则重点应包括以下内容：一是明确本用途分区管制总体性、方向性的管控要求，包括明确分区的主导功能以及非主导功能的转换方向、退出要求。该部分管制规则一般比较明确，应基本保持稳定和刚性。例如，农田保护区的发展方向是重点用于粮食生产。二是明确用途分区准入、退出的正负面清单，管控尺度为地类层次，并将对主

---

① 吕冬敏，姜建明，金艳花，等.基于用途分区的全域全要素国土空间用途管制规则研究.中国土地，2024，(8)：4-8.

导功能有较大影响的空间利用行为也一并列入，同时还应建立动态更新机制。例如，要求农田保护区禁止挖湖造景。三是制定"用途分区-用地分类"二维表，明确每个用途分区允许准入的地类、有条件准入的地类和禁止准入的地类，并明确每个分区的管制要求，便于行政管理，同时应建立动态更新机制。例如，要求生态保护区允许准入林地、限制准入耕地、禁止准入城镇居住用地等。四是用途分区管制规则应区分强制性规则和引导性规则。其中，强制性规则是在国土空间规划编制、审批和实施中必须遵守的要求，如居住生活区禁止准入三类工业用地的要求。而引导性规则是鼓励执行的相关规定，如城镇发展区可增加保障性住房供给的要求。

需要指出的是，规划分区管制并不意味着用地分类在市级国土空间总体规划中被取代，根据《市级指南》，市级国土空间规划编制内容还包括"落实上位规划指标，以盘活存量为重点明确用途结构优化方向，确定全域主要用地用海的规模和比例，制定市域国土空间功能结构调整表"。上述规划分区的传导机制与管控措施需与用地分类体系协同，共同支撑"功能结构调整表"的编制（表8-4）。例如，生态保护区的划定需对应自然保护地类，城镇集中建设区需匹配城镇建设用地分类，确保政策目标与操作细则的统一。而所谓的"用途结构""用地用海规模和比例""功能结构调整表"等皆是建立在用地用海分类的基础上，用于管控用地用海的功能地类的面积和结构，且《国土空间调查、规划、用途管制用地用海分类指南》中的地类基本对应于《市级指南》的"市域国土空间功能结构调整表"和"中心城区城镇建设用地结构规划表"中的"用地用海类型"。

表8-4 规划分区空间传导管控措施[①]

一级规划分区	二级规划分区	空间传导链条（划定深度）	管控方式
生态保护区		国家（明确划定和管控原则）—省（总体规模、总体格局和重点区域）—市域（划定实体边界）—中心城区/区县/乡镇（划定到地块）	约束指标控制+正面清单管理+区域准入许可
生态控制区		市域生态片区/市域生态节点/生态廊道网络（区域—组团—社区）	区域准入+正负面清单管理
农田保护区		国家（明确划定和管控原则）—省（总体规模、总体格局和重点区域）—市域（划示实体边界）—乡镇（落实到地块）	约束指标控制+占补平衡+正负面清单管理
乡村发展区	村庄建设区	市域/区县（总体规模、格局和重点区域）—乡镇（划定乡村建设边界）	指标控制+规划许可
	一般农业区		
	林业发展区	市域划示特色农业生产空间载体（粮食生产功能区/绿色健康都市菜园/特色农产品优势区/现代化规模化养殖基地/都市农业公园）—区县/详细规划（功能用地布局）	分区准入+正负面清单管理
	牧业发展区		

---

① 詹美旭，席广亮. 面向全域全要素统一空间管制的市级国土空间规划编制探索. 规划师，2021，37（10）：34-40.

续表

一级规划分区	二级规划分区	空间传导链条（划定深度）	管控方式
城镇发展区	城镇集中建设区	市域（划示实体边界，规模不变，形态可变）—中心城区（细分主导功能/规划地类/开发强度分区/风貌分区，落实到地块）—乡镇（落实到地块）	详细规划+规划许可
	城镇弹性发展区	市域（划示，规模不变，形态可变）—区县（具体划定）	总量及比例控制+建设用地指标占补平衡+审批许可
	特别用途区	市域（划示，规模不变，形态可变）—区县（具体划定）	总量及比例控制+正面清单+规划许可，参照生态、农业空间管制
矿产能源发展区		市域（划示重要矿产资源保护开发的重点区域）—区县（划定控制范围）	分区准入+规划许可+总量控制

从学理角度分析，《市级指南》旨在尝试将分区分类"解构"——规划分区多用于传递空间保护与开发等政策，引导空间格局的发展方向，表达对用地的规划政策意图，并不具有用途管控的操作性功能；而用地用海分类则是对土地用途的明确界定，主要应用于规模结构控制指标的传导和管控、用途登录与审批、指导开发建设等运作体系环节。

综上，"规划分区"与"用地用海分类/类型"，其背后是对国土空间规划具有不同内涵的认知，因此编制体系与管理体系中的分区分类需要发挥不同的作用。其中，分区主要用于国土空间规划编制体系的宏观层面及结构性控制；而分类则在规划编制体系中用于中微观层面的规划布局及用地功能设定，同时也用于地类登录、管控、监测等技术环节，更多的是对应规划的运作体系。

8.2 国土空间要素配置

8.2.1 基本内涵

国土空间要素配置是指在不同地域空间内对自然社会经济客体相互作用及地域结合后形成的空间资源进行合理分配和布局，以保障更充分、更合理、更科学和更有效地利用有限的国土空间资源。同时，它也是对有限国土资源的开发利用结构、开发利用方式和开发利用功能，在空间尺度上进行安排、设计、组合、布局以及有效配置的过程，其目的在于使有限的国土资源通过区域分配以实现国民经济发展和其他社会目标在空间上的协调。

从经济体制视角看，资源配置主要包括市场调节和行政管控两种基本方式。其中，市场调节又称市场配置方式，是通过收费、补贴、提供信贷优惠、实行差别税率等方式影响各种行为活动的利润结构，从而影响人的行动决策。该手段是通过改变空间行为的外部条件，使人们对空间管控政策的关注由被动转为主动。在空间管控中引入市场引导政策是实现分区管控的引导目标和提升空间管控效益的最优选择。以市场经济的手段引导国土空间内，如主导功能的落实（同类功能的集聚与异类功能的退出）、功能效益的提升（配套设施的完善、保护与开发技术的革新）等模糊抽象的管控内容，实现对国土空间功能布局的优化。行政管控是指政府部门通过命令、指标、规章和条例等方式来统筹各类资源分配的方式，属政府根据（地区）国民经济发展需要而做出的选择，是当前我国目前空间管控中最重要的管制手段，也是国土空间底线保护的必然要求。对于国土空间内界定明确的且具有重要意义的管控内容，如不可突破的城镇发展区（城镇开发边界）、重要生态空间（如生态保护红线、水源保护地）、粮食安全保障空间（永久基本农田）的保护以及生产建设活动的管控，这些内容是国土空间安全的底线，必须以行政强制力来确保其不被突破，因此应当以行政管理的手段进行控制。

经济学理论认为，市场机制是资源要素空间配置的最有效方式，其效率也会更高，市场机制能够通过价格机制迅速反映出真实的市场供求关系及其均衡价格。虽然市场机制在资源要素空间配置中具有显著优势，但这一优势的市场结构必须是完全竞争市场。可事实上，现实中的市场并非完全竞争市场，市场运行过程中存在市场本身的不完备性，特别是市场交易信息不完全（不对称），可能会造成社会需求和社会供给失衡，出现产业结构不合理、资源要素空间配置结构失序等一系列问题，导致"市场失灵"，这就从客观上提出了政府干预的现实必要性。一般而言，政府干预（行为）必须在公共利益受损（或受威胁）的前提下进行，政府具有解决市场机制运作缺陷的责任和权威，通过适度有效地干预市场，以矫正"市场失灵"，弥补市场缺陷。因此，国土资源空间优化配置需要"看得见的手"和"看不见的手"双向协同作用。

8.2.2 基本原则[①]

1. 人地和谐

所谓人地和谐，就是要维护人类与其赖以生存和发展的地球环境之间的共生关系，保障国土空间的可持续运营。国土空间要素配置的人地和谐要求国土空间要素配置：①要符合人类进化、进步和进取的整体价值目标，体现人类对自然、社会、经济、文化、环境的全方位平衡，人类物质和精神需要的平衡，以及人类近期与长远发展的平衡。②要充分研究国土空间开发利用的适宜性、资源承载能力、生态服务功能和环境容量，使人类对国土空间的干扰保持在自然界允许的法则之内。③要维持开发利用的多样性，包括空间多样性、结构多样性和物种多样性。④要充分考虑满足人的需要，以人的需要、人的愉悦生活和人的幸福平等自由为核心要素，同时满足人的需要必须符合自然本性以及国土空间的特性和功能，并保证未来人类持续发展对美好生活的需要。

---

① 吴次芳，叶艳妹，吴宇哲，等. 国土空间规划. 北京：地质出版社，2019.

2. 城乡统筹

所谓城乡统筹，主要包括城乡关系统筹、城乡要素统筹、城乡发展统筹和城乡生活质量统筹四个方面。如何实现国土空间要素的合理利用和有效配置，既是促进城乡统筹和城乡融合的战略问题，更是一个现实中急需解决的问题。国土空间要素配置的城乡统筹要求：①要统筹城乡空间布局。将城市空间和乡村空间纳入统一范围，统筹布局"三生"空间，优化城乡居民点用地布局，建设山水林田湖草生命共同体。②要统筹城乡基本公共服务，水、电、路等基础设施和教育、医疗、文化、环保、防灾等公共设施都要进行区域均等化的整体设计。实现城乡范围内基本公共服务内容、标准、程序的基本统一，并根据村镇布局规划，分层分类开展乡村公共服务设施配置，防止造成过程性浪费。③要统筹城乡产业发展，积极引导工业、服务业等第二、第三产业向城市集聚，而现代农业、乡村旅游休闲观光等第一、第三产业向规划布点村庄集聚，推进以农业第一产业为主体的三次产业融合发展，关注乡村产业用地资源配置。④要统筹城乡人口和品质生活。科学分析城乡人口的流动规模和去向，通过基础设施和公共设施有效供给，积极引导农民进城进镇，引导非规划布点村庄的农业人口向规划布点村庄迁移。

3. 区域协调

由于各地区土地、水、矿产等自然资源条件差异较大，社会、经济、文化基础也相同，要根据资源环境承载能力、现有开发密度和发展潜力，统筹考虑未来全国人口分布、经济布局、土地利用和城镇化格局，规范空间开发秩序，从而形成合理的空间开发结构。评价国土空间要素配置是否达到区域协调的基本要求，主要是看：①国土空间是否按照地域分工原理，满足生产要素的自由流动和高效配置。②以重大基础设施项目为支撑，以枢纽型、功能性、网络化的重大基础设施配置为重点，加快推进不同区域间基础设施一体化的进程，高效整合不同区域间的公共基础设施资源。③在生产力组织上，要达成区域之间、经济圈之间产业错位融合，减少产业同构和不同区域之间的恶性竞争。④要通过合理安排教育、文化、医疗和生态资源的空间配置，促进区域的协调发展。

4. 集约高效

在新时代高质量发展命题之下，城市发展已从"增量时代"转为"存量时代"，推进闲置低效用地处置，向存量要空间、要效益，是走内涵式发展、推进节约集约用地的必由之路。集约高效应当成为国土空间要素配置的硬约束，要求国土空间要素配置：①要按照人口资源环境相协调、经济社会生态效益相统一的原则，控制建设用地开发比例，调整国土空间开发利用结构，促进生产空间集约高效、生活空间宜居适度、生态空间山清水秀。②要按照比较利益原则，合理布局各类用地，确定每块土地的最佳利用方向和利用方式，发挥其绝对优势和相对优势。③资源利用要从增量时代走向存量时代，切实盘活存量国土空间。

8.2.3 重点内容

空间要素的有效植入是国土空间规划的核心内容以及构建全域国土空间新格局的重要

手段。国土空间规划要素配置以空间格局为指引,以国土空间用途分区为基础,涵盖土地、森林、草原、湿地、河流、湖泊、滩涂等自然资源要素,以及城市建设空间、工矿建设空间等人工要素。具体而言,这些要素包括自然资源保护利用、海域海岛海岸带保护利用、产业发展和布局、城乡开发利用、历史文化遗产与城乡景观风貌、公共服务设施体系和综合支撑体系。国土空间规划要素配置应注重系统性、协调性与公平性,使国土空间规划政策通过合理的要素配置,切实服务于社会民生。

1. 自然资源保护利用

强化山水林田湖草生命共同体意识,统筹森林资源、河湖水系、湿地资源、海洋资源、耕地资源、矿产资源等自然资源的系统保护与综合利用,确定各类自然资源供给总量、结构与空间布局的优化方案。为系统落实上述保护目标,需通过明确的指标约束、空间布局优化及分级管控措施(表8-5),确保自然资源保护与利用的科学性和可操作性。

表8-5 自然资源保护利用重点内容

资源类型	目标指标	空间布局	管控要求
森林资源	森林覆盖率、林地保有量、森林蓄积量	林地功能分区布局、林地保护红线	林地用途管制、林地资源分级管控要求
河湖水系	水面率、水利建设目标、防洪控制目标等	河湖水系布局、重点河湖管理范围(行洪控制范围)、重大水利工程布局等	河湖空间用途管制、防洪排涝、岛屿开发保护等相关要求
耕地资源	耕地保有量	粮食生产功能区、重要农产品保护区以及其他重要农田集中区域	耕地占补平衡、耕地考核、农田改造和质量管理要求
湿地资源	湿地保有量、新增湿地面积、湿地恢复治理面积、自然湿地保护率	湿地规划布局、湿地生态保护红线	湿地用途管控要求、湿地分级管控要求
海洋资源	海洋生态红线区面积占管理海域面积比例、自然岸线保有率、近岸海域水质优良面积比例	海洋功能区区划、海洋生态红线、海岸带空间格局	海洋功能区管控要求、海岸线功能管控要求、海岛管控要求
矿产资源	矿产资源开采总量、矿产资源产出率提高比例、历史遗留矿山地质环境治理恢复面积	矿产资源开发利用分区、地质环境保护与恢复治理规划分区	矿产资源开采规划分区管控要求、开采准入管理

2. 产业发展和布局

提出产业发展战略,明确产业结构、发展方向和重点。识别重点产业园的规模和范围,并依据产业空间分布态势与导向落实产业空间布局,集约产业发展用地,统筹安排各类园区(开发区、产业聚集区等)。

3. 城乡开发利用

国土空间规划要素配置中,城乡开发利用又具体分为城市和农村两方面。农村开发利用主要体现为农业与乡村振兴发展规划，统筹农业生产布局，确定各类农用地资源供给总量，明确耕地与永久基本农田保护、粮食生产功能区与重要农产品生产功能区以及农村居民点布局，提出结构优化以及布局调整的重点和方向，形成适应乡村振兴战略要求的农用地空间结构和利用方式。在此基础上，整合乡村特色平台和资源要素，划定乡村产业功能区，提出乡村振兴的基本目标体系，依托重要生态廊道和区域交通网络，构建乡村网络化经济格局。城市开发利用要求落实城镇发展用地指标，提出中心城区用地布局方案，优化城市形态和空间结构，做优增量空间，盘活存量空间，预留弹性空间，利用地下空间。同时，提升城市品质与塑造特色，保护与传承历史文化，明确黄蓝绿紫红五条二级控制线，梳理蓝绿空间格局，展现城乡风貌特色，提升公共服务水平。

4. 历史文化遗产与城乡景观风貌

提出历史文化遗产及地方传统特色保护整体框架与保护要素，确定保护目标、保护原则、保护范围和总体要求。划定历史城区、历史文化街区、历史文化名镇名村、传统村落、文物古迹保护区和控制范围，并提出相应的保护要求。提出城乡重要生态及景观廊道的布局与控制要求，细化乡村特色人文环境设计要点，构建完整连贯的城乡绿地系统。明确城市形象定位和城市特色建设目标，研究城市整体景观风貌特色格局。保持城市自然环境特色，提出总体城市设计目标，构建高品质公共空间网络。优化结构性水系和绿地布局，均衡布局公园绿地。

5. 公共服务设施体系

构建市（县）域公共服务设施体系，提出城乡基本公共服务均等化目标，分层次、分类别地明确配置要求（表8-6）。城镇按照服务范围和服务人口规模合理均衡配置的原则，依据城镇体系或镇村体系规划中确定的级别进行配置；乡村依据人口规模和发展实际，从方便使用、有利建设的角度合理配置公共服务设施。城市集中建设区构建区域、城市、片区级设施衔接配套的公共服务设施网络体系，打造15分钟社区生活圈。为实现"15分钟社区生活圈"目标，需以居民步行可达范围为基准，统筹配置覆盖行政管理、基础教育、医疗服务、福利养老等八大类公共服务设施（表8-6）。

表8-6　八大类社区公共服务设施网络

序号	设施类型	具体设施名称
1	行政管理设施	社区管理中心、派出所、社区居委会、物业管理处
2	基础教育设施	义务教育阶段学校、学前教育机构
3	医疗服务设施	社区卫生服务中心（站）、镇卫生院、村卫生站、门诊部（所）、卫生室
4	福利养老设施	老年大学教学点、社区助餐点、老人之家
5	公共文化设施	社区文化活动中心
6	体育健身设施	社区体育中心社区足球场、多功能运动场、社区全民健身中心
7	商业服务设施	商场、银行分理处、通讯服务点、便民商店、菜市场、便利店、智能快递柜
8	市政公用设施	垃圾压缩站、再生资源回收站、公共厕所

6. 综合支撑体系

国土空间要素配置中综合支撑体系包括综合交通系统、市政基础设施、公共安全体系和智慧城市。在市级国土空间规划层面，综合交通系统建设要求在市域统筹重要交通设施布局和廊道控制要求，明确重要交通枢纽地区选址预控和轨道交通走向，确定市（县）域综合交通体系；在乡村因地制宜提出乡村道路系统布局原则和建设要求；在城市集中建设区提出城市综合交通体系发展目标和战略；确定城市对外交通设施和主要道路交通设施布局，提出用地控制与交通组织要求；构建功能完善的城市道路网系统。市政基础设施建设要求在市域提出市政基础设施发展目标与策略，统筹布局区域各类重大市政基础设施，控制并保护重大市政设施廊道；在乡村分类引导乡村基础设施设置，鼓励共建共享；在城市集中建设区明确主要设施廊道走向和路径及主要设施布局，提出用地控制要求，形成布局合理、配套齐全、功能完备、安全高效的城市市政基础设施体系。公共安全体系建设应做到明确主要灾害类型、自然灾害防治的重点区域以及防治目标和主要措施；在城市集中建设区应进一步明确抗震、消防、人防、防洪等防灾减灾目标、设防标准、防灾设施布局与防灾减灾措施。划定涉及城市安全的重要设施范围、通道以及危险品生产和仓储用地的防护范围，保障用水安全、能源供应安全，构建城市安全和应急防灾体系。而智慧城市建设则体现为适度超前布局智能基础设施，建立健全大数据资产管理体系以及城市市政基础设施数字化监管体系。

8.2.4 主要技术路径[①]

国土空间要素配置从空间格局落地实施角度看，需要确定空间资源再分配的导向和方案，包括空间资源总量、结构、流向和供给。其核心作用包括两大方面：一是作为国土空间规划最核心的空间性管控内容，直接服务于规划意图的实现；二是通过差异化的空间资源配置促进用地结构、空间匹配，以及土地资源利用方式的优化。其中，空间资源总量需要匹配空间需求，空间资源结构需要匹配分类空间，空间资源流向需要解决空间矛盾，空间资源供给需要集约导向。

1. 确定空间资源总量和核心约束指标

空间资源总量是空间格局可落地、可量化的直接表达，需要建立从空间需求到资源总量分配的测算模型。空间资源总量测算模型既要涵盖三类空间的需求总量，也要选取最能体现公共服务和公共利益的核心资源类型和约束性指标。

以土地资源和水资源为核心建立测算模型。其中，土地资源核心指标选取省级约束性指标——建设用地总量、耕地保有量和林地保有量。建设用地总量反映城镇、乡村等的空间需求，通过以人定地、以产定地、以水定地和以地定地等方法，解构建设空间的国家和各级战略、基础民生和文旅发展等空间需求。耕地保有量反映农业空间需求，结合粮食自

[①] 卢庆强，尚嫣然，崔音. 省级国土空间规划空间格局构建逻辑与技术体系. 规划师，2021，37（6）：11-18.

给率、经粮比和粮食作物复种系数等指标构建预测模型。林地保有量反映生态空间需求，因此可综合考虑征占用林地规模、新一轮退耕还林方案和生态修复重大工程等指标构建预测模型。水资源核心指标选取省级约束性指标——水资源总量作为区域发展、相关规划制定和项目建设布局的刚性约束，并结合人均用水定额、行业单位用水量等指标构建预测模型（表8-7）。

表8-7　各类资源总量测算模型

资源总量	测算模型	含义
建设用地总量	$S=P_u \times A_{pu} \times \lambda_p + I \times A_i \times \lambda_i + L_u \times \lambda_l \times \lambda_l + L_t + P_r \times A_{pr} + L_{ri} + L_i$	式中，P_u为新增城镇人口；A_{pu}为人均城镇建设用地；λ_p为以人定地测算方法系数；I为规划期末工业增加值；A_i为单位工业增加值耗地量；λ_i为以产定地测算方法系数；L_u为现状城镇建设用地；A_l为城镇建设用地年均增长率；λ_l为以地定地测算方法系数；L_t为文化旅游和大健康等城乡融合型用地需求；P_r为新增农村人口；A_{pr}为人均农村建设用地（含宅基地和公共服务设施用地）；L_{ri}为乡村产业用地发展需求；L_i为基础设施用地需求（含交通、水利、能源），且$\lambda_p + \lambda_i + \lambda_l = 1$
耕地保有量	$S = \dfrac{A \times P \times K}{D \times r \times n}$	式中，A为均用粮标准；P为总人口；K为粮食自给率；D为粮食播种单位面积产量；r为粮食作物复种指数；n为粮食播种面积占比
林地保有量	$S = L_f - L_u + L_r + L_e$	式中，L_f为现状林地保有量；L_u为各类建设征占用林地规模；L_r为规划期内退耕还林规模；L_e为生态修复重大工程林地建设规模
水资源总量	$W = P \times A_p + I_n + A_{in} + I_f \times A_{if} + S \times \lambda_s + W_e$	式中，P为总人口；A_p为人均用水定额；I_n为一般工业增加值；A_{in}为万元工业增加值用水量；I_f为火（核）电工业发电量；A_{if}为发电量单位用水量；S为规划灌溉面积；λ_s为灌溉水有效利用系数；W_e为生态用水量

2. 确定空间结构和比例关系

空间资源结构直接反映了分类空间结构的落实情况，并与空间格局关系紧密。为锚固生态空间内生态廊道、生态功能区和生态节点的生态功能，需要对林地、湿地等进行结构调整，并优化生态用水等水资源结构。为满足农业空间内的农业生产功能，需要进行土地资源结构调整，优化农业用水结构。为推动高质量城镇空间的发展，需要对建设用地、基础设施用地等用地的结构进行调整，优化地表水、地下水和非常规用水的水资源结构。

3. 调整空间资源流向

调整空间资源流向是落实空间格局调整，解决资源矛盾的直接途径。各类资源矛盾冲突本质上是对空间资源的争夺，需要基于上述价值导向和冲突解决规则进行梳理，通过对资源流向的调整，解决资源和空间矛盾，进而落实空间格局调整和优化的要求（图8-3）。

4. 构建空间资源供给和资源要素配置体系

空间资源供给量是空间格局可实施的最直接手段，需要构建"需求–供给–实施监管–评估奖励"的全周期资源要素配置体系。一是建立需求和供给的匹配，实现"人–地–水–

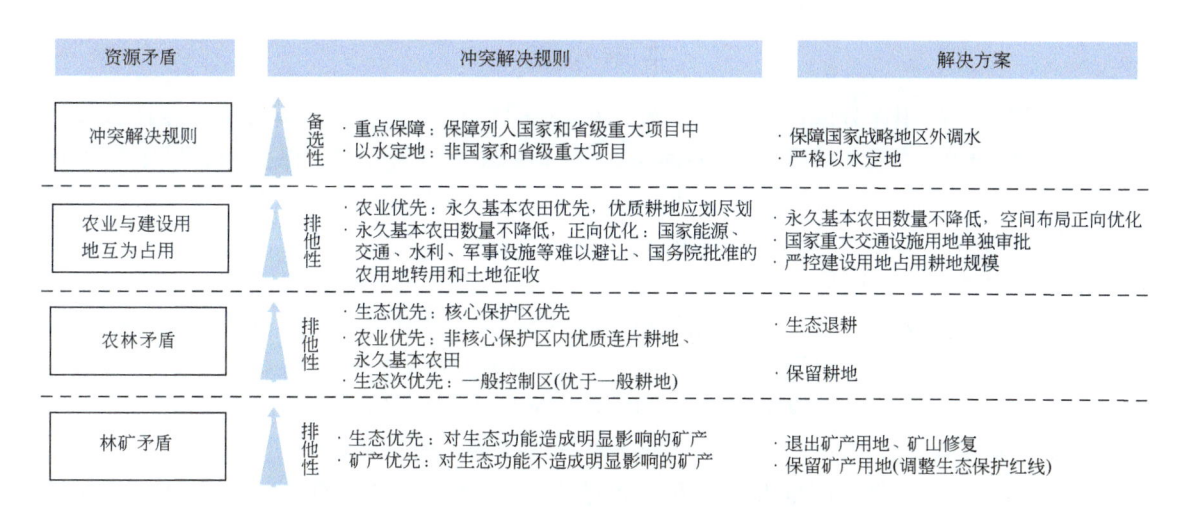

资源矛盾	冲突解决规则	解决方案
冲突解决规则	备选性 ·重点保障：保障列入国家和省级重大项目中 ·以水定地：非国家和省级重大项目	·保障国家战略地区外调水 ·严格以水定地
农业与建设用地互为占用	排他性 ·农业优先：永久基本农田优先，优质耕地应划尽划 ·永久基本农田数量不降低，正向优化：国家能源、交通、水利、军事设施等难以避让、国务院批准的农用地转用和土地征收	·永久基本农田数量不降低，空间布局正向优化 ·国家重大交通设施用地单独审批 ·严控建设用地占用耕地规模
农林矛盾	排他性 ·生态优先：核心保护区优先 ·农业优先：非核心保护区内优质连片耕地、永久基本农田 ·生态次优先：一般控制区（优于一般耕地）	·生态退耕 ·保留耕地
林矿矛盾	排他性 ·生态优先：对生态功能造成明显影响的矿产 ·矿产优先：对生态功能不造成明显影响的矿产	·退出矿产用地、矿山修复 ·保留矿产用地（调整生态保护红线）

图 8-3　调整空间资源流向解决空间资源矛盾的方案

产"等要素的匹配，将土地供给与人口集聚能力、产业发展水平、水资源和土地承载能力等进行匹配验证，并基于"双评价"、耕地占补和水田占补对土地资源供给方案进行空间验证，确保资源供给能落地和实施。二是加强土地资源实施端挖潜，实现多渠道供给。一方面，通过刚性管控和自上而下地分配指标来倒逼存量用地的盘活利用。另一方面，在增强资源供给弹性上，可通过设立机动指标和激励机制的方式，鼓励各级各地转变资源利用方式，自上而下地争取指标奖励，进一步优化土地利用结构和资源利用方式，从而推动国土空间规划的实施，实现规划的良性运转和弹性互动（图 8-4）。

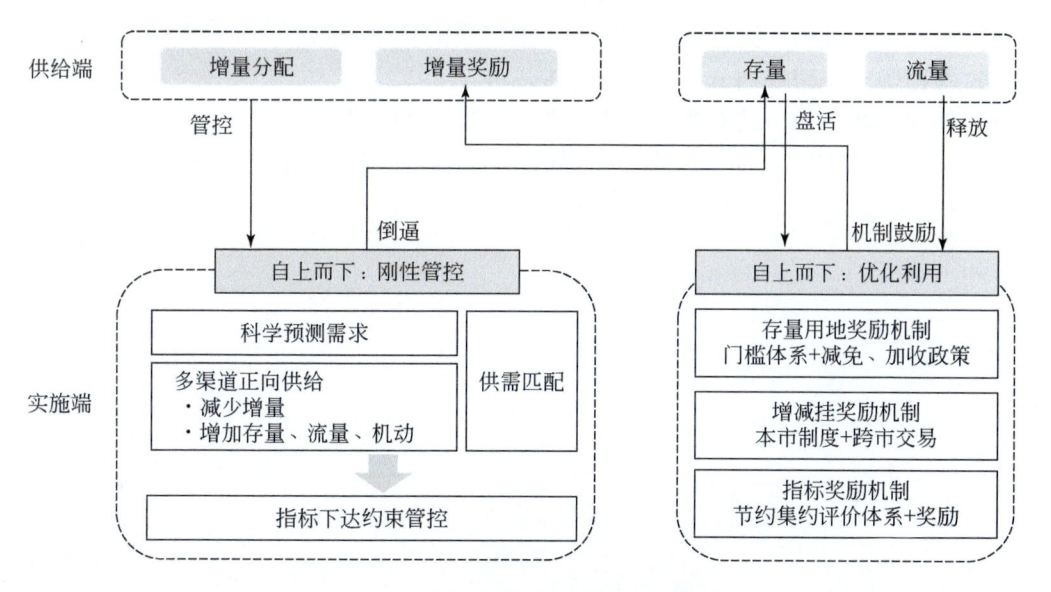

图 8-4　空间资源要素全周期配置体系

本 章 小 结

（1）国土空间用途分区以"三区三线"（生态保护红线、永久基本农田、城镇开发边界）为核心，构建"五级三类"规划体系，划分生态保护区、农田保护区、城镇发展区等一级分区，并细化二级功能分区（如居住生活区、工业发展区）。基于"双评价"科学划定，刚性约束（生态禁建）与弹性预留（城镇弹性区）结合，通过总量指标、边界管控、准入清单实现多维度传导。

（2）国土空间要素配置以"人地和谐、集约高效"为原则，统筹自然资源保护（山水林田湖草）、产业发展（园区集聚）、城乡开发（中心城区优化与乡村振兴）、公共服务（15分钟生活圈）及历史风貌保护。通过市场引导（功能集聚）与行政管控（严守三线）协同，优化资源配置，构建"需求—供给—监管"全周期管理体系。

（3）用途分区提供空间框架，要素配置落实功能目标，二者通过"双评价"与用地分类衔接。例如，生态保护区对应自然保护地类，城镇集中建设区匹配建设用地分类，确保政策目标与操作细则统一。

（4）划定尺度模糊、边界冲突协调机制缺失、二级分区规则待完善。未来需深化动态调整机制，探索"双碳"目标下低碳资源配置路径，推动国土空间治理精细化与可持续化。

关键术语：国土空间用途分区、分区管控、国土空间要素配置、国土空间空间资源总量、国土空间空间资源结构、国土空间空间资源流向、国土空间空间资源供给

复习思考题

（1）论述现行规划分区存在的问题及可能解决的技术思路。
（2）阐述国土空间规划分区的重点管控内容。
（3）如何理解市场与政府在国土空间要素配置中的作用？
（4）思考"双碳"目标下国土空间要素的动态配置实现路径。

第 9 章　国土空间生态修复规划

本章导读：

国土空间生态修复规划是国土空间规划的重要专项规划之一，是科学开展山水林田湖草沙一体化保护和系统性修复的行动纲领。国土空间生态修复以生态系统整体保护与系统修复思维为基础，开展生态修复总体布局、分区设计、重点区域划定、项目空间布局及时序安排。依据格局-过程互馈机理，识别生态受损区域，探索人地系统耦合框架下的国土空间生态修复关键技术，同时贯彻基于自然的解决方案理念，以人工支持引导生态系统自然修复，因地制宜地提出生态修复策略。本章在厘清国土空间生态修复相关概念内涵基础上，总结梳理了规划编制的主要内容和技术逻辑，并对现有的关键技术方法进行了介绍。

重点问题：

- 重要概念辨析与理论基础
- 国土空间生态修复规划体系与性质
- 国土空间生态修复规划编制内容与思路
- 国土空间生态修复规划关键技术方法

9.1　相关概念内涵

9.1.1　基本概念

（1）生态修复。生态修复在国际上被通称为 ecological restoration。2002 年，国际生态修复学会将 ecological restoration 定义为"协助已退化、损害或彻底破坏的生态系统恢复、重建和改善的过程"，该提法基本成为国际学界对生态修复的共识，国内学者称之为"生态恢复""生态修复""生态重建""生态恢复重建"等。"生态修复"从一般意义上理解，是指遵循生态学原理和规律，对受到干扰或损害的生态系统，主要依靠生态系统的自组织、自调节能力以及进行适当的人为引导，以遏止生态系统的进一步退化。生态修复的顺利施行，需要生态学、物理学、化学、植物学、微生物学、栽培学和环境工程学等多学科的参与[1]。

（2）国土空间生态修复。结合王志芳等[2]的定义，以及《山水林田湖草生态保护修复工程指南（试行）》中对山水林田湖草生态保护修复工程的定义，国土空间生态修复是指

---

[1] 曹宇，王嘉怡，李国煜. 国土空间生态修复：概念思辨与理论认知. 中国土地科学，2019，33（7）：1-10.
[2] 王志芳，高世昌，苗利海，等. 国土空间生态保护修复范式研究. 中国土地科学，2020，34（3）：1-8.

围绕实现国土空间格局优化、生态系统健康稳定和生态功能提升的目标，遵循生态系统演替规律和内在机理，基于自然地理格局，依据国土空间规划，按照"山水林田湖草生命共同体"理念，对长期受到高强度开发建设、不合理利用和自然灾害等影响造成生态系统严重受损退化、生态功能失调和生态产品供给能力下降的区域（生态、农业、城镇国土空间），采取工程和非工程等综合措施，进行生态恢复、生态整治、生态重建、生态康复的过程和活动，使缺乏稳定性、不健康或者面临生态风险的区域性生态系统结构、生态系统过程与生态系统服务逐步向良性循环方向发展，最终实现维持生态系统健康、景观生态安全和区域可持续发展的目的。

（3）国土空间生态修复规划。国土空间生态修复规划是对一定时期特定区域生态修复工作的统筹谋划和总体设计，是开展生态修复活动的指导性、纲领性文件，是致力于恢复和提升生态产品供给功能、减少和降低生态破坏负面影响、维护和提高人居生态环境质量、服务和保障经济社会持续发展的国土空间类专项规划[①]。

9.1.2　概念辨析

（1）国土整治与国土空间生态修复。国土整治与国土空间生态修复的边界有时并不十分清晰，两者的区别与联系主要体现在以下两点：一是从工作对象看，国土空间生态修复对象主要针对区域性生态系统而言，而国土整治不仅包括生态系统，还包括生产系统、生活系统和其他复合系统；如果仅就生态系统而言，国土空间生态修复一定程度上可以包括国土整治，但如果针对整个区域系统而言，国土整治可以包含国土空间生态修复。二是从功能作用来看，国土整治总体上定位在合理开发利用国土资源、改进生产力、协调城乡发展、保护和改善生态环境等方面，着力于解决国土空间开发利用保护中存在的短板和潜在的退化危机，特别是国土整治注重消除空间开发及其导致的区域发展失衡问题，通过让不同区域内所有公民平等享有公共物品和公共服务，以及不同区域得到均衡与协调发展，从而实现空间政治的正义追求和价值取向，而国土空间生态修复主要是治理已经失调或退化的国土空间功能，更多体现的是技术治理思路。

（2）生态修复与国土空间生态修复。从生态修复发展到国土空间生态修复，主要产生了三方面变化：首先是新载体，生态修复的空间及场域拓展至领土、领海、领空、专属经济区等，并且这些载体兼具自然、经济、社会与政治属性；其次是全要素，主要在"生命共同体"思想指导下，着眼于山水林田湖草沙的全要素综合治理；最后是多尺度，从局地尺度、景观尺度到区域尺度，要求形成多尺度耦合的国土空间生态修复布局。总的来看，较之生态修复，国土空间生态修复的系统性、整体性、综合性、地域性和尺度性等特点更加突出。其中，系统性表现为国土空间生态修复包括生态、经济、社会修复等多层含义，并主要体现区域内生态、经济、社会的协调统一发展；整体性表现为改变了传统单一治理手段导致的割裂模式，并将各方面需求统一纳入国土空间生态修复内涵中；综合性表现为

[①] 苏冲,董建权,马志刚,等.基于生态安全格局的山水林田湖草生态保护修复优先区识别：以四川省华蓥山区为例.生态学报,2019,39（23）：8948-8956.

涵盖国土空间的所有自然资源，并且整合现有分散的资源治理手段；地域性表现为需要因地制宜采取合适的国土空间生态修复手段才能有效解决不同区域的生态问题；尺度性表现为不同空间尺度的生态修复关注的重点和采取的措施不一样。

9.2 理论依据

9.2.1 "两山论"与生命共同体理论

奠定新时代有中国特色的国土空间生态修复规划的理论体系有两项，一是"绿水青山就是金山银山"理论（简称"两山论"），强调了生态环境保护与社会经济发展之间的辩证关系。二是山水林田湖草生命共同体理论，从根本上扭转了生态修复单项治理、各自为政的局面，为整体保护和系统修复提供了思想指引与政策基础。这两项理论都是习近平生态文明思想的重要组成部分，是建立在长期科学实践与理论探索基础上的重要论证，为我国国土空间生态修复规划体系的建立提供了必要的思想引领，为政策和标准的制定提供了理论保障。可以说，国土空间生态修复领域一系列体制机制的建立，离不开这两项理论作为政策依据与指导思想。

国土空间生态修复规划中要充分思考生态保护修复与发展之间的关系，保护不是局限发展，修复要有助于乡村振兴与产业升级。国土空间生态修复规划与以往生态修复工程的一个显著区别在于它耦合了社会经济与生态系统，并以"两山论"为思想根基。国土空间生态修复规划认识到人类的经济活动需要在自然生态系统的环境容量与资源承载力下发展，社会系统和经济系统反作用于自然生态系统。在国土空间生态修复规划实践中，应综合运用多学科知识，探索如何协调社会-生态系统的均衡发展。生态系统和社会经济系统既独立又开放，既有自身运行规律，又受其他系统的影响与制约，只有当各个系统彼此适应，输入输出平衡的时候，整个复合生态系统才能达到平衡，才能稳定、持续地良性循环下去[①]，生命共同体理论为国土空间生态修复规划提供了系统修复和整体保护的方法论。

9.2.2 恢复生态学

恢复生态学应用于国土空间生态修复的各个方面，其中可以支撑国土空间生态修复规划的重要理论主要包括如下三个方面：

（1）自然演替理论。群落的演替是由一个群落代替另一个群落的过程，表征着群落朝着一个方向连续变化的过程。自然演替理论应用于生态修复的意义在于：第一是通过确定顶级群落制定生态修复方向，也就是通过迁移、定居、群聚、竞争、反应和稳定达到与生境相适应的阶段，这是由气候、土壤、地形和其他生态因子所决定的。第二是生态修复往

---

① 黄承梁. 习近平新时代生态文明建设思想的核心价值. 行政管理改革，2018，（2）：22-27.

往需要通过人为模拟加快自然演替过程，构建更适合于目标群落的生态因子。同时，构建稳定的、自维持的、具有一定生产力和服务功能的群落种类和种类配置，通过竞争、群聚效应等逐渐加强系统的稳定性①。尤其对于矿山废弃地等较为极端的退化生态系统来说，人工引导重建的意义尤为突出②。

（2）恢复阈值理论。对于大多数生态系统来说都具有若干不同的状态，状态之间的改变有的是缓慢、连续的，有的是需要突破阈值的。理论情况下，生态系统发生退化后，是具备自我恢复能力的。但从轻度退化状态到高度退化状态存在恢复阈值，阈值之上造成高度退化后，难以自然恢复到退化之前的状态。例如，越过恢复阈值，必须有大量的投入才可能恢复到轻度退化状态或者原始状态③。Whisenant④ 进一步指出可能存在两种阈值，生物恢复阈值和非生物恢复阈值。如果是生物作用造成的退化，如放牧和外来物种入侵造成的退化问题，需要通过生物措施去恢复。如果是由于水土流失、污染等非生物因素引起的，则需要控制退化因子，通过改良地形地貌、土壤理化性质等进行恢复。国土空间生态修复中需要部署修复模式，保护、修复和重建的策略可以综合参考自然演替理论和阈值理论进设定。

（3）集合规则理论。集合规则是指群落的结构与格局及其影响因素的相互关系，重点研究集合特征的形成过程和关键影响因素。如何通过种内和种间关系对群落结构施以影响，实质上是生态系统各部分的合成和组合过程⑤，构成了生态恢复的技术基础。

9.2.3 景观生态学

景观生态学是研究格局作用于过程产生效应的学科⑥，是分析不同空间尺度上空间格局与生态过程的相互作用关系，也就是空间异质性的原因与结果的科学。区别于传统的生态学，景观生态学的研究对象是两个以上生态系统组合从而形成相互作用关系的镶嵌体⑦。自 20 世纪 80 年代提出景观生态学以来，景观生态学建立起了较为完整的学科体系。其研究内容主要包括景观镶嵌体中的生态流，土地利用与土地覆被变化的原因、过程与结果，景观复杂性的非线性动态与尺度效应，景观格局指数与生态过程之间的关系，人类活动与景观过程之间的关联，景观格局优化、景观保护与可持续性等方面⑧。景观生态学在规划

---

① 黄铭洪. 环境污染与生态恢复. 北京：科学出版社，2003.
② 白中科，师学义，周伟，等. 人工如何支持引导生态系统自然修复. 中国土地科学，2020，34（9）：1-9.
③ Hobbs R J, Norton D A. Towards a conceptual framework for restoration ecology. Restoration Ecology, 1996, 4（2）: 93-110.
④ Whisenant S G. Native species, diversity, assembly rules, or self-design? //People and Rangelands Building the Future, 1999.
⑤ 黄铭洪. 环境污染与生态恢复. 北京：科学出版社. 2003.
⑥ Turner M G. Landscape ecology: what is the state of the science? Annual Review of Ecology, Evolution, and Systematics, 2005, 36: 319-344.
⑦ Forman R. An ecology of the landscape. BioScience, 1983, 33: 535.
⑧ Wu J G, Hobbs R. Key issues and research priorities in landscape ecology: an idiosyncratic synthesis. Landscape ecology, 2002, 17: 355-365.

领域的应用主要应用于景观可持续性、景观设计、区域规划等，包括规划目标的建立、机理分析、规划方案及替代方案的编制，以及公众参与和规划实施后的监测等环节[1]。

国土空间是一个典型的"自然-经济-社会"复合系统[2]，在整体保护、系统修复和综合治理的要求下，国土空间生态修复对整体生态安全格局和社会生态过程非常关注。景观生态学"格局与过程耦合—时空尺度—生态系统服务—景观可持续性"的研究路径能够为国土空间生态修复提供重要学科支撑[3]。

景观生态学在国土空间生态修复中的应用主要体现为：①依据景观生态学的"格局-过程"互馈机理识别退化、受损的山水林田湖草生命共同体。国土空间生态修复工程的实施直接改变景观结构和空间格局，其最终目的是获得生态功能的提升。生态功能的提升有赖于格局与生态过程之间的作用关系，因此分析景观格局与过程的互馈关系成为识别修复对象实施修复的前提。②基于景观多功能性权衡协调"社会-生态"需求并确定修复目标。在"两山论"的指导下，国土空间生态修复规划需要协调社会系统与生态系统的多重需求，应用多功能景观、生态系统供需分析、生态系统服务权衡协同等方面的理论和方法，在系统厘清需求的基础上，获得生态保护修复和社会经济发展共赢原则下的国土空间生态修复目标。③应用生态安全格局优化多层级修复网络体系。整体性和系统性修复是国土空间生态修复区别于传统单个项目生态修复的最大不同之一。生态安全格局依据格局与过程的互馈作用，识别对维持区域生态过程具有关键意义的源地、廊道和关键斑块，有助于建立整体的生态安全格局，改变分散化治理的模式，将零散的生态修复项目形成合力。④建立面向景观可持续性的多尺度级联福祉保障。景观生态学关注点从生态系统服务向景观可持续性延伸，国土空间生态修复旨在从人类的福祉出发恢复生态系统结构和功能的完整性，维持其长期提供产品和服务的能力。因此，国土空间生态修复与景观可持续性具有共同的目标，在实践中应强化景观可持续性的时间动态视角，统一生态保护、生态修复与国土整治[4]。

9.3　规划体系与性质

9.3.1　规划体系

国土空间生态修复规划作为国土空间规划体系中的一类专项规划，突出生态修复空间布局和时序安排的前瞻性、理论和方法的科学性、任务和目标的综合性，旨在促进人与自然和谐共生和美丽中国建设。编制实施该规划是一项全新的、艰巨而复杂的任务。根据

---

[1] Hersperger A M, Grădinaru S R, Paunt A B P, et al. Landscape ecological concepts in planning: review of recent developments. Landscape Ecology, 2021, 36 (8): 2329-2345.
[2] 陈美球, 洪土林. 国土空间生态修复内涵剖析. 中国土地, 2020, (6): 23-25.
[3] 彭建, 李冰, 董建权, 等. 论国土空间生态修复基本逻辑. 中国土地科学, 2020, 34 (5): 18-26.
[4] 彭建, 吕丹娜, 董建权, 等. 过程耦合与空间集成: 国土空间生态修复的景观生态学认知. 自然资源学报, 2020, 35 (1): 3-13.

《若干意见》，国土空间规划包括总体规划、详细规划和相关专项规划，相关专项规划可在国家级、省级和市县级层面进行编制，为在国土空间规划体系中发挥支撑性、传导性和协同性作用，国土空间生态修复规划本身需要建立健全规划体系。立足于我国自然地理国情与行政管理需要，在尊重生态系统客观规律的前提下，国土空间生态修复规划层级应该分为全国、省级、市级、县级四级，同时可以根据需要编制跨行政区的区域（流域、海域）修复规划。

在国土空间生态修复规划体系中，全国国土空间生态修复规划应该重在落实总体国家安全观，统筹考虑一定时期的全国生态修复工作，整体谋划国土空间生态修复总体布局，顶层设计全国生态修复方针政策，确定具有全国意义的重大工程，核心任务是维护国家生态安全，突出战略性、全局性[1]；省级国土空间生态修复规划应是一定时期省域国土空间生态修复任务的总纲和空间指引，是编制市县级国土空间生态修复规划的基本依据，在国土空间生态修复规划体系中发挥承上启下、统筹协调作用，既要承接全国规划部署的任务，维护国家生态安全和省域生态安全，又要研究制定省域生态修复的目标、任务和格局，传导市县级的责任和任务，体现指导性、协调性[2][3]；市县级国土空间生态修复规划应是一定时期市县组织实施国土空间生态修复活动的基本依据，是落实市县级国土空间规划的重要手段，侧重实施，落实上位规划安排的任务，确定辖区内工作重点，制定保障措施，实施修复工程，具有可操作性、约束性[4][5][6]。区域、流域、海域性国土空间生态修复规划是以大江大河或重大自然地理单元为依托，针对跨省域的区域、流域、海域存在的重大系统性生态问题和风险，遵循自然规律，进行总体谋划，开展全域修复，促进各类生态系统耦合，维护区域、流域、海域整体生态安全，具有特殊重要性和相对独立性[7]。建立健全国土空间生态修复规划体系，旨在以修复分区和重点区域为指引，通过分区传导、指标分解、工程布局、政策要求等方式，从上到下将生态修复目标任务层层压实，如将省级国土空间生态修复规划确定的目标任务以规划指标的形式分解落实到各市县完成，将省级重点工程落到各市县实施，省级国土空间生态修复规划配套的保障措施各市县要遵照实行。针对四级规划形成的自上而下的规划传导机制，各级地方政府要将编制实施国土空间生态修复规划作为科学实施生态修复工作的重要抓手，依据本级国土空间规划，组织编制本级国土空间生态修复规划，协调重点区域、流域、海域，逐步形成点、线、面结合，陆

---

[1] 荆贝贝. 国土空间生态修复规划下的生态风险评估方法探究. 城乡建设，2022，(11) 54-56.
[2] 叶玉瑶，张虹鸥，任庆昌，等. 省级国土空间生态修复规划编制的思路与方法：以广东省为例. 热带地理，2021，41（4）：657-667.
[3] 赵丹，黄晓春，付力平，等. 基于共轭生态理论的北京国土空间生态修复规划策略研究. 城市发展研究，2022，29（5）：21-27.
[4] 马世发，劳春华，江海燕. 基于生态安全格局理论的国土空间生态修复分区模拟：以粤港澳大湾区为例. 生态学报，2021，41（9）：3441-3448.
[5] 唐伟，王英，杨学作，等. 基于GIS的新时代县级国土空间生态修复规划编制. 地理空间信息，2022，20（4）：100-105.
[6] 杨培峰，焦泽飞. 生态-社会经济系统耦合方法在县域国土空间生态修复规划中的运用：以四川威远县为例. 自然资源学报，2021，36（9）：2308-2319.
[7] 孔凡婕，刘文平. 流域国土空间生态修复规划编制的思考. 中国土地，2020（6）：19-22.

海统筹、系统修复、综合治理的生态修复工作格局。依据规划管理运行需要，我国国土空间生态修复规划可以参照国土空间规划体系的框架，分为编制审批、实施监督、法规政策、技术标准四个子体系。在编制审批体系方面，为了突出科学性、协调性、操作性，要根据统一部署分级编制审批各级国土空间生态修复规划，其中国家级国土空间生态修复规划应由自然资源部会同相关部门编制并由国务院审批，省级国土空间生态修复规划应由省级自然资源主管部门会同相关部门编制并由省级人民政府审批，市县级国土空间生态修复规划则应由市县级自然资源主管部门会同相关部门编制并由同级人民政府审批；在实施监督体系方面，主要按照"谁审批、谁监管"的原则，分级建立国土空间生态修复规划审查备案制度，建立规划动态监测评估预警、实施监管、定期评估制度，加强生态修复规划与空间规划及"一张图"衔接的核对，实行落地上图、精细化管理，特别是可以通过五年一次的评估调整，与同级国土空间规划在工作目标、工作任务和政策制度等方面做好衔接，为科学实施生态修复加强适应性管理[①]；在法规政策体系方面，主要完善国土空间生态修复规划的配套政策，保障规划的有效实施；在技术标准体系方面，主要包括制定各级各类国土空间生态修复规划编制办法和技术规程，其中国家级、省级与重点区域、流域、海域规划技术标准应由自然资源部会同相关部门负责制定，市县级规划技术标准可由各省级自然资源主管部门会同相关部门负责制定[②]。

9.3.2　工作进展

目前，"国家—省—市—县"国土空间生态修复规划体系初步建成，并在规划理念、对象、布局、结构、方法和目标等方面体现了山水林田湖草沙系统化、一体化保护修复的特点。

（1）国家级国土空间生态修复规划。2020年6月，国家发展和改革委员会、自然资源部联合印发了《全国重要生态系统保护和修复重大工程总体规划（2021—2035年）》（以下简称"双重"规划）。该规划是落实党的十九大报告所提出的"实施重要生态系统保护和修复重大工程"的切实举措，立足全国重要生态系统和重大国家战略提出了全国重要生态系统保护和修复的总体布局，从重要生态系统的水源涵养、防风固沙、水土保持、生物多样性维护等重要生态功能角度提出了重大工程的总体设计，是编制和实施有关重大工程专项建设规划的重要依据，对推动全国生态保护和修复工作具有战略性、指导性作用。为有效贯彻该规划，自然资源部、国家发展和改革委员会、国家林草局等部委局自2021年12月起陆续牵头印发了九项重大工程专项建设规划（表9-1）。在全国国土空间生态修复规划缺位时，"双重"规划及其重大工程专项建设规划暂时发挥了全国层面国土空间生态修复规划应有的指导和调控作用。

---

① 冯漪，曹银贵，耿冰瑾，等. 生态系统适应性管理：理论内涵与管理应用. 农业资源与环境学报，2021，38（4）：545-557，709.
② 刘新卫，孔凡婕，胡业翠，等. 国土空间生态修复规划概论. 北京：中国大地出版社，2023.

表 9-1　全国重要生态系统保护和修复重大工程专项建设规划编制清单

序号	规划名称
1	青藏高原生态屏障区生态保护和修复重大工程建设规划（2021—2035 年）
2	黄河重点生态区（含黄土高原生态屏障）生态保护和修复重大工程建设规划（2021—2035 年）
3	长江重点生态区（含川滇生态屏障）生态保护和修复重大工程建设规划（2021—2035 年）
4	东北森林带生态保护和修复重大工程建设规划（2021—2035 年）
5	北方防沙带生态保护和修复重大工程建设规划（2021—2035 年）
6	南方丘陵山地带生态保护和修复重大工程建设规划（2021—2035 年）
7	海岸带生态保护和修复重大工程建设规划（2021—2035 年）
8	国家公园等自然保护地建设及野生动植物保护重大工程建设规划（2021—2035 年）
9	生态保护和修复支撑体系重大工程建设规划（2021—2035 年）

"双重"规划包含一项总体规划和九项专项规划，针对总体规划中出现的九项重要生态系统修复工程均需要开展专项规划，部署实施路径，包括"三区四带"的生态保护和修复重大工程建设规划、自然保护地建设及野生动植物保护重大工程建设规划和生态保护修复重大工程支撑体系，强调了对生态保护修复重大工程规划和实施的全面部署。

（2）省级国土空间生态修复规划为切实履行"三定"方案要求的"牵头组织编制国土空间生态修复规划"，自然资源部成立伊始，就将组织编制国土空间生态修复规划一事提上日程，从 2019 年开始部署有关省份开展省级国土空间生态修复规划编制试点工作。2020 年 9 月，自然资源部办公厅印发了《关于开展省级国土空间生态修复规划编制工作的通知》（自然资办发〔2020〕45 号），全面部署开展省级国土空间生态修复规划编制工作。该通知要求"省级自然资源主管部门要把国土空间生态修复规划编制作为重点工作抓紧抓实"，推动建立由省级自然资源主管部门牵头，发展和改革、财政、生态环境、住房和城乡建设、水利、农业农村、林业和草原等部门参与的国土空间生态修复规划编制工作协调机制。为有效指导和规范省级规划编制工作，自然资源部国土空间生态修复司于 2021 年 5 月以司函的形式印发了《省级国土空间生态修复规划编制技术规程（试行）》（自然资生态修复函〔2021〕11 号），对规划成果和体例进行了规范，对规划的必备内容作出统一要求，对地方结合实际自主选择内容作引导性要求；对规划报批作出说明，建议规划成果"报所在省级人民政府批准，印发时间和形式由省级人民政府决定"；并且提出规划编制技术路线。2021 年 8 月以来，各省（自治区、直辖市）陆续印发了省级国土空间生态修复规划。截至 2023 年 4 月底，已有 23 个省级国土空间生态修复规划印发。其中，江西、新疆、河南、西藏为"十四五"规划，其余均为 2021～2035 年规划。尚未印发的 9 个省份也已形成规划成果[①]。

（3）《关于开展省级国土空间生态修复规划编制工作的通知》（自然资办发〔2020〕45 号）在部署开展省级国土空间生态修复编制工作的同时，要求"部署和指导市、县级

---

① 刘新卫，孔凡婕，胡业翠，等. 国土空间生态修复规划概论. 北京：中国大地出版社，2023.

国土空间生态修复规划编制工作",多数省份据此安排了市县级国土空间生态修复规划编制工作。在此过程中,一些省份为做好市县级国土空间生态修复规划编制指导和规范工作,组织编制了市、县级国土空间生态修复规划编制指南或技术规程,如《四川省市级国土空间生态修复规划编制指南(试行)》《江苏省县级国土空间生态保护和修复规划编制指南(试行)》《陕西省县级国土空间生态修复规划编制要点(试行)》等。鉴于此,为切实加大对地方市级规划编制工作的指导力度,自然资源部国土整治中心牵头联合有关省级国土整治(生态修复)机构和高校立项并编制《市县级国土空间生态修复规划编制指南》(TD/T 1101—2024),用于指导市、县级国土空间生态修复规划编制工作。

9.3.3 规划性质

从目前自然资源部的总体考虑和地方已经出台的省-市-县级国土空间生态修复规划来看,其基本性质如下。

(1)规划理念上遵循山水林田湖草沙生命共同体理念。山水林田湖草沙生命共同体这一理念科学阐释了不同生态要素通过能量流动与物质循环相互联系、影响,形成相对独立又彼此依存关系,共同维持着地球生态系统正常运行的过程。同时,科学界定了人与自然之间复杂的内生关系,做好山水林田湖草沙一体化保护和修复,需要充分考虑人类实践活动对整个自然系统及其子系统可能造成的影响,既不能一味放任、屈从生态系统的变化,也不能仅仅按照主观意志对生态系统进行过度人为干预,必须从更好地保护生态系统完整性出发,立足生态系统自身条件,遵循"宜耕则耕、宜林则林、宜草则草、宜湿则湿、宜荒则荒、宜沙则沙"原则。树立山水林田湖草沙生命共同体理念,由单一要素修复转向多要素系统修复,统筹谋划推进山水林田湖草沙整体保护、系统修复、综合治理,成为当前国土空间生态修复规划工作的重要特征。

(2)规划对象上统筹生态、农业、城镇空间生态修复。国土空间是生物繁衍生息的时空环境,也是人类生存发展的物质载体。按照自然资源禀赋和人类活动特点以及主体功能定位,国土空间可分为生态空间、农业空间和城镇空间。国土空间生态修复规划需立足资源环境承载能力,发挥各地比较优势,从单纯生态空间修复转向三类空间生态修复,包括自然生态系统和农田、城市等人工生态系统,坚持陆海统筹、河海联动,不断增强生态系统综合服务功能。从目前已经出台的地方各级国土空间生态修复规划看,基本将国土空间分为生态、农业和城镇三类空间进行分类修复。例如,山东省强调统筹全省重要生态功能区、农业生产区以及城乡发展区三区,通过实施国土空间生态修复实现省域生态状况明显好转,生态系统质量明显改善,生态服务功能显著提高,生态稳定性明显增强,优质生态产品供给能力基本满足人民群众需求。

(3)规划布局上注重促进形成区域生态安全基本脉络。在国土空间生态修复规划编制中,注重自然地理单元的完整性、生态系统的关联性、区域之间的协同性和修复目标的综合性,明确生态修复的总体格局,形成所在地区生态安全的基本脉络。例如,《重庆市国土空间生态修复规划(2021—2035年)》基于自然地理格局、地质环境演变、生态系统状况、生态功能定位等,提出了"三带四屏多廊多点"的生态安全格局;《山东省国土空间生态修复规划（2021—2035年）》依托国土空间生态保护格局，聚焦重点生态功能区，明确了"两屏、三带、三原、一海"的生态修复总体格局；《赣州市国土空间生态修复规划（2021—2035年）》将该市国土空间生态修复总体格局定位为"一带、二屏、三源、多组团"；《绵阳市国土空间生态修复规划（2021—2035年）》综合考虑不同区域生态功能、用地类型、自然条件、生态区位、资源禀赋、景观变化及社会经济差异，致力构建"一屏、一带、两网、四区、多点"的生态修复总体格局。

（4）规划结构上致力营造景观多样功能复合生态系统。丰富多样的生态系统是人类赖以生存发展的重要基础，由聚焦地表植被转向以植被、水体等为载体，营造多样化生态系统，形成多维度生态廊道，维护生物多样性，是当前国土空间生态修复规划工作发生的重要转变。例如，《湖北省国土空间生态修复规划（2021—2035年）》提出提高生态空间整体质量，加强自然生态空间保护，提升生物多样性水平，保障河湖生态水量，提高重要河湖水生态修复水平，严格湿地保护红线管控，加强水土流失和石漠化综合防治。《贵州省国土空间生态修复规划（2021—2035年）》提出，到2025年，"两江"上游生态安全屏障不断巩固，自然生态空间和重要生态廊道得到整体保护，森林、河湖、湿地等得到改善，生态服务功能整体提升；到2035年，全省森林、草地、河湖、湿地等自然生态系统状况持续向好，"三生"空间持续优化，生态服务功能显著提升，基本建成全省生态安全屏障体系。

（5）规划方法上尽可能多地采用基于自然的解决方案。根据世界自然保护联盟（IUCN）所下定义，基于自然的解决方案（NbS）是对生态系统加以保护和修复，并对其进行可持续管理，从而使生态系统造福人类的行动。由于这些行动可能减缓气候变化、推动经济发展、提高粮食安全水平、改善人类健康状况或增强人类抵御自然灾害的能力，NbS日益成为国际上生态保护修复的热点和前沿。从已经出台的各级国土空间生态修复规划可以看到，各地都在倡导以自然的方式对待"三生"空间，借鉴基于自然的解决方案，将人为主导的工程措施与自然环境的自组织和自我设计相结合，促进受损生态系统自我恢复、维持完整，提升生态空间和生物群落自适应气候、环境变化的能力。《四川省国土空间生态修复规划（2021—2035年）》强调"基于自然的解决方案，建设生态水系廊道，完善水系网络，保护、挖掘、拓展湿地公园文化功能，塑造湿地生态景观"。

（6）规划目标上追求生态修复规模、质量和效益并重。各地国土空间生态修复规划工作统筹考虑生态修复的规模、质量和效益，不再片面追求生态修复规模，并从宏观层面持续完善统一国土空间生态修复规划体系和目标管理体系。例如，《天津市国土空间生态修复规划（2021—2035年）》提出，"到2025年，通过大力实施国土空间生态系统保护和修复重点工程，着重抓好自然保护地、生态保护红线、重点生态功能区、生物多样性保护优先区域和战略区域等重点区域生态保护修复，实现生态系统稳定性显著增强，市域生态安全格局更加牢固，生态环境质量持续改善；到2035年，典型生态系统、重点保护野生植物物种、濒危野生动植物及栖息地得到全面保护修复，生物多样性保护格局有序形成，生态稳定性明显增强，自然生态系统实现良性循环，绿色生产生活方式广泛形成，优质生态产品供给能力基本满足群众需求，基本建成'和谐、安全、高效、协同、美丽'国土空间新格局"。

9.4 规划编制的内容与技术路线

9.4.1 规划流程

国土空间生态修复规划的编制过程需协调多个部门与多个规划，并凸显对机理分析与调研工作的重视程度，一般分为现状调研与技术方案制定阶段、研究与规划编制阶段，以及规划成果审核与传导实施阶段（图9-1）。

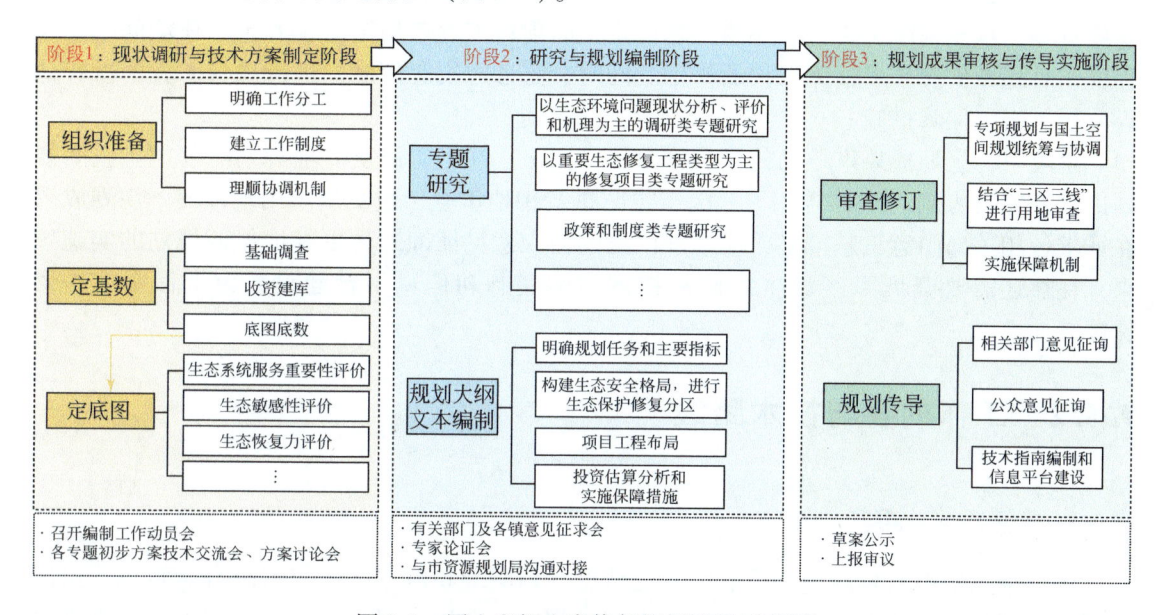

图 9-1 国土空间生态修复规划流程示意图

阶段一，现状调研与技术方案制定阶段。重点在于前期组织协调、识别现状问题，确定规划思路与框架。组织准备包括明确工作分工、建立工作制度、理顺协调机制。国土空间生态修复并非仅仅是自然资源部门负责的工作任务，还包含林业和草原、水利、生态环境等相关部门，行政区级别上的国土空间生态修复规划任务就在于对所属行政区内所有的生态修复类项目进行统筹。在规划之初，建立各个部门沟通配合的工作机制尤为重要。定基数，包括开展基础调查，收集相关部门资料与数据，重点是对土地利用现状数据进行统一。另外，需要收集地形地貌、土壤、植被等方面数据资料，确定国土空间生态修复规划基础数据库，确定规划编制底图。定底图，开展定量评价与分析，结合国土空间规划"双评价"开展生态系统服务重要性评价、生态敏感性评价和生态恢复力评价等，明确区域生态环境主要问题，分析生态环境问题形成机理。

阶段二，研究与规划编制阶段。本部分主要针对规划区内重要等生态环境问题或者重要等生态修复工程类型开展专题研究，在专题研究的基础上进行规划大纲的编制，是规划的主体阶段。专题研究的设置根据规划区特性和上位规划对国土空间生态修复规划的要求而定。一般包括以生态环境问题现状分析、评价和机理为主的调研类专题研究，如开展山水林田湖草生命共同体耦合机理研究。以重要生态修复工程类型为主的修复项目类专题研究，如对于资源型区域开展矿山生态修复专题研究，对于黄土高原区域开展水土流失综合治理专题研究等。还可以考虑增设政策和制度类专题研究，以保证国土空间生态修复规划顺利实施，该研究将促进国土空间生态修复工程在筹资、管理、后期管护、效益提升等方面的机制和做法。在专题研究的基础上，开展规划大纲文本编制工作，文本的体例根据地方要求而定。但主要内容包括明确本区域在规划期内国土空间生态修复的规划任务和主要指标，构建整体生态安全格局，进行生态保护修复分区，在评价的基础上开展生态修复项目布局研究，项目类型包括矿山生态修复、水域湿地生态修复、林草生态修复、废弃地生态修复等，视规划区主要生态环境问题而定。而项目工程布局则需统筹生态环境问题紧迫程度和对区域生态环境整体保护的作用。同时，需考虑投资额度，进行项目工程的投资估算分析，实施保障措施。

阶段三，规划成果审核与传导实施阶段。国土空间生态修复专项规划需与国土空间规划进行统筹与协调，并需结合"三区三线"进行用地审查，避免出现用地冲突。规划成果在征求各相关部门意见基础上，应开展广泛的公众意见征询。为更好地保证规划的实施效果，往往还需要开展本区域生态修复技术指南编制和信息平台建设，为工程实施提供保障。

9.4.2 工作内容与技术路线

1. 重点工作内容

国土空间生态修复规划的重点内容是依据规划层级和地方实际需求综合确定的，虽然不同区域规划内容各有侧重，但是主要内容是基本一致的，都应包括提出统筹和科学推进国土空间生态修复的总体思路、目标任务、空间格局、重点工程、资金测算、保障措施等。

（1）明晰区域自然地理格局，摸清区域生态本底状况，识别关键生态问题并研判原因，进而结合气候变化和人类活动影响，预判重大生态风险。

（2）基于本级国土空间总体规划确定的发展目标，谋划区域生态定位，提出生态修复目标，落实上位约束性指标要求。以问题和目标为导向，基于总体规划的主体功能分区、"三区三线"划定及规划分区（市、县级层面），分类谋划国土空间生态修复重点任务。

（3）基于自然地理格局和上位规划确定的生态格局，谋划国土空间生态修复布局，明确生态修复总体布局，划定生态修复分区，确定重点修复区域。

（4）按照山水林田湖草沙一体化保护修复要求，统筹各相关部门涉及生态修复、土地整治的项目，以生态修复总体布局为指引部署生态修复工程项目，明确实施范围、内容、规模和资金等，并合理安排工程时序。

（5）对规划做出统筹安排并制定行动计划，提出规划实施的保障性政策措施，重点健全部门统筹协调的体制机制，建立市场化、多元化投入激励政策机制，建立长期性生态监测评价制度等。

2. 技术路线

规划编制的一般技术路线主要包括进行数据准备、补充调查，并对既往生态修复工作进行评价；开展规划区域的本底评价和问题诊断，研究确定规划期国土空间生态修复的目标指标，围绕空间格局、重点任务、工程部署等方面提出规划方案与策略等（图 9-2）。

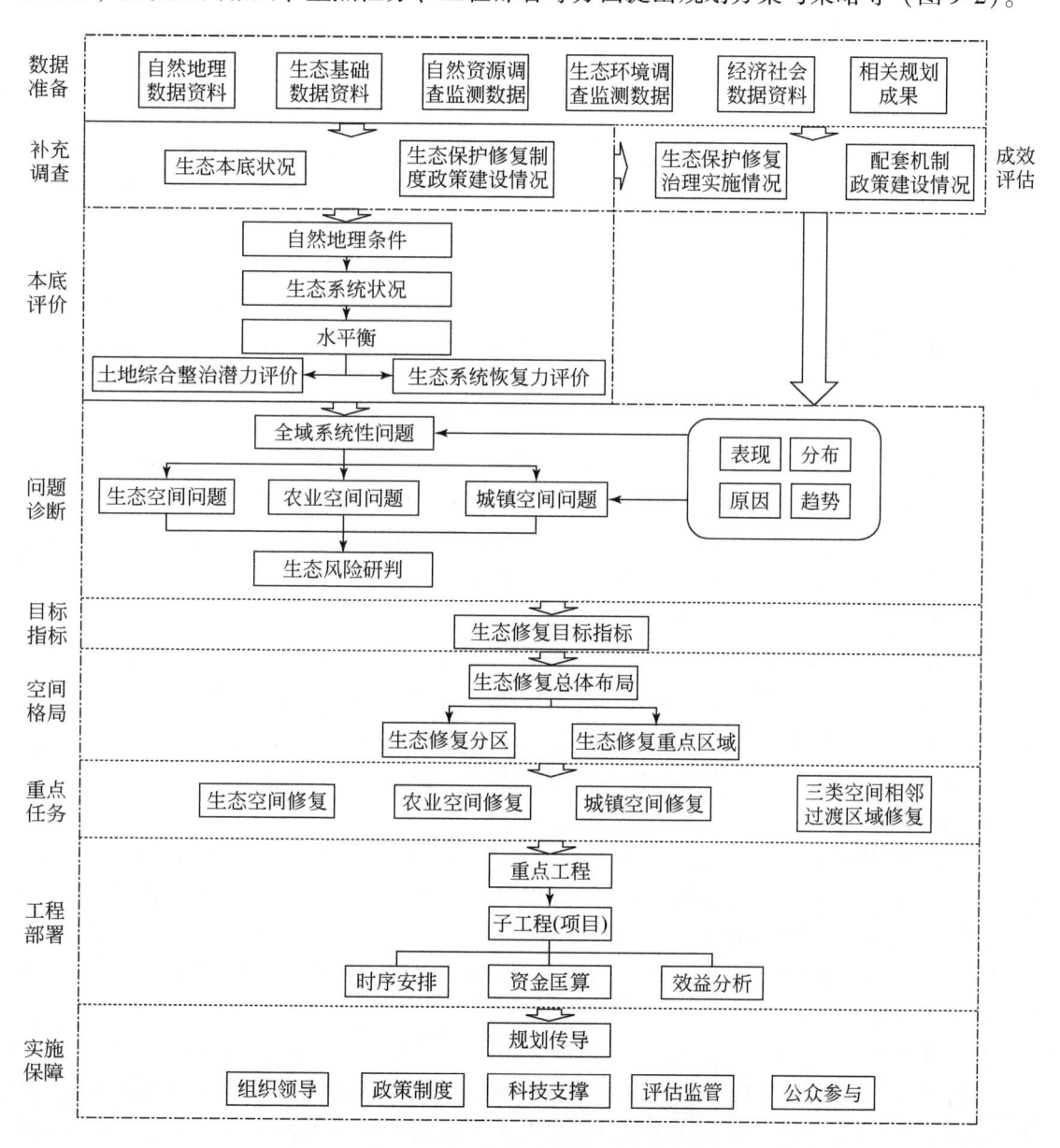

图 9-2 国土空间生态修复规划编制技术路线图

1）数据准备

充分利用自然地理数据资料、生态基础数据资料和自然资源调查监测数据等自然资源本底数据，收集生态系统现状数据、历史多期主要生态系统调查监测数据，以及专项调查与研究成果等生态系统本底数据，收集经济社会数据资料、相关规划成果数据。

2）补充调查

主要包括采取遥感解译、实地踏勘、部门座谈、专家咨询、群众访谈等方式，调查区域生态本底状况和生态保护修复制度政策建设情况。

生态本底状况调查针对流域、景观尺度开展，以生态（包括陆域和海域）、农业、城镇空间为线索进行分类调查。陆域生态空间调查按自然保护地、生态保护红线区域、一般生态空间分级，森林、灌丛、草地、湿地、荒漠等生态系统分类开展，重点江河湖泊及水库、饮用水水源地等水生态空间以流域为单元进行专门调查。海域生态空间调查以海岸带、河口、海湾、近海海域、海岛为对象，按海洋功能区划确定的八类主导功能分区开展分类调查。农业空间主要调查农田生态系统及半自然生境、绿色基础设施、人居环境状况等。城镇空间主要调查城镇生态系统、绿色基础设施、人居环境状况等。可专门开展矿山（可分能源、非能源、金属三类）、重大基础设施生态负面影响（可从地貌、土壤、水体、植被、景观等维度）调查。

对生态保护修复制度政策建设情况进行专门调查，重点了解摸清部门协同工作机制、多元化资金投入机制、社会资本参与的激励政策、生态补偿制度、生态产品价值实现机制和路径等制度建设情况。此外，需要对规划范围内涉及生态修复治理（如山水林田湖草生态保护修复、土地整治、国土绿化、自然保护地建设、矿山恢复治理、海洋生态保护修复等）的各类规划实施情况及配套机制政策建设情况进行简要评估。

3）本底评价

在充分吸收利用各类数据资料和研究成果的基础上，明晰本区域自然地理条件，叠加分析生态系统状况，干旱半干旱地区应突出水的关键影响，分析水平衡状况。贯彻以自然恢复为主的方针，探索评估不同区域生态系统恢复力水平和土地综合整治潜力水平，结合后续问题识别结果，作为人工参与生态修复程度的重要参考。

4）问题诊断

首先，对国土空间全域进行整体分析，识别全域系统性问题；然后，以生态、农业、城镇三类空间为线索，根据主体功能、利用状况和目标要求的不同，诊断突出生态问题及其空间分布（根据规划层级注意空间表达的尺度），从自然和人为两方面判断引起生态退化问题的主要胁迫因素、成因机制及关联性，分析问题演变趋势，研判生态风险。可形成相关评价分析图件。

5）目标指标

围绕生态文明建设目标，立足落实国家、区域重大战略部署和国土空间总体规划、上级国土空间生态修复规划等上位规划目标任务，因地制宜分阶段提出修复目标，合理设立指标体系。

（1）规划目标。立足落实上位规划目标安排，结合区域生态修复需求，以山水林田湖草一体化保护修复为主线，围绕解决主要生态问题、筑牢生态安全屏障、提升生态系统功能、增加优质生态产品供给、改善人居环境品质、推进生态治理体系和治理能力现代化、支撑经济社会高质量发展等方面，提出近期、远期分阶段国土空间生态修复目标。

（2）规划指标。根据规划目标，坚持上下衔接、统分结合、简明适用、定性与定量相结合等原则，合理设定规划指标体系。指标体系从大类型上可分为修复治理需完成的任务量和修复后达到的生态质量水平两类，在具体指标设置时须考虑：落实上位规划确定的生态保护修复类指标；与各相关部门进行协调衔接，统筹纳入代表性指标；突出对生态高质量的导向要求，考虑优化国土空间格局、修复受损生态系统、保护生物多样性、提升生态系统功能、改善城乡人居环境等方面指标；注重操作性和本地性，指标要符合本地自然禀赋和发展条件。对各指标应提出约束性或预期性要求，并通过指标分解传导，对下级生态修复目标任务进行指导和调控。

6）空间格局

国土空间生态修复的空间布局包含生态修复总体布局、生态修复分区、生态修复重点区域，其中生态修复分区和生态修复重点区域是两条并行的空间指引线索，生态修复分区是实施差别化生态修复的基础，对不同区域生态修复进行方向性指引，生态修复重点区域是部署生态修复任务和工程的基础，对工程落地进行空间指引。

7）重点任务

国土空间生态修复的对象并不局限于自然生态系统，而是贯穿全域国土空间，即生态功能退化、生态系统受损、空间格局失衡、自然资源开发利用不合理的生态、农业、城镇空间。三类空间是梳理生态修复工作的线索，在此基础上应突出对全域整体的把握，在自然地域单元内统筹不同类型修复，将生产、生活空间有机融入生态空间。与问题诊断相对应，针对三类空间不同的本底、问题和目标，分类谋划生态修复策略（重点任务），并针对国土空间全域及三类空间相邻过渡区域，构建生态廊道和生态网络。

8）工程布署

国土空间生态修复工程是地域单元内各类治理任务的系统性综合性集成，工程部署应遵循山水林田湖草沙系统治理思路，以重点区域为工程落地的空间指引，以分区为统筹各工程进行系统治理的空间单元，进行分区分类分时统筹安排。工程部署一方面要落实全国重要生态系统生态保护和修复重大工程及上位规划确定的工程项目；另一方面应在本级层面，纳入相关部门生态修复项目，并根据生态问题的紧迫性、严重性和生态系统恢复能力进行补充，因地制宜统筹布设。工程实施区域应不拘泥空间类型，可以跨三类空间或以某类空间为主，注重自然地理单元和生态系统的完整性，明确工程项目的范围、任务、规模、资金需求等。应坚持远近结合，按照轻重缓急合理安排工期时序，优先针对生态功能重要性高、生态破坏严重且对生产生活威胁大的问题和区域安排工程项目。工程的具体实施可下设若干个子工程（项目），并通过下级规划层层推进、传导落地。

9）实施保障

通过格局、指标、工程、政策等的传导机制，对下级国土空间生态修复规划进行指导和调控，并提出规划实施的各类保障措施。

（1）规划传导。承接落实上位规划目标任务，并对下级规划编制进行指导和调控。对于国土空间生态修复规划体系，上级规划的具体目标任务，以格局传导、指标分解、工程部署、政策要求等方式对下级规划传导落实，下级规划生态修复分区不突破上级规划的分区边界，上级规划确定的生态修复重点区域落到下级规划范围内的，应予以继承。上级规划指标分解落实到下级规划范围内的，须按要求完成。上级规划的生态修复工程项目落到下级规划范围内的，应在下级规划予以细化落实。上级规划配套的实施保障政策，下级规划应遵照实行，保障生态修复工作顺利开展。

（2）保障措施。从组织领导、政策制度、科技支撑、评估监管、公众参与五个方面提出规划实施保障措施。组织领导，如建立生态修复工作部门协调机制等；政策制度，如加强相关政策衔接、法治建设、制度建设、资金保障的机制创新等；科技支撑，如加强技术标准规范配套、相关重大理论研究、数据库建设等；评估监管，如加强工程全流程跟踪、监测评估和适应性管理及规划监管、评估、考核等；公众参与，如加强专家论证、公众参与和宣传教育培训等。

9.5　规划编制的关键技术方法

9.5.1　生态状况评价方法

生态状况评价与问题诊断包括对区域生态环境开展生态系统服务重要性评价、生态敏感性评价和生态恢复力评价等，这些生态状况评价已经成为生态系统环境保护、生态修复和科学决策的理论基础，常见评价方法见表9-2。

表9-2　生态状况评价方法

评价类型	具体指标	方法	详细介绍
生态系统服务重要性评价	水源涵养	InVEST模型–产水量模块	$Y_{(xj)} = \left[1 - \dfrac{\text{AET}_{(xj)}}{P_{(x)}}\right] \times P_{(x)}$ 式中，$Y_{(xj)}$为土地利用类型为j时，栅格单元x的年产水量（mm）；$\text{AET}_{(xj)}$为土地利用类型为j的栅格单元x的多年平均蒸散发量（mm）；$P_{(x)}$为栅格单元x的多年平均降水量（mm）
	生物多样性维护	InVEST模型–生境质量模块	$Q_{xj} = H_j \left[1 - \left(\dfrac{D_{xj}^z}{D_{xj}^z + K^z}\right)\right]$ 式中，Q_{xj}为第j种景观类型x栅格单元的生境质量指数；H_j为第j种景观类型的生境适宜性分值，取值区间为0~1；z为缩放常数；K为半饱和常数，用户自定义设置；D_{xj}为生境退化程度指数

续表

评价类型	具体指标	方法	详细介绍
生态系统服务重要性评价	水土保持	修正的通用土壤流失方程（RUSLE）	$SC = R \times K \times L \times S \times (1-C)$ 式中，SC 为水土保持量 [$t/(hm^2 \cdot a)$]；R 为降水侵蚀力因子 [$(MJ \cdot mm)/(hm^2 \cdot h \cdot a)$]；$K$ 为土壤侵蚀性因子，[$t \cdot h/(MJ \cdot mm)$]；L 和 S 均为地形因子，L 为坡长因子，S 为坡度因子；C 为植被管理因子
	固碳释氧	InVEST 模型-碳固定模块	$C_{total} = C_{above} + C_{below} + C_{soil} + C_{dead}$ 式中，C_{total} 为总的碳固定量；C_{above} 为地上的碳固定量；C_{below} 为地下的碳固定量；C_{soil} 为土壤中的碳固定量；C_{dead} 为死亡有机物的碳固定量
	防风固沙	修正风蚀方程（RWEQ）	$Q_{sf} = S_{LP} - S_L$ 式中，Q_{sf} 为防风固沙量 [$t/(km^2 \cdot a)$]；S_{LP} 为潜在风蚀量 [$t/(km^2 \cdot a)$]；S_L 为实际风蚀量 [$t/(km^2 \cdot a)$]
生态敏感性评价	石漠化	指标评价法	$DS = \sqrt[3]{D \times P \times C}$ 式中，DS 为石漠化地区的敏感性；D、P 和 C 分别为生态系统类型、地形坡度和植被
	水土流失	RUSLE 方程	$SS = \sqrt[4]{R \times K \times LS \times C}$ 式中，SS 为水土流失敏感性；R 为降水侵蚀力分值；K 为土壤侵蚀分级值；LS 为地形起伏度分值；C 为植被覆盖分值
	地质灾害	指标评价法	影响地质灾害多发的重要因素包括坡度、高程、人类活动、植被覆盖度和地质灾害易发程度等，对上述地质灾害影响因子进行分级赋值[①]
生态恢复力评价	—	生态时间法	$\Delta = 1/T$ 式中，Δ 为恢复力；T 为生态系统从异常状态回到正常状态所用时间
	—	综合指标评价法	按照目标分层法的理论框架，建立多层指标体系。目标层即为生态系统恢复力；项目层根据目标层不同生态系统的影响因素选取相应指标，如植被、气候、水文、生物多样性等；因子层在项目层的基础上选取。指标权重的确定方法包括主成分分析法（PCA）、变异系数法、组合赋权法等。建立综合评价模型计算生态系统恢复力指数，通过恢复力指数来表示生态系统恢复力的大小

---

① Gao M W, Hu Y C, Bai Y P. Construction of ecological security pattern in national land space from the perspective of the community of life in mountain, water, forest, field, lake and grass: a case study in Guangxi Hechi, China. Ecological Indicators, 2022, 139: 108867.

9.5.2 生态修复总体布局构建技术

生态修复布局概念在国内最早源于 20 世纪 90 年代，俞孔坚[①]以生物多样性保护为目标提出景观安全格局概念，探究景观与生态过程的相互作用机理，为生态修复布局的构建奠定了理论基础。生态修复布局将系统工程思想与景观生态学理论结合，通过区域内的潜在路径将相对孤立的生态要素串联起来，构建"斑-廊-基"多元素、多层次综合一体的生态网络空间，从而促进景观连通性，保护和恢复生物多样性，维持生态系统结构和过程的完整性，实现对区域生态环境问题的有效控制和持续改善，其逐渐成为进行生态修复与分区管控的先决基础。通过生态修复布局的构建，为空间格局优化与景观生态过程耦合提供有效途径，保障生态福祉的实现，成为协调区域生态系统保护与经济发展的重要举措，也为区域绿色可持续发展提供了空间支撑。

景观格局与生态过程的耦合是景观生态学研究的核心内容，而区域生态修复布局构建的实质就是依循格局与功能的互馈，通过特定空间斑块、廊道、战略点的景观结构保护，来实现特定或综合生态功能（过程）的保育，从而构建面向山水林田湖草沙生命共同体一体化管理的区域生态修复布局。目前，已逐步形成"源地-阻力面-廊道-战略点"等关键要素组成的基本范式（图9-3）。

1. 生态源地识别

早期的源地识别将生境质量良好的大型斑块或将自然保护地直接作为物种迁徙的"源"，此方法操作简单但存在主观意识强烈、缺乏科学评估、较少关注景观生态过程变化及斑块异质性等缺陷。随着研究的不断深入，学者们通过建立不同的指标体系来进行生态系统评估，将生态系统服务、生态敏感性、景观连通性、生态风险、生态需求等指标纳入源地识别的过程中。其中，生态系统服务和敏感性的评估应用较为广泛，生态系统服务价值主要包括水源涵养、水土保持、生物多样性保护、防风固沙、洪水调蓄、海岸带防护等有一定生态维护作用的功能[②]，其价值高的区域可优先识别为生态源地，体现了斑块自身价值的属性。生态敏感性则反映了区域生态过程受干扰的程度，对维持景观格局的稳定性具有重要作用，体现了生态格局的演化过程、系统对自然环境的变化和人为干扰时作出的响应，更好地反映了生态系统内部的组织机理敏感性高值区应作为未来生态修复的重点区域，也应是城市扩张的底线区域。此外，学者们强调斑块在景观格局中的连通重要性，认为景观连通性是维持生态系统稳定性和整体性的关键因素，连通性高值区有利于促进能量流动和物种迁徙。

从研究脉络来看，自生态修复布局构建研究开展以来，学者们对生态源地识别指标的筛选进行了重点完善，主要体现为从最初只单一识别逐步扩展到关注斑块内部属性与生态过程，进而过渡到关注斑块自身属性的动态变化趋势，再进一步强调斑块在整个景观格局

---

① 俞孔坚. 生物保护的景观生态安全格局. 生态学报, 1999, (1): 8-15.
② 欧阳志云, 郑华, 岳平. 建立我国生态补偿机制的思路与措施. 生态学报, 2013, 33 (3): 686-692.

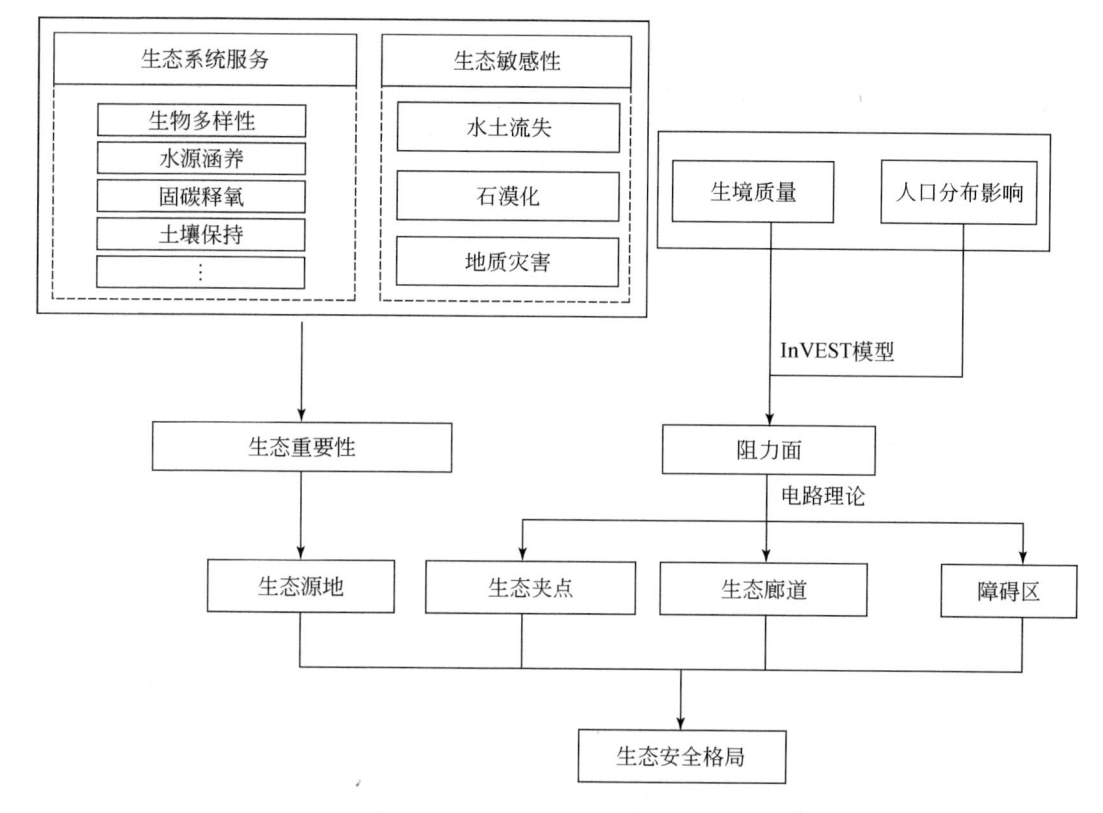

```
┌─────────────────────┐  ┌─────────────────┐
│   生态系统服务      │  │  生态敏感性     │
│  ┌───────────────┐  │  │ ┌─────────────┐ │
│  │  生物多样性   │  │  │ │  水土流失   │ │     ┌──────────┐  ┌────────────┐
│  │  水源涵养     │  │  │ │  石漠化     │ │     │ 生境质量 │  │人口分布影响│
│  │  固碳释氧     │  │  │ │  地质灾害   │ │     └────┬─────┘  └──────┬─────┘
│  │  土壤保持     │  │  │ │      ⋮      │ │          └────┬──────────┘
│  └───────────────┘  │  │ └─────────────┘ │           InVEST模型
└──────────┬──────────┘  └────────┬────────┘                │
           └─────────┬────────────┘                  ┌──────▼──────┐
                     │                               │   阻力面    │
              ┌──────▼──────┐                        └──────┬──────┘
              │ 生态重要性  │                         电路理论
              └──────┬──────┘                               │
                     │         ┌────────────┬───────────────┼──────────┐
              ┌──────▼──────┐ ┌▼──────────┐ ┌▼──────────┐ ┌▼─────────┐
              │  生态源地   │ │ 生态夹点  │ │ 生态廊道  │ │ 障碍区   │
              └──────┬──────┘ └────┬──────┘ └────┬──────┘ └──────────┘
                     └─────────────┴─────────────┘
                                   │
                           ┌───────▼────────┐
                           │  生态安全格局  │
                           └────────────────┘
```

图 9-3　生态安全格局构建的逻辑范式[①]

中的连通重要性，最终逐步到关注生态损益风险，实现人类福祉提升的过程。

2. 阻力面构建

生态阻力面的构建作为格局构建的关键一步，可反映物种迁移的难度或生态过程的空间转移。阻力面的设置多基于土地覆被类型或依高程、坡度等地形指标赋值。由于城市景观的高度破碎化、土地利用方式的多样性，以及土地利用与生态过程相互作用的复杂性，此类方法多忽略了各类用地之间的互相胁迫影响以及各生境类型对威胁源的敏感反应，难以真实表征斑块阻力的空间分异，且对不同地类的阻力值相对大小难以形成统一范式。因此，对斑块异质性和各类用地之间的胁迫影响的综合考量是未来阻力面构建的重要趋向。另外，城市土地覆被分类体系不可能无限细分，因此有必要选取能够定量表征不同空间单元生态阻力差异的指数，修正基于土地覆被类型赋值的生态阻力面。已有学者根据生态系统服务功能和生态敏感性构建阻力面，再根据人口分布密度、夜间灯光指数、不透水表面指数或其他社会经济因子进行修正，以此反映人为社会因素对物种迁徙产生的抗性作用。

[①] Gao M W, Hu Y C, Bai Y P. Construction of ecological security pattern in national land space from the perspective of the community of life in mountain, water, forest, field, lake and grass: a case study in Guangxi Hechi, China. Ecological Indicators, 2022, 139: 108867.

此外，还有学者通过斑块距威胁源的距离设定阻力参数。

总而言之，在选取阻力因子时应充分考虑研究区的自然本底条件，分析阻力因子对阻力面的影响，并将修正后的土地利用分类赋值纳入考量范畴，从而提高阻力面构建的准确性。因此，生态阻力面应基于多种可能对生态过程造成影响的人为干扰或自然因素进行综合评估、构建与修正。

3. 生态廊道提取

生态廊道是连接源地之间的狭长纽带，具有保障景观连通性、促进生态过程中能量信息流动的作用，是物种迁徙的最佳路径选择。生态廊道识别方法众多，包括最小累计阻力模型、斑块重力模型、电路理论、蚁群算法、形态学空间分析模型。目前，识别方法多基于最小累计阻力模型，此方法的优势在于通过计算最小成本距离可识别生物迁移的最优路径，缺点是仅能识别两两源地之间的唯一廊道，忽略了物种迁徙的世代行为特征，即动物在栖息地之间是有多种可能迁移路径的。而电路理论则改进了这一问题，它将生态景观模拟成导电表面，将生物个体流动或基因流类比为电荷，通过电荷的随机游走特征模拟异质景观中生态流动过程，识别物种迁徙的多种路径，对生态脆弱区域尤为适用。

电路理论将生态景观视作导电表面并赋予其相应的电阻值，将生物个体流动或基因流类比为电荷，通过电荷的随机游走特征模拟异质景观中生态流动过程，以有效识别多种生态要素的空间布局，是景观生态学与电路随机游走理论的结合[1]。其基本原理是参考图论结构，将异质景观抽象为由一系列节点（代表栖息地、自然保护区等生境质量较好的斑块）和电阻组成的电路网，以图形的边作为电阻，将能促进生态流动的景观栅格（如林地、草地和水域）赋予低电阻值；反之，阻碍生态过程物质能量流动的景观栅格（如建设用地等人类活动密集区域）则被赋予高电阻值[2]。在确定源地与阻力的基础上，计算出多个成对源地中的成本加权距离，创建成本加权距离表面以判别最小耗费路径，确定廊道的位置和形状。

4. 战略点的设置

战略点分为生态节点和障碍点。一些研究将重要的自然保护区等生境质量高的大型斑块作为生态节点。同时，阻力面在源地所处位置下陷，在最不容易到达的区域高峰突起，两峰之间会有低阻力的谷线、高阻力的脊线各自相连；而多条谷线的交汇点，以及单一谷线上的生态敏感区、脆弱区，也构成了影响、控制区域生态安全的重要战略节点。在生物多样性保护视角下，还有学者利用电路理论，在最小成本路径的基础上通过单个像元的电流密度识别廊道中的重要因素，来判别出生态节点区域。

纵横交错的交通基础设施会加剧景观斑块的破碎化，与生态廊道的交叉点切断了生态

---

[1] McRae B H, Beier P. Circuit theory predicts gene flow in plant and animal populations. Proceedings of the National Academy of Sciences of the United States of America, 2007, 104 (50): 19885-19890.

[2] McRae B H, Dickson B G, Keitt T H, et al. Using circuit theory to model connectivity in ecology, evolution, and conservation. Ecology, 2008, 89 (10): 2712-2724.

流的传递交换，产生的断裂点将对物质迁徙的顺畅性和安全性造成严重威胁。生态障碍点考虑到交通道路，主要包括铁路和公路对廊道中生态过程发生的阻碍影响，将铁路、公路交通网和生态廊道进行空间叠加，可以识别障碍点的关键位置。廊道中存在某些阻碍生态流传递的斑块，利用电路理论对斑块欧式距离的运算结果，运用迭代算法，也可以识别阻碍物种在生态斑块间迁徙扩散的障碍区域。

9.5.3 生态修复分区划定方法

生态修复分区是在上位国土空间生态修复规划确定的生态修复分区及生态修复布局的基础上，综合考虑区域自然本底条件、主导生态服务功能及主要的生态胁迫问题，划定的国土空间生态修复实施单元。生态修复分区单元内生态系统服务主导功能定位、主要生态胁迫问题及修复的主导方向应明确具体，为引导分区分单元的修复路径提供依据，同时也可为重点区域和重点项目的划定提供依据。国土空间生态修复分区应充分结合流域单元和县（乡镇）边界，做到全覆盖、不交叉、不重叠，并注意与上位规划的衔接。生态修复分区的目的是有效解决地区生态环境问题，最终提升地区生态系统服务价值功能，从而实现区域可持续发展。生态修复分区的划定主要包括以下几种方法。

1. 基于自然要素与生态系统服务的划分

1976 年，美国生态学家 Bailey 从生态系统的角度首次提出了较为完整的生态区划方案，依据自然要素划分了美国的生态区。2000 年之后，西方学者对生态系统服务进行了大量探索，不仅研究了生态功能重要性，还为生态修复研究提供了新的思路与方法，对我国生态修复的理论与模式产生了深远影响。起初，我国区划研究始于地理自然生态系统，早期成果有全国气候分区研究、自然植被分区等。国家级、省级、市县级、流域等区域尺度的自然地理分区和综合自然区划等自然地貌分区研究成果极大地丰富了我国的空间分区研究体系。

随着生态修复相关研究的不断深入，越来越多的学者尝试从生态系统服务的角度来探讨国土空间生态修复分区的划定方法。中国的国土空间生态修复分区建立在国土空间规划、主体功能区规划和国土全域综合整治的基础上，主要是基于自然地理或行政区划进行的，以生态问题为导向开展国土空间生态修复分区研究，其目标是提升生态系统服务功能。相关研究将涵盖研究区功能基础分区的生态功能区划作为基础背景，并将主导生态功能作为分区修复的重要目标，最终形成不同修复单元，并得到生态修复分区结果。综合来看，上述生态修复分区方法思路清晰、操作方便，但从宏观尺度进行分区，层级较为单一，分区过程中缺少对特定环境下生态问题和人为扰动的综合考虑，导致分区结果指导性强而实施针对性较差。虽然为国土空间生态修复分区研究提供了重要参考，但也存在一定不足，主要表现在国土空间生态修复分区的划定以山水林田湖草生命共同体理念为基本原则，以生态系统服务价值的提升作为修复目标，强调生态修复的综合性、系统性和整体性。

2. 基于生态系统评估框架的划分

20世纪80年代至今，功能胁迫、敏感性等单项及综合生态评价的分区研究逐渐成熟。国内学者进行分区研究时主要关注评价指标体系构建、评价方法与分区方法三方面。

随着分区体系的不断完善，目前基于"生态系统服务功能–生态胁迫问题"的生态修复分区框架逐渐被广泛认可（图9-4）。逻辑上，自然本底分析、主导生态功能和核心生态问题依次对应生态修复的环境背景、目标导向和治理对象，自然本底分析和核心生态问题等共同决定着主导生态功能的分布状态和变化趋势。一级分区重点关注区域自然本底特征，即构成生态系统的山水林田湖草等基底要素，旨在突出自然地理格局在国土空间生态修复中的基础作用，主要按照地貌类型、植被覆盖度和植被类型分布划定，保障了自然要素的完整性。另外，生态修复目标的实现，一方面来自于对本底生态系统的保护与生态服务功能的有效强化，另一方面取决于研究区内威胁生态系统的人为干扰和生态问题能否得到有效控制和治理。因此，二级分区重点关注区域的主导生态服务功能，这是实现生态系统服务功能恢复提升这一生态修复目标的基本依据。三级分区为生态修复的具体实施单元，重点关注生态系统自然演化形成的敏感问题以及人为扰动下产生的生态退化压力，生态修复的对象和措施很大程度上受到上述问题影响。

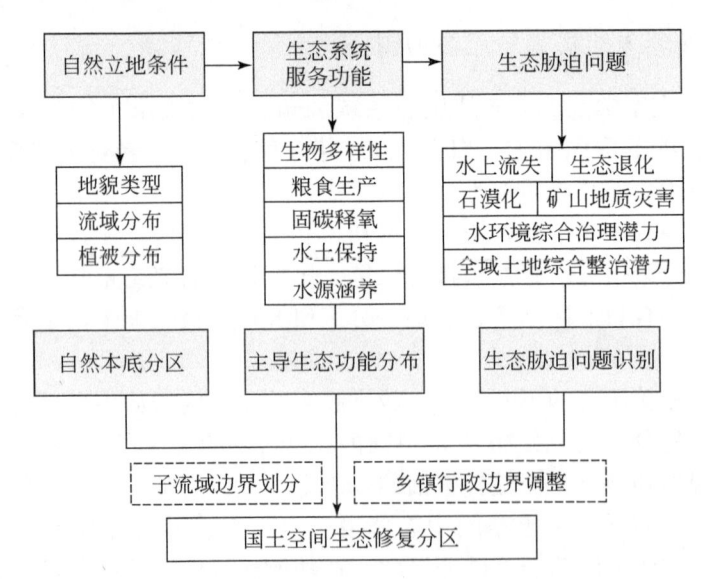

图 9-4　基于生态系统评估框架的国土空间生态修复分区划分技术路线[①]

3. 基于生态安全格局构建的分区方法

生态保护修复需要整体保护与局部修复相结合。一方面，要形成一体化的保护格局；

---

① 王韵秋，胡业翠，高梦雯，等. 多维视角下广西喀斯特石漠化地区国土空间生态修复分区. 农业工程学报，2023，39（1）：223-231.

另一方面，要针对不同生态区的特点和恢复任务，以生态网络为基础，在流域尺度上根据生态系统恢复的具体任务进行分区布局。随着生态安全格局研究的不断深入，基于生态安全格局的生态修复分区已成为主流方式。诸多学者在"源地–廊道–阻力面"生态安全格局构建范式的基础上，不断探索空间规划背景下土地生态功能、生态系统服务与生态敏感的安全格局叠合方法，或是基于最小阻力路径的"源地–廊道"的生态网络识别，以此作为生态修复分区的依据。其一般操作理念是根据生态网络要素的空间分布和生态学特征，选取源地面积比、源地连通度、廊道面积比、生态廊道流、夹点面积比和障碍区面积比六个指标进行流域尺度生态修复分区，结合生态安全格局构建及生态基底提取修复重点区域，并将主导生态功能作为分区修复的重要目标，最终形成不同修复单元得到分区结果（图9-5）。基于生态安全格局的区划有助于明确不同分区的保护目标和恢复重点，兼顾整体保护和差异化恢复。在分析不同区域社会经济条件和生态系统特征的基础上，根据网络要素建设需要和生态系统恢复需要，提出不同区域生态系统保护与恢复的策略和建议。这样，综合保护和分区战略可以结合起来，更好地实现生态系统恢复和效益最大化。

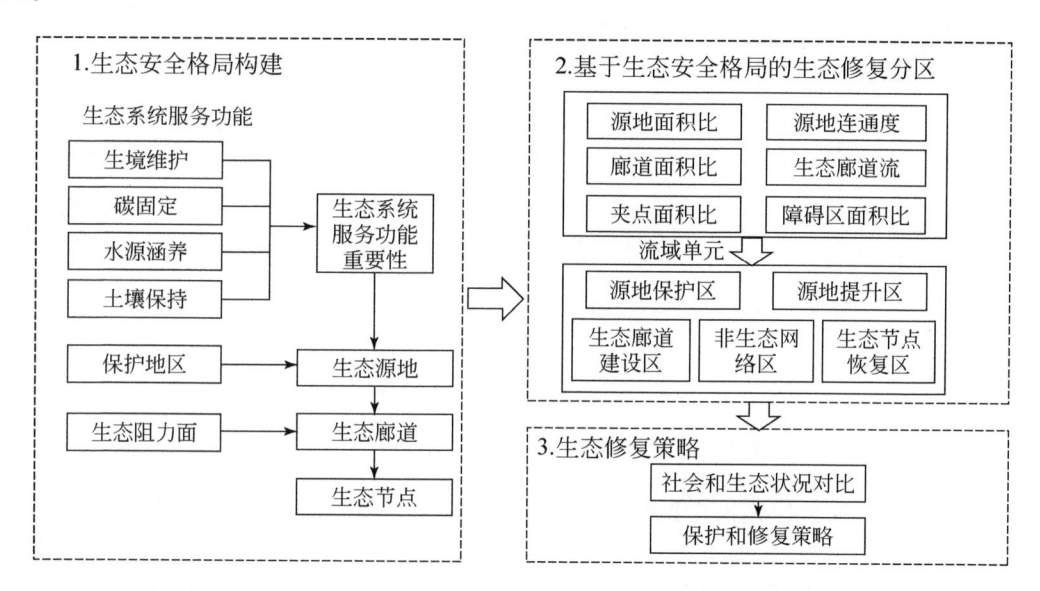

图 9-5　基于生态安全格局的生态修复分区研究框架①

4. 基于生态系统服务供需匹配的分区方法

生态系统服务及其供需权衡协同是人类活动与生态系统相互作用响应的结果，其生态系统空间结构–格局–过程–功能–人类惠益（服务）相互关联作用的理论能为国土生态修复提供理论支撑。从生态系统服务供需匹配角度开展国土生态修复空间分区的方法路径

---

① Jiang H, Peng J, Zhao Y N, et al. Zoning for ecosystem restoration based on ecological network in mountainous region, Ecological Indicators, 2022, 142: 109138.

(图9-6)，首先要了解区域环境本底信息，定量分析和评价生态系统服务供给与需求状况，明晰其空间格局与分异特征。其次，以空间化的视角分析和识别生态系统服务供需匹配分区与空间关联特征，并分析和探讨其影响因子与作用机制。最后，结合研究区地形、气候、植被和土壤等地理特征差异，根据国土生态修复的时空维度与修复目标、内容和手段，分析和确定国土生态修复主导方向、分区过程及管控措施。其中，生态系统服务供给是指在一定的时间和区域范围内生态系统为人类和社会发展提供的相关产品和服务的能力，是国土生态修复及其分区的目标，也是保障区域社会发展的生态基础。生态系统服务需求是指人类社会耗费使用或者希望获得的各种服务，是社会发展和土地整治的潜在动力和方向。但在国土生态修复过程中，人们对生态系统服务的需求往往未能得到有效计算，且生态系统服务供需在区域空间上存在明显差异性和错位。

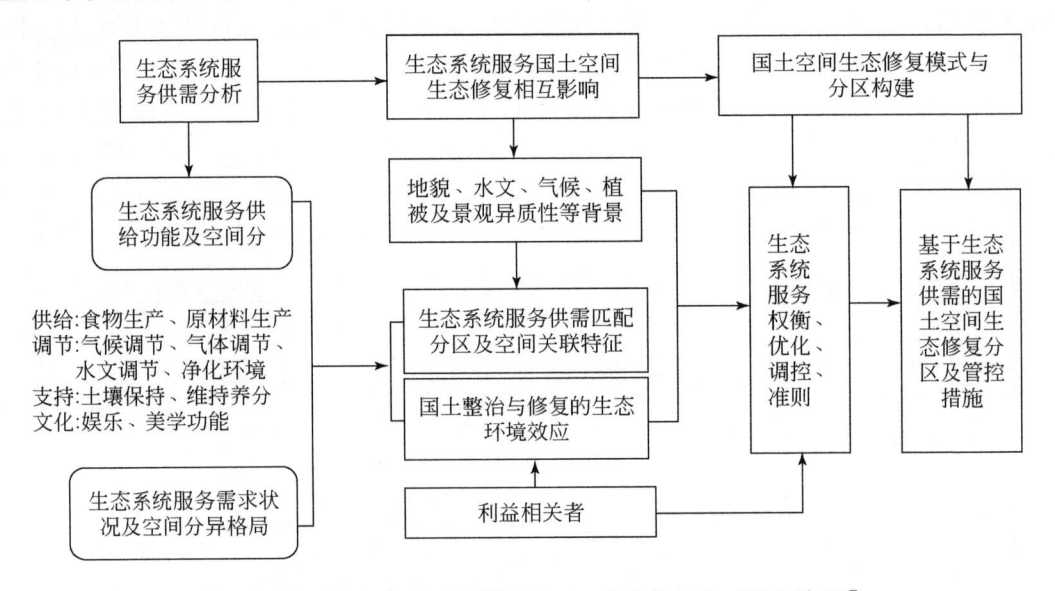

图9-6 基于生态系统服务供需的国土生态修复分区研究路径[①]

基于生态系统服务供需匹配的分区方法主要是在测算和分析生态系统服务供给量和需求量基础上，利用象限匹配法、双变量局部空间自相关和供需协调度来定量分析生态系统服务供需匹配关系、空间聚集程度和协调关联性，进而探讨和划分国土生态修复的空间分区及其管控措施与建议。

9.5.4 生态修复重点区域识别方法

精准识别生态修复重点区域是科学制定国土空间生态修复规划的关键所在。生态修复重点区域应充分衔接上位国土空间生态修复规划和本行政区国土空间规划确定的生态修复

---

① 谢余初，张素欣，林冰，等. 基于生态系统服务供需关系的广西县域国土生态修复空间分区. 自然资源学报，2020，35（1）：217-229.

重点区域，以生态修复分区为基础，依据主要生态胁迫问题诊断类型，识别生态系统中生态服务价值核心区，以及生态问题受损区，主要包括对研究区生态安全有重大影响的关键地区（如重要山脉、河流、湖泊、河口、海域等）、跨行政边界的生态系统服务低值区，以及生态胁迫问题突出区、破碎源地、重要生态廊道、关键连通性节点、障碍点等。此外，在边界模糊、交叉的区域，按照主要生态胁迫问题的空间分布和重大战略发展导向划定跨空间修复重点区域。

1. 基于生态网络的重点区域诊断

生态网络是对区域生态空间进行国土空间格局优化的空间配置方案，对维护景观格局整体性及区域生态安全具有重要意义，景观生态恢复与重建是构建生态网络的关键，因此基于生态网络识别国土空间待修复关键区域更具系统性和生态学价值。当前，生态网络研究已形成"源地-阻力面-生态廊道"的研究范式，亦有学者将生态断裂点、生态夹点纳入此领域研究中。生态廊道表征了源地间生物流通的通道，生态夹点刻画了廊道中不可替代的关键区域，生态断裂点、生态障碍点是生态廊道中阻碍生物流动的区域，这些均是国土空间生态保护与修复关键区域（图9-7）。

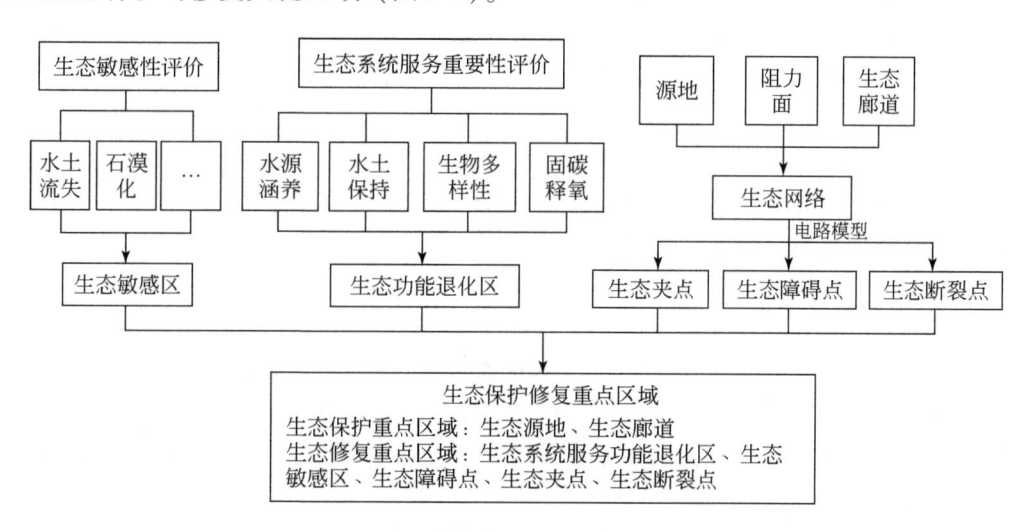

图9-7 基于生态网络的重点区域诊断技术流程[1]

2. 以生态胁迫问题为导向的诊断方法

以生态胁迫问题为导向的诊断方法主要针对水源涵养、水土保持、生物多样性等重要生态功能下降和石漠化、水土流失、土壤风蚀荒化、农业和城镇空间品质受损等重大生态问题，开展生态功能重要性评价、生态环境敏感性评价和空间品质评价，依据结果确定评价空间的生态功能重要等级、生态环境敏感等级和风貌空间品质等级。评价生态系统服务

---

[1] 王秀明，赵鹏，龙颖贤，等. 基于生态安全格局的粤港澳地区陆域空间生态保护修复重点区域识别. 生态学报，2022，42（2）：450-461.

功能是分析外界胁迫干扰对生态空间发挥服务能力的影响，目前评价内容分为综合评价和单项评价两类。综合评价是评估生态类型直接或间接对自然、经济社会、文化产生的服务价值，而单项评价则集中于生物多样性保护和重要生态因子等单一价值的评估。基于特定的自然环境背景，系统识别人为扰动和生态敏感问题作用下的生态胁迫空间是辨识生态修复重点区域的有效途径。

9.5.5 生态修复分类实施策略

针对生态、农业、城镇不同空间的本底状况、主要问题和目标任务，分类谋划生态修复策略，明确生态修复的主攻方向和主要策略。生态修复分类实施策略可依据实际情况，灵活采取保育保护、自然恢复、辅助再生、生态重建、综合整治等一种或多种策略。

1. 重要生态廊道和生态网络构建

在区域生态安全格局框架下，落实和细化上级国土空间生态修复规划明确的生态源地、生态廊道、关键节点和生态断裂点，构建生态网络。其中，生态源地的构建以市域内具有较高自然和历史文化价值的各类自然保护区、风景名胜区、重要湖泊湿地、自然公园、重要生态功能区，以及水产种质资源保护区和作物种质资源保护区等为核心，优先保护关键生态系统、珍稀濒危物种及其栖息地、重要生态功能区等；重要生态廊道的构建以重要山脉、河流水系、重要动物迁徙路线、重要交通水利等基础设施为脉络，可提升重要生境之间的连通性，恢复动物迁徙廊道，保障江河湖海的生态流量，改善水系网络的连通性，延续历史文化脉络与地域景观风貌。

2. 生态空间修复策略

生态空间修复应充分考虑气候变化、水资源条件等因素，围绕水源涵养、水土保持、生物多样性维护、防风固沙、海岸防护、洪水调蓄等生态系统服务功能，针对生态修复退化和破坏问题，消除或避免人为胁迫。按生态系统恢复力程度，科学确定生态修复目标，并采取科学措施。同时，优先保护良好生态系统和重要物种栖息地，构建和完善生态廊道，推行森林草原休养生息，加强重要河流湖泊湿地保护修复，推进海洋生态空间修复和矿山生态修复。此外，推进荒漠化、石漠化、水土流失综合治理，实施重点生态功能区退耕（牧、垸、养）还林（草、湿、海），提升生态系统多样性、稳定性、持续性。

根据生态系统损害或退化程度对生态修复的分类，结合修复场地生态系统损害或退化程度的差异，生态修复模式与措施可分为保育保护、自然恢复、辅助修复和生态重建四类。其中，保育保护是指对代表性自然生态系统和珍稀濒危野生动植物物种及其栖息地，通过建立自然保护地、去除胁迫因素、建设生态廊道、就地和迁地保护及繁育珍稀濒危生物物种等途径，保护生态系统完整性，提高生态系统质量，保护生物多样性，维护当地居民文化与传统生活习惯；自然恢复是指针对轻度受损、恢复力强的生态系统，主要采取切断污染源、禁止不当放牧和过度猎捕、封山育林、保证生态流量等消除胁迫因子的方式，加强保护措施，促进生态系统自然恢复；辅助修复是指针对中度受损的生态系统，结合自然恢复，在消除胁迫因子的基础上，改善物理环境，参照本地生态系统，引入适宜物种，移除导致生态系统退化的物种等中小强度的人工辅助措施，引导和促进生态系统逐步恢复；生态重建是指针对严重受损的生态系统，要在消除胁迫因子的基础上，围绕地貌重塑、生境重构、恢复植被和动物区系、生物多样性重组等方面开展生态重建。

对于自然保护地核心区，按照禁止开发区域的管控要求，主要采取保护保育和自然恢复的模式，加大封育力度。因特殊情况可采取必要的物种重引入、增殖放流、病害动植物清理等辅助再生措施。对于生态保护红线内其他区域，按照禁止开发区域的管控要求，主要采取自然恢复和辅助再生的模式，尽量减少人为扰动。对一般生态空间，按照限制开发区域管控要求，主要采取辅助再生措施，必要时可以选择生态重建模式，调整优化土地利用结构布局，鼓励探索陆域、海域复合利用，发挥生态空间的生态农牧业、生态旅游、生态文化等多种功能。涉及矿区生态保护修复的，应充分考虑矿山与周边生态系统的关联及对其产生的影响，确定相应的保护修复模式和措施。涉及海域、海岸带、海岛生态保护修复的，应按照陆海统筹的有关要求，确定相应的保护修复模式和措施。

3. 农业空间修复策略

农业空间生态修复的任务主要包括实施退化农用地生态修复，科学开展耕地质量提升和农田基础设施生态化建设，构建农用地周边缓冲带、生态廊道，改善农田及周边生境，恢复田间生物群落和生态链，维护提升农用地生态功能；遵循宜耕则耕、宜园则园、宜林则林、宜草则草原则，实施不稳定耕地退耕，合理开展耕地休耕轮作；修复农田及村庄周边历史遗留矿山；挖掘特色自然资源，提供特色农产品，提升农业空间生态价值；尊重乡村的自然机理，保护乡村自然景观，传承乡村自然和文化景观特色；开展乡村全域土地综合整治，整体推进农用地整理、建设用地整理和乡村生态保护修复，提高乡村建设用地集约节约水平和乡村发展活力，传承乡村自然和文化景观特色，提升农业空间生态品质，促进乡村国土空间格局优化。

4. 城镇空间修复策略

城镇空间修复策略应顺应区域自然地理格局，统筹城镇内外河湖水系山体，完善蓝绿交织的生态网络；减少城市内涝及热岛效应，提升城市韧性；重塑城市健康自然的河岸、湖岸等；修复受损山体和植被群落，推进损毁矿山和工业废弃地修复利用；完善城市绿道系统，促进水利、市政工程生态化，开展重大交通、电力、通信等基础设施周边生态修复和生态廊道建设；激活城市绿色开敞空间和人文资源，修复提升城市景观风貌，提升生态品质和文化内涵。对市中心城区生态修复任务做出具体安排，对其他城区识别生态修复主攻方向，提出方向性和政策性指导。

值得注意的是，按生态空间、农业空间和城镇空间进行分类，并非要将国土空间生态修复再切割为森林生态修复、草原生态修复、湿地生态修复、高标准农田建设、低效用地再开发等子项目，这样就容易又回到"种树的只管种树、治水的只管治水、护田的单纯护田，各人自扫门前雪"的传统模式。国土空间生态修复规划应尊重国土空间在自然地理上的完整性和连贯性，在同一地理单元内统筹推进山水林田湖草沙一体化保护和系统治理。

9.5.6 生态修复重大工程布局

1. 生态修复工程体系与类型

1) 生态修复工程体系

生态系统格局与过程的发生、时空分布、相互耦合等特性都是尺度依存的，这些对象表现出来的特质具有时间和空间抑或时空尺度特征。不同尺度的生态系统，其功能有不同的表现，产生的生态效益也不同。因此，国土空间生态修复应在特定的尺度序列上进行考察和研究，充分认识和把握不同尺度生态系统的特点和内在规律，才能实现生态系统结构和功能的整体恢复。国土空间生态修复常见的空间尺度有国家尺度、地区尺度、地块尺度等，是一个有序的等级阶梯，随着空间尺度的变化，国土空间生态修复的工程技术、政策措施和管理方式也随之发生改变。因此，国土空间生态修复工程同样具有尺度性，并由此形成了工程体系。不同层级的国土空间生态修复规划，对应不同尺度的生态修复工程。"双重"规划部署了重大工程-重点工程的工程体系，"双重"规划的专项建设规划部署了重点工程-重点项目的工程体系。重大工程和重点工程并不是项目实体的概念，而是地域单元内各类治理任务的系统性综合性集成，是跨部门、跨行业、跨领域的综合性工程，其具体实施由若干个重点项目组成。

在省-市-县级国土空间生态修复规划体系中，各级规划对应的生态修复工程的尺度也不同。省级层面的国土空间生态修复规划，部署重点工程-重点项目工程体系，其中重点项目落到县级尺度；市级层面的国土空间生态修复规划部署重点项目-项目工程体系，其中项目落到乡镇尺度；县级层面的国土空间生态修复规划部署项目-子项目工程体系，其中子项目落到村尺度。同样，一级工程（项目）是地域单元内各类治理任务的系统性综合性集成，其具体实施由若干子工程（项目）组成。

2) 生态修复工程类型

针对生态功能重要区域、生态环境敏感脆弱区域和人为干扰较为强烈的区域，根据不同保护修复对象和主要目标，生态修复工程类型可分为森林、草原、湖泊、湿地等重要生态系统保护修复，流域水生态保护修复，荒漠化土地保护修复，矿山生态修复，海域海岸带和海岛生态保护修复，农村土地整治与生态保护修复以及城镇地区生态保护修复。虽然生态修复工程分为多种类型，但各重大工程、重点工程和重点项目的实施应遵循山水林田湖草沙生命共同体理念，采用部门协作、协同推进和分类实施的模式，进行系统性的生态修复。

（1）森林生态系统保护修复。重点针对森林生态系统退化、林地破碎化、森林覆盖率降低、生物多样性减少、栖息地及生境破坏、林分结构单一及生产力低下，以及调节气候、涵养水分、保育土壤等生态功能降低问题，通过采取自然恢复（封山育林）、林分改造、森林抚育、林农混作和森林生态工程等措施，提高森林覆盖率，改善森林群落结构和健康水平，改善栖息地及生境质量，从而提升水分涵养、生物多样性保护和森林固碳能力等综合生态服务功能。

（2）草原生态系统保护修复。重点针对草原植被盖度降低、生产力下降、生物多样性减少、生态服务功能降低、草原承载力下降，以及部分草原鼠虫害、毒杂草等生物灾害频发等问题，按照以水而定、量水而行的原则，根据不同区域草原类型、气候和土壤等条件，实行禁牧封育，制定休牧、轮牧等合理放牧制度，以实现草畜平衡，并加强有害生物及外来物种防治等；实行退耕还林、退牧还草及各种有效的改良措施，禁止开垦和大规模造林等各类破坏草原行为。在水土条件适宜的地方，适度发展人工草地建设，以减轻天然草原放牧强度和退耕退牧还草压力，达到草原生态状况持续改善、草原质量稳步提升的效果，从而实现草原生态系统良性循环、人与自然和谐共生的新格局。

（3）湖泊生态系统保护修复。重点针对湖泊流域种植业污染量大面广、污水处理设施收集和处理能力弱、湖滨缓冲带生境破坏、底泥内源污染累积、水面面积萎缩、水质恶化、水生态功能退化及监管能力薄弱等问题，围绕"控源截污—清水廊道构建—湖滨拦截净化—湖体生态修复"等污染控制与保护修复的关键环节，通过采取外源污染系统控制、入湖河流与湖滨缓冲带生态修复、底泥污染控制、水生态调控、水力调控和风险预警等工程措施，以增强湖泊调节河川径流、提供水源、防洪灌溉、养殖水产、提供生物栖息地、维护生物多样性以及净化水质等功能，从而以美丽湖泊装扮"美丽中国"。

（4）湿地生态系统保护修复。重点针对天然湿地面积萎缩、水质下降、生物多样性减少和调蓄能力减弱等问题，以增加湿地面积、增强湿地生态功能和维护湿地生物多样性为核心目标，坚持自然恢复为主、与人工修复相结合的方式，通过采取污染清理、土地整治、地形地貌修复、自然湿地岸线维护、河湖水系连通、植被恢复、野生动物栖息地恢复、拆除围网、生态移民、湿地有害生物防治以及完善湿地监测网络等手段，逐步恢复湿地生态功能，增强湿地涵养水源、增加碳汇、净化水质、蓄洪抗旱、调节气候和维护生物多样性等功能，从而维持湿地生态系统健康。

（5）流域水生态保护修复。重点针对流域清水产流机制破坏、水量调控能力低、水系不连通、水质不达标和水生态功能退化等问题，强化源头控制、过程阻控、末端治理等多个环节的系统修复和综合治理。依据水利规划、水功能区划、水资源保护规划和水生态保护修复规划等，以流域为单元，统筹上下游、左右岸、山上山下、地表水与地下水，通过采取水源涵养、水源地保护、污染源控制、水体水质净化、河湖水系连通、生态补水、水库生态调度以及生态水利工程建设等措施，重塑健康自然的弯曲河岸线，恢复自然深潭浅滩和泛洪漫滩，营造多样性生物生存环境，统筹推进流域水资源保护、水环境治理与水生态修复，从而提升重要水源地和江河湖泊生态功能。

（6）荒漠化土地保护修复。重点针对水土流失，以及沙化、石漠化、盐碱化等荒漠化生态问题，通过综合运用土地整治、土壤改良、植被恢复、退耕还林还草、保护性耕种和封山育林等措施，促进退化土地修复，保护自然生境和生物群落，恢复自然生态系统，从而实现土地资源安全可持续利用。

（7）矿山生态保护修复。重点针对矿区矿产资源开发利用造成的生物多样性丧失、地质环境破坏、土地损毁和水土流失等生态问题，统一规划、整体实施地质环境恢复治理、水土保持、土地复垦等，通过采取地貌重塑、土壤重构、植被重建、景观重现以及生物多样性重组等措施，因地制宜地开展复垦利用，恢复和提升矿区生态功能，从而实现资源循环可持续利用。

（8）海域海岸带和海岛生态保护修复。重点针对河口、海湾、滨海湿地与红树林、珊瑚礁和海草床等典型海洋生态系统进行保护和修复，综合开展岸线岸滩修复。通过退围还海、退养还滩、退耕还湿和疏通潮沟等措施，逐步恢复海洋水动力条件，因地制宜地进行滨海湿地植被恢复，清理外来入侵物种，加强候鸟迁徙路径栖息地保护和修复，从而不断提高海洋生物多样性。在因人工破坏或自然侵蚀受损的自然岸线和海岸灾害频发的区域，通过养护海岸、沙滩修复和生态海堤建设等措施，不断提升岸滩稳定性和防灾减灾功能。通过保护珍稀濒危和特有物种及其生境，维护海岛生态系统的独特性与完整性。通过建设海岸带生态廊道，恢复海陆自然生态过程，提升海岸带生态系统结构完整性和功能稳定性。

（9）农村土地整治与生态保护修复。重点针对农村地区生态环境质量差、生态基底破碎、生态廊道阻隔以及土地资源利用低效化和无序化等问题，从农业生态系统整体性和区域自然环境差异性出发，结合生态移民搬迁和退耕还林还草还湿、农村人居环境改善等，通过土地综合整治整体开展农用地整理、建设用地整理和乡村生态保护修复。保护农田生态系统和生物多样性，打造规模适度集中连片的耕地、草地、湿地和林地等生态系统复合格局，提升生态功能，强化农地景观和绿隔功能，从而推动农业绿色发展和乡村生态环境整体改善。

（10）城镇地区生态保护修复。重点针对城市中自然环境和地形地貌破坏、水系阻隔以及生态空间被挤占等问题，与"城市双修""海绵城市"建设相结合，依托现有山水脉络，保护城市生态空间和现有生态廊道。通过采取山体修复、水体治理和修复、废弃地修复利用、绿地系统完善和绿色基础设施建设等措施，恢复和保持河湖水系的自然连通和自然岸线，构建城市良性水循环系统，逐步改善水环境质量和水生态功能。打通城市内部的水系、绿地和城市外围的河湖、森林、耕地，联通城乡生态网络，扩大城市之间的生态空间，恢复城市生态系统的自我调节功能，从而有效提升城市生态系统健康。

（11）相关支撑工程。生态修复工程还可包括生态保护和修复相关支撑工程，如构建生态廊道和生态网络，建设野外保护站点，构建工程监测监控点和监管平台，开展生态保护修复过程监测、效果评价和适应性管理，实施海洋生态预警监测，建设生物多样性保护管理监测信息平台等。上述工程类型是一种大致的划分，每一种工程都有更专业化的细分及其相应的技术特点。例如，矿山生态修复工程，还可以细分为稀土矿山、煤炭矿山、金属矿山、建材矿山、化工矿山、油气矿山生态修复工程。

2. 生态修复工程空间布局与建设时序

1）工程空间布局

在落实国家和区域重大战略、上位规划的工程安排的前提下，在生态修复分区和重点区域的基础上，统筹各部门各类型工程项目，布局生态修复工程。工程布局按照生态问题-重点区域工程、修复分区-系统性部署两条主线，遵循山水林田湖草一体化保护和系统治理原则：以分区为系统治理的空间单元，生态修复工程是单元内各类治理任务的系统性集成，下设若干子工程具体实施；以重点区域为子工程落地的空间指引、以需解决的主要问题为子工程类型和内容的确定依据，部署各类子工程。省级国土空间生态修复规划中工程范围的精度应落到县级行政单元，市级国土空间生态修复规划中工程精度应落到乡镇，县级国土空间生态修复规划中工程精度应落到村或地块。

2）工程建设时序

坚持远近结合，按照轻重缓急合理安排工程时序。一是按照保证生态安全、提升生态功能、兼顾景观的优先级次序，优先安排生态问题严重、对群众生产生活威胁大或生态功能重要性高的区域的工程；二是衔接相关部门规划的部署，结合当地财政能力，有序安排生态修复工程；三是结合生态系统恢复力水平，充分发挥生态系统自我恢复能力，重点考虑人工修复程度高的工程。

3. 生态修复工程投资概算

工程投资概算是在对工程的技术措施、建设方案、施工工艺、设备材料等规划方案进行研究并确定的基础上，计算工程计划投入的总资金并对建设期内分阶段工程投资进行测算，反映的是生态修复工程的支出项目和计划安排。生态修复工程预算支出包括工程施工费预算、设备购置费预算、其他费用预算和不可预见费预算等，并按照工程实施年度分别制定阶段支出计划。工程投资概算可以全面、客观地反映实现工程任务所需要的资金额度，并通过对各种方案进行成本-效益分析，帮助选取实现建设目标的最佳途径。

投资概算可参照相关部门的工作定额、测算依据及相关标准。林业和草原主管部门印发的相关标准指南有《自然保护区工程项目建设标准》（建标 195—2018）、《国家湿地公园建设规范》（LY/T 1755—2008）、《森林公园总体设计规范》（LY/T 5132—1995）、《防护林造林工程投资估算指标》、《林木种苗工程项目建设标准》、《重点区域生态保护和修复工程建设投资估算指南（试行）》等。水利主管部门的相关标准指南有《水利工程设计概（估）算编制规定》、《水土保持工程概算定额》、《开发建设项目水土保持工程概（估）算编制规定》、《水土保持重点工程农民投劳管理暂行规定》、《水污染防治专项资金管理办法》等。住房和城乡建设主管部门印发的相关标准指南有各地《城市污水处理工程项目建设标准》（建标 198—2022）、《分地区农村生活污水处理技术指南的通知》、《建筑安装工程费用项目组成》、《全国统一建筑工程基础定额应用手册》、《实用建筑工程预算手册》、《市政工程投资估算编制办法》等。自然资源主管部门印发的相关标准指南有《土地开发整理项目预算定额标准》、《土地整治项目工程量计算规则》（TD/T 1039—2013）、《土地开发整理项目预算补充定额标准》、《土地复垦方案编制规程第 1 部分：通则》（TD/T 1031.1—2011）、《矿山地质环境保护与土地复垦方案编制指南》、《海洋生态损害评估技术指南（试行）》等。

知识链接 9-1

土地整治工程预算费用由工程施工费、设备购置费、其他费用和不可预见费构成（表9-3）。工程施工费是指土地整治项目中的土地平整、灌溉与排水、田间道路、农田防护与生态环境保持及其他工程直接施工和管理施工所发生的各项费用之和。设备购置费是指购置和自制土地整治项目规划设计要求的各种设备所发生的相关费用。其他费用包括前期工作费、工程监理费、拆迁补偿费、竣工验收费和业主管理费。不可预见费指在土地整治项目施工过程中因自然灾害、设计变更及其他不可预见因素的变化而增加的费用。不可预见费的测算相对简单，待其他各项费用确定后，按不超过工程施工费、设备购置费和其他费用之和的3%计算。

表9-3 土地整治工程预算费用构成

一级科目	二级科目	三级科目	四级科目
工程施工费	直接费	直接工程费	人工费
			材料费
			施工机械使用费
		措施费	临时设施费
			冬季施工增加费
			夜间施工增加费
			施工辅助费
			特殊地区施工增加费
			安全施工措施费
	间接费	规费	—
		企业管理费	—
	利润	—	—
	税金	—	—
设备购置费	—	—	—
其他费用	前期工作费	土地清查费	—
		项目可行性研究费	—
		项目勘测费	—
		项目设计与预算编制费	—
		项目招标代理费	—
	工程监理费	—	—
	拆迁补偿费	—	—

续表

一级科目	二级科目	三级科目	四级科目
其他费用	竣工验收费	工程复核费	—
		工程验收费	—
		项目决算编制与审计费	—
		整理后土地重估与登记费	—
		标识设定费	—
	业主管理费	—	—
不可预见费	—	—	—

本 章 小 结

（1）国土空间生态修复是生态文明建设的重要抓手，致力于恢复和提升生态产品供给功能、减少和降低生态破坏负面影响、维护和提高人居生态环境质量以及服务和保障经济社会可持续发展。新时期国土空间生态修复以山水林田湖草沙生命共同体理念为指导，是我国从20世纪80年代开展生态修复和土地整治之后逐渐演变形成的，在不同阶段呈现出不同的研究内容和特点。

（2）现阶段，"国家–省–市–县"四级国土空间生态修复规划体系初步建成。从目前来看，国土空间生态修复规划具有以下主要特点：①规划理念上遵循山水林田湖草沙生命共同体理念；②规划对象上统筹生态、农业、城镇空间生态修复；③规划布局上注重促进形成区域生态安全基本脉络；④规划结构上致力营造景观多样功能复合生态系统；⑤规划方法上尽可能多地采用基于自然的解决方案；⑥规划目标上追求生态修复规模、质量和效益并重。

（3）国土空间生态修复规划编制，以提升区域生态系统多样性、稳定性、持续性为核心，在充分吸收已有资料成果、开展补充调查和评估既往工作的基础上，进行区域生态系统本底评价，精准识别主要生态问题，进而提出统筹和科学推进国土空间生态修复的总体思路、目标任务、空间格局、重点工程和保障措施等。

（4）为克服国土空间生态修复存在的问题，提高国土空间生态修复规划的科学性和前瞻性，将多年来国家有关部门、地方机构和实施单位在国土空间生态修复方面形成的经验和技术方法进行梳理，主要包括生态状况评价方法、生态修复总体布局构建技术、生态修复分区划定方法、生态修复重点区域识别方法、生态修复重大工程布局与生态修复分类实施策略六个方面。

关键术语："两山论"、山水林田湖草沙生命共同体、生态保护修复、生态修复总体布局、生态修复分区、生态修复工程

复习思考题

（1）试述新时期国土空间生态修复的概念内涵。

（2）论述国土空间生态修复规划与国土空间规划的关系及其在国土空间规划体系中的定位与作用。

（3）国土空间生态修复规划的主要工作内容有哪些？

（4）试述国土空间生态修复重点区域分区的思路及主要方法。

（5）探讨国土空间生态修复规划在提升生态空间质量和稳定性方面的实施策略。

第 10 章 中心城区规划

本章导读：

中心城区作为城市的核心区域，承载着城市的政治、经济、文化等多重功能，是城市发展的重要引擎。随着城市化进程的加速，中心城区面临着交通拥堵、环境污染、资源紧张和历史文化遗产保护不足等多重挑战。中心城区规划正是在高质量城镇化和可持续发展的双重压力下，通过科学合理的设计，优化城市空间结构，提升城市功能，改善居民生活质量，保护和传承城市文化，促进经济社会相协调，以实现城市的高效、宜居和可持续发展。这不仅关系到城市的外在形象，更关系到城市的内在活力和竞争力。其中，优化城市空间结构与功能布局、完善公共空间和公共服务功能等是中心城区规划的重点内容，空间红线管控、城市更新与存量规划等议题也是中心城区规划的难点。因此，本章围绕中心城区规划相关问题进行阐述。

重点问题：

- 中心城区规划编制重点内容
- 城市空间布局的模式与方法
- 城市控制线的内涵
- 城市更新与存量规划的内涵和意义

10.1 规划编制重点内容

2020 年 9 月，自然资源部公布了《市级指南》，明确了市级国土空间总体规划包括市域和中心城区两个层次。市域要统筹全域全要素规划管理，侧重国土空间开发保护的战略部署和总体格局；而中心城区作为市级国土空间总体规划关注的重点地区则要细化土地使用和空间布局，侧重功能完善和结构优化，同时要落实重要管控要素的系统传导和衔接。

中心城区范围根据实际和本地规划管理需求等确定，一般包括城市建成区及规划扩展区域，如核心区、组团、市级重要产业园区等；一般不包括外围独立发展、零星散布的县城及镇的建成区。

梳理《市级指南》中对中心城区规划要求，将其重点内容总结为以下几点。

10.1.1 优化城市空间结构与功能布局

优化城市功能布局和空间结构，改善空间连通性和可达性，促进形成高质量发展的新增长点。

（1）按照主体功能定位和空间治理要求，优化城市功能布局和空间结构，规划分区细化至二级分区（表10-1）。

表10-1 中心城区规划分区建议表

一级分区	二级分区		含义
城镇发展区	城镇集中建设区		城镇开发边界围合的范围，是城镇集中开发建设并可满足城镇生产、生活需要的区域
		居住生活区	以住宅建筑和居住配套设施为主要功能导向的区域
		综合服务区	以提供行政办公、文化、教育、医疗以及综合商业等服务为主要功能导向的区域
		商业商务区	以提供商业、商务办公等就业岗位为主要功能导向的区域
		工业发展区	以工业及其配套产业为主要功能导向的区域
		物流仓储区	以物流仓储及其配套产业为主要功能导向的区域
		绿地休闲区	以公园绿地、广场用地、滨水开敞空间、防护绿地等为主要功能导向的区域
		交通枢纽	以机场、港口、铁路客货运站等大型交通设施为主要功能导向的区域
		战略预留	在城镇集中建设区中，为城镇重大战略性功能控制的留白区域
	城镇弹性发展区		为应对城镇发展的不确定性，在满足特定条件下方可进行城镇开发和集中建设的区域
	特别用途区		为完善城镇功能，提升人居环境品质，保持城镇开发边界的完整性，根据规划管理需划入开发边界内的重点地区，主要包括与城镇关联密切的生态涵养、休闲游憩、防护隔离、自然和历史文化保护等区域

（2）落实上位规划指标，以盘活存量为重点明确用途结构优化方向，提出建设用地集约利用的目标和措施。

（3）确定中心城区各类建设用地总量和结构，制定中心城区城镇建设用地结构规划表（表10-2）。提出不同规划分区的用地结构优化导向，鼓励土地混合使用。

表10-2 中心城区城镇建设用地结构规划表

序号	用地类型	比例/%	面积/km²
1	居住用地		
2	公共管理与公共服务用地		
3	商业服务业用地		
4	工矿用地		
5	仓储用地		
6	交通运输用地		
7	公用设施用地		
8	绿地与开敞空间用地		
9	特殊用地		
10	留白用地		
	合计		

（4）优化建设用地结构和布局，推动人、城、产、交通一体化发展，促进产业园区与城市服务功能的融合，保障发展实体经济的产业空间，在确保环境安全的基础上引导发展功能复合的产业社区，促进产城融合、职住平衡。

（5）提高空间连通性和交通可达性，明确综合交通系统发展目标，促进城市高效安全、低能耗运行，优化综合交通网络，完善物流运输系统布局，促进新业态发展，加强区域、市域、城乡之间的交通服务能力。

（6）坚持公交引导城市发展，提出与城市功能布局相融合的公共交通体系与设施布局。优化公交枢纽和场站（含轨道交通）布局与集约用地要求，提高站点覆盖率，鼓励站点周边地区土地混合使用，引导形成综合服务节点，服务于人的需求。

10.1.2 完善公共空间和公共服务功能

（1）基于常住人口的总量和结构，提出分区分级公共服务中心体系布局和标准，针对实际服务管理人口特征和需求，完善服务功能，改善服务的便利性。确定中心城区公共服务设施用地总量和结构比例。

（2）优化居住用地结构和布局，改善职住关系，引导政策性住房优先布局在交通和就业便利地区，避免形成单一功能的大型居住区。确定中心城区人均居住用地面积。严控高层高密度住宅。

（3）完善社区生活圈，针对人口老龄化、少子化趋势和社区功能复合化需求，重点提出医疗、康养、教育、文体、社区商业等服务设施和公共开敞空间的配置标准和布局要求，建设全年龄友好健康城市，以社区生活圈为单元补齐公共服务短板。

（4）按照"小街区、密路网"的理念，优化中心城区城市道路网结构和布局，提高中心城区道路网密度。

（5）构建系统安全的慢行系统，结合街道和蓝绿网络，构建连通城市和城郊的绿道系统，提出城市中心城区覆盖地上地下、室内户外的慢行系统规划要求，建设步行友好城市。

（6）结合市域生态网络，完善蓝绿开敞空间系统，为市民创造更多接触大自然的机会。确定结构性绿地、城乡绿道、市级公园等重要绿地以及重要水体的控制范围，划定中心城区的绿线、蓝线，并提出控制要求。

（7）在中心城区提出通风廊道、隔离绿地和绿道系统等布局和控制要求。确定中心城区绿地与开敞空间的总量、人均用地面积和覆盖率指标，并着重提出包括社区公园、口袋公园在内的各类绿地均衡布局的规划要求。

10.1.3 保护城市自然历史文化及营造特色城市风貌

（1）统筹划定包括城市紫线在内的各类历史文化保护线，保护历史性城市景观和文化景观，针对历史文化和自然景观资源富集、空间分布集中的地域和廊道，明确整体保护和促进活化利用的空间要求。

（2）提出山水人文格局的空间形态引导和管控原则，对滨水地区（河口、海岸）、山麓地区等城市特色景观地区提出有针对性的管控要求。

（3）明确空间形态重点管控地区，提出开发强度分区和容积率、密度等控制指标，以及高度、风貌、天际线等空间形态控制要求。明确有景观价值的制高点、山水轴线、视线通廊等，严格控制新建超高层建筑。

10.1.4　增强城市安全韧性

（1）基于灾害风险评估，确定主要灾害类型的防灾减灾目标和设防标准，划示灾害风险区。明确防洪（潮）、抗震、消防、人防、防疫等各类重大防灾设施标准、布局要求与防灾减灾措施，适度提高生命线工程的冗余度。针对气候变化影响，结合城市自然地理特征，优化防洪排涝通道和蓄滞洪区，划定洪涝风险控制线，修复自然生态系统，因地制宜推进海绵城市建设，增加城镇建设用地中的渗透性表面。沿海城市应强化因气候变化造成海平面上升的灾害应对措施。

（2）以社区生活圈为基础构建城市健康安全单元，完善应急空间网络。结合公园、绿地、广场等开敞空间和体育场馆等公共设施，提出网络化、分布式的应急避难场所、疏散通道的布局要求。

（3）预留一定应急用地和大型危险品存储用地，科学划定安全防护和缓冲空间。

（4）划定中心城区重要基础设施的黄线，与生态保护红线、永久基本农田等控制线相协调。在提出控制要求的同时保留一定弹性，为新型基础设施建设预留发展空间。

（5）提出中心城区交通、能源、水系、信息、物流、固体废弃物处理等基础设施的规模和网络化布局要求，明确廊道控制要求，鼓励新建城区提出综合管廊布局方案。

10.1.5　推进生态修复与城市更新

（1）生态修复应针对城镇内部及周边山体和河湖水系生态破坏，城市蓝绿空间结构不合理、热岛效应，饮用水水源地等重要生态功能区的生态问题和障碍因子，城镇和重要交通干线周边矿山生态破坏和土地损毁，城市建设、重大基础设施建设对生物栖息地、迁徙通道的破坏等问题，对中心城区生态修复任务作出具体安排，识别生态修复主攻方向，提出方向性和政策性指导。

（2）城市更新应根据城市发展阶段与目标、用地潜力和空间布局特点，明确实施城市有机更新的重点区域，根据需要确定城市更新空间单元，结合城乡生活圈构建，注重补短板、强弱项，优化功能布局和开发强度，传承历史文化，提升城市品质和活力，避免大拆大建，保障公共利益。

10.2 城市空间结构与布局[①]

10.2.1 城市空间结构及其影响因素

结构是各种事物中各组成部分或各要素之间的关联方式，是表征各种事物存在的一个基本事实。城市空间结构（urban spatial structure）是指城市各功能区的地理位置及其分布特征和组合关系，它是城市功能组织在空间上的投影，具有内部结构、边缘区结构和外部结构之分。城市空间结构的演化本质上在于社会经济的发展，推动了城市职能分化、城市规模扩大，这一切在空间上就表现为城市空间结构的变化。

1. 城市空间结构的类型

为了直观表述的需要，本书按照城市总体形态及其道路骨架形式，可将常见的城市空间结构分为六类（图10-1）。

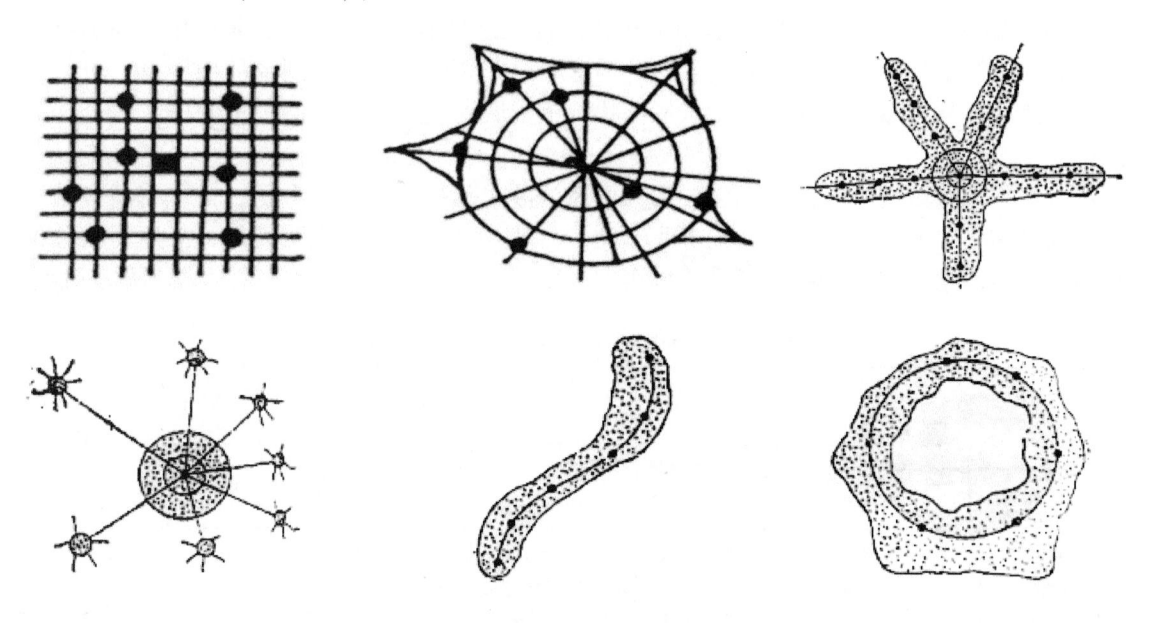

图10-1 常见的城市空间结构形态

（1）格网状城市。这种结构形态较为规整，一般由横向和纵向的干道构成整个城市的骨架，城市方位的辨识性较好，便于城市空间持续生长，交通路径具有多选择性，但是也容易造成布局与景观上的单调。

（2）环形放射状城市。这种结构形态主要由放射形和环形的交通网络构成城市的整体

[①] 张京祥，黄贤金. 国土空间规划原理. 南京：东南大学出版社，2021.

骨架。这种结构形态的城市，内外交通的通达性一般较好，但是有着很强的向心性发展趋势，容易诱导各种要素向市中心集聚造成拥挤。

（3）星状城市。这种结构形态的城市往往是由于沿着交通走廊发展的结果，沿着对外交通走廊串珠状地分布着若干城镇组团，它们与中心城区发生着紧密的联系，但是相互之间的联系一般较少。

（4）组团状城市。这种结构形态一般是根据自然地形或其他空间要素的分割而形成的，整个城市不是集聚的团块状，而是分散为若干功能、用地相对独立的组团，它们相互之间通过便捷的交通联系在一起，共同构成了一个完整的城市功能系统。组团状城市可以避免城市集中"摊大饼"发展的缺陷，与周边的自然生态环境能够保持较好的接触，同时也保留了较大的空间发展弹性，但是组团状城市也容易造成基础设施投入成本偏大、某些组团功能单一而发展动力不足等问题。

（5）带状城市。这种结构形态的城市往往是受地形限制，沿主要交通干道发展而形成的。带状城市虽然具有和自然环境紧密接触的优势，但是往往会造成交通过于集中于城市空间少数主轴线。同时，随着城市规模的扩大，城市基础设施的建设、配套成本也会大幅度增加。

（6）环状城市。这种结构形态和带状城市有一定的相似之处，往往是城市空间围绕一个水面或山体呈带状延长，形成环形的结构形态。环状城市一般环湖或环山而建，可以较好地保持城市与自然环境的接近，但是环状城市发展到后期，很难避免不向中心部分扩展并侵蚀生态空间。

此外，按照城市伸展轴的组合关系、用地聚散状况和平面几何形状，也可将城市结构形态划分为集中型城市、群组型城市两大类型（表10-3）。需要说明的是，上述的区分都是为了满足简化研究和表述的需要，事实上一个城市，尤其是大城市、特大城市的空间结

表10-3 城市典型结构形态分类标准与基本特征

城市结构形态类型	典型形态	城市用地聚散程度	伸展轴特征	几何形状
集中型城市	块状	单块城市用地，紧凑度较高	伸展轴短，与城市半径的比值1.0	通常为规整紧凑的团块状
	带状	单块城市用地紧凑度较小	两个不同方向的超长轴，与城市半径的比值>1.6	狭长的长条形
	星状	单块城市用地，紧凑度居两者之间	有三个或三个以上的超长伸展轴	放射状
群组型城市	双城	两块分离的城市用地	沿一条主要伸展轴发展	两个分离组团串联形成
	带状群组	三块以上的城市用地	沿一条主要伸展轴发展	若干个分离的组团沿直线或曲线呈带状分布
	块状群组	三块以上的城市用地	由主要伸展轴和次要伸展轴构成网络	在一个区域围绕一个主要城市呈团块状密集分布

构形态，多是由上述各种类型叠合而成的。客观而言，并不存在一个绝对、普适的最优城市空间结构形态，对任何一种城市空间结构优劣的评价，如果脱离了具体城市特点、具体环境条件来讲都是没有意义的。这里可以通过研究分析去尽量找到一种适合具体城市、具体发展阶段需要的较好结构。

2. 影响城市空间结构的因素

一个城市之所以具有某种特定结构与形态，首先与城市所处的地理环境有很大关系。平原地区城市的结构和形态较为规整，山区城市的结构与形态则相对变化较大，受地形、地貌条件制约较深。同样，沿海、沿江城市的结构与形态与内陆地区城市的结构与形态也有较大的差别。另外，政治、经济和文化等因素对城市结构及形态的影响也是巨大的。

（1）经济因素。城市经济的优越性在于它的集聚经济和规模经济，不同产业组织的区位偏好和空间组织形式影响着城市空间结构。福特式工业大制造时代强调生产的规模经济，因此常常可以在城市中见到巨大的工厂和统一的工业区；弹性生产时代强调个性，重品质而非数量，企业的规模小得多，在空间上也更为灵活分散；现代零售业倾向于大规模、专业化经营，其市场影响范围大于传统零售业；在全球化和知识经济时代下，中心商务区（CBD）日益成为城市区域的商务中心、金融中心和跨国公司所在地，要求有更好的自然环境和先进的交流设施。

（2）技术因素。交通和通信技术直接影响着城市的空间结构，交通技术进步使单位距离的时间成本减少，直接促进了城市规模的扩大，如边缘城市（edge city）在新古典经济学视角下的解释，是规模经济、可移动性和交通费用相互作用下的产物。在网络信息社会，信息服务设施的建设使得人们可以在网络服务覆盖的地区进行学习、工作和娱乐，创造了更多的异地交流方式，城市离心力大大增强。因此，随着信息基础设施的建设发展，城市空间结构也会出现一定的分散化、灵活化倾向。

（3）社会因素。一方面，城市文化传统塑造了公共空间的空间结构，内化于城市居民的日常活动，影响着人们对空间的选择与需求，从而深刻地影响着城市空间的布局和形态；另一方面，城市社会空间结构包括人口结构、贫富分化等因素影响着城市的要素构成，从而影响着城市空间结构。例如，老龄化社会、青年型社会对城市空间的需求类型是不同的，处于不同成长阶段的家庭在城市中居住的区位选择也不相同；经济实力较好的阶层居住在环境较好的地区，而经济拮据的外来人群往往只能租住城中村的出租屋或是郊区的简陋住房。

（4）政策因素。政治体制不同往往会影响土地制度，从而影响土地利用的结构形态。资本主义国家强调私人利益，一般实行土地私有制；社会主义国家强调集体利益，因此多实行土地公有制（国有制）。我国改革开放前城市用地实行行政划拨，行政因素对城市空间结构塑造起到关键作用；而西方城市用地则以市场交易为主，市场因素对城市空间结构起着主要作用。任何现代城市的空间结构都是被一系列复杂的制度网所覆盖，城市用地政策及其相配套的调控手段规定了区域的性质和空间活动，反过来又影响着个体和集体的行为模式，即制度也在塑造空间[①]。

10.2.2　城市空间布局模式

城市总体布局模式是对不同城市形态的概括表述，城市形态与城市的性质规模、地理环境、发展进程和产业特点等相互关联，具有空间上的整体性、特征上的承传性和时间上的连续性。一般来说，城市总体布局主要有以下两种模式：

1. 集中式城市总体布局

这种布局的主要特点是城市各项建设用地集中连片发展，就其道路网形式而言，可分为网络状、环状、环形放射状、混合状，以及沿江、沿海或沿主要交通干道带状发展等模式。

集中式布局的优点是：①布局紧凑，节约用地，节省建设投资；②容易低成本配套建设各项生活服务设施和基础设施；③居民工作、生活出行距离较短，城市氛围浓郁，交往需求易于满足。

集中式布局的缺点是：①城市用地功能分区不十分明显，工业区与生活居住区紧邻，如果处置不当，易造成环境污染；②城市用地大面积集中连片布置，不利于城市道路交通的组织，这是由于越往市中心，人口和经济密度越高，交通流量越大；③城市进一步发展，会出现"摊大饼"的现象，即城市居住区与工业区层层包围，城市用地连绵不断地向四周扩展，城市总体布局可能陷入混乱。

2. 分散式城市总体布局

这种布局的主要特点是城市分为若干相对独立的组团，组团之间大多被河流、山川等自然地形、矿藏资源或对外交通系统分隔，组团间一般都有便捷的交通联系。这种发展形态是受到城市用地条件限制而产生的。

分散式布局的优点是：①布局灵活，城市用地发展和城市容量具有弹性，容易处理好近期与远期的关系；②接近自然，环境优美；③各城市物质要素的布局关系井然有序，疏而有致。

分散式布局的缺点是：①城市用地分散，浪费土地；②各城区不易统一配套建设基础设施，分开建设成本较高；③如果每个城区的规模达不到一个最低要求，城市氛围就不浓郁；④跨区工作和生活出行成本高，居民联系不便。

城市布局形式是在多种因素的共同作用下形成的，是随着生产力的发展、城市性质的演进、城市规模的扩张、城市发展阶段的演变而不断发展变化的。一般来说，中小城市总体布局模式以向心集中型为主，总体上趋于单中心、紧凑的空间结构；而大城市、特大城市则更倾向于多中心、分散式总体布局模式，从而形成"中心城区+卫星城"的大都市区结构。

---

① 周春山. 城市空间结构与形态. 北京：科学出版社，2007.

10.2.3 城市空间布局原则与方法

1. 基本原则

1）点面结合，统筹安排城乡空间

要注重区域协调，把城市视为一个点，而将其所在的区域或更大的范围视为一个面，点面结合，分析研究城市在地区国民经济发展中的地位和作用。这样，城市与乡村、工业与农业、市区与郊区才能得到统筹考虑、全面安排。

2）功能协调，统筹城市各类用地布局

城市中的用地类型众多，各自有着不同的区位偏好要求，但是相互之间又会产生影响。要合理布置好对城市发展极其重要但又可能对城市生活、空间结构产生重大影响的各类产业用地，特别是工业用地的布局。统筹协调产业空间、居住空间、交通运输、公共绿地等用地之间的关系，根据具体实际，处理好空间功能分区与功能混合的关系。

3）兼顾新旧，统筹旧区改造与新区的发展需要

新区与旧区要实现共融、协调发展、相辅相成，使新区为转移旧区某些不合适的功能提供可能，为调整、充实和完善旧区功能和结构创造条件。随着中国城镇化阶段的发展及国土资源空间约束的趋紧，越来越需要关注存量空间的再利用和城市的更新，努力让城市中衰退的地区实现复兴。

4）结构清晰，交通支撑有力且内外交通便捷

要合理划分、组织城市的功能分区，使其功能明确、规模适当，避免将功能不兼容的用地混合在一起，造成相互干扰；但也不要片面追求单纯的功能分区，要避免将功能区划分得过于单一，导致空间联系离散。通过多层次、多类型的交通网络有机联系城市各功能区，实现市内交通与对外交通差异有序、方便衔接。

5）时序得当，留有发展余地

城市需要不断发展、更新、完善和提高，要注重城市用地功能组织及其发展的时序，在各个阶段都能互相衔接、配合协调。特别要合理确定近期建设方案，加强预见性，在布局中留有余地，空间上适当"留白"——在定向、定性上具有可调整性，在定量上具有可伸缩性，在空间定位上具有可变动性。

此外，城市空间布局还应聚焦以人为本、以人民为中心的目标，满足人民对美好生活的需求，重视对城市空间的整体设计，创造优美宜居、充满魅力的城市环境与形象，如城市空间景观的组织、城市历史传统与地方特色形象设计等。

2. 主要内容

1）居住生活区

居住生活区是以住宅建筑和居住配套设施为主要功能导向的区域。用地类型以城镇住宅用地、社区服务设施用地为主，兼容公共设施用地、绿地与广场用地、商服用地。

居住生活区内采用"用途准入+指标控制"的方式进行管理。居住生活区内应构建健康、宜居的生活环境，提供完善、便捷的日常生活服务功能，区内应保障一定比例以上的城镇住宅用地及配套社区服务设施用地。在保障主要功能导向的前提下，鼓励多元功能的适度混合，避免重大妨害功能的干扰，如可准入不存在干扰、污染和安全隐患的公共设施用地、绿地与广场用地等。同时，国土空间总体规划编制在划定居住生活区时，应明确提出下位详细规划可准入的土地用途、各类用地的规模指标、可兼容比例，提出开发强度指标控制要求；对区内住宅建筑、公共服务设施、绿地、道路系统等建设提出控制要求。

2）综合服务区

综合服务区，是以提供行政办公、文化、教育、医疗等服务为主要功能导向的区域。用地类型以行政办公用地、文化用地、教育用地、体育用地、医疗卫生用地、社会福利用地为主，兼容绿地与广场用地、城镇住宅用地、社区服务设施用地。

综合服务区内采用"用途准入+指标控制"的方式进行管理。综合服务区是城市提供公共服务的核心空间，综合服务功能应集约紧凑，满足服务等级、规模及类型要求，区内应保障一定比例以上的行政办公用地、文化用地、教育用地、体育用地、医疗卫生用地、社会福利用地。在保障主要功能导向的前提下，可准入不存在干扰、污染和安全隐患的绿地与广场用地、城镇住宅用地、社区服务设施用地等。同时，国土空间总体规划编制在划定综合服务区时，应明确提出下位详细规划可准入的土地用途、各类用地的规模指标、可兼容比例，提出开发强度指标控制要求；对区内文教体卫、绿地、道路系统等建设提出控制要求。

3）商业商务区

商业商务区，是以提供商业、商务办公等就业岗位为主要功能导向的区域。用地类型以商服用地为主，兼容绿地与广场用地、居住用地。

商业商务区内采用"用途准入+指标控制"的方式进行管理。商业商务区是城市提供商业服务、商务办公的核心空间，商业商务服务功能应集约紧凑，满足服务等级、规模及类型要求，区内应保障一定比例以上的商服用地。在保障主要功能导向的前提下，可准入不存在干扰、污染和安全隐患的绿地与广场用地、城镇住宅用地、社区服务设施用地等。同时，国土空间总体规划编制在划定商业商务区时，应明确提出下位详细规划可准入的土地用途、各类用地的规模指标、可兼容比例，提出开发强度指标控制要求；对区内商业服务、商务办公、绿地、道路系统等建设提出控制要求。

4）工业物流区

工业物流区，是以工业、仓储物流及其配套产业为主要功能导向的区域。用地类型主要以工业用地、仓储用地为主，适当布局为企业服务的商服用地。

工业物流区内采用"用途准入+指标控制"的方式进行管理。工业物流区应统筹安排城市生产性功能，提升生产运行效率，严格遵守环保要求，降低工业及物流仓储功能对城市居住、公共环境、交通等的干扰，保障其他城市功能有序运行，区内应保障一定比例以上的工业用地、仓储用地。在保障主要功能导向的前提下，可准入为企业生产服务的商服用地等。同时，国土空间总体规划编制在划定工业物流区时，应明确提出下位详细规划可准入的土地用途、各类用地的规模指标、可兼容比例，提出开发强度指标控制要求；对区内不同类型工业、物流用地的安全防护提出控制要求，以及产城融合建设的具体规定。

5）绿地休闲区

绿地休闲区，是指以公园绿地、广场用地、滨水开放空间、防护绿地等为主要功能导向的区域。该区域需保障市民日常公共活动所需的绿地与广场空间，同时满足城市卫生、隔离和安全防护等功能的需求。用地类型以绿地与广场用地为主，可兼容少量公共设施用地。

绿地休闲区内采用"用途准入+指标控制"的方式进行管理。绿地休闲区应安排好"点、线、面"结合的城市绿地系统结构，为市民提供便捷可达、充足友好的游憩休闲空间，并确保相互干扰的功能区的防护隔离，区内应保障一定比例以上的绿地与广场用地。在保障主要功能导向的前提下，可准入少量公共设施用地等。同时，国土空间总体规划编制在划定绿地休闲区时，应明确提出下位详细规划可准入的土地用途、各类用地的规模指标和可兼容比例，提出开发强度指标控制要求；对区内公园绿地、广场用地、防护绿地的总体规模与服务半径提出控制要求。

6）交通枢纽区

交通枢纽区，指以机场、港口、铁路客货运站等大型交通设施为主要功能导向的区域。该区域需协调好城市内外的交通集散、路网配套、换乘衔接等关系，并与周边功能区保持良好的防护隔离。用地类型以铁路用地、公路用地、港口码头用地、机场用地等区域基础设施用地，以及道路与交通设施用地（城镇道路用地、城镇轨道交通用地、交通枢纽用地、交通场站用地）为主，适当兼容仓储用地、商服用地、住宅用地。

交通枢纽区内采用"用途准入+指标管控"的方式进行管理。交通枢纽区内应确定好机场、港口、铁路客货运站等重要交通设施的选址落位，统筹好与周边交通线网的接驳以及多种运输方式的联乘联运，有序引导基于交通枢纽的物流产业发展，区内应保障一定比例以上的交通类区域基础设施用地、道路与交通设施用地。在保障主要功能导向的前提下，可准入与交通枢纽关联性较强的仓储用地、商服用地、住宅用地等。同时，国土空间总体规划编制在划定交通枢纽区时，应明确提出下位详细规划可准入的土地用途、各类用地的规模指标；对该分区周围的防护隔离提出控制要求，尽可能降低交通噪音等对城市居住、公共环境的干扰。

3. 布局选址要点

1）居住用地

居住用地应选择在安全、适宜居住的地段进行建设，不得在有滑坡、泥石流、山洪等自然灾害威胁的地段进行建设；与危险化学品及易燃易爆品等危险源的距离，必须满足有关安全规定。居住用地的选择要十分注重用地自身及用地周边的环境污染影响，对于存在噪声污染、光污染的地段，应采取相应的降低噪声和光污染的防护措施。居住用地选择应有适宜的规模与用地形状，从而合理地组织居住生活，并经济有效地配置公共服务设施。在城市外围选居住用地时，要考虑与现有城区的功能结构关系，充分利用旧城区公共设施就业设施；居住用地的选择应协调与城市就业区和商业中心等功能地域的相互关系，以减少居住—工作、居住—消费的出行距离与时间。

2）商业服务业用地

城市中商业服务业用地的功能除满足购物活动、商务交往外，还可以满足大多数市民的多种活动需求。这类用地通常高度集中在城市中交通便利、人流集中、各种配套服务设施齐全的地区，往往位于交通方便、人流集中的城市中心地区，在一些大城市中形成中央商务区。由于在该类用地中活动的人员是非特定的，其活动内容带有不同程度的公共性，并且容纳这些公共活动的建筑物通常体量较大、特点明显，因此一般也是形成城市景观风貌及城市印象的重要地区。在该类用地中，商务办公、商业服务等一部分用地承载着高强度的城市经济活动，通常伴随着较高的土地利用强度，比较直观地反映为商业服务业的容积率与建筑物高度明显高于周围地区。商业服务业用地多是按照中心等级进行用地聚集布置。在规模较大的城市，往往有全市性、地区性以及居住区、小区等分层级的集聚设置，形成商业中心的相应等级系列。按照专业化程度和居民利用的频率，也可分别构成相应级别商业中心等级。

不同交通模式城市中的商业服务用地分布形态具有较大的差异。在以汽车交通为主的城市中，大型商业服务设施靠近城市干道或郊外的主要交通干线、高速公路等；而在以轨道公共交通为主的城市中，全市性的商业服务设施则大多位于靠近城市中心的交通枢纽附近，地区性的商业服务设施更多围绕轨道交通线上的站点布局。

商业设施用地不仅与城市人口有关，更与城市性质、城市规模、城市经济发展水平、居民生活习惯和城市布局等有密切的关系。因此，该类用地的预测难以准确，通常根据人口规模专业部门和地方的特殊需要进行布局组织。商业用地布局应结合居住考虑，以免在夜晚出现中心"空城"现象。一些大城市通过建立城市副中心，可以分解市级中心的部分职能，使城市主、副中心相辅相成。

3）工业用地

工业用地选址需考虑工业生产自身的要求和相关企业间协作关系，需能够利于生产，方便生活，具体考虑用地条件、交通运输条件、能源条件，水源条件以及获得劳动力的条件等。工业用地应与周围的用地互相兼容，并预留出进一步发展的空间。居住用地对工业污染的敏感程度最高，因此工业用地应远离居住用地，但工业用地与居住用地之间又存在着因大量职工通勤而需要相对接近的关系。工业用地布局需满足生产发展的原则，应有足够的用地面积，符合工业的具体特点和要求。同时，应具有方便的交通运输条件，并能解决给排水问题。

4）公共设施用地

公共设施用地布局一般会采用合理的服务半径，如对于医疗诊所、学校、银行、邮局、派出所等与市民生活密切相关的公共设施，要根据市民的利用频度、服务对象人口密度、交通条件以及地形条件等因素，从方便市民生活的角度出发，确定合理的服务半径。近年来，很多城市提出打造5分钟、10分钟等宜居生活圈的概念就是这个道理。

5）仓储用地

仓储用地规划布局与工业用地有着很强的相似性和相关性，均需要有大面积的场地、便捷的交通运输条件，且可能部分仓库有危险等。仓储用地的布局通常从仓储功能对用地条件的要求，以及与城市活动的关系这两个方面来考虑。首先，用作仓储的用地必须满足一定的条件，如地势较高且平坦，但需要具备有利于排水的坡度、地下水位低、承载力强以及便利的交通运输条件等。其次，不同类型的仓储用地应安排在城市不同的区位。例如，综合性供应仓库、本市商业设施用仓库等应布置在靠近服务对象、与市内交通系统联系紧密的地段；对于与本市经常性生产、生活活动关系不大的仓储设施，如战略性储备仓库、中转仓库等，可结合对外交通设施，布置在城市郊区。由于仓储用地对周围环境有一定的影响，规划中应使其与居住用地之间保持一定的卫生和安全防护距离。此外，危险品仓库应单独设置，并与城市其他用地之间保持足够的安全防护距离。

10.3　城市控制线管控

城市控制线指对城市发展全局有影响的、由规划确定的、必须控制的城市绿地、城市地表水体、历史文化街区和历史建筑、重要城市基础设施等的控制界线，是国土空间规划刚性管控的内容。

国外也有类似的城市控制线概念：美国主要控制体系由大型景观保护地区、基础设施带、发展滞后地区规划和工业用地计划等组成；日本代表性的控制方法包括景观规划区域、用地战略计划等；英国伦敦也制定了《绿带法案》和公共空间法来保护居民点的多样性、保护历史城镇文化环境特色。

10.3.1　城市绿线

城市绿线指城市各类绿地范围的控制线。城市绿线范围内的公共绿地、防护绿地、生产绿地、居住区绿地、单位附属绿地、道路绿地和风景林地等，必须按照《公园设计规范》（GB 51192—2021）等标准进行绿地建设。

绿线中明令禁止的行为主要有以下两个：一是城市绿线内的用地，不得改作他用，不得违反法律法规、强制性标准以及批准的规划进行开发建设；二是任何单位和个人不得在城市绿地范围内进行拦河截溪、取土采石、设置垃圾堆场、排放污水以及其他对生态环境构成破坏的活动。

10.3.2　城市蓝线

城市蓝线指规划确定的江、河、湖、库、渠和湿地等城市地表水体保护和控制的边界控制线。

划定城市蓝线需要遵循以下四个原则：一要统筹考虑城市水系的整体性、协调性、安全性和功能性，改善城市生态和人居环境，保障城市水系安全；二要与同阶段规划的深度保持一致；三要控制范围界定清晰；四要符合法律、法规的规定和国家有关技术标准、规范的要求。

蓝线中明令禁止的行为主要有以下五个：一是违反城市蓝线保护和控制要求的建设活动；二是擅自填埋、占用城市蓝线内水域；三是影响水系安全的爆破、采石、取土；四是擅自建设各类排污设施；五是其他对城市水系保护构成破坏的活动。

10.3.3　城市紫线

城市紫线指国家历史文化名城内的历史文化街区和省（区、市）人民政府公布的历史文化街区际保护范围界线，以及历史文化街区外经县级以上人民政府公布保护的历史建筑的保护范围界线。

紫线管理需要遵循以下四个原则：一是历史文化保护范围应当包括历史建筑物、构筑物和其风貌环境所组成的核心地段，以及为确保该地段风貌、特色完整性而必须进行建设控制的地区；二是历史建筑的保护范围应当包括历史建筑本身和必要的风貌协调区；三是控制范围清晰，附有明确的地理坐标及相应的界址地形图；四是城市紫线范围内文物保护单位保护范围的划定，应依据国家有关文物保护的法律、法规。

紫线中明令禁止的行为主要有以下六个：一是违反保护规划的大面积拆除、开发；二是对历史文化街区传统格局和风貌构成影响的大面积改建；三是损坏或者拆毁保护规划确定保护的建筑物、构筑物和其他设施；四是修建破坏历史文化街区传统风貌的建筑物、构筑物和其他设施；五是占用或者破坏保护规划确定保留的园林绿地、河湖水系、道路和古树名木等；六是其他对历史文化街区和历史建筑的保护构成破坏性影响的活动。

10.3.4　城市黄线

城市黄线指对城市发展全局有影响的、规划中确定的、必须控制的城市基础设施用地的控制界线。

划定黄线需要遵循以下三个原则：一要与同阶段规划的深度保持一致；二要确保控制范围界定清晰；三要符合国家有关技术标准、规范。

在城市黄线范围内禁止进行下列活动：一是违反规划要求，进行建筑物、构筑物及其他设施的建设；二是违反国家有关技术标准和规范进行建设；三是未经批准，改装、迁移或拆毁原有城市基础设施；四是其他损坏城市基础设施或影响城市基础设施安全和正常运转的行为。

知识链接 10-1

《市级国土空间总体规划编制指南（试行）》中关于绿线、蓝线、紫线、黄线的相关规定

总体规划应当确定市域结构性绿地、城乡绿道、市级公园等重要绿地的控制范围，确定中心城区绿地与开敞空间的总量、人均用地面积和覆盖率指标，并着重提出包括社区公园、口袋公园在内的各类绿地均衡布局的规划要求，明确划定中心城区绿线。

总体规划应明确划定中心城区蓝线，确定市域范围内需要保护的重要水体的控制范围，并提出控制要求。

总体规划应挖掘本地历史文化资源，梳理市域历史文化遗产保护名录，明确和整合

> 各级文物保护单位、历史文化名城名镇名村、历史城区、历史文化街区、传统村落、历史建筑等历史文化遗存的保护范围，统筹划定包括城市紫线在内的各类历史文化保护线。总体规划应确定重要交通、能源、市政、防灾等基础设施用地控制范围，划定中心城区重要基础设施的黄线，与生态保护红线、永久基本农田保护红线等控制线相协调。在提出控制要求的同时保留一定弹性，为新型基础设施建设预留发展空间。

10.4　城市更新与存量规划

当前，我国城市建设正在从大规模的增量建设转向存量更新和增量调整并重的新阶段。在此背景下，如何有效地挖潜并盘活城市存量用地，已成为国土空间规划的迫切需求。

10.4.1　概念内涵与辨析

1. 城市更新内涵

城市更新（urban renewal）是将城市中已经不适应现代城市社会生活的地区进行必要的、有计划的改建活动。城市在不同的发展阶段及发展背景下面临的问题也不同，早期的城市更新多指的是旧城改造，即对城市中的基础设施设备进行更新、拆减和增设，大多数资源都投放在了棚户区和危房简屋改造方面，解决的是城市中居民的基础生存与生活问题。这样的城市更新更具基础性，是实实在在的物质层面的更新与改造。现代意义上的城市更新较以往单纯以优化城市布局、改善基础设施为主的"旧城改造"涵盖了更多更广的内容，除了改善居民居住条件外，城市环境整治、振兴经济和体现社会公平等目标越来越受到重视。城市土地再利用成为城市更新的重要形式，即对小块土地或建筑物重新调整用途（如将工业区、码头区转变为商业区等），往往并不牵涉大规模的街区（特别是居住用地）调整，城市更新的任务更加突出也更倾向于使用城市再生（urban regenerate）这个字眼，其表征的意义已经不只是城市物质环境的改善，而是有更广泛的社会与经济复兴意义。在这一过程中，更新途径涉及多方面，既有推倒重来的重建，也有对历史街区的保护和旧建筑的修复等。

综上，城市更新的目标是解决城市中影响甚至阻碍城市发展的城市问题，主要方式可分为再开发（redevelopment）、整治改善（rehabilitation）及保护（conservation）三种。①再开发或重建是将城市土地上的建筑予以拆除，并对土地进行与城市发展相适应的新的合理使用。再开发的对象是建筑物、公共服务设施和市政设施等有关城市生活环境要素的质量全面恶化的地区。这些要素已无法通过其他方式，使其重新适应当前城市生活的要求。因此，必须拆除原有的建筑物，并对整个地区重新考虑合理的使用方案。重建是一种最为完全的更新方式，但这种方式在城市空间环境和景观方面、在社会结构和社会环境的变动方面均可能产生有利和不利的影响，同时在投资方面也更具风险，因此只有在确定没有其他方式可行时才可以采用。②整治改善是对建筑物的全部或一部分予以改造或更新设施，使其能够继续使用。整治改善的对象是建筑物或其他市政设施尚可使用，但由于缺乏维护而产生设施老化、建筑破损、环境不佳的地区。一般比重建所需时间短，资金投入少。③保护是对仍适合于继续使用的建筑，通过修缮、修整等活动，使其继续保持或改善现有的状况。保护适用于历史建筑或环境状况保持良好的历史地区。保护是社会结构变化最小、环境能耗最低的"更新"方式，也是一种预防性的措施，适用于历史城市和历史城区。保护除对物质形态环境进行改善之外，还应就限制建筑密度、人口密度、建筑物用途及其合理分配和布局等提出具体的规定。

2. 存量用地规划

存量用地有广义和狭义之分。广义的存量用地，指城乡建设已占有或使用的现有全部土地。狭义的存量用地，指现有城乡建设用地范围内的闲置未利用土地，以及利用不充分不合理、产出效率低的已建设用地，也就是具有二次开发利用潜力的土地，这是基于集约高效利用土地的管理需求提出的政策性概念。

存量用地规划是在保持建设用地总规模不变、城市空间不扩张的条件下，主要通过存量用地盘活、优化、挖潜、转换和提升等整治行为而实现城市发展的规划。通过提供优质高效的城市空间，来支持经济的持续增长、民生福利改善和生态环境质量提升，是存量规划与增量规划共同追求的目标，两者的区别在于实现目标的方式和路径不同。增量规划向存量规划转型，是国土空间规划的主要方向和重点。2023年11月，自然资源部办公厅印发的《支持城市更新的规划与土地政策指引（2023版）》，对如何在国土空间规划体系内强化城市更新规划统筹，提出了系统性工作指引，与《市级国土空间总体规划编制指南（试行）》形成了补充。该指引明确了总体规划"应结合城市发展阶段和总体空间布局要求，识别更新对象，提出城市更新的规划目标、实施策略、阶段工作重点以及相关规划管控和引导要求"。同时，可根据实际需要，确定城市更新用地的总体规模①。

存量规划虽然也有对开发建设行为的控制引导功能，但这是建立在保护原权利人利益的基础上的。与增量控规相比，存量控规的工作程序比结果更重要。存量控规是在有明确的土地产权主体条件下展开的，牵涉复杂利益的协调，必须充分尊重产权人的意愿。规划师不仅要进行空间设计，还需要考虑不同交易方式带来的成本变化，参与降低交易成本的规则设计。

3. 存量规划与城市更新关系

（1）城市更新与存量规划具有相近的内涵，都强调对城市做出长远、持续性的改善和提高（表10-4）。城市更新是存量规划的手段之一，改善公共服务设施是城市更新和存量规划的重要内容；二者都是在既有的土地上实现开发再利用，且都涉及多元主体。

（2）二者关注的侧重点有差异。存量规划关注土地利用方式的转变，城市更新关注城市建成环境质量和效益的提升。

---

① 吕晓蓓. 城市更新规划在规划体系中的定位及其影响. 现代城市研究，2011，26（1）：17-20.

在具体实践中，二者的适用范围会有所差别。例如，深圳对于闲置土地和违法建设用地的处置，不纳入城市更新的范畴，但其却是存量规划最重要的内容之一。

（3）总体而言，城市更新的内涵更丰富，存量规划的工作范围更广泛。

表 10-4　存量规划与城市更新内涵比较

项目	存量规划	城市更新
尺度	基于"三调"数据以地块为单位	划分更新区域与更新单元
范围	全县域，包括城、镇、村	主要聚焦于城区范围
对象	需要提质增效的存量建设用地	物理空间环境与经济、社会、文化空间
目的	促进土地集约利用	促进片区整体品质提升与活力创造
方法	再开发	整治改善、拆除重建、保护修缮等

10.4.2　存量更新规划编制逻辑与路径

1. 基本逻辑

在早期增量开发建设阶段，城市更新规划往往以"中长期规划或计划+年度计划"的形式体现更新策略，并指导某一行政范围内的项目库建设。进入存量再开发时期，聚焦改造规模、分区与项目清单的计划性规划已不能满足高质量国土空间规划体系的新要求，其内容体系面临转型[①]。

在存量更新主导及规划引领强化的背景下，需要以存量更新为手段，统筹落实多维公共利益与战略发展目标，并在传统的更新规模、分区、项目安排之外，形成引导"改成什么样"的空间抓手与管控指标要求，如实现"宜居环境改善""公共基础设施完善"应体现在产业居住比例、容积率分区和公共服务配套设施标准等管控指标上。在技术逻辑方面，应结合底数摸查、增存联动、人口需求分析与承载力分析等多种方法，综合推算更新规模并落实到空间，同时采用纵向上下联动、横向多主体多模式协调统筹的思路，对技术逻辑下的数量规模与空间安排进行校核，精准科学解决"改哪里"的问题。此外，需要以更明晰、更具操作性的规划传导机制与实施路径，助力多元主体参与实施，科学引导"怎么改"的问题。

2. 实现路径

在国土空间规划体系下，更新规划内容编制实现路径可概括为以下几点：

（1）多层级规划体系适配，实现角色地位转变。适应国家"五级三类"规划体系，各地方政府在自然资源资产化管理中充分发挥调控与再分配职能，构建"总-专-详"联动的规划内容体系，以全新的工作逻辑和技术体系开展存量地区全域全要素规划管控，推动国土空间资源配置更加有序高效。总体规划应明确更新目标和工作重点，充分统筹城中

---

① 陈志敏，张艺萌，郭友良. 超大城市存量更新国土空间规划编制实践研究. 城市学报，2024（2）：63-70.

村改造、低效用地再开发和全域土地综合整治等相关工作，统筹城中村改造、低效用地再开发等任务；专项规划应细化存量资源底数，明确更新改造目标与规模，确定重点任务，梳理正负面清单和建立重点项目库，指导年度计划的编制；详细规划应合理划定规划单元，统筹考虑更新改造项目的利益复杂性及实施可行性，落实城市战略意图、保障城市公共利益，保障重点发展平台与重大产业项目，完善重大基础设施与民生设施，支撑生态保护与历史文化传承，确保更新项目科学、高品质、可实施。

（2）多维度规划目标对应，实现内容组织转变。城市更新应满足经济、社会、文化三个维度的需求。经济目标应提升土地利用效率和产业转型；社会目标应提高公共服务和城市生活品质；文化目标应保护和传承地方文化遗产。新规划应通过精细化政策引导市场贡献公共利益，为片区功能提升、环境再造提供所需的土地和空间；将底线控制、功能引导等不同的调节方式灵活组合成为公共政策杠杆，把契合不同发展阶段诉求的公共利益落实到各阶段的城市更新中，实现功能提升和环境再造。

（3）多主体利益协调响应，存量规划应协调政府、开发企业、权属主体、公众等多元利益主体，核心在于资源的高效再分配和利益关系的引导、规范、约束和激励，实现既有利益格局下资源的高效再分配。顺应现代国家治理体系完善与国土空间改革体系思路，新一轮城市更新工作要求规划角色应从行政管理转向协同治理，统筹城市发展目标和公众意愿，强调全社会参与，深度引导市场、社会等多元主体参与空间治理，形成多元共治、凝聚共识的城市更新格局。

3. 重点工作内容

在总体规划编制中，需充分发挥国土空间规划在增量与存量空间统筹中的关键作用，以城市更新为引领，深入挖掘城市存量资源要素，全面提升城市功能、空间结构、历史文化保护、资源配置和人居环境。以下是具体的规划策略[①]：

（1）城镇开发增量空间规划。严格控制城镇开发边界，促进空间资源的最优配置和发展潜力的释放。通过城市更新，建立规划管控机制，精准高效策划更新项目。在城镇开发边界内，明确更新重点地区，完善功能、优化结构，补齐公共服务和基础设施短板，增加公共空间。延续老城框架和历史文脉，采取有机更新方式，避免大规模拆除重建。在城镇开发边界外，结合生态修复，开展全域国土综合整治试点，盘活存量集体建设用地。

（2）公共设施增量空间规划。"住有所居"是人民美好生活的重要基石。通过实施城市更新，将存量老旧小区规划为公共设施增量空间，提升居住水平和城市功能，构建优质均衡的公共服务体系。对早期商品房小区进行提质提档措施，拆除违建、拓展空间、美化环境，增加小区公共停车位、绿化空间和活动场地，改善人居环境。

（3）地域文化增量空间规划。文化是城市的灵魂，通过实施城市更新，妥善处理保护与发展的关系，延续城市历史文脉，保留特有的地域环境、文化特色、建筑风格，整合人文资源，凸显文化底蕴和城市品质，形成城市内涵。通过"微改造"手法，统筹推进历史

---

① 张跃先. 依托城市更新 变存量为增量 构建国土空间规划编制新格局. （2022-07-13）[2024-10-02]. http://rjhj.changsha.gov.cn/jdhy_46119/hygq_46121/202207/t20220715_10682114.html.

文化名城保护、老旧小区改造、城中村改造和历史步道建设等，让老城区焕发新面貌。

（4）新业态培育增量空间规划。将存量老旧厂房规划为新业态培育增量空间，聚焦存量空间资源提质增效，挖掘工业遗存价值，引导老旧厂房发展新基建、科技创新、文化产业和现代服务业等，推进旧厂房微改造，深入挖掘存量工业用地资源。

（5）特色产业链群增量空间规划。将存量资源优势规划为特色产业链群增量空间，充分利用更新片区资源优势，按照"土地-资产-产业"联动开发模式，激活资源，打通产业链，实现产业升级。例如，医疗健康产业、妇幼保健服务等，统筹整合片区优质医疗资源集聚，延展导入上下游产业链，壮大医疗产业能级，加快医疗健康产业发展。

（6）绿色活力亮点增量空间规划。将存量生态斑点规划为绿色活力亮点增量空间，突出"生态惠民"要求，通过更新过程中的留白、留璞、增绿，扩大绿色生态空间，构建高品质绿色空间体系；以绿色发展为导向，加强产业结构调整，构建绿色产业体系，遵循海绵城市、生态修复理念；开展综合治理，引入社会资本，导入滨水商业、文旅休闲产业。

本 章 小 结

（1）中心城区范围根据实际和本地规划管理需求等确定，一般包括城市建成区及规划扩展区域，如核心区、组团和市级重要产业园区等。规划编制重点内容包括优化城市空间结构与功能布局、完善公共空间和公共服务功能、保护自然历史文化与城市风貌设计、增强城市安全韧性，以及推进生态修复与城市更新等。

（2）从类型上看，城市空间结构包括格网状、环形放射状、星状、组团状、带状、环状等类型，每种类型各有优缺点，适应不同城市的特点。此外，按照城市伸展轴的组合关系、用地聚散状况和平面几何形状，也可将城市结构形态划分为集中型城市、群组型城市两大类型。

（3）城市控制线指对城市发展全局有影响的、由规划确定的、必须控制的城市绿地、城市地表水体、历史文化街区和历史建筑、重要城市基础设施等的控制界线，是国土空间规划刚性管控的内容。

（4）城市更新是将城市中已经不适应现代城市社会生活的地区做必要的、计划的改建活动，目标是解决城市中影响甚至阻碍城市发展的城市问题。存量用地规划是在保持建设用地总规模不变、城市空间不扩张的条件下，主要通过存量用地盘活、优化、挖潜、转换、提升等整治行为而实现城市发展的规划。二者内涵相近但侧重点各有差异。

关键术语：中心城区规划、城市空间结构、城市控制线、城市更新、存量规划

复习思考题

（1）试述中心城区规划的重点内容。
（2）城市空间结构有哪几种类型？其特点分别是什么？
（3）集中式城市总体布局和分散式城市总体布局分别有什么优缺点？
（4）阐述城市控制线的内涵。
（5）城市更新和存量规划有什么区别和联系？

第 11 章　国土空间规划实施监督管理与用途管制

本章导读：
　　国土空间规划实施监督与用途管制作为国土空间规划体系的重要组成部分，是规划建设和发挥作用的关键性内容。严格国土空间规划实施监督管理与用途管制，关乎规划严肃性和权威性，关乎民生福祉和高质量发展。规划实施监督作为国土空间规划全周期的关键环节，是修正、反馈规划编制和规划管理的重要依据；国土空间用途管制体系作为规划机制建立的核心内容，是保障规划有效实施的重要手段。本章重点对国土空间规划实施监督管理系统中的内涵界定、机制构建、运行逻辑和技术方法等内容进行系统介绍，同时明晰国土空间用途管制的概念内涵、主要任务和实现路径等相关内容。在此基础上，依托国土空间信息平台，建立健全国土空间规划实施、监督、保障的闭环管理体系，助力"可感知、能学习、善治理、自适应"智慧规划目标的实现。

重点问题：
- 国土空间规划实施监督机制构建内容
- 国土空间规划实施监督系统的运行逻辑
- "区域–要素"统筹的国土空间用途管制
- 国土空间用途管制分级落实重点与实现路径

11.1　国土空间规划实施监督管理

　　《若干意见》[①] 不仅明确提出了监督实施的要求，而且具体提出了制度建设的内容。国土空间规划实施监督的实现需要明确其内涵，构建实施监督体系，通过监测、评估、预警和用途管制等手段，依托国土空间信息平台，建立健全国土空间规划动态监测评估预警和实施监管机制，形成国土空间规划编制、实施、监督、保障的闭环管理体系[②]。

[①] 新华社. 中共中央 国务院关于建立国土空间规划体系并监督实施的若干意见. 人民日报，2019-5-24（1）.
[②] 黄玫. 基于规划权博弈理论的国土空间规划实施监督体系构建路径. 规划师，2019，35（14）：53-57.

11.1.1 国土空间规划实施监督内涵[①]

1. 研究对象界定

从文字角度看"监督","监"有监视即持续观察和察看的含义,"督"有督促、督导即指导、管控执行的含义。因此,监督的核心就是对具体对象或事项执行过程,通过不断收集信息并进行分析、评估,作出反馈或采取措施以保证预定目标实现。相对于经常用到的"监测"一词,监测更强调的是"测",而监督则强调的是"督"。虽然两者的侧重点有所不同,但监测是监督的一个环节,同时也是其基础,只有通过科学的监测,才能保证所得到的数据和信息的准确性。

就国土空间规划实施监督而言,存在着多种形式的监督,其中主要的类型有:一是政府部门对规划实施的监督,既有上级政府对下级政府规划实施的监督,也有规划部门对各类国土空间规划使用者的空间使用行为的监督以及对国土空间规划整体实施情况的监督;二是立法机构对规划实施的监督,这种监督主要是对同级行政部门的规划实施管理行为以及对该行政区内规划执行情况的监督;三是社会对规划实施的监督,包括公众或各类机构、公共舆论等对政府规划实施管理和对各类空间使用所进行的监督等。

2. 概念内涵认知

在管理学科中,监督机制是指在监督系统中各要素的相互作用下,针对某种特定行为或目标进行检查、控制、纠偏的运行方式的总称。国土空间规划实施监督的对象是规划实施。规划实施是一项社会性的事业,其过程的参与者包括各级政府及其部门、各行各业各类群体机构以及个人。从规划实施的全过程看,监督的内涵主要由三种类型组成。

1) 对各级各类国土空间规划审批的监督

根据"谁组织编制,谁负责实施"和"谁审批、谁监管"原则,各级政府具有负责规划实施的职责。在国土空间规划体系中,上层级的规划需要通过下层级规划来实施,同一层级中的详细规划、相关专项规划都是对总体规划实施的安排。在国土空间规划分层级进行审批的体制下,为保障本层级规划的有效实施,必须要关注下层级、下层次规划的内容是否符合或贯彻本层级规划的要求和内容,这就需要对下级政府的规划审批进行监督。

2) 对各类国土空间使用项目的监督

国土空间规划管控的实质是国土空间使用的变化,而国土空间使用变化大部分通过各种类型的项目来实现或者为实现这种变化提供基础。空间使用项目的运行过程,大致可以划分为三个阶段:一是项目形成与审批阶段;二是项目实际实施开展阶段;三是项目完工

---

① 孙施文. 国土空间规划实施监督体系的基础研究. 城市规划学刊,2024,(2):12-17.

的验收交付阶段。

从国土空间规划实施监督来看，针对第一阶段的监督主要是对政府部门的监督，尤其是规划许可审批环节，项目是否符合法定规划的内容及其意图，或者对其他法定规划或其他内容的实施产生影响等都对规划实施至关重要。规划许可审批是由规划主管部门施行的，还应当受上级政府主管部门监督。针对第二、第三阶段的监督，是项目的实体性监督，即项目实施过程及其形成的结果与规划许可审批要求的符合度，依据"谁审批、谁监管"的原则，该事项应当由审批机关进行监管。

3）对国土空间实际使用过程的监督

在各类空间使用项目完成以后即进入空间的实际使用阶段，从国土空间规划全生命周期管理的要求出发，国土空间实际使用过程是规划实施监督的重要内容。这个阶段的监督重点在于国土空间的实际使用与规划规定内容的契合度。在监测评估的基础上，通过调整、优化等方式方法及时完善规划内容，使其与实际发展状况和需要相适应，这同样也是规划实施监督并进行决策的重要内容。

知识链接 11-1

目前，学术界对国土空间规划实施监督的内涵尚未完全进行界定。从理论内涵出发，整体性治理内嵌的整合机制、协调机制及信任机制，与国土空间规划实施监督机制构建面临的现实困境吻合，两者之间具有天然的价值，相互融合及理论逻辑贯通。结合整体性治理理论对国土空间规划实施监督机制进行本质内涵理解（图11-1），具体如下[1]：一是价值理念坚持"面向公众需求"。积极推动公众参与监督，创新监督方式，确保公众参与度得到明显提升，监督权得到进一步落实。二是治理基础要注重调动政府、市场、社会和公众等多元主体。以自然资源管理整体协同为出发点，打通"实施监督与国土调查、用途管制、执法督察等自然资源全过程管理"，并实现与国家治理能力体系的多方协同。三是组织结构要权责关系清晰。贯彻落实"谁审批谁监管"，按照"一级政府、一级规划、一级事权"，厘清层级政府之间的权责关系，理顺内外衔接关系。四是技术工具要为整体协同提供支撑。以信息化系统作为治理主体、组织结构的多方协同载体，明确审查备案、用途管制、实施监管、绩效考核、过程留痕和信息获取等方面的运行规则，界定监管职责，完善对应的政策法规、技术标准。

---

[1] 周健，项广鑫，邢旭东，等.整体性治理下国土空间规划实施监督机制的构建策略.国土资源导刊，2024，21（2）：108-116.

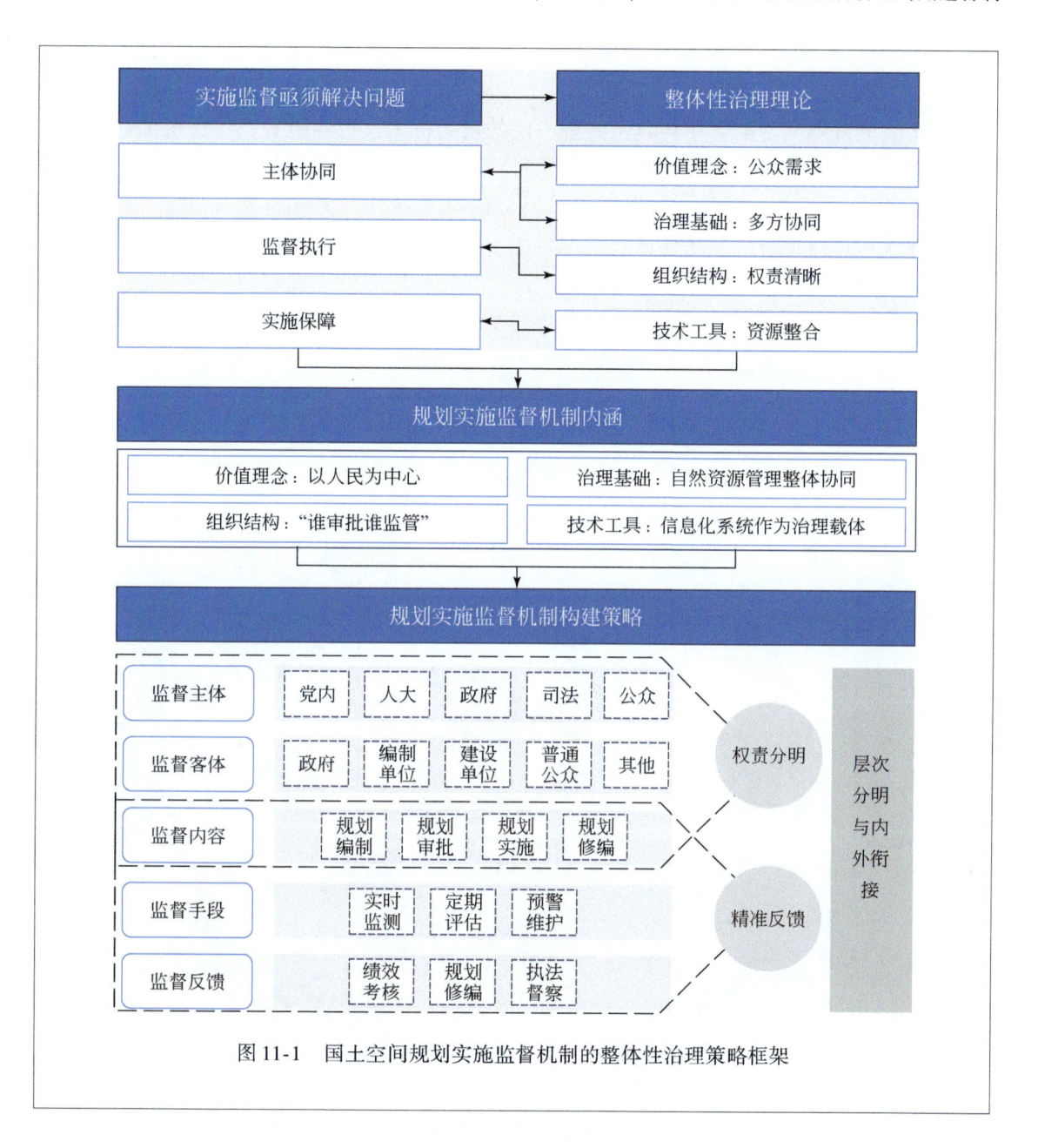

图 11-1　国土空间规划实施监督机制的整体性治理策略框架

11.1.2　国土空间规划实施监督机制构建

国土空间规划实施监督机制是国土空间治理的重要环节，主要是对国土空间规划的实施过程进行全面、系统的检查、控制及纠偏，以实现"报警器、调节器、方向盘"的构建目标。为达成这一目标，关键在于理顺治理主体的协同关系，明确组织结构的职责与权力，促进各方之间的相互协调、沟通，进而实现共建、共治、共享的国土空间治理格局，推动人居环境的优美发展。

1. 构建多元治理主体的协同体系

国土空间规划实施监督主体是由各种不同的权力机关、行政机关、司法机关以及人民群众等组成的，可概括为党内监督、人大监督、政府监督、司法监督、群众监督五种主体类型，如图11-2所示。规划实施监督主体具有高度复杂性，呈现出典型的层次性、连通性。具体来讲，可概括为三个层面：第一层面为国土空间规划体系的内部协同；第二层面是自然资源管理体系的整体协同；第三层面为国家治理体系的多方协同。其中，第一层面与第二层面仍属于政府监督的范畴。

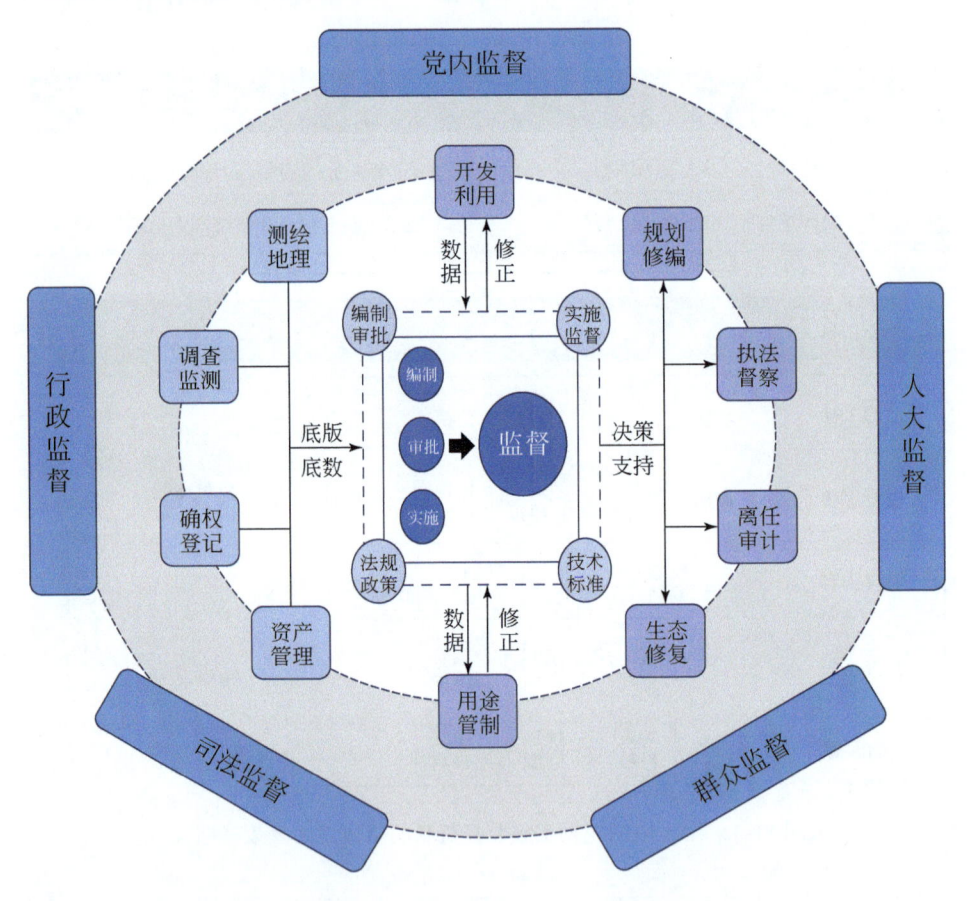

图 11-2 国土空间规划实施监督主体框架构成示意图

1）国土空间规划体系的内部协同

新时代国土空间规划体系的内部协同是确保规划编制、审批、实施和监督等各个环节顺畅运行、相互衔接的关键。总的来讲，可概括为以下四个方面：一是与规划编制体系的协同。紧密围绕规划编制的目标、内容和要求，明确监督重点，并及时将发现的问题反馈给主管部门，对规划编制成果进行优化调整。二是与规划审批体系的协同。明确规划审批的流程、标准和要求，按程序进行监督检查，防止权力滥用和违规操作。三是与法规政策体系的协同。严格遵循法律法规和政策要求，提高依法监督的能力和水平。四是与技术标准体系的协同。注重技术合理性和先进性，积极推动技术创新和应用，提高规划实施监督的效率和准确性。

2）自然资源管理体系的整体协同

国土空间规划实施监督是空间规划制度的核心内容，也是自然资源管理体系的重要环节，其与自然资源管理的整体协同可分为三个层面：一是充分依托调查监测、确权登记、测绘地理、资产管理等自然资源调查监测体系所获取的底版底数，掌握自然资源的现状、分布和变化趋势，提供详实的数据支撑；二是加强与用途管制、开发利用等自然资源使用过程中"行为-调控"之间的双向互动；三是为执法督察、离任审计、生态修复、规划修编等自然管理决策提供依据。

3）国家治理能力体系的多方协同

在国土空间规划实施监督的过程中，仅依靠政府监督是不全面的。必须构建一个全方位、多层次的监督体系，推动党内监督、人大监督、司法监督、群众监督形成多方合力，督促政府决策民主化。

2. 构建权责统一的组织运行体系

事权作为国土空间规划实施监督机制运行的核心，是国土空间治理中的关键要素。国土空间规划对应着空间资源配置的事权，具有分级、分类、分层的特征，即不同层级、类型的规划对应不同的部门以及各级政府的权力边界和责任清单。而回归到国土空间规划的实施监督管理中，各级政府和相关部门亦需要明确自己的权力边界和责任清单，确保对规划有效实施监督管理，并及时纠正和处理实施过程中的问题。

1）纵向监督运行体系

纵向监督在国土空间规划实施监督中占据着核心地位，确保了从上至下的监督管理体系的有效运行。依托国土空间规划的"五级"行政垂直管理体系，并遵循"谁编制谁实施"和"谁审批谁监管"的原则，从而明确不同层级政府部门的职能职责，如图11-3所示。在国家层面，监督全国国土空间规划纲要的执行情况，并对国务院审批的相关国土空间规划的实施情况进行监督检查，呈现出全局性、统一性和战略性的监督特征。在省级层面，除了负责监督本行政区域内的国土空间规划实施情况外，其协调性和政策制定能力对于纵向监督运行体系是至关重要的。市级、县级和乡镇级层面作为规划管控和实施主体，扮演着更加具体的角色，侧重全域层面的统筹协调，关注规划实施的全过程监督管理，制定具体的实施方案和监管措施。总之，纵向监督运行体系是条块结合的规划监督检查，上级政府应加强对下级政府规划实施的监督检查，下级政府也应积极配合上级政府的监督检查工作，提供支持和协助。

2）横向监督运行体系

横向监督管理在国土空间规划实施监督中具有同样重要的地位，侧重于地方层面对规划实施的监督管理，主要确保当地行政区范围内规划的有效执行，如图11-4所示。从政府监督角度而言，自然资源部门负责全过程综合监管。而针对特定领域、特定区域，需要与其他政府部门实行共同监管，形成跨部门协同的监管机制；在厘清自然资源部门与其他相关行政部门之间的管理边界的基础上，制定规划实施监管的部门责任清单，明确各责任

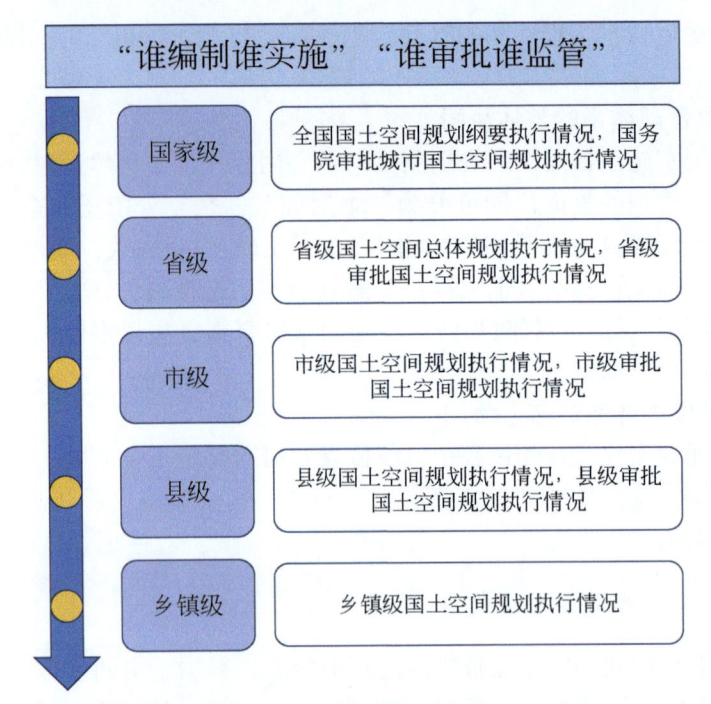

图 11-3　国土空间规划实施纵向监督管理示意图

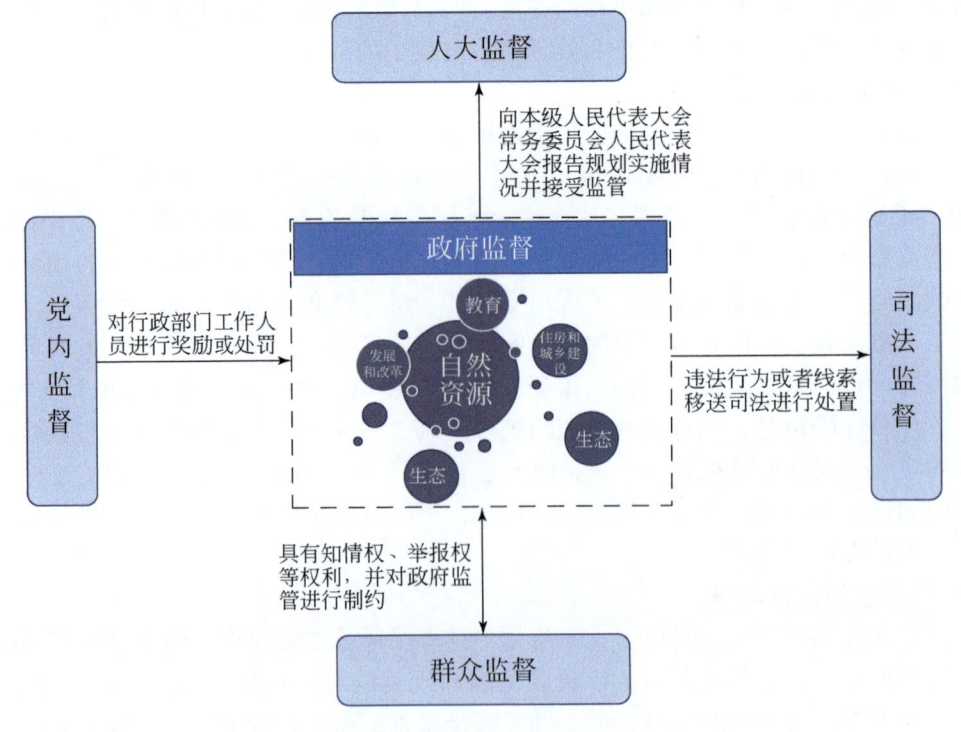

图 11-4　国土空间规划实施横向监督管理示意图

主体的职责边界，避免出现权力空白或重叠区域。除此之外，各部门在监管过程中应加强沟通与协作，强化关联协同，共同推动规划实施监督。横向监督运行体系不仅局限于政府内部之间关联协同，还应推动人大、群众、党内、司法的全方位监督，如若对违法行为的处理超出行政处罚范畴，应及时移送司法机关，确保违法行为得到应有的惩罚。

3. 构建全过程分级监督的内容体系

在国土空间规划实施监督机制中，监督内容是机制运行的核心支撑，不仅为监督系统各组成要素的相互作用提供了基础载体，还能确保实现国土空间规划全周期监管。规划实施监督内容以贯穿国土空间规划全生命周期管理为出发点，具体概括为"编规划""审规划"及"用规划"三个阶段，并分别对各阶段所涉及的主体、客体和行为等内容进行监督检查，提升部门和不同层级政府协同治理的能力。在"编规划"阶段，主要监督编制主体的合法性与职责履行程度、编制流程的程序规范性、编制单位的资质符合性和编制成果的执行情况等内容；在"审规划"阶段，主要监督审批主体、审批程序的合法性；在"用规划"阶段，其监督依据是用途管制，主要对规划实施的组织者和实施主体，在用途管制、规划许可等内容执行上的合法性进行监督。

根据监督对象可以将监督内容分为两大类型：一是对政府（部门）的行政行为的监督，即对政府（部门）规划编制成果审批和对项目进行规划许可审批等行为的监督，这种监督主要关注行政过程及其作出决定的结果；二是对社会的空间使用行为的监督，即对国土空间变化及其使用活动的过程及其结果的监督，这种监督是对空间实体变化的监督。在分级监督的格局下，不仅由于行政区域大小的区别导致监督的空间范围不同，而且更重要的是不同层级政府在规划实施监督的职责不同导致其关注的重点也各不相同。例如，中央政府的监督更加关注国家战略和特定政策的实施状况以及整体的空间格局；省级政府的监督重点在于规划分区及其结构关系；市级及市级以下政府的监督重点在于中心城区和镇区集中在规划单元以及地块的空间使用情况，在此之外的辖区范围则是规划分区。

> **知识链接 11-2**
>
> 本级政府批准的规划实施监督过程中，对由本级政府批准规划、由下级政府负责实施的规划实施监督，就是对下级政府所有规划的实施行为、过程及其结果进行监督，主要包括规划实施组织、下层次规划审批、项目许可审批以及国土空间使用项目及其实际使用是否遵守或者符合已经批准的规划的要求等。这种监督，不仅需要关注下层次规划、项目许可审批的结果以及空间使用活动是否与已批准的规划相一致，是否与用途管制的内容和要求相一致等，还有许多内容是需要予以关注的，包括但不限于[①]：
>
> （1）各类规划分区所确定的主要功能的整体执行情况，尤其对于各分区内为实现地区功能、完善设施等需要增进、改善的主要行动是否已经开展。

---

① 孙施文. 国土空间规划实施监督体系的基础研究. 城市规划学刊，2024，(2)：12-17.

(2) 对现存问题的解决，尤其是规划中已经确定要解决的与民生相关问题是否得到有效解决。

(3) 各类空间使用之间的关系是否合理，同样也不能只关注数量的关系，还有空间分布的关系及其所产生的供应效果。

(4) 各类空间使用项目以及各类建设量的分布与规划确定的分区功能定位、重点发展方向或重点建设地区等时序性安排的关系，尤其是与上层次规划确定的重点保护开发修复等要求之间的关系。

(5) 对规划城镇开发边界以外的分区准入，由于此轮国土空间总体规划中确定了分区的主导用途，但对相应的准入条件和约束性指标尚未作明确规定，因此对下级政府在实施过程中需要制定的准入条件和相应的约束性指标的相关政策及其实施过程需要有效的监督，而且必须充分关注到其空间组织的关系。

(6) 需要关注规划实施中根据规划时序安排应建未建的状况，尤其是公益性、民生性的公共服务和市政基础设施以及涉及公共安全性的设施等。

(7) 对规划中各类战略留白用地的启用及其规划进行监督。

(8) 对各类保护、开发、利用、修复、整治项目开展或投入使用后的后续影响及外部效应要有充分的预判，充分考虑其对本级规划的未来实施及对上层次规划战略目标实现的影响。

11.1.3 国土空间规划实施监督系统运行逻辑[1][2]

国土空间规划实施监督机制的构建是基础，接下来要通过加强对规划实施过程与结果的全生命周期监管，约束国土空间开发利用行为，保障国土空间安全。从根本上来说，由监测、评估、预警的整个过程所组成的国土空间规划实施监督体系，监测是基础，预警是手段，评估联结着前后两端（图11-5）。

监测是国土空间规划监督监管的基础，通过多样化的信息采集手段，实时获取国土空间诸多要素的变化，从而实现对国土空间保护和开发利用行为的全流程监管，因此监测本质上是对国土空间的感知，而感知则是为了更好地评估与预警。一方面，通过获取长时间序列的动态监测信息，对国土空间开发利用现状以及规划实施成效、目标等进行动态评估，从而精准判断规划是否合乎预期，为国土空间规划编制动态调整完善、底线管控等提供依据。另一方面，监测与评估的相关成果，又进一步为国土空间规划及时预警奠定了前置基础，通过对监测到的国土空间要素变化情况或规划评估的状态分析，结合一定的预警

---

[1] 钟镇涛，张鸿辉，洪良，等．生态文明视角下的国土空间底线管控："双评价"与国土空间规划监测评估预警．自然资源学报，2020，35（10）：2415-2427．

[2] 曹春华，卢涛，李鹏，等．国土空间规划监测评估预警：内涵、任务与技术框架．城市规划学刊，2022，(6)：88-94．

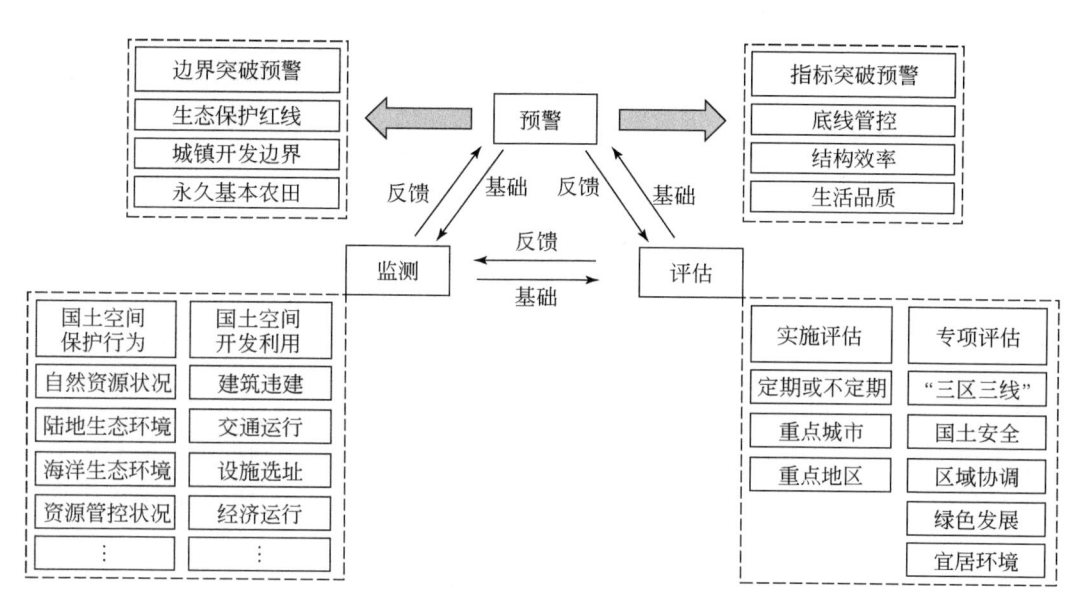

图 11-5　国土空间规划实施监测评估预警逻辑关系示意图

规则，对有突破重点管控边界或约束性指标风险的情况及时预警，便于部署相应的行动决策。通过持续的监测评估预警，形成国土空间规划监督监管闭环，即从规划"感知"到"决策"的行动路线，助力"可感知、能学习、善治理、自适应"智慧规划目标的实现[①]。

国土空间规划监测评估预警的范围是全域全要素，技术流程是通过对国土空间开发保护中重点指标的监测与分析，全方位、全要素、分阶段评估国土空间规划实施态势和存在问题，并对可能或已经突破国土空间规划预期的行为和界线提出及时预警，进而为规划调整优化决策提供智慧化、场景化、可视化的技术支持。在这样的意义下，以技术内容为主的规划实施评估主要是为决策者提供决策类型的依据，或者作出决策的提示或者提醒。

1. 规划实施动态监测

国土空间规划实施监测的核心是对国土空间信息的感知，当前以卫星遥感、航空摄影、物联网、互联网等典型技术为主构成的"天-空-地-网"一体化监测网，是国土空间信息感知体系的关键组成部分。例如，利用遥感影像与机器学习算法对违法建设行为进行动态监测，或基于街景影像、城市兴趣点（POI）、交通刷卡、手机信令等大数据分析人类时空活动特征，监测城乡运行动态、区域联系强度等。

总体上，各类国土空间规划监测方法可以概括为通过空间信息感知手段采集多源时空数据，并基于此构建应用分析模型，最终实现对自然空间或人类活动状态、规律的监测。

1) 构建规划监测指标与技术方法体系

在监测过程中要根据监测目标与对象的不同，选取合适的数据感知手段。对于永久基

---

① 钟镇涛，张鸿辉，刘耿，等. 面向国土空间规划实施监督的监测评估预警模型体系研究. 自然资源学报，2022，37（11）：2946-2960.

本农田、生态保护红线等自然空间管控要素的监测，可充分发挥卫星遥感、航空摄影等方法监测范围广、数据周期短、数据信息丰富的优点，定期采集多时相遥感影像，提取地表信息变化；对于人口活动强度、区域联系度等人类活动信息的监测，可采用手机信令、交通刷卡、互联网等可以反映人口时空结构、情感变化规律的数据，从人的活动、感受等维度监测城乡运行体征。

2）突破规划监测数据识别、提取关键技术

要充分运用大数据、机器学习、深度学习等技术，结合监测对象的表现形式与变化特征，构建融合多源大数据的空间信息动态感知与快速识别模型体系。该模型体系由国土空间信息智能提取模型与城乡运行体征监测模型两类模型构成，其中国土空间信息智能提取模型主要以遥感影像数据为基础，对水体、植被、耕地、建筑等要素进行高精度提取，用于国土空间规划中对重点管控边界与要素的监测。城乡运行体征监测模型是以新兴大数据为基础，通过融合空间分析、定量分析、语义分析等分析方法，从多源异构的人类活动监测数据中挖掘人类活动特征规律。两类模型互为补充，实现对国土空间自然信息与人类活动信息的全面监测，为国土空间保护与开发利用监测提供支撑。

国土空间规划监测模型体系架构如图 11-6 所示。其中，国土空间信息智能提取模型是以随机森林、支持向量机等机器学习算法以及卷积神经网络、全卷积网络、生成式对抗网络等深度学习算法为支撑，通过对遥感影像纹理、特征的学习训练，进而具备精准识别地表要素的能力，从而辅助自然资源与国土空间要素的快速监测。而对于城乡运行体征监测模型，其更多是通过对海量人类活动与城乡运行数据的综合分析与挖掘，运用空间分

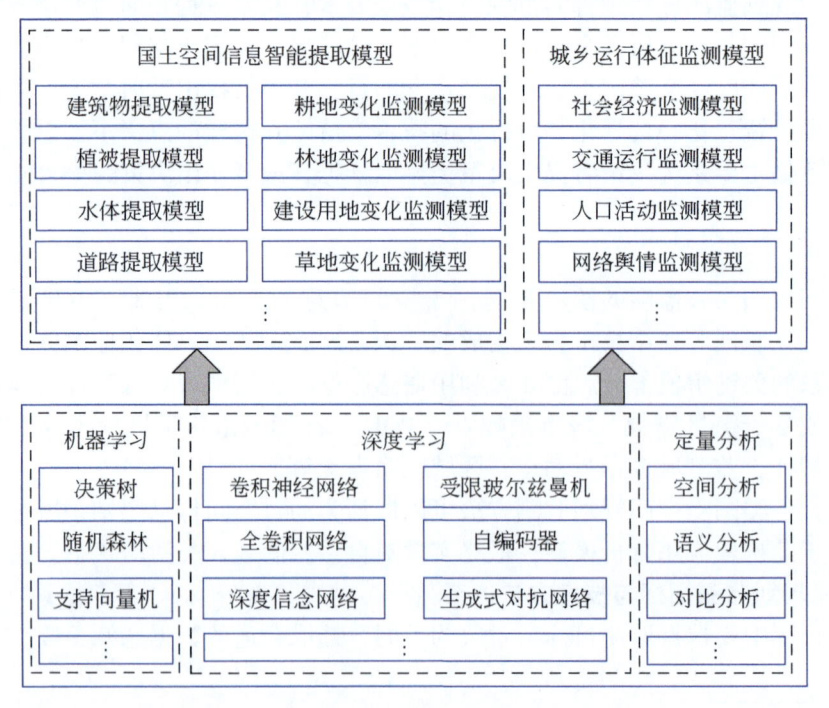

图 11-6 国土空间规划实施监测模型体系架构

析、语义分析、对比分析等分析手段来实现对人类活动空间规律、变化趋势特征的识别分析。总体而言，构建融合多源大数据的空间信息动态感知与快速识别模型体系，是实现国土空间规划动态监测必要前提，尤其是在国土空间底线管控要素方面，需要充分应用人工智能手段，实现智慧监测。

2. 规划实施定期评估

国土空间规划评估是监测评估预警的核心工作，主要包括现状评估与实施评估，其重在评估规划实施成效与规划目标之间差距。传统的规划评估主要为城市总体规划实施评估，受限于数据获取范围小、技术方法落后等问题，评估方法以定性分析为主，难以保证评估的客观性与科学性，致使评估结果往往流于表面，无法准确地反映规划实施的真实成效。

1) 规划成果数字化转译关键技术

利用语义分析、机器转译等数字化转译技术，突破国土空间规划管控目标与治理规则难以被计算机自动识别捕捉和智能化转型的限制，形成可感知、可量化、分类明确的规划指标库，以及措施精准、政策明了的管控规则库。搭建综合性评估系统与可视化平台，实现各类指标在线交叉分析与体检结论的可视化输出。

2) 构建综合性评估指标体系

以需求为导向，结合地方特色，构建可数据量化、可动态跟踪、可对标对表的综合性评估指标体系，形成"基本指标–推荐指标–自选指标"三大层级指标体系，既满足了国家层面规划刚性传导的需要，也反映了地方施政的战略意图。针对城市运行监测、年度体检评估、重大事件评估、阶段综合评估等不同场景，研究建立专项化的评估指标体系，实现对特定领域规划实施趋势的持续动态评估。

3) 研发综合性评估关键模型算法

从"人"的需求出发，研究"人地物"耦合模型与"时空"耦合模型，构建测度城市与区域成熟度、匹配度、协同度、运行效率等的关键算法。通过集成多源大数据进行综合分析，实现物质空间与人类活动相协调、可感知。综合运用元胞自动机仿真算法、深度学习算法、空间句法、系统动力学算法、复杂网络算法等技术，探索基于步行系统的设施步行等时圈工具，研发基于手机信令数据的常住人口、工作人口、通勤人口识别工具，最终汇总形成智能算法模型库。

耦合人类活动和自然环境作用的综合评价模型体系如图11-7所示。在基础支撑分析方法上，以GIS空间分析以及专项主题分析为主，前者通过叠加分析、插值分析、空间自相关等分析手段支撑各类空间类评估模型的构建与运算；而后者则主要以情感分析、社会网络分析、图片分析等支撑对人类活动情感、规律的分析。在评估模型上，以两大分析方法为基础，根据国土空间规划编制重点内容，从空间格局与结构、公共空间与服务、基础资源与环境、底线管控与约束以及自然与历史文化五个方面，构建涵盖人口、交通、产业、用地、环境等多个维度的规划评估模型，实现对国土空间开发利用现状、规划实施成效的全面评估。

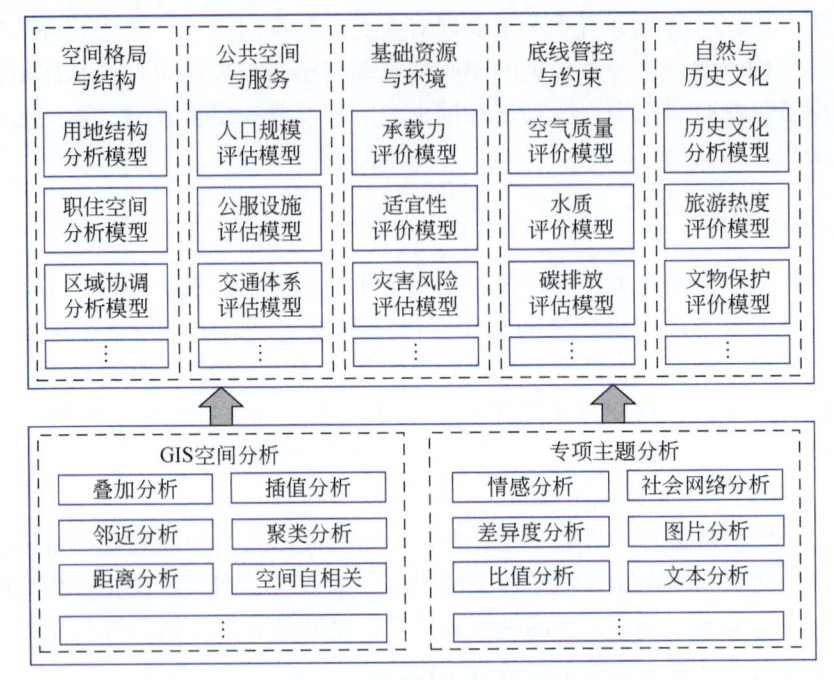

图 11-7　国土空间规划实施评估模型体系架构

3. 规划实施精准预警

国土空间规划预警是监测评估预警工作的最后一环，不同于监测评估主要是面向空间规划发展现状的持续性监测以及阶段进展的评估分析，规划预警是以当下监测数据、评估结果等为依据，实现对违反国土空间开发保护利用要求行为的预警。通过事前预判与防御，阻止破坏国土空间安全的现象发生。这需要对国土空间规划实施过程中预警的要素、频次、周期和展现形式开展研究，开发模拟可视化、动态化和自优化的规划场景，实现实时性和场景化规划决策。

1）构建国土空间规划实施预警的核心体系

从规划实施管理全过程角度出发，研究构建面向项目策划生成、土地管理、审批许可、实施运行等规划实施环节预警的核心体系，包括规划编制阶段底线管控、规划传导一致性等智能监管，项目策划生成阶段的重大空间要素矛盾实时监测和预警，土地管理阶段批地供地用地过程监管和一码管地智能督查，审批许可阶段依法依规核查预警，以及规划实施运行阶段对项目运行情况、服务效能及区域城市体征指标健康度等的实时预警，实现空间可视化管理。

2）研究面向过程模拟的预警模型

融合多源海量异构数据治理技术，研究预警快速构建方法和实时数据驱动下的模型参数和预警阈值自动调优技术，包括预警模型快速构建技术、空间大数据和关系数据实时运算技术、规则引擎设置与判断技术、模型运行及调优技术等。

3）构建场景化管控体系

针对国土空间规划实施场景的三维立体与时序动态特征，建立现实场景与虚拟要素的时空构建表达技术体系；打通数据耦合、精准传输、轻量集成等关键环节，定制基于规划实施场景的时空数据轻量化集成展示平台；面向国土空间开发与保护、国土空间整治与生态修复、国土空间安全底线管控等工作，依托轻量化集成展示平台，开展多类规划实施场景服务应用。

基于人工智能的国土空间模拟预测模型体系如图11-8所示。总体上，通过耦合各类机器学习与深度学习算法，构建以土地利用变化模拟为代表的国土空间多情景模拟模型。一方面，该模型可以支撑生态保护红线、永久基本农田等重要控制线的管控预警；另一方面，相关分析模拟结果也可用于辅助国土空间规划约束性指标、资源开发利用限制的趋势预警，通过结合国土空间规划监测信息，构建相应的预警规则，进而对国土空间开发强度、土地资源利用压力等指标和内容变化进行严格的管控，从而更好地辅助国土空间用途管制与底线管控。

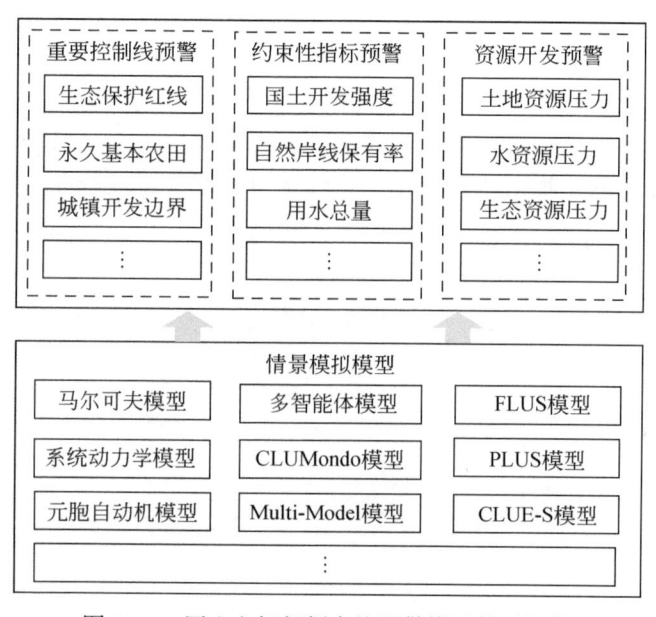

图 11-8　国土空间规划实施预警模型体系架构

知识链接 11-3

国土空间规划实施监测评估指标体系构建的探讨[①]

指标体系作为空间规划目标和规划内容的具体化和数量化表达，是进行监测评估的主要作用对象，能够保障"目标-指标-任务"理念贯通规划实施监测评估全流程的重要环节。这里形成了"理内容-搭框架-落任务"的指标体系的研究逻辑框架，即首先梳理国土空间规划的目标及重点管控内容，进而在此基础上构建规划实施监测评估框架和内容，最后根据省级、区域、市级不同层级差异化目标内容，提出监测评估重点任务。

---

① 王晓丽，胡业翠，牛帅，等. 国土空间规划实施监测评估指标体系构建的探讨. 中国土地，2024，(2)：32-35.

（1）理内容，梳理国土空间规划目标及重点管控内容。国土空间规划战略目标和管控内容可以分解为以下三个层级。第一，筑牢国土空间安全底线。统筹落实耕地和永久基本农田、生态保护红线、城镇开发边界三条控制线，筑牢粮食安全、生态安全、公共安全等安全底线；强化自然灾害综合风险防控、能源和战略性矿产资源保障等其他安全发展的空间，以增强空间韧性。第二，优化各类承载空间。明确以耕地保护为主要目标的农业空间管控；提出以生态保护、促进人与自然和谐共生为目标的生态空间布局；提出保障和支撑新型城镇化和乡村振兴、促进区域协同发展的城镇空间布局，优化人地关系和多元空间形态；明确国家遗产保护的空间框架和彰显地域自然人文特色的总体方案；强化交通、水利、能源、防灾减灾等支撑体系建设。第三，注重空间要素合理配置和区域协调发展。强化空间资源要素的合理配置，提升空间功能品质；提出促进区域协调发展的空间引导和协调方向，加强区域协调对接；制定有效的规划传导和规划实施保障措施，最终实现国土空间的高质量发展。

（2）搭框架，构建规划实施监测评估框架。基于国土空间规划编制核心内容，将国土空间规划实施监测评估内容从总体格局、农业空间、生态空间、建设空间、文化魅力空间、基础支撑体系、规划实施管理、区域协同八个方面进行分解（图11-9）。

图 11-9 国土空间规划实施监测评估构建框架

一是总体格局，从三条控制线、主体功能区战略格局方面监测评估划定落实情况，反映安全与底线的坚守力度。二是农业空间，从耕地保护、农村土地综合整治和特色农产品生产三个方面进行监测评估，反映耕地保护的实施进展情况，确保耕地面积不减、质量有提升、布局更稳定。三是生态空间，从自然保护地体系、生物多样性、生境质量、水源涵养、生态保护与修复五个方面进行监测评估，反映生态系统保护的实施进展情况，保证生态空间结构完整性与连通性，维系重点生态系统服务功能。四是建设空间，从城镇空间开发强度、城镇空间形态、城镇空间结构与效率、城镇空间品质四个方面监测评估，反映城镇空间的开发状况、空间形态、数量结构布局、运行状态、功能布局等，确保城镇空间的有序运行。五是文化魅力空间，重点监测评估文化遗产和自然遗产保护情况，确保重要文化遗产和自然遗产得到系统性保护。六是基础支撑体系，包括基础设施和防灾减灾两个方面的内容，其中基础设施重点监测评估国家重大水利、交通、能源资源、信息通信等基础设施项目进展及布局状况；防灾减灾重点监测评估地质灾害防治、地震及其次生灾害重大项目进展及布局。七是规划实施管理，从规划实施管理效果、法律法规配套政策、规划传导机制三个方面构建实施监测评估指标，确保规划能够得到顺利实施。八是区域协同，监测重大区域间的生态保护、环境治理、产业发展、公共服务、基础设施等方面的协商对接情况，反映区域间的协同联系紧密度。

（3）落任务，不同层级差异化的管控重点。国土空间规划实施监测评估内容十分丰富，要与省级、区域、市级的关注重点相结合，形成分层分级的监测评估体系。

第一，省级层面国土空间规划承担着落实国家战略部署、进行省域空间管制、指导市县空间管控等多重任务，具有宏观性和政策性的特征。省级规划实施监测评估的基本内容依据规划所设定的目标建立基本内容框架，实现从宏观引导到详细管控的全方位监测评估，确保省级与其他层级实施监测指标体系之间相互关联、有效沟通。

第二，区域层面国土空间规划为解决特定的问题或以目标为导向，由不同行政单元或流域单元组成特定区域（如京津冀城市群、黄河流域等），涉及区域社会经济发展、空间资源配置、基础设施保障等相关内容而开展的宏观性、综合性的规划实践。区域规划实施监测评估内容应避免面面俱到，但需要体现区域规划特点，区域规划实施监测评估针对上述八个方面监测评估内容按照区域的"特殊性"进行精简和有效筛选。同时，需要重点关注区域协同联系紧密度，反映区域资源要素流动和优化配置的状况，体现区域的一体化特征。

第三，市级层面国土空间规划承接落实省级的战略要求，同时对下位规划和专项规划进行指引，起到保障规划有效实施的承上启下作用。可见，市级规划同样需要落实和强化省级国土空间规划的管控目标与任务。为此，市级实施监测评估与省级层面内容需要保持一致性与延续性。因此，市级层面监测评估包括"三区三线"约束性指标、城市扩张与更新、新增和存量建设用地、城市安全韧性、基础设施和公共服务水平、居住和产业功能布局、耕地"非农化""非粮化"、生态系统保护、项目实施进度状况等相关内容。

11.1.4　国土空间规划实施监督系统技术支撑

党的二十大报告强调"加快建设数字中国"，中共中央、国务院印发的《数字中国建设整体布局规划》提出"建设数字中国是数字时代推进中国式现代化的重要引擎，是构筑国家竞争新优势的有力支撑"。在国土空间规划领域，《全国国土空间规划纲要（2021—2035年）》也明确提出了"建设数字国土"的战略目标。在数字中国建设背景下，按照数字生态文明的要求，着力推进国土空间治理数字化转型与技术创新，实现"可感知、能学习、善治理、自适应"的智慧规划，以智慧规划助力数字中国建设。本小节将深入探究国土空间规划实施监督系统技术方法，系统剖析国土空间规划建设"一张图"实施监督信息系统和全国国土空间规划实施监测网络（China spatial planning observation network，CSPON）对国土空间规划实施监督的技术支撑，探索人工智能技术赋能国土空间规划实施监督的数字化技术框架的构建及实践。

1. 建设"一张图"实施监督信息系统

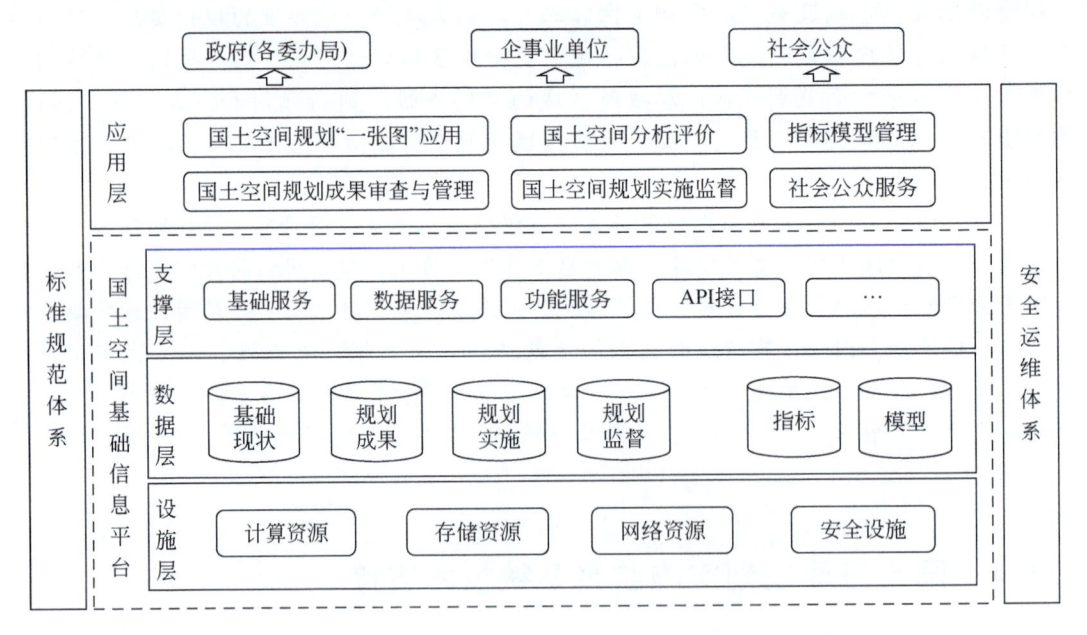

按照《国土空间规划"一张图"实施监督信息系统技术规范》（GB/T 39972—2021），国土空间规划"一张图"是以一张底图为基础，涵盖国土空间规划"五级三类"规划体系成果，形成可层层叠加打开的"一张图"，为统一国土空间用途管制、实施建设项目规划许可、强化规划实施监督提供依据和支撑。形成全国国土空间规划"一张图"需要基于国土空间基础信息平台，建设国家、省、市、县上下贯通的国土空间规划"一张图"实施监督信息系统，从而支撑国土空间规划编制、审批、修改和实施监督全周期管理，为逐步打造可感知、能学习、善治理和自适应的智慧规划提供重要基础[①]。

1) 总体框架

"一张图"实施监督信息系统的总体框架如图11-10所示，总体框架包括四个层次，两大体系。四层次包括设施层、数据层、支撑层、应用层，其中设施层、数据层、支撑层依托国土空间基础信息平台进行扩展建设。两大体系包括标准规范体系和安全运维体系。

图11-10 国土空间规划"一张图"实施监督信息系统总体框架

2) 功能构成

国土空间规划"一张图"实施监督信息系统包括国土空间规划"一张图"应用和指

---

① 曾元武，史京文，罗宏明，等. 省市县三级联动国土空间规划实施监督信息系统建设研究：以广东省为例. 测绘通报，2022，（4）：145-148.

标模型管理等基础功能，支撑国土空间分析评价、国土空间规划成果审查与管理、国土空间规划实施监督、社会公众服务等业务应用，其功能构成见图11-11。具体描述如下：①国土空间规划"一张图"应用和指标模型管理：以数据、指标和模型为基础，"一张图"应用贯穿国土空间规划编制、审批、修改和实施监督全过程，提供资源浏览、查询统计、对比分析、专题制图、成果共享功能；②国土空间分析评价：辅助开展资源环境承载能力和国土空间开发适宜性评价、国土空间规划实施评估和国土空间开发保护风险评估，用来支撑国土空间分析评价；③国土空间规划成果审查与管理：提供规划成果质量控制、成果辅助审查、成果管理和成果动态更新功能，支撑成果审查与管理；④国土空间规划实施监督：提供规划实施监测评估预警、资源环境承载能力监测预警、规划全过程自动强制留痕功能，支撑国土空间规划实施监督；⑤面向社会公众的规划信息服务：宜提供公开公示、意见征询、公众监督功能，支撑面向社会公众的规划信息服务。

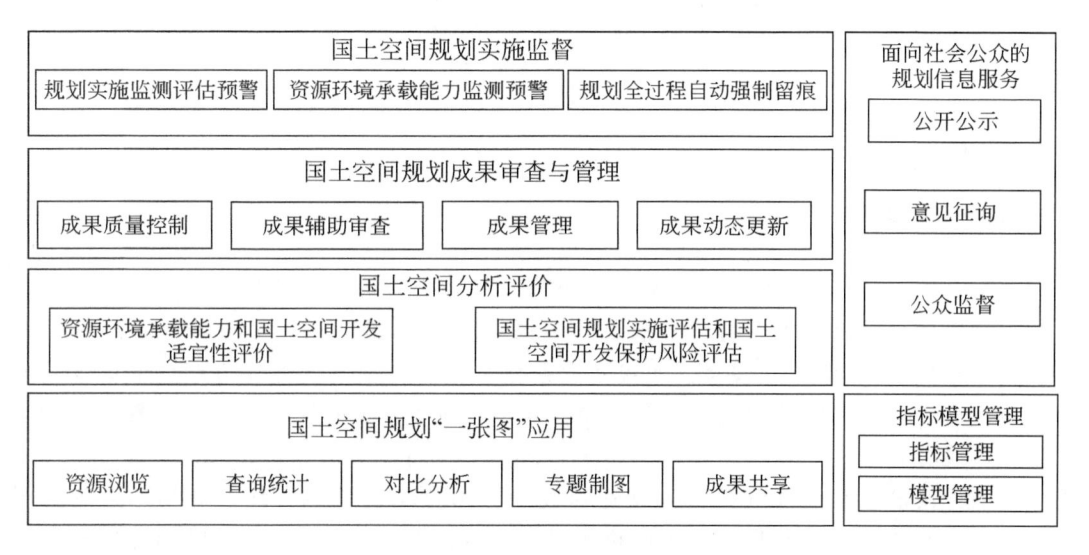

图 11-11　国土空间规划"一张图"实施监督信息系统功能构成图

3）建设模式

系统按照国家级、省级、市级、县级分级建设，并在横向上实现与其他信息系统的对接，纵向上实现上下贯通，为业务协同提供基础，包括国家级国土空间规划"一张图"实施监督信息系统、省级国土空间规划"一张图"实施监督信息系统、市级国土空间规划"一张图"实施监督信息系统、县级国土空间规划"一张图"实施监督信息系统。其中，未涉及的乡镇可将上级系统作为本级国土空间规划的信息化支撑。省级及以下系统应由省级统筹，国家级系统起到统领作用。建设模式包括省内统一建设模式，省、市、县共用的统一系统；独立建设模式，省、市、县分别建立系统；统分结合的建设模式，省、市、县建立部分统一、部分独立的系统。不同建设模式下，国家级、省级、市级、县级系统关系见图11-12。

国家级	国家级国土空间规划"一张图"实施监督信息系统			
省级	省内统一建设模式	统分结合的建设模式		独立建设模式
	省级国土空间规划"一张图"实施监督信息系统	省级国土空间规划"一张图"实施监督信息系统		省级国土空间规划"一张图"实施监督信息系统
市级	省级国土空间规划"一张图"实施监督信息系统	省级国土空间规划"一张图"实施监督信息系统	市级国土空间规划"一张图"实施监督信息系统	市级国土空间规划"一张图"实施监督信息系统
县级	省级国土空间规划"一张图"实施监督信息系统	省级国土空间规划"一张图"实施监督信息系统	市级国土空间规划"一张图"实施监督信息系统	县级国土空间规划"一张图"实施监督信息系统	县级国土空间规划"一张图"实施监督信息系统

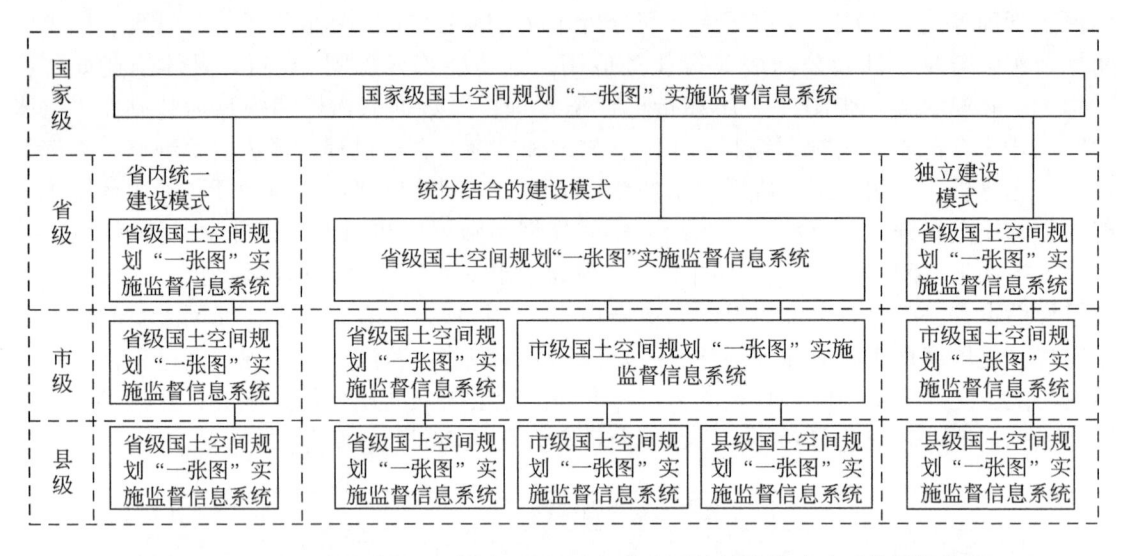

图 11-12　国土空间规划"一张图"实施监督信息系统建设模式及系统层级关系

知识链接 11-4

北京国土空间规划"一张图"的平台体系架构[①]

在新时期，国土空间规划"一张图"不仅是"一张图"或一套图，还是一个"规划业务大平台"。其需要以国土空间规划业务体系和信息技术支撑能力两方面的新要求为驱动，通过信息化顶层的合理统筹和精心设计，将不同的信息资源、工作环节、业务流程和系统功能等进行集成、融合，使得国土空间规划各项工作能够在大平台上有条不紊地开展，促进技术标准统一、数据资源整合、工作机制协调，促进规划工作的科学化、精细化和智能化。因此，较之前的规划"一张图"而言，国土空间规划"一张图"不是局部完善或修改的进阶，而是从数据到技术、从整合方法到应用功能、从标准规范到数据和业务流程、从软件到平台等多方面的体系重构过程。

国土空间规划"一张图"对于国土空间规划的支撑能力，贯穿于全部业务流程中。这里在对北京国土空间规划体系的全流程闭环管理的研究中，建立了北京国土空间规划"一张图"平台体系框架（图11-13）。随着大数据、云计算、人工智能等新兴数据和信息技术的推广应用，该平台体系框架在信息资源、模型算法、标准规范和系统功能的支撑下，将"可感知、能学习、善治理、自适应"的新时期国土空间规划技术支撑能力导入全流程闭环管理的不同环节中，融入可作用和反馈的数据流与工作流之中，并通过不断地循环往复提升空间规划决策的科学性、可实施性，以及对问题的敏感性。可以说，该平台体系框架实际上也是未来北京国土空间规划"一张图"实施监督信息系统的整体架构。

[①] 喻文承，李晓烨，高娜，等. 北京国土空间规划"一张图"建设实践. 规划师，2020，36（2）：59-64.

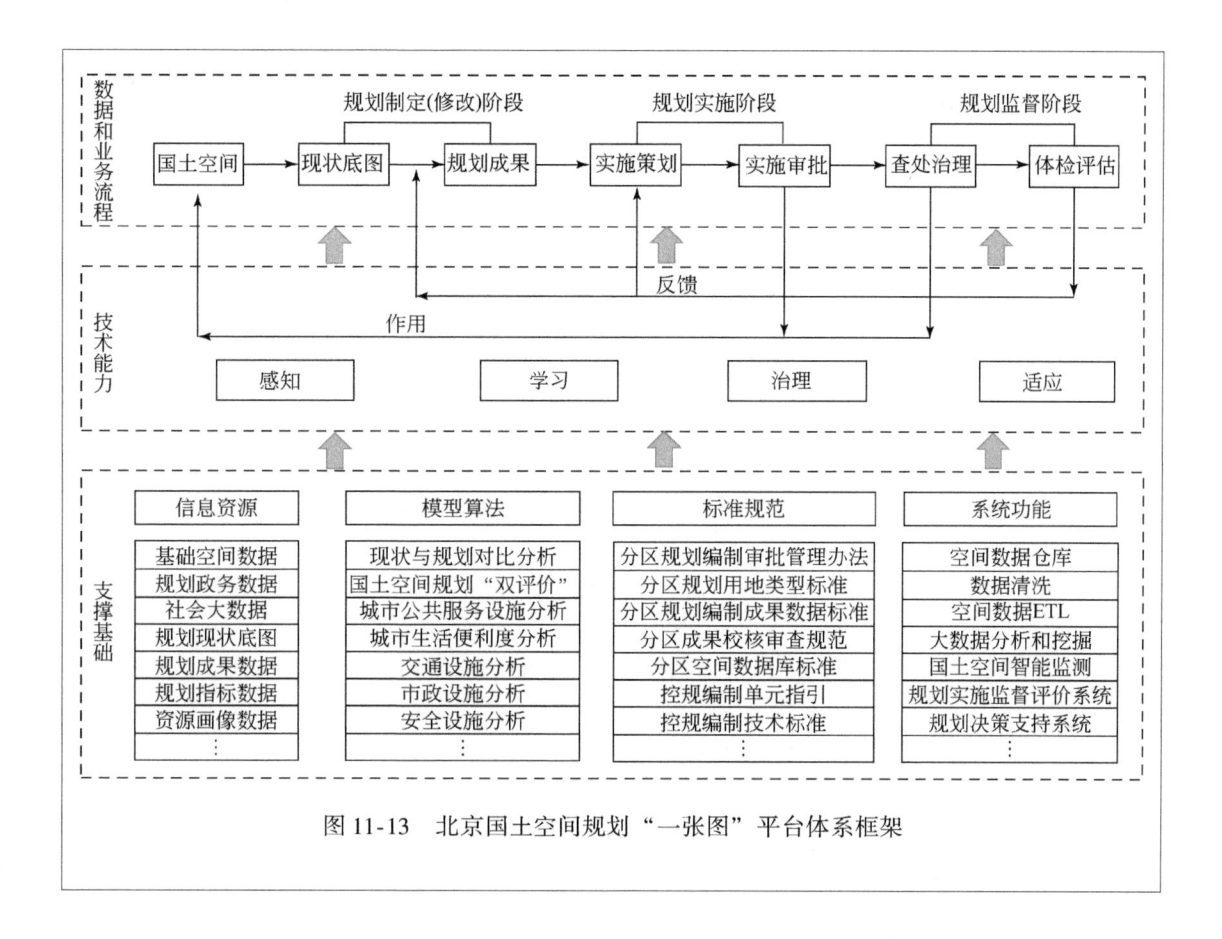

图 11-13 北京国土空间规划"一张图"平台体系框架

2. 建设全国国土空间规划实施监测网络

自然资源部办公厅于 2023 年 9 月印发的《全国国土空间规划实施监测网络建设工作方案（2023—2027 年）》（以下简称《工作方案》），全面启动了"可感知、能学习、善治理、自适应"的 CSPON 建设工作，并将其作为国土空间治理领域推动数字生态文明建设的具体举措。根据 CSPON 的定义及建设目标，结合实际场景和工作重点对 CSPON 建设的内涵进行了解析，推动了国土空间规划"一张图"实施监督信息系统全面升级；通过突破国土空间"智慧"关键技术，提前谋划研究新技术应用，实现了关键技术创新。

1） CSPON 建设目标[①]

CSPON 是对国土空间规划"一张图"实施监督信息系统在国土空间治理新阶段的全面升级。CSPON 建设以国土空间规划业务为核心，依托"一张图"实施监督信息系统，构建业务联动网络、信息系统网络、开放治理网络三个层面的网络，营造共建共治共享的国土空间治理新生态，以数字化、网络化支撑实现国土空间规划全生命周期管理的智能化。根据《工作方案》CSPON 建设目标如下：到 2025 年，首先满足国土空间规划管理业

---

① 侯静轩，潘海霞，罗杰. 国土空间规划实施监测网络建设的内涵解析及展望. 规划师，2024，(3)：1-6.

务的基本需求，使国土空间规划编制、审批、实施、监督全流程在线管理水平大幅提升；到2027年，基本建成纵向上下贯通、横向业务协同、数据开放共享的CSPON，使开放治理生态总体形成，国土空间规划全周期管理的自动化及智能化水平显著提升，迈向以数据赋能、协同治理、智慧决策、优质服务为主要特征的国土空间治理新阶段。

《工作方案》将CSPON建设工作具体分为九个方面，根据任务参与主体及其工作场景的侧重点将其归纳为聚焦规划业务、突破关键技术、探索治理制度和营造开放治理生态四个维度（图11-14）。

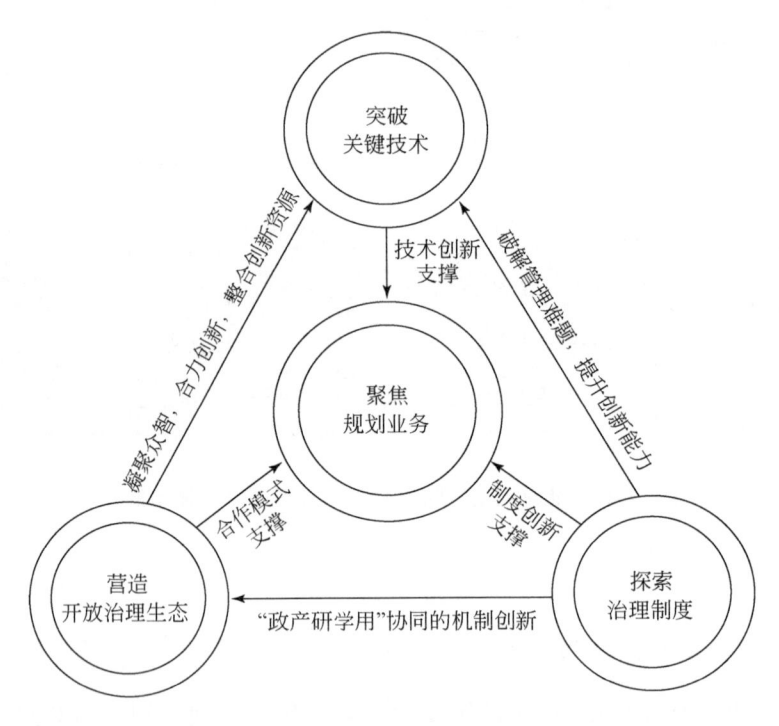

图11-14 CSPON建设内涵目标解析架构示意图

首先，聚焦国土空间规划业务而非自然资源整体的信息化工作，各级自然资源部门以需求和问题为导向，针对本区域国土空间治理的部署及国土空间规划管理的需求，搭建可落地的应用场景，按需动态增加管理功能模块，通过统一的信息系统强化对业务工作的支撑，将CSPON建设作为国土空间治理数字化转型的抓手。

其次，顺应新技术革命趋势，提前谋划研究新技术的应用，以生成式人工智能（generative AI）等先进技术在国土空间规划领域的研发应用为突破口，以智能工具和算法模型为支撑，推进相关算法、模型、标准和感知系统的重构，提升国土空间治理"智慧"能力，建设服务数字生态文明的数字生态基础设施。

再次，为保障以上工作的顺利开展，制度创新是支撑，要破解管理难题、提升创新能力，进而形成横向互联、纵向贯通的数据融合共享的标准和制度。

最后，以融合为核心理念，引入更多参与主体共同探索关键技术、治理制度和组织形式的创新，加强数字化与业务体系建设的深度融合，从而实现业务逻辑与技术逻辑的对接融合以及管理数据与社会数据的融合治理。

可见，CSPON建设相关工作的开展需要凝聚众智、合力创新，整合创新资源，营造理论创新和技术创新的工作环境与合作模式，发展形成"政产研学用"协同高效的创新机制。

2）CSPON建设总体框架[①]

坚持目标导向、问题导向和需求导向，以业务为总体牵引，围绕国土空间规划全周期管理和规划实施监督的重要需求与痛点、堵点，以智能工具和算法模型为支撑，依托国土空间基础信息平台和国土空间规划"一张图"实施监督信息系统等现有基础，构建"12345"的CSPON总体建设框架（图11-15），从空间感知、数据驱动、平台赋能、业务服务等多个层面协同推进，打造与事权相匹配的应用场景，以数字化、网络化支撑实现国土空间规划全生命周期管理智能化推动国土空间治理现代化。

"1"是指统一业务体系，包括覆盖各级各类国土空间规划的规划全周期管理业务体系，分区域、分尺度、分层级的规划监测评估指标体系，以及跨层级、跨部门的协同治理体系。

"2"是数据治理和智慧赋能两大关键能力提升。数据治理是通过完善数据获取机制和渠道、构建国土空间信息模型TIM标准规范，强化时空数据融合和关联治理，提升数据支撑体系的汇聚广度、时空维度、更新频度、内容精度。智慧赋能是依托国土空间基础信息平台，利用大数据、大模型、大算力实现智慧赋能，打造支撑国土空间动态感知、实施监测、分析研判、模拟推演的一系列智能工具。

"3"是解决规划全周期管理、规划监督监测、智慧决策支持三个层面的业务需求。一是满足各级各类国土空间规划的编制、审批、实施、监督全周期在线管理的需求；二是围绕安全底线守护、空间格局优化、规划实施评估、自然资源要素保障等需求，搭建应用场景对各级各类国土空间规划传导执行情况、资源环境承载能力、国土空间开发保护状况和风险以及国土空间治理的重点区域、重点领域和重大问题实施动态监测与评估评价；三是针对国土空间治理涉及的分析评估、模拟推演、智能生成等需求，提供智能化、智慧化的决策支撑。

"4"是网络设施、政策标准、安全运维、共治生态四个方面的重要保障。网络设施是健全横向连通、纵向贯通的一体化网络，提供安全、可靠、高性能的运行环境；政策标准是支撑CSPON高效运行的业务制度、数据标准、技术规范等；安全运维是从基础设施和网络联通、数据共享与应用交互等层面建立的统一安全体系及安全管理制度；共治生态是连接各利益主体、共建共治共享的国土空间开放治理网络。

"5"是国家、省、市、县、乡镇五级贯通，横向实现各层级其他部门的联动。

[①] 罗亚，吴洪涛，张耘逸，等. 数字化治理下国土空间规划实施监测网络建设路径. 规划师，2024，40（3）：7-13.

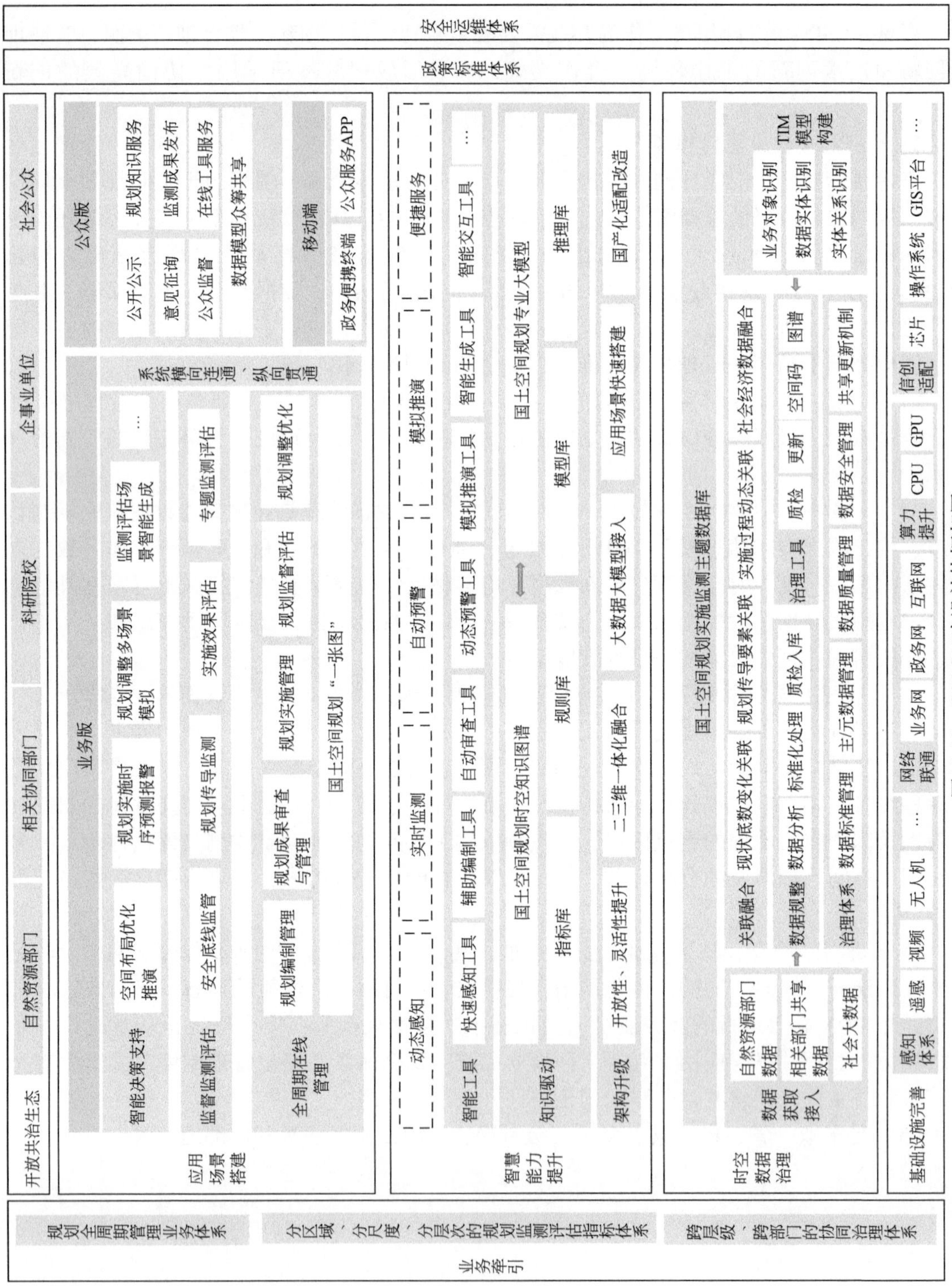

图11-15 CSPON建设总体框架图

11.2 国土空间用途管制

国土空间用途管制制度是整个生态文明制度体系中不可或缺的重要组成部分。国土空间用途管制作为国土空间治理的重要手段，对于推进空间治理体系和治理能力现代化，在更高层次上构建人与自然和谐共生的关系具有十分重要的作用。《若干意见》提出以国土空间规划为依据，对所有国土空间分区分类实施用途管制，健全开发保护制度，深化计划管理和用地审批改革，加快从传统的"管理管制"向"治理服务"模式转型。本节重点厘清国土空间用途管制的科学内涵，探究其体系框架，并提出用途管制的实现路径，以期有效发挥自然资源要素保障作用、优化土地资源高效配置。

11.2.1 国土空间用途管制内涵

1. 概念内涵认知[①]

用途管制是世界上普遍流行的做法，实质是对土地发展权的管理。国土空间用途管制是国土空间开发保护制度的主要手段。最初的国土空间用途管制来自对开发建设活动的监管，其本质是对自然资源的载体进行开发管制，是政府运用行政权力对空间资源利用进行管理的行为。目前，国土空间用途管制普遍定义为政府为保证国土空间资源的合理利用和优化配置，落实主体功能区战略与制度，促进经济、社会和生态环境的协调发展，编制国土空间规划，规定各类农业生产空间、自然生态空间、城镇、村庄等的主要管制边界，直至具体土地、海域的国土空间用途和使用条件，作为各类自然资源开发和建设活动的行政许可、监督管理依据，要求并监督各类所有者、使用者严格按照国土空间规划所确定的用途和使用条件来利用国土空间的活动。实践中，国土空间规划和用途管制具有高度的对应性，两者都需要经历规划（或方案）编制、实施、监督三个环节。

国土空间用途管制的具体内涵和功能需要紧紧立足于对空间规划和空间治理领域而开展。《生态文明体制改革总体方案》提出："空间规划是国家空间发展的指南、可持续发展的空间蓝图，是各类开发建设活动的基本依据。"因此，国土空间用途管制不仅针对自然资源开发监管，还要参与各项开发建设活动实施管理的国土空间用途管制。国土空间用途管制实施过程中需要做到：不仅保护和管理各类自然资源的空间载体，还要实现对各类开发建设活动的空间管理，侧重"建还是种？+种什么？+建什么？+建多少？"的全口径管理。

2. 用途管制转化过程的自调机制[②]

国土空间用途管制转化过程是国土空间结构自调节的重要部分，也是新时代国土空间

[①] 林坚. 新时代国土空间规划与用途管制："区域-要素"统筹. 北京：中国大地出版社，2021.
[②] 胡业翠，王威，郭泽莲，等. 陆海统筹海岸带国土空间用途管制研究：制度经验、运行体系与监测指标. 北京：地质出版社，2023.

转化过程的关键环节，作为其结构的一部分可助力实现国土空间"结构-功能"稳定与优化。

1) 用途管制转化过程的整体逻辑

国土空间实体转化背后是一个系统的过程体系（图11-16）。

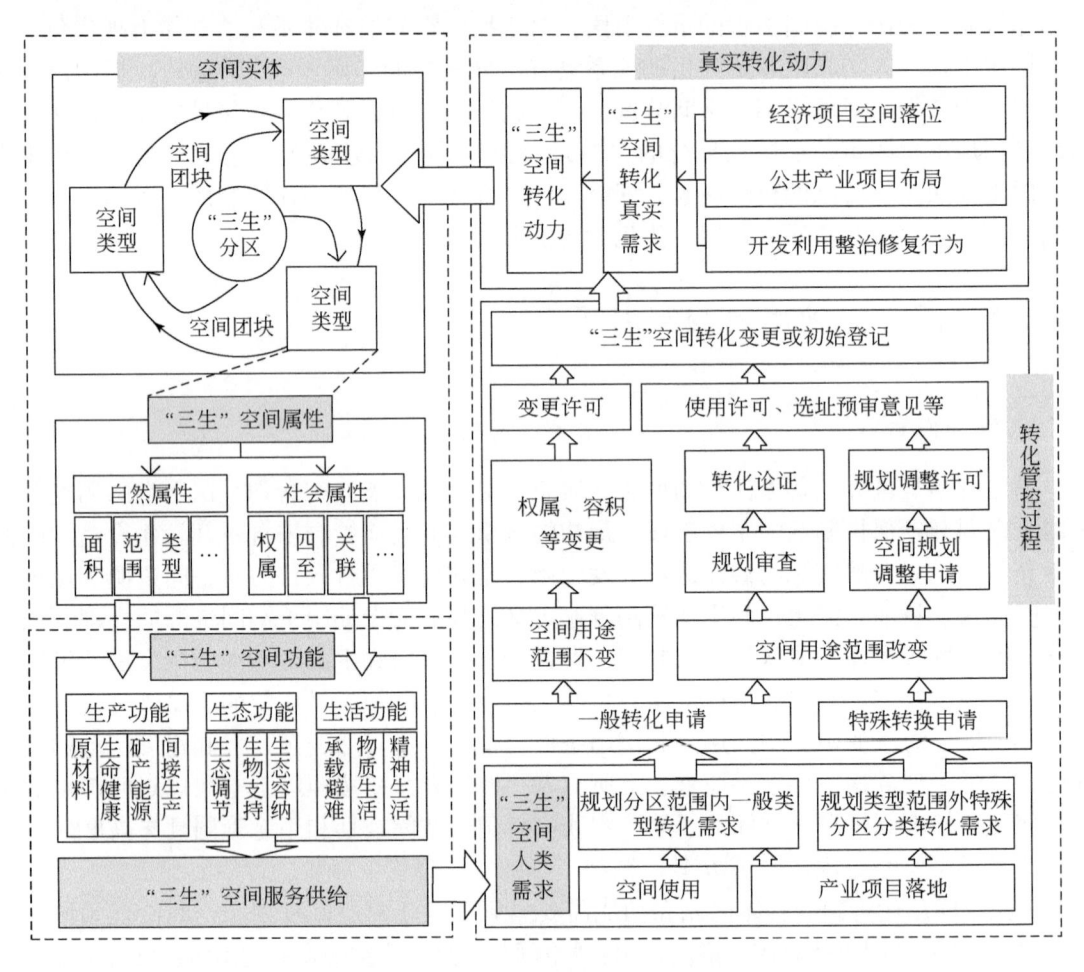

图11-16 国土空间转化过程内在机理

人类经过审批许可登记的开发、利用、整治、修复空间实践，实现了两类空间实体元素之间的转化。国土空间面积、范围、类型等自然属性和权属、四至、关联等社会属性的变化，直接影响着"三生"空间功能。"三生"空间功能由生产功能、生态功能、生活功能三种基本功能及其排列组合形成的子功能组成，是满足人类"三生"需求的功能类型。生产功能反映国土空间类型的原材料、生命健康、矿产能源和间接生产功能；生态功能包括生态调节、生物支持、生态容纳功能；生活功能体现在国土空间的承载避难、物质生活、精神生活功能。

国土空间功能供给与人类国土空间需求的错配，要求人类必须在一定范围内开展开发利用、整治修复行为，以调整国土空间"实体-功能"结构，实现国土空间结构转化。人类为实现国土空间功能满足的目的，需提出空间使用和产业项目布局的申请[①]。

以空间使用申请和产业项目落地申请为起点，申请经过空间类型转化需求判断、规划审查转化论证的结构化流程图则判断，最后以使用许可和选址预审意见等形式批准，并进行"三生"空间转化变更或初始登记。空间转化申请获得规划变更许可、用地用海许可、空间属性变更许可等审批许可后，意味着允许空间转化动力实现空间"实体–功能"结构关系转化，让人类开发利用整治修复行为、公共产业项目布局、经济项目空间落位有了基本的法理依据，"三生"空间需求也成为真实需求。转化后的国土空间"实体–功能"形成人类新的空间认知，并按照自然资源和不动产登记的方式呈现。当国土空间功能的供给需求不匹配时，则再次经历空间转化过程。

2）用途管制转化过程的机制

空间本底的变化以及生态文明的新要求，需要人们重塑空间转化管控过程机制，搭建不同层级空间元素的"分区准入—通则约束—类型约束—审批许可"自调转化过程机制（图11-17），限制空间转化方向，形成国土空间"实体–过程–功能"新结构。

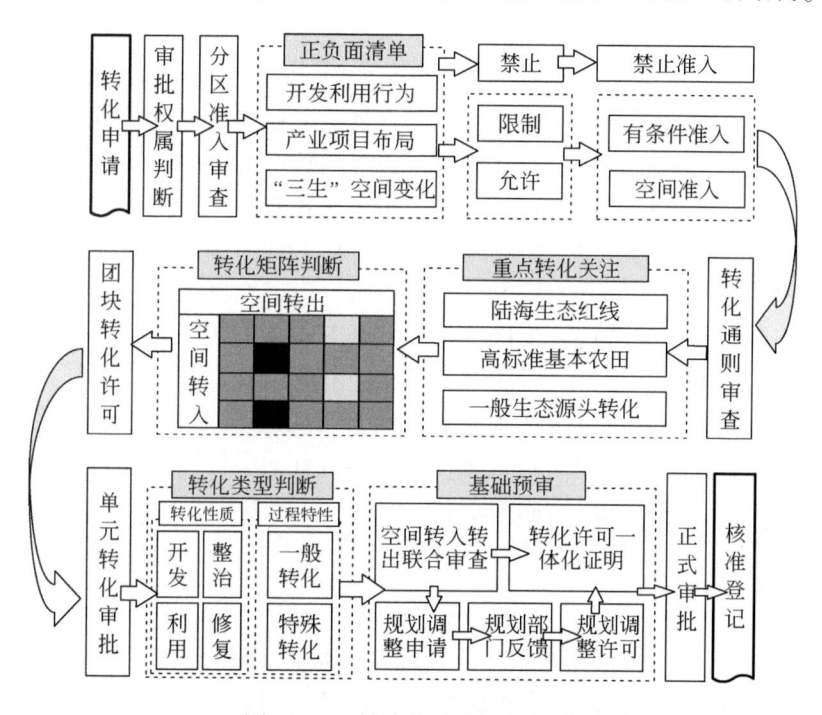

图11-17 转换管控的逻辑规则

空间转化申请经过审批权属判断后进入分区准入审查过程，应依据分区准入的"正负面清单"，按照"开发利用行为–产业项目布局–'三生'空间变化"三方面判断空间开发、利用、整治、修复活动的产业和项目类型，结合当地空间实情，着重关注陆海统筹的赖水产业项目、国家禁止限制用地项目等布局，提出禁止、限制、允许的空间准入许可

---

① 王威，胡业翠，张宇龙. 三生空间结构认知与转化管控框架. 中国土地科学，2020，34（12）：25-33.

判断。

满足分区准入的空间转化申请需经过对空间团块和空间类型变化的通则式审查，在国土空间转化矩阵之下，以定性手段将国土空间团块、类型差别转化判定为三种类型，即禁止、限制、积极引导三种。"禁止"类型空间转化应着重关注陆、海地区的特殊生态保护空间，以及生态保护红线和永久基本农田。"限制"类型空间转化主要针对一般农业空间和不具有生态保护红线特性的普通生态空间与其他空间之间转化。"积极引导"类型空间转化主要针对位于生态保护红线与高标准基本农田内的生产、生活空间，使其通过整治、修复逐步退出这些区域，以满足经济、社会、生态有益性。

在分区准入和通则约束判定后，必须进行空间单元审批过程，其是基于微观国土空间单元搭建的"政府审批"和"规划许可"的空间单元转化管控逻辑框架，该过程统筹考虑"分区准入"和"通则约束"的管制要求，充分考虑陆海管制差异和本质特性，实现"一张图"之下的审批许可。该过程牢牢对接我国土地、林草、海域、海岛、陆海空间用途转化政策基础和国土空间规划实践实情，在自然资源部门统一窗口平台申请受理，在判断项目类型、审批权属的基础上，对材料真实情况、分区准入与通则约束限制、空间规划要求等进行明确审查。审查通过的空间转化申请需向空间"转入–转出"部门联合呈送，进行基础性踏勘与空间转化合理性审查，进而出具选址和规划许可或海域使用、无居民海岛使用许可预审意见。当涉及需调整规划的特殊空间转化申请时，则需空间转入转出部门联合制定空间规划调整意见并报空间规划部门和当地政府，获得规划调整许可后颁发空间转化许可。颁发审批许可的部门需要对国土空间转化进行公告，并对转化过程进行实时跟踪，对转化结果进行核验校测并完成自然资源初始登记或变更登记。

目前，生态文明体制改革持续推进，新的发展方式要求转变空间转化约束机制，在统一国土空间用途管制要求之下，形成面向高品质空间的管控过程新构造。这既是体现空间结构的自调性质的关键一环，也是从制度上实现新时期国土空间"实体–功能"转化过程的机制重塑。它能够指导新时期空间转化，剔除不适宜的实体空间转化关系，满足新时期生态文明理念下的国土空间用途管制需求。

知识链接 11-5

国土空间规划与用途管制的关系辨析[①]

（1）用途管制的关键：立足资源载体使用许可。国土空间用途管制的本质是对自然资源的载体进行开发管制，是政府运用行政权力对空间资源利用进行管理的行为。既往自然资源载体使用许可的管理内容，可以分为陆域空间管理和海域空间管理；自然资源开发行为包括建设行为和非建设行为，相应形成的国土空间分为建设空间和非建设空间。陆域空间管理中的建设空间，其载体使用许可先后涉及用地预审、建设用地规划许

[①] 林坚，吴宇翔，吴佳雨，等．论空间规划体系的构建：兼析空间规划、国土空间用途管制与自然资源监管的关系．城市归划，2018，42（5）：9-17.

可（或乡村建设规划许可）等环节。其中，土地行政主管部门进行用地预审，依据土地利用总体规划及其他规定条件，核准有关用地可否用于"建设"；城乡规划管理部门依据控制性详细规划或村庄规划等的要求，明确具体用地的规划条件，核定用地（通常是地块）的位置、用途、开发强度等。陆域空间管理中的非建设空间，其载体使用许可主要在办理产权证明申请的初审环节进行，初审通过后才能向县级以上地方人民政府申请办理农村土地承包经营权证。海域空间管理主要依据海洋功能区划开展用海预审，完成此环节后将按照用海管理途径的不同，或申请海域使用权批准通知书，或办理海域使用权出让合同，作为后续办理海域使用权证的前提条件。

(2) 空间规划的作用：服务并作用于用途管制。从实践的角度看，实施国土空间用途管制，需要涉及规划（即方案编制）、实施（即审批许可）、监督（即执法督察）三个环节；而全链条的国土空间规划管理同样涉及规划编制、实施（即审批许可）、监督（即执法督察）三项核心职能。国土空间规划管理与国土空间用途管制在功能上有很强的对应性。为确保对自然资源开发的有效监管，凡是与自然资源载体使用（用地、用海）有关的规划，都需要明确纳入国土空间规划范畴。中国共产党第十九届中央委员会第三次全体会议通过的《中共中央关于深化党和国家机构改革的决定》明确指出，"强化国土空间规划对各专项规划的指导约束作用，推进'多规合一'，实现土地利用规划、城乡规划等有机融合"，进一步凸显了国土空间规划的基础性、指导性、约束性功能。国土空间规划的重要任务在于立足生态文明建设的根本大计、长远大计，谋划长远的国土空间开发保护构想，并要充分体现中央和国家对国土空间管理的意志，反映不同阶层对国土空间开发保护、资源资产保值增值的合理诉求。国土空间用途管制立足于自然资源的载体使用监管，是自然资源监管体制的起点和自然资源生产监管的基础。因此，构建国土空间规划体系，是国土空间用途管制的基本依据，对自然资源监管体制的完善具有决定性的作用。

11.2.2 "区域–要素"统筹的国土空间用途管制

1. "区域–要素"统筹的基本理论框架

结合国土空间开发保护制度、国土空间用途管制的现有理论基础，延续和应用两级土地发展权理论，提出"区域–要素"统筹理论的基本框架，该框架嵌合于我国传统行政区治理体系，旨在支撑国土空间开发保护制度，以及推进国土空间规划与用途管制的有效实施（图11-18）[①]。

---

① 林坚，刘松雪，刘诗毅. 区域–要素统筹：构建国土空间开发保护制度的关键. 中国土地科学，2018，32 (6)：1-7.

| 国土空间规划导论 |

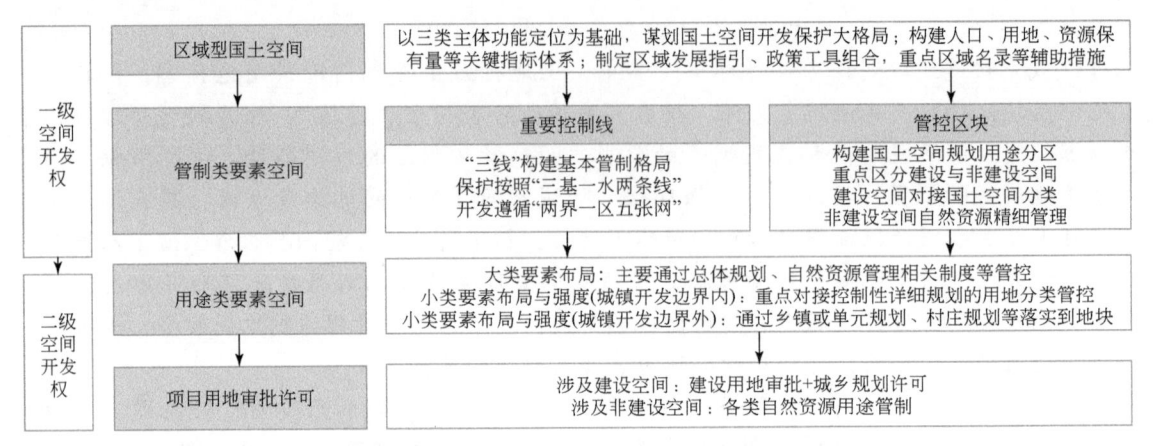

一级空间开发权	区域型国土空间	以三类主体功能定位为基础，谋划国土空间开发保护大格局；构建人口、用地、资源保有量等关键指标体系；制定区域发展指引、政策工具组合，重点区域名录等辅助措施	
	管制类要素空间	**重要控制线** "三线"构建基本管制格局 保护按照"三基一水两条线" 开发遵循"两界一区五张网"	**管控区块** 构建国土空间规划用途分区 重点区分建设与非建设空间 建设空间对接国土空间分类 非建设空间自然资源精细管理
二级空间开发权	用途类要素空间	大类要素布局：主要通过总体规划、自然资源管理相关制度等管控 小类要素布局与强度(城镇开发边界内)：重点对接控制性详细规划的用地分类管控 小类要素布局与强度(城镇开发边界外)：通过乡镇或单元规划、村庄规划等落实到地块	
	项目用地审批许可	涉及建设空间：建设用地审批+城乡规划许可 涉及非建设空间：各类自然资源用途管制	

图 11-18 "区域-要素"统筹理论的基本框架

在国家级、省级尺度，国土空间用途管制的工作重点在于宏观区域功能统筹；在市级、县（区）级尺度，相应工作重点在于管制类要素的落实；在县（区）级以下尺度，相应工作重点在于用途类要素的落实和具体的自然资源载体审批许可。从国家级、省级到市级、县（区）级国土空间开发保护的传导管控，重点对应于一级土地发展权的配置过程；县（区）级以下国土空间开发保护的传导管控，重点对应于二级土地发展权的配置过程。在我国，结合从国家到乡镇五级总体规划、总体规划对详细规划、专项规划的规划传导，国土空间开发保护的"区域-要素"统筹传导过程与两级土地发展权的归口管理逐级配置过程可重点拆解为四类机制：

一是以"要素"评价"区域"。通过多要素的国土空间利用结构现状、条件的评估，为区域功能定位的确定及动态调整提供基础。在全域管控视角下应进一步建立"双评价"、资源环境承载能力监测预警工作与"三线"划定之间的协同联动机制，完善和深化依照统筹评价进行国土空间开发保护格局动态优化的工作逻辑和方法。此外，随时间演化和空间利用的改变，依据多要素的国土空间利用及结构状况，对区域性质与功能定位进行综合评估和动态调整，从而确定新一轮区域国土空间开发保护目标定位与国土空间开发保护格局优化策略。

二是以"区域"统筹"区域"。国土空间开发保护制度中上位区域功能定位对下位区域功能定位的统筹，需要综合考虑两方面因素：上位区域的功能定位如何指导约束下位区域功能定位，使相应目标愿景在下位区域定位中有效落实；上位区域如何在各类同级下位区域之间合理分配土地发展权，达成各区域差异化、均衡发展的目标。

三是以"要素"统筹"区域"。国土空间开发保护制度中上级政府通过关键要素的管控对下级政府的空间治理行为进行指导约束，对关键要素的管控通常以核心要素的指标、控制线及名录的形式下达。

四是以"区域"统筹"要素"。国土空间开发保护制度中本级政府在行政事权范围内对各类要素的结构布局、开发利用或保护安排进行整体统筹。

以上四类机制中，后三者有机组合，形成国土空间开发保护制度中的"区域-要素"联动统筹基本模式，而第一类机制既是国土空间开发保护目标设计、国土空间规划编制等最基础的工作，也是随着时间的推演而进入下一轮国土空间开发保护或规划调整时用于动态统筹优化的起点。上述"区域-要素"联动统筹过程将使得以均衡发展为指向的国土空间区域治理和以精细化管理为指向的国土空间要素治理均形成闭环。具体而言，上述四种机制刻画了我国国土空间开发保护制度中的"条块结合"逻辑、两级土地发展权配置逻辑、全域全要素自然资源精细化系统性治理逻辑。

2. "区域-要素"统筹的国土空间用途管制的主要任务

在治理现代化视角下，构建权责清晰、协调有序的国土空间用途管制制度的核心是基于"区域"型国土空间的统一协调管理和基于"要素"型国土空间的重点精确管控。前者是后者的制度基础，后者是前者的政策工具，两者相辅相成，必须在综合梳理和有效拓展区域发展均衡理论、土地发展权等理论的基础上，对"区域""要素"两种国土空间治理逻辑进行有机统筹。

基于"区域-要素"统筹的基本理论框架分析，实现国土空间"区域""要素"两种属性和谐联动统筹的关键在于使"以'要素'评价'区域'""以'区域'统筹'区域'""以'要素'统筹'区域'""以'区域'统筹'要素'"四种机制相互配合。

综合实践中"区域"型、"要素"型国土空间存在形式的讨论，我国现实中的国土空间的开发保护、规划与用途管制应包括以下主要任务[①]：

（1）强调"区域"型国土空间的大尺度合理开发，涉及地域可以是全域或是局部覆盖。

（2）强调大尺度的特定区域保护，既涉及生态环境功能受损地区的山水林田湖草系统治理和统一生态保护修复，又包括国家公园、自然保护地等地域的原真性、完整性保护。

（3）强调针对中观尺度区域，如在一个城市、一个县（区）境内，进行管制类要素的总体控制，具体方式包括生态保护红线、城镇开发边界控制线划定以及国土开发强度、城乡建设用地规模等指标控制等。

（4）强调微观尺度上的用途类"要素"型国土空间管理，包括永久基本农田生态公益林地等管制类要素空间和耕地、林地、城市内部的分类型建设用地等用途类要素空间，地理表达方式可以是地块、图斑等，强调"图数一致"。

> **知识链接 11-6**
>
> **"区域-要素"统筹的国土空间用途管制亟待解决议题[②]**
>
> 在国家、"区域"尺度上实现国土空间治理，是构建国土空间管制制度的逻辑起点；而"要素"管理则既是国土空间开发保护的目标，又是手段。在操作层面上，目前对"要素"型国土空间进行监管的技术手段较为成熟。因此，应以连通"区域"型、

---

① 林坚，刘松雪，刘诗毅. 区域-要素统筹：构建国土空间开发保护制度的关键. 中国土地科学，2018，32（6）：1-7.

② 林坚，李东，杨凌，等. "区域-要素"统筹视角下"多规合一"实践的思考与展望. 规划师，2019，35（13）：28-34.

"要素"型国土空间管制制度为重点，构建起"区域-要素"统筹的国土空间开发保护制度体系。需要重点研究的议题涉及以下方面。

1）如何以"要素"评价"区域"

以"要素"评价"区域"，关键在于通过对多要素的国土空间利用结构现状条件的评估，为区域功能定位的确定及动态调整提供基础，其是国土空间开发保护制度完成时空动态统筹的关键。在我国现行的工作体系中，"双评价"及资源环境承载能力监测预警工作属于"区域"型国土空间开发保护制度的技术支撑，是针对全域的管控手段；生态保护红线等重要边界的基础评价与划定则是针对"要素"型国土空间的管控手段。三者在评价技术方法、指标体系与成果应用方面，既存在一定相似相通之处，又有逻辑和重点上的差异性。未来在全域管控视角下，应进一步建立"双评价"、资源环境承载能力监测预警工作与"三线"划定之间的协同联动机制，完善和深化依照统筹评价进行国土空间开发保护格局动态优化的工作逻辑和方法。

2）如何以"区域"统筹"区域"

以"区域"统筹"区域"，关键在于在新的规划体系中进一步深化和完善主体功能区制度相关理念与做法，实现国土空间开发保护中的上下级区域功能传导与同级区域功能协调。主体功能区规划试图建立一个协调区域的基本框架，其思路是在"区域"型国土空间政策区划的基础上实施相应的配套政策。分级落实主体功能区战略，做好各级"区域"主体功能的定位以及政策单元的划定与衔接。

3）如何以"要素"统筹"区域"

以"要素"统筹"区域"，关键在于通过核心要素实现对下位区域的统筹。目前，"区域"型、"要素"型两类国土空间开发保护制度的交集在于垂直指标传导与底层统一落图，即所谓的"图数一致"。需要看到的是，我国现行的土地发展权分配制度，规划的基本框架和任务目标是自上而下来确定的。但是，上下层级之间对发展权利的认知和诉求存在差异，对现实情况掌握的信息不对称。未来需进一步探讨如何基于关键"要素"型国土空间的管理在区域之间合理分配土地发展权、建立区域差异化的绩效考核机制、实现区域间协调发展等问题。具体可结合相关法律、法规、技术标准和实践经验，研究提出规划建设用地、耕地、林地、水资源等关键性要素在上下级国土空间规划间的目标传导任务分解原则、空间配置程序与技术方法。

4）如何以"区域"统筹"要素"

以"区域"统筹"要素"，关键在于在特定事权区域内对各类要素的结构布局、开发利用或保护修复安排进行整体统筹。对于管制类要素，未来工作的重点在于依区域定位进行要素目标分解，依要素目标分解对关键要素进行布局。对于依区域定位进行要素目标分解，主体功能区规划的重要贡献是可能为分配建设用地指标提供一个比"基数法"更可靠的依据。在"多规合一"和建立新时代国土空间开发保护制度的背景下，未来可分别基于生态系统完整性、优质耕地管护、城市紧凑发展以及陆海统筹等原则，通过多情景模拟、互相校核的手段，探索不同国土空间开发保护关键控制线的初始划定方法和统筹优化手段。

11.2.3 不同层级下国土空间用途管制重点

结合中国国情，依照前文分析，新时代构建"多规合一"的国土空间规划体系与用途管制的关键在于统筹"区域"型、"要素"型两类国土空间的开发保护，形成上下贯通、衔接紧密的规划体系，既关注上下级政府间的关系协调，又关注地方政府对社会个体的利益配置；既面向对宏观区域发展的指引与统筹，又面向对微观要素的精细化管控；既体现中央意志的落实，又体现地方百姓的权益诉求。这样才能充分发挥中央和地方政府在国土空间治理中不同层级的作用和积极性，全面提升国土空间治理体系和治理能力的现代化水平。

1. 总体规划："区域-要素"统筹下主体清晰、分工明确、衔接有效的五级体系

1) 国家级、省级规划中的"区域-要素"统筹：重点针对"区域"

国家级、省级规划应当以落实功能区战略和制度、参考以往的主体功能区规划思路为基础，融合既往的土地利用总体规划、城镇体系规划、国土规划和海洋主体功能区划等高层级的战略性规划思路和方式，谋划国土空间开发保护的大格局，明确开发保护和整治修复的重点。其中，国家级规划侧重确定国土空间的纲领性目标与总体布局，保证中央重大决策部署在空间层面的落实，并辅以空间政策作为向各省级行政区传导的手段。省级规划除了明确全国规划中的国土空间开发保护格局，还应协调并吸纳现有省级规划的主要内容与实施手段，保证在主体功能定位的指导下，对市县中的重点"要素"提出相应要求，包括确定人口、用地、自然资源保有量等关键性指标，并向市县层级分解；依据不同主体功能定位提出针对性的发展指引，细化落实国家层面的政策工具；编制名录以满足重大工程和项目的空间保障要求，以及自然保护地等特定区域的保护要求。

2) 市级、县级规划中的"区域-要素"统筹："区域"与"要素"并重

"区域-要素"统筹的关键是将上级规划对"区域"的要求转化到下级规划对"要素"的管制中。因此，市级、县级规划在纵向应做好不同层级规划的上下衔接与指标的分级传导；在横向需要统筹好同一层级规划中的"区域"与"要素"的关系。具体而言：①规划的上下衔接应实现"区域到要素有传导，要素到落地有承接"。一方面，市、县需要一个统领性的国土空间总体规划，既包含对上级规划要求的承接和细化，也包含对重点"要素"型国土空间的总体安排布局；另一方面，在由市级、县级规划向下传导过程中，允许以乡镇级规划或单元规划来承接，如此通过"图则"式规划落实到图斑层次，可以实现对地块的审批许可和对"要素"的用途管制。②指标的分级传导应做到"指标分解与主体功能统一，底层落图与指标要求统一"。前者要求对县级单元所在"区域"的指标进行分解，应结合相应的主体功能定位与战略目标来确定；后者要求更低层次的实施性规划在空间上的划线分区，必须落实上位规划的指标约束，做到"图数一致"。③针对部分"多规合一"实践中划分的"三区"，应当避免以"区域"的视角认知"要素"，避免使用"区域"的管理工具对"要素"进行管控。否则，会出现管理精度和效力不足的情况。④针对很多市县在同一级规划中既存在针对"要素"的用途分区，也存在针对"区域"的单元划分，建议对划分方案进行协调，避免"区域"目标与"要素"构成之间出现分歧。

3）乡镇级规划注重实施性与灵活性，探索结合基层制度的空间治理模式

乡镇级规划是国土空间总体规划体系中直接参与基层社会治理的实施性规划，对引导城乡社区有序发展、落实乡村振兴战略具有重要意义。乡镇级规划的编制审批以因地制宜为原则，赋予地方政府较大的自由裁量权。在地域面积小、治理复杂性低的地区，市级、县级、乡镇级国土空间规划可合并同步编制，乡镇也可采取"合并编制、分头实施"的单元规划编制模式。乡镇级规划在编制实施的过程中仍会涉及一系列具体细节问题，需要地方在实践过程中不断探索，对规划加以总结完善。

2. 总体规划与专项规划：行政区、特定区域、特殊领域统筹结合的要素组织配置

总体规划通常具有对应某级行政区、跨专业部门的综合统筹功能；相关专项规划是指在特定区域（流域）、特定领域，为体现特定功能，对国土空间开发保护利用作出的专门安排；这些与国际上通行做法一致。下面对新时代国土空间规划体系中的专项规划的特色进行归纳。

1）按行政区统筹，侧重底线综合管控

各级行政区国土空间总体规划中应提出对各专项规划内容的统筹约束，并以底线综合管控的形式表现出来，既在总体规划中为各专项规划留出接口，又为各专项规划在同一空间中的综合集成奠定基础，变"九龙治水"为"五指成拳"。具体而言，总体规划除划定"三线"外，还可以通过划定一系列保护边界和开发边界，对各专项规划进行指导约束。

2）依特定区域统筹，侧重多要素系统治理

对海岸带、自然保护地及跨行政区域或流域的特定国土空间，由所在区域或上一级自然资源主管部门牵头编制专项规划。此类专项规划针对大尺度特定区域，以多要素的系统性与耦合性为前提，在山水林田湖草系统治理与统一生态保护修复方针的指导下，开展以区域为尺度的统筹治理。

3）依特定领域统筹，侧重单要素配置并与总体规划衔接

涉及空间利用的某一领域专项规划，如交通、能源、水利、农业、信息、市政等基础设施公共服务设施，军事设施，以及生态环境保护、文物保护、林业草原等专项规划由相关主管部门组织编制。

3. 总体规划与详细规划：因地制宜的多层级传导体系下要素落地管控

详细规划在市级、县级及以下级别的地域编制，既需要落实市级、县级、乡三级总体规划的要求，又要综合体现各专项规划的主要内容。详细规划直接面向要素的落地管控，需充分保障其在规划管理工作中的实施性与适应性，宜根据地方具体情况，建立分类型、多层级的具有中国特色的详细规划体系，充分发挥地方在灵活管理、制度创新方面的积极性。

一方面，城乡有别。紧扣城市、乡村两类地域空间在治理复杂性、管控重点的差异性，以城镇开发边界为界，实行城乡有别的详细规划编制管理办法，以便落实差异化的空间管控策略[1]。城镇开发边界内由市、县自然资源主管部门组织编制详细规划，进而以

---

[1] 潘海霞，赵民. 国土空间规划体系构建历程、基本内涵及主要特点. 城乡规划，2019，(5)：4-10.

"详细规划+规划许可"进行用途管制；而城镇开发边界外的乡村地区，按照"应编尽编"的原则（不要求全域覆盖）由乡镇政府编制"多规合一"的实用性村庄规划作为详细规划，为实施许可管理提供依据；其他区域可以采取"约束指标+分区准入"进行管制。

另一方面，规模有别。在同一级行政区间，各市、县的面积差异大，导致治理的复杂性与规划管控难度差别很大，因此详细规划应根据不同地区在规划管理中的实际需求，在城镇开发边界内，设置差异化的详细规划分级体系。对于规模大、治理复杂性高的大城市市辖区，可建立分层逐步细化的多类型、多层次、具有逐级引导功能的控制性详细规划体系，类似于传统的中心城区总体规划、分区规划、详细规划等分级传导体系，而非仅仅是一种详细规划；而对于规模较小的城市市辖区，则可直接编制到地块单元的精度。不论存在多少类型和层级，最低层级的详细规划必须存在，并且其精度应满足核发建设项目规划许可证与审定建设项目报批的管理要求，不仅能约束指导"建什么"，还能对"建多少"等提出具体要求。

11.2.4 国土空间用途管制的实现路径

1. "区域-要素"统筹下的国土空间用途管制分级落实框架

基于"区域-要素"统筹理论，新时代国土空间用途管制的分级落实框架如图11-19所示。

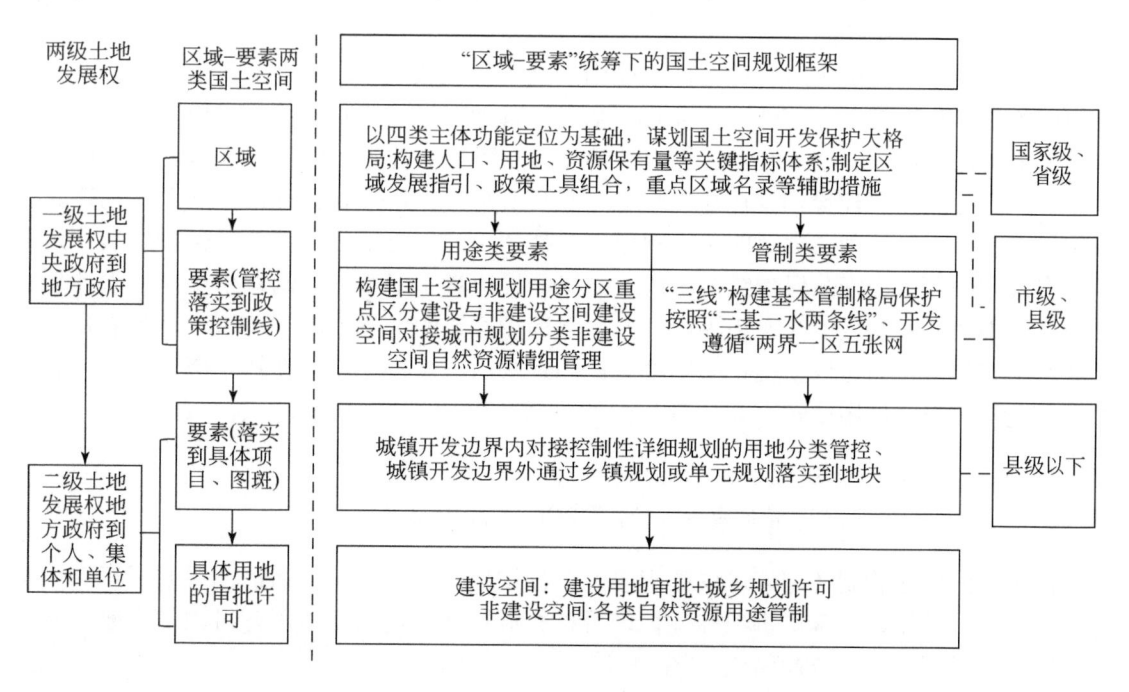

图11-19 "区域-要素"统筹下国土空间用途管制的分级落实框架

宏观层级的"区域"型国土空间用途管制与国家级、省级国土空间规划对应制度的完善强调区域功能统筹。以主体功能定位为基础，谋划国土空间开发保护的总体格局，构建人口、用地、资源保有量等关键指标体系的向下传导分解路径，依据不同主体功能定位提出针对性的发展指引，细化落实政策工具，编制名录以满足重大工程和项目的空间保障要求，以及自然保护地等特定区域的保护要求。

中观层次的"要素"型国土空间用途管制与市级、县级国土空间规划对应制度的完善强调空间边界管控。一方面，应制定技术标准统一、管控措施明确的管制类要素空间实施办法；另一方面，应构建用途界定清晰、管理刚柔结合的用途类要素空间划分体系，对接规划管控与自然资源管理，处理好建设与非建设空间的关系，避免出现"区域"型、"要素"型两类国土空间交织的局面。

微观层次的"要素"型国土空间用途管制与乡镇级总体规划及详细规划衔接制度的完善强调具体要素用途监管，城镇开发边界内应完善控制性详细规划用地管控机制，更好地指导建设空间的用地审批和规划许可，城镇开发边界外应完善以郊野单元规划为核心的镇村规划管控体系，优化村规划，并推进自然生态空间用途管制制度的完善。

2. 充实国土空间用途管制转用许可基本条件的法律实体

响应国土空间规划主体框架体系，在《国土空间开发保护法》等法规附则中提出开发、利用、整治、修复四种性质用途转用及其对应的建设、开垦、退还、复垦转用行为清单。协调现行自然资源法典所规定的不同自然资源用途转用标准，设定用途转用许可实施机关、条件、程序和期限的法律实体，并对重要湿地、河道、滩涂与陆海交界地带的转用规模、程序作出法律补充。

设置差异化国土空间用途转用许可原则。基于"粮食安全""生态安全"等公共权益价值引领，以陆海"三区三线"为基础，着重关注永久基本农田保护线、海洋生物资源保护线、生态保护红线、城镇开发边界内外用途转用类型。首先，应设置大类国土空间用途类型。其次，按照"建设用地用海""农业用地用海""生态用地用海"三大类用途转用设定严控、限制、鼓励、弹性四种规制原则，如图11-20所示。严控生态保护红线、永久基本农田、海洋生物资源保护线范围内，城镇开发边界、围填海控制线外生态、农业用途转为建设用途；限制城镇开发边界内、非生态保护红线的生态空间、非永久基本农田内的农业、生态用途转为建设用途；鼓励生态保护红线内农业与建设用途转生态用途，永久基本农田内生态与建设用途转农业用途；弹性管控生态保护红线、永久基本农田外的开垦、建设活动。

3. 关注国土空间用途管制转用许可关键程序的衔接优化

国土空间用途管制转用许可关键程序的衔接优化中主要从统合话语体系并明确转用类型区分、统筹转用许可基本事项并优化许可材料流转和注重用途转用许可内部审查衔接及其与其他许可衔接三个方面组成（图11-21）。

（1）统合话语体系并明确转用类型区分。在国土空间规划法典中以国土空间规划语境统合国土空间用途转用许可话语体系，统合不同类型国土空间用途转用许可模式，统领"森林法""草原法""湿地保护条例"等自然资源法律中用途转用条件的实体条例表达。

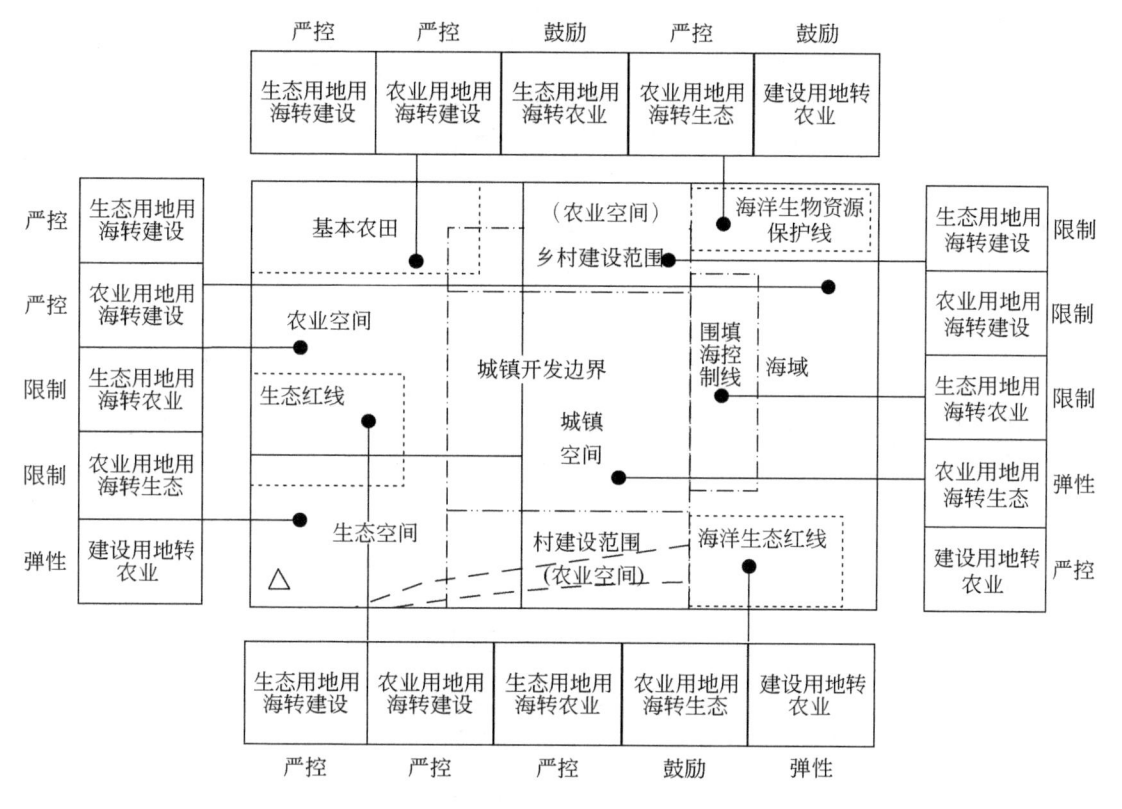

图 11-20　国土空间用途转用许可原则

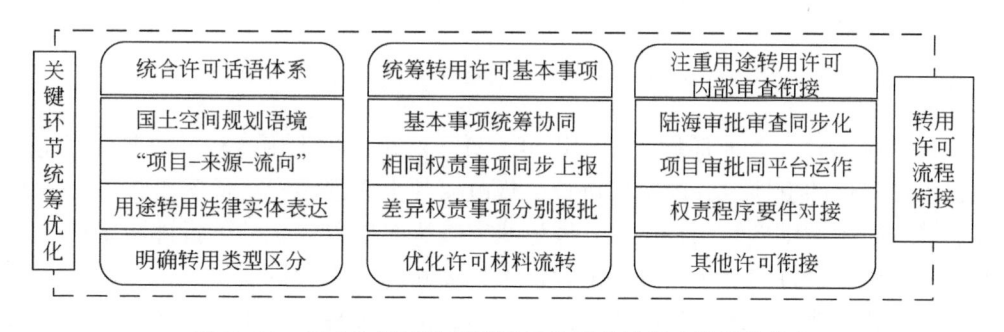

图 11-21　国土空间用途管制转用许可关键程序的衔接优化

进而，围绕建设项目、整治修复项目类型以及用途转用类型，打造"项目-来源-流向"的用途转用许可类型区分机制，设定不同类型用途转用许可的实施机构、条件、期限、监督责任等要件。

（2）统筹转用许可基本事项并优化许可材料流转。统合基本事项，整合用地审批和林草征占审批，统筹协同用途转用规模、权属关系变更等基本事项，统合规划修改许可和用途转用许可，实现许可层级一致；同步权责一致事项，构建农用地转用、重要生态用地用海转用、空间规划修改、整治修复方案同步同批上报的"一书多方案"机制；区分差异事项，围绕转用许可是否属于本层级自然资源部门或人民政府事权范围，围绕是否涉及规划修改调整、利益相关者权益调处，区分特殊转用许可和一般转用许可；优化材料流通，依据转用许可差异区分，明确许可申请向上转呈，同层级呈送程序，同时在本单位职责范围内依据转用许可类型打造同单位不同部门材料呈送审查差异化机制。

（3）注重用途转用许可内部审查衔接及其与其他许可衔接。应致力于跨越陆海项目和围填海项目用地用海审批同步化，对跨越陆海项目转用许可基本条件作出规定。应实现同种转用许可不同细分项的同部门内统一运作，搭建用途转用许可与环境许可、防空许可等外部门许可的统一运作平台。应实现转用许可与其他类型自然资源行政许可，在权责、程序、要件设置上的有效流程对接。

4. 开展国土空间用途管制转用许可工具的应用创新

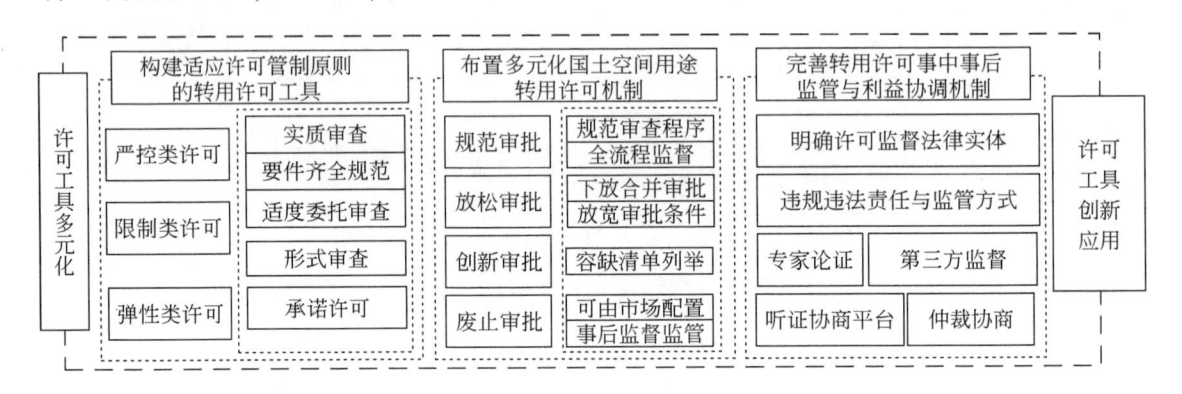

开展国土空间用途转用许可工具的应用创新主要从构建适应许可管制原则的转用许可工具、布置多元化国土空间用途转用许可机制和完善转用许可事中事后监管与利益协调机制三个方面开展（图11-22）。

许可工具多元化	构建适应许可管制原则的转用许可工具		布置多元化国土空间用途转用许可机制		完善转用许可事中事后监管与利益协调机制		许可工具创新应用
	严控类许可	实质审查要件齐全规范	规范审批	规范审查程序全流程监督	明确许可监督法律实体		
	限制类许可	适度委托审查	放松审批	下放合并审批放宽审批条件	违规违法责任与监管方式		
		形式审查	创新审批	容缺清单列举	专家论证	第三方监督	
	弹性类许可	承诺许可	废止审批	可由市场配置事后监督监管	听证协商平台	仲裁协商	

图11-22 国土空间用途转用许可工具的应用创新

（1）构建适应许可管制原则的转用许可工具。对于严控类用途转用，即有可能危害生态安全和粮食安全的事项，开展实质审查，规范要件审查程序，可适度委托第三方开展实质审查；对于限制类用途转用，主要开展形式审查，对要件齐全性、报件法定形式、实质内容差错惩戒机制进行明确规定；探索弹性类用途转用许可新机制，对生态保护红线内建设转农业用途和农业转生态用途、永久基本农田内的生态转农业用途、两红线内外的土地整治修复活动导致的用途转用，探索承诺许可机制，并基于明确的预警惩戒机制和承诺许可信用体系对后续活动开展约束。

（2）布置多元化国土空间用途转用许可机制。规范审批标准，对于实质审批审查，在规范事前审查的基础上，开展全流程监督；致力于放松审批，通过放宽审批规模条件、合并多类审批事项、委托审批事项、审批转核准与备案等方式放松管制；创新审批流程机制与许可模式，创新报批材料的"容缺受理"机制，规定"容缺受理"时限和容缺清单，探索补正程序和审查程序的并联机制；对于在规划范围内市场竞争机制能够有效调节的整治修复用途转用事项，以及可以通过卫片事后监管和农村自治组织自律监管的宅基地建设与农业基础设施许可等探索废止事前审批。

（3）完善转用许可事中事后监管与利益协调机制。应明确国土空间规划法典内自然资源监管者职责履行的法律实体要件，明确转用规模超限，转用许可不适格等的违规违法责任。应探索上层备案监管、自然资源督查监管等，以丰富转用许可行政监管方式。应积极开展专家论证、第三方监督，完善森林、草原、滩涂、城镇土地等自然资源、利益相关者听证协商平台和仲裁协商机制。

知识链接 11-7

国土空间用途管制转用许可的规制创新的原则与要点[①]

规制创新是行政许可规制的重要特征和本质属性。国土空间用途转用许可的创新逻辑根植于自然资源部"两统一"职责。适应生态文明新理念、新形势、新要求下，中国国土空间用途转用许可革新发展的一般原则和要点如下：

1）完善转用许可法律体系，保障自然资源资产所有者共同利益

自然资源上位法律是各级人民代表大会审议通过的，保障自然资源资产所有者共同利益的准则。治理现代化原则下，应保障国土空间用途转用许可法律实体要件的规范化与标准化，杜绝模糊化的用途类型标准和转用许可程序，营造在国土空间用途转用许可职责履行过程中清晰的规制权和惩戒权，从而规范约束国土空间内土地、海洋发展权，保护重要农业空间和生态空间，实现国土空间结构优质、资源利用效率高、生态环境良好的总体目标，保障人民的共同利益。

2）响应生态文明体制改革指引，贯彻整体保护、系统修复、综合治理要求

在山水林田湖草沙冰生命共同体理念下，应依托国土空间规划"三区三线"的时空蓝图布局，按照"严控-限制-鼓励-弹性"转用许可原则，作出差序区分的用途转用许可条件设定，并统筹考虑山上山下、地上地下、陆地海洋以及流域上下游自然生态各要素，整合转用许可程序，构建关联协同机制，从单用途"去向型"用途转用审批许可，向全要素"来源-流向"型转变。这是响应生态文明理念，贯彻整体保护、系统修复、综合治理要求的必然逻辑。

3）探索转用许可多元化机制，实现国土空间治理体系和治理能力现代化

在提升国土空间治理能力以及"放管服"改革背景下，国土空间用途转用许可工具和监管机制应实现参与主体、许可工具与许可监管多元化，实现从"规制"到"治理"的逻辑转变。在上述目标下，应打开审批许可创新大门，对不同类型用途转用施行差别化的许可事权归属和多元化的许可工具应对。聚合各级政府、市场和社会多方主体的力量，让社会组织、人民群众参与用途转用许可的监督乃至决策过程中。完善用途转用许可听证与争议仲裁，简化许可审批程序，提升用途转用行政许可效率，提升国土空间治理能力。

---

① 王威，胡业翠，张衍毓. 国土空间用途转用许可：实务现实与规制创新. 自然资源学报，2023，38（6）：1403-1414.

4) 完善优化转用许可监督监管，维护自然资源资产所有者合法权益

落实自然资源资产权益背景下，应加强国土空间用途转用许可程序流程的监督监管。实现国土空间用途转用许可材料接受、材料审查、审批决定、勘测登记过程的统一化、透明化、规范化，实现有法可依、有法必依、执法必严。规范国土空间用途转用许可审查决定的事权边界，优化用途转用许可事前审查、事中决定，事后监管的权责分配。通过内部规范和外部法律法规防止用途转用许可职责行使的规制俘获，保障国土空间用途转用许可有序、规范、及时，并保障多元主体的合法权益。

本 章 小 结

（1）从规划实施的全过程来看，国土空间规划实施监督的内涵由各级各类国土空间规划审批的监督、各类国土空间使用项目的监督和国土空间实际使用过程的监督三种类型组成。国土空间规划实施监督机制构建主要包括构建多元治理主体的协同体系、构建责权统一的组织运行体系和构建全过程分级监督内容体系三个方面的内容。

（2）国土空间规划实施监督系统运行逻辑由监测、评估、预警的整个过程所组成，监测是基础，预警是手段，评估联结着前后两端。通过持续的监测评估预警，形成国土空间规划监督监管闭环。

（3）国土空间用途管制转化过程的自调机制是新时代国土空间转化过程的关键环节，通过搭建不同层级空间元素的"分区准入–通则约束–类型约束–审批许可"自调转化过程机制，限制空间转化方向，形成国土空间"实体–过程–功能"新结构的稳定与优化。

（4）"区域–要素"统筹的国土空间用途管制重点拆解为四类机制，统筹"区域"型、"要素"型两类国土空间的开发保护背景下不同层级的管制重点不同，总体规划要构建"区域–要素"统筹下主体清晰、分工明确、衔接有效的五级体系；总体规划与专项规划需要将行政区、特定区域、特殊领域统筹结合的要素组织配置；总体规划与详细规划中要因地制宜的多层级传导体系下要素落地管控。

（5）国土空间用途管制的实现路径包括"区域–要素"统筹下的国土空间用途管制分级落实框架、充实国土空间用途管制转用许可基本条件的法律实体、关注国土空间用途管制转用许可关键程序的衔接优化和开展国土空间用途管制转用许可工具的应用创新四个方面的内容。

关键术语：国土空间规划实施监督、国土空间用途管制、国土空间规划实施监测评估预警、"区域–要素"统筹的国土空间用途管制框架

复习思考题

（1）简要阐述国土空间规划实施监督的内涵。
（2）国土空间规划实施监督机制构建的主要内容是什么？
（3）试论述国土空间规划实施监督系统的运行逻辑及主要内容。
（4）简要阐述国土空间用途管制的基本内涵和用途管制转化过程的自调机制。

（5）论述"区域–要素"统筹下的国土空间用途管制基本理论框架与主要任务。
（6）不同层级下国土空间用途管制的重点内容是什么？
（7）论述国土空间用途管制的实现路径。

第 12 章　国外国土空间规划的历史经验及教训

本章导读：

纵观历史，放眼全球，有不少国家都曾进行过国土空间规划，其内容各有特色，目的亦不相同，各国对于国土空间规划的实践和理论探索逐渐形成了各自的体系，并出台了许多相关政策及法律，国土空间规划的实践经验与理论体系不断得到丰富。他山之石，可以攻玉。结合实际国情有选择性地借鉴国外经验，可以更好地构建符合我国国情的国土空间规划体系，促进经济社会的可持续发展。本章将围绕国外国土空间规划的发展历程、主要模式及其经验借鉴进行阐述。

重点问题：

- 国外国土空间规划的发展历程
- 国外国土空间规划的主要模式
- 国外国土空间规划的经验借鉴

12.1　国外国土空间规划的发展简史

国外国土空间规划的历史可以追溯到古希腊时代甚至更远，但关于国土空间规划的实践和理论探索是从 20 世纪 20 年代才开始的。当时第一次世界大战刚刚结束，再加上 1929 年开始的世界性经济大危机，西方国家普遍陷入严重的经济萧条，工厂纷纷倒闭，人口大量失业，原先以城市为单一对象的空间规划已经无法满足经济社会发展的需要，于是世界各国开始寻找以区域为整体的国土空间规划作为治国之策。

19 世纪末到 20 世纪初，盖迪斯于 1915 年出版的《进化中的城市》一书强调，城市的发展要同周围地区的环境联系起来进行统一规划，并提出国土规划工作首先要进行区域调查和全面分析，然后才能进行规划的设想。第一次明确了国土规划的大致地域范围、目的要求以及规划程序。

20 世纪 20～30 年代，苏联开展了以区域为对象的综合性区域研究，成为国家计划指导下有组织、有步骤地对全国进行分区规划开发的典范。英国开展了当卡斯特煤矿区规划。美国开展了纽约城市区域规划、田纳西河流域规划。

20 世纪 40～50 年代，这个时期是第二次世界大战战后恢复重建时期，伴随国内经济的复苏和大量的建设，欧洲许多国家先后在大城市地区和重要工矿地区开展了大量以工业和城镇建设的空间协调为主体内容的国土规划工作。这一时期国土规划与战后家园恢复关系密切。

20 世纪 60～80 年代，人口急剧增长，工业化、城市化飞速发展，城市环境日益恶化，国土规划进入新的发展阶段。区位论、中心地理论、增长极理论和聚团理论等理论在一些国家得到进一步应用。规划深度和广度大大加强，研究的区域范围从城市、大经济区、工矿地区扩展到以大自然地理单元地区、流域地区和整个国家为对象的研究。

至此，多个国家从以城市规划和土地整理规划为主要内容的空间规划正式转向了以区域整体为对象进行人口、工业和交通的合理布局。战后到20世纪80年代末期，日本以整个国家为对象开展了全国综合开发规划纲要；荷兰编制了四次全国国土空间规划；韩国编制了三次全国国土空间规划；朝鲜成立了国土管理总局，其主要任务是进行国土调查、规划、管理；法国和联邦德国把全国划分为若干相互联系的区域进行了全面的国土空间规划。

20世纪90年代，联合国环境与发展会议于1992年颁布了《21世纪议程》，可持续发展的思想成为世界各国开展国土空间规划的重要指导思想。德国等国家开始用《21世纪议程》来代替国土空间规划。区域发展类最紧要的是必须立足可持续发展的可能性和必要性，针对该地区的固有特点制定出国土发展目标，并对自然环境加以重视[1]。国土空间规划的社会文化与生态环境因素越来越受到重视，生态最佳化和谋求社会的全面进步成为未来国土空间规划的新方向。德国强化妇女在国土空间规划中的重要地位和示范作用。加拿大编制公众参与的持续性社区规划。一些国家更加重视以整个国家为对象的国土空间规划，如荷兰、英国、泰国、德国、马来西亚的国土空间规划，尼日利亚的全国农业发展规划，秘鲁综合农业发展规划以及匈牙利的国土空间规划等。国土规划的范围甚至扩展至跨国、国家之间或以大洲为对象，如拉丁美洲安第斯山周围地区的区域/国土空间规划。

20世纪末，国土空间规划进一步超越传统的城乡分界，以一种整体性的方式理解空间发展，并被塑造出"空间管理"的中心功能，成为不同层级地区管理的"枢纽"。例如，日本新国土规划，主题为"促进地区自立性和创建美丽的国土"，核心思想是"合作与联合"，目标是实现多轴型国土构造与继续加强基础设施建设。该规划具有三个特点：高瞻远瞩地提出促成多轴型国土构造的长期构想，以促进国家经济的均衡化发展；鼓励地方以参加和合作的方式进行国土建设和地区建设，提高地方参与国土建设的积极性，发挥地方的特点和长处；制定国土基础建设投资的重点，以提高基础建设投资的效率。

12.2　国外国土空间规划的主要模式

12.2.1　日本：全域国土空间管控的四级三类空间规划体系

第二次世界大战结束后，日本面临着迅速恢复经济、增产粮食、振兴工业、治理环境等问题，因此于1950年制定并颁布了第一部关于国土开发的基本法《国土综合开发法》，并首次提出了以"国家"为主题的国土规划。但战后经济复兴成为日本政府的重要任务，

---

[1] Schmid J. Development under population pressure and shortage of resources: an alternative path to the demographic transition. The International Journal of Sociology and Social Policy, 1995, 15 (8/9/10): 95-118.

顾不上国土的均衡发展；再加上国土空间规划与经济规划的关系没有理顺，经济主管部门与国土开发主管部门之间出现对立，保障国土规划实施的财政金融体系并没有建立起来。因此，《国土综合开发法》出台后一直未能推进和指导日本的国土规划工作，但是为后期日本全国综合开发规划奠定了基础。

日本国土空间规划模式体现了其独特的国家发展战略和对国土资源的精细管理。日本国土空间规划编制体系与行政体系相对应，分为国家–广域（区域）–都道府县–市町村四级。国土综合开发计划（全综）、国土利用计划、土地利用基本计划（含下属的专项规划）构成了日本国土空间规划的主要框架。其中，国土综合开发计划重在"定战略与方向"，在全国和广域（区域）层面进行编制，此类规划与中国的国民经济和社会发展规划类似。国土利用计划更加注重具体的实施和操作，在全国、都道府县和市町村一级开展，注重国土的分类利用目标和规模控制，类似中国的土地利用规划。而土地利用基本计划则是对土地资源的具体利用进行规划。根据上位的国土利用规划，在都道府县和市町村两个地方层级进行城市、农业、森林、自然公园、自然保护区域五大类专项区域的专项规划编制，其中城市规划就属于其中一项"专项"规划。

1. "一全综"："据点式"模式

"一全综"是在日本进入以民间设备投资为主导的经济高速增长时期制定的，主要是为了解决新增工业布局问题，缩小地区间收入差距，促进国民经济均衡发展。通过建立开发基地，即增长极，推行"据点式"的开发模式，从而避免了沿海地带的工业布局过度集中和地区间经济增长失衡。日本政府在太平洋沿岸原有四大工业区以外的地区，先后选择了15个地区作为"新产业城市"，在原有四大工业区之间选择了六个地区作为"工业建设特别地区"进行重点开发。这项国土规划一直持续了30多年，通过在相对落后的新产业工业特别地区发展大型重化工产业，在空间上合理地分散了工业，基本上达到了国土均衡开发和促进国民经济发展的目标，对日本经济发展和区域间差距缩小作出了很大贡献。

2. "二全综"："大规模"模式

随着"一全综"的顺利推行，日本经济出现了高速增长，到1968年成为仅次于美国的世界第二大经济强国。这期间，日本的人口、产业出现了向太平洋沿岸地区，特别是向大城市加速集中。这种趋势导致了经济增长不平衡，进而引发了大城市交通拥堵、能源紧张、环境污染等一系列资源过密集中的现象；而与之相对的就是农村，出现了人口日益外流、劳动力不足、地区基础生活设施难以维系的过疏现象。为了解决这种资源配置不均衡的问题以及与此相关的环境、社会福利等问题，日本公布了"二全综"，目的是推进交通网络的建设，促进产业开发，加强环境保护，并通过"大规模项目"开发模式进行工业基地建设，尤其是进行了高速公路、高速铁路等现代化交通体系建设，将工业地区与地方圈用高速交通线连接，从而将国土开发扩展到整个国土。不过，长期持续的高速增长使日本政府没有很好地预见风险，而是运行了一些不切实际的大规模工程项目。伴随着东京一极的过密发展，以及日本政界高层出台的"日本列岛改造"计划，地价暴涨，严重影响了经济的正常运行。此外，1973年的石油危机，使很多大规模开发项目搁浅。因此，"二全综"在推行过程中有很多失误,没有对日本经济带来重大改变,并标志着大规模重化工业开发时代的结束。

3. "三全综":"定居构想"模式

1973年和1979年爆发了两次世界性石油危机,导致日本的经济一度陷入低迷。这使得日本政府意识到资源能源在经济发展中的重要制约作用,促使日本政府重新思考其发展战略,由发展资源密集型产业转向发展技术和劳动密集型产业。在此期间,日本开始出现人口、产业由大都市向地方分散的趋势,但过密过疏的资源配置失衡问题仍然没有得到根本性的解决。为了继续推进经济的均衡发展,日本公布了"三全综",旨在通过建设"头脑布局地区"和"技术聚集型城市"等开发模式来振兴地方经济,控制人口、产业向大城市集中,以此来促进资源的有效配置,调整产业的合理布局,改善国民居住综合环境。在这一时期,日本国土开发方向由经济开发转向提高国民生活水平的社会开发,大平内阁提出的"田园城市构想"为此后日本的后城市化发展奠定了"以人为本、与自然和谐"的哲学基础,"技术聚集城市构想"的实施为日本产业结构调整和区域经济振兴作出了贡献,使日本在国土开发软硬件双方面都较有成就,为日本国土开发开辟了新的道路。

4. "四全综":"交流网络构想"模式

到了20世纪80年代,日本国土规划中以东京为增长极带动周围经济发展的效果更加明显,但也导致东京出现了人口与各项资源过于集中的现象,东京人口密度居高不下,住宅资源不足,交通拥挤,"大城市缺陷"非常明显。而由于产业结构的急剧变化等,地方城市及其周边地区的就业问题日益突出。为了缓解经济发展不平衡等矛盾,1987年,日本颁布了"四全综",旨在通过陆海空立体交通体系将整个国土空间连成一体,即"交流网络构想"开发模式,以及加强各方合作,增加国际交流机会。为了解决东京一极过于集中的问题,形成多极分散的国土结构,日本加强了东京周边"业务核心城市"和名古屋、大阪,以及札幌、仙台、广岛和福冈等地方中枢城市的建设。其中,"综合休闲娱乐区"建设是这一时期的重点开发项目,是日本政府国土开发过程中由国家重点支持的最后一个项目。由于"泡沫经济"的崩溃,这一项目暴露出很多问题,其扩大内需的目标也大多没有实现,成为日本国民的众矢之的,也是日本国土开发中的一个很深刻的失败教训。

5. "五全综":"参与协作"模式

1998年,日本开始反思自己半个世纪以来的国土规划经验教训,并且对即将来临的21世纪进行了展望。经过50多年的国土开发,日本的综合高速交通体系——国土基础格局已经形成,这标志着日本大规模的国土开发已经结束。日本今后的国土开发只能是小规模、局部和补充性的开发。此外,"泡沫经济"崩溃后,日本经济陷入第二次世界大战后最为严重的长期大萧条之中,到1998年"五全综"发布时都没有看到丝毫复苏的迹象,国家的经济状况已经不允许日本继续采取以往那种国家主导的国土开发。日本不再继续以前的国土综合开发理念,而是将国土综合开发的概念去掉,发布了名为《21世纪的国土宏伟蓝图——促进区域自立与创造美丽的国土》的一极四轴的国土规划,这标志着日本国土规划的理念有了彻底的改变。首先是主体的改变，变国家主导为地方主导，变政府主导为国民主导；其次是行为的改变，变国土开发为国土管理；再次是开发规模的转变，由大规模变小规模，由整体局部变为局部改善和补充。可以看到，"五全综"不再是过去四个"全综"的简单延续，而是在汲取过去国土开发经验教训的基础上，试图开辟一条崭新的国土规划模式，更加注重参与和协作，扩大地区合作轴和形成广域国际交流圈等，为形成一极多轴的国土结构和美丽的国土面貌奠定了基础。虽然"五全综"在日本的国土规划历史上具有承上启下的意义，但是"五全综"中提出要实现一极四轴的空间构想推行措施很不得力，一极四轴在"五全综"结束时仍然没有实现，日本仍然是东京一极一轴的社会现状。因此，日本在经过60年的努力之后，仍旧没有改变过密过疏的现象和东京一极过于集中的情况。

6. "六全综"："广域地区自立协作发展"模式

进入21世纪以后，在经济全球化和信息化时代背景下，日本人口负增长和社会老龄化问题日益突出。日本迎来了从"国土综合开发"向"国土形成规划"彻底转型的变革时期。经过20世纪近60年的努力，日本的国土空间、国土结构和产业布局已经基本成形，其重化工业等污染环境的产业也已经逐步离开本土向周边发展中国家转移。接下来的目标是构筑绿叶成荫、水源充足、安全安心、交通便利的生活环境，形成美丽的国土面貌，让日本成为全世界人民都想来、来了就想留下不走的美丽国度。在此背景下，日本从2005年9月起开始了新一轮国土规划编制，在2008年形成了《日本国土形成规划（全国规划）》。"六全综"在"一极四轴型"国土结构目标上延续了"五全综"，但在应对新时代要求、缓解地区经济发展失衡等方面，有了更为创新的理念和推进措施。依照地区人口、经济规模、城市和产业集聚状况、承载国际交流的基础设施状况等，日本将整个国家分为10个广域地区，并分别进行了"广域地方规划"。国土形成规划不再提出"一极四轴型"国土结构目标，而是将"生活圈"和"广域地区"这两个层次广域区块的形成作为新的国土结构转换目标。其最终目的是优化地区间资源配置，平衡地区间经济发展和收入差距，让日本经济整体地向前发展，在国际上具有更为重要的影响。

7. "七全综"：社会维度优先，应对人口衰退与老龄化危机

2015年，日本编制完成了最新一轮的国土空间规划，这是日本战后第七次国土规划（以下简称"七全综"）。一方面，"七全综"的核心挑战是应对日本人口衰退及老龄化社会带来的危机。该规划提出了"紧凑型社会"的理念，将"促进区域对流"定位为下一个15年日本经济社会发展的新引擎。另一方面，"七全综"体现了日本对长期以来东京一极独大现象的反思，在空间要素上强化了广域地区之间的协作，旨在形成"对流促进型"国土空间。

经过近100年的探索发展，国土空间规划的理论体系不断完善，概念内涵也日益丰富。日本国土空间规划致力于缩小地区间的发展差距，通过规划手段引导资源合理配置，促进各地区均衡发展。在规划中高度重视生态环境的保护，确保国土开发与环境保护相协调，以实现可持续发展。通过精细化的规划和管理，提高国土空间的利用效率，避免无序

扩张和浪费。日本在第二次世界大战之后，于1961年起先后制定了七次全国国土空间规划，国土空间规划由原先的国土开发规划逐渐向适应成熟型社会、更加关注生态和人文的方向转变，其内容包含了经济振兴、修复大都市、确保国土安全、向世界开放国土、建设美丽国土、地缘政治、区域协作、文化传承等全部空间要素。

12.2.2 韩国：坚持立法先行、适应发展、均衡综合的规划

韩国在20世纪60年代进入了国土大开发时代，为了协调和统筹国家未来发展战略，适应快速工业化和城市化发展的需要，于1968年审议通过了《国土综合规划基本构想》，拉开了韩国国土规划的序幕，为韩国后来历次国土规划奠定了基础。1972年至今，韩国国土空间规划共经历了四个阶段。

1. 1972～1981年：增长据点开发模式

在急速工业化和城镇化的背景下，韩国形成了以首尔和釜山为中心的工业化和城市化地区，导致区域差异拉大、国民生活环境恶化等问题出现，韩国开始编制第一次国土空间综合开发规划。该规划通过建设大规模工业基地，扩充交通、通信及能源供给网络，开发落后地区（将全国划分为4大圈、8中圈、17小圈），以实现城乡的有机均衡发展、农工产业的并立发展以及国民生活环境的改善。第一次国土空间综合开发规划，一方面，迅速提高了韩国的国力和工业化水平，区域发展基础得到了扩充；另一方面，使得以首尔为中心的首都圈的人口和产业更加集中，地域间不均衡现象更加深化，并出现了土地投机、环境污染加重等倾向。因此，韩国政府开始制定第二次国土空间综合开发计划。

2. 1982～1991年：分散式据点开发模式

该次规划以诱导人口向地方分散，向全国扩大开发，提高国民福利水平、保护自然环境为主要目标。该规划主要包括对国土多核结构广域开发，统筹中心城市和背后腹地；缓和首尔和地方之间、城乡之间地域差异；重点开发岛屿、山区、落后地区（指定28个地域生活圈）。通过投资建设，在第二次国土空间综合开发计划期间，发展基础进一步扩大，国民生活环境得到了进一步改善，但投资仍集中在连接首尔-釜山的极轴上，首都圈的集中和地方间的差距持续拉大。

3. 1992～1999年：多极核开发模式

第二次国土空间综合开发规划使韩国经济持续增长、国民生活环境得到了改善，但未能有效解决实际问题。为继续促进首都圈与非首都圈的均衡发展，韩国进行了第三次国土综合开发规划，主要内容包括由遏制首都圈的消极均衡发展转为积极开发地方；培育中部、西南部产业地带，促进产业结构升级；构筑高速交通网；强化规划执行力（设定七大广域圈，形成西海岸新产业据点），构建地方分散型国土框架；确立生产型和集约型国土利用体制，为提高国民福利、保护国土环境、南北统一奠定基础。第三次国土空间综合开发取得了很好的成效，但是区域间的不平衡和环境方面的问题仍然存在。

4. 2000~2020年：跨区域合作开发模式

从1972年开始推行的三次国土空间综合开发规划，构筑了韩国经济增长的基础，大幅度改善了国民生活环境。虽然以地方城市生长为目的进行了较多的投资，但收效不大，特别是首尔-釜山极轴与首都圈的人口和产业的集中还在加剧，同时为积极应对世界经济的自由化和东北亚的发展，韩国第四次规划调整了新的规划目标和战略。这一次以开放性统筹国土、均衡国土、开放国土、绿色国土、统一国土为规划目标，主要内容包括建立开放型国土发展轴，提高区域竞争力，加强环境和谐国土管理；建设高速交通网络；体现文化旅游国土，构筑韩朝交流合作平台（3个沿海轴、3个内陆轴和10个大广域圈）。该计划在2005年修订，新增了国土"倒T型"，即东、西、南海岸分别建1个产业带以及包括7大圈在内的"7+1特化广域圈"的国土均衡开发框架；在2011年修订之后，该计划强调了圈域特性化以及圈域间内在的联系、合作，构建亲近环境、安全的国土空间。第四次国土综合规划体现了开发战略由非均衡开发向均衡开发转型，国土政策由开发、增长向经营、管理转变，以及国土空间结构由点、线、面向轴、网发展等特点，促进了韩国经济持续发展，进一步缓解了两极分化的现象。

韩国国土规划重在加强与周边国家和地区的交流与合作，从而有助于优化国土资源的配置、提高国土资源的利用率，其主要特点：一是突出对国土开发、整治与保护的重大问题进行规划，如在第一次规划中采取据点开发方式提高国力和促进工业化；二是重视国土规划的战略分析，对韩国空间规划起到了宏观指导性作用；三是将国土规划置于宏观的国际背景下。

12.2.3 德国：机构健全、体系完整、法律完善的空间规划

德国是世界上发达国家之一，其国土规划有逾百年历史。作为世界上具有最完备的国土规划体系和最早开展国土规划的国家，其国土规划的经验在我国建立和完善社会主义市场经济体制时期的国土规划工作中具有借鉴意义[①]。

德国的空间规划体系为垂直型、单一型，分为联邦、州（地区）、地方（市镇）三个层次，各层次的规划以综合规划为统领。其中，联邦、州（地区）层面的综合规划为优于市镇建设、不同于专项规划的概括性规划，目的是保障各空间功能分区和区域的综合发展、整顿和安全；而地方（市镇）规划则是对单个城市、乡镇的空间发展和土地利用进行控制的规划，包括土地使用规划和建设规划图则两部分。①联邦级规划：该规划主要制定空间规划政策指导框架和德国空间发展理念和行动战略，对全国的空间发展进行宏观指导和战略部署。联邦级规划通常具有概念性、原则性，为下级规划提供方向和框架。②州（地区）级规划：该规划根据联邦级规划的指导，结合本州（地区）的实际情况，制定具体的空间发展规划。州（地区）级规划通常包括空间结构、居民点结构、开敞空间结构、交通、基础设施等方面的内容，旨在实现本州（地区）的均衡和可持续发展。③地方

---

① 蔡玉梅，邓红蒂，谭启宇. 德国国土规划：机构健全体系完整法律完善. 国土资源，2005，(1)：44-47.

(市镇)级规划:该规划是对单个城市、乡镇的空间发展和土地利用进行控制的规划,包括土地使用规划和建设规划图则两部分。土地使用规划根据城市发展的战略目标和各种土地需求,确定土地利用类型、规模以及市政公共设施的规划。地方规划以土地使用规划落实联邦、州(地区)层面等上位规划,实现从空间政策到土地利用规划的过渡。

德国的空间规划内容广泛,涉及居住空间、非居住空间、基础设施、社会经济、生态环境等多个方面。其规划目标主要包括:①促进空间平衡发展。确保居住空间与非居住空间的自然状态的功能得到保障,并在各个部分空间内实现经济、基础设施、社会、生态及文化关系之间的平衡。②维护非集中居住结构。支持形成有效的中心和城市区域,促进居住活动的空间集中,并优先利用废弃居住区域。③保护和利用剩余空间。维持和发展大空间和跨地区的剩余空间结构,确保其生态功能得到恢复或维持,并符合经济与社会利用的要求。④提升人口密集空间的中心地位。确保人口密集空间的居住、生产与服务中心地位,通过交通系统的整合和剩余空间的利用来引导居住区域的发展。⑤支持农村空间发展。促进农村空间的平衡人口结构,支持其中心地点部分空间开发的载体,并维持农村空间的生态功能作用。此外,德国的空间规划还强调对自然、田园、水域和森林的保护与维护,致力于实现空间上平衡的、长期的、具有竞争力的经济结构,以及足够的和多样性的工作与教育机会。

从发展历程看,德国国土空间规划经历了五个阶段。

1. 第一阶段(1900~1930年):州以下类型区的国土规划

(1)以首都柏林为代表的大城市及其周边地区的规划:这类地区的区域规划是城市规划的延伸、继续和发展。首先有城市局部地区的规划,其次出现城市建设的总体规划,最后发展到包括郊区的区域总体规划。从1900年起,德国的城市总体规划开始越过城市原来的界限,发展到大城市与其郊区的统一规划和协调。

(2)鲁尔工业区的区域总体规划:19世纪末的鲁尔区,许多行政区和社会团体就在区域性基础设施的建设与供应方面进行了单项的统一协作。但随着工业的进一步发展,需要解决的区域性问题日益增多,如交通、绿地和居民点发展等问题,仅有专业性的规划是远远不够的。

于是,1920年5月5日正式成立了鲁尔煤矿居民协会,标志着德国州以下地区的区域规划的开始。该协会成立初期的任务是确定过境道路、进出口通道的位置,新建和扩建居民点的位置、重要绿地等。1923年,该协会编制了《区域居民点总体规划》。

这一阶段的国土规划表明,德国的区域规划是从城市规划发展来的,由工业化的促进而产生。

2. 第二阶段(1930~1945年):各州和全国国土规划初步全面开展

1935年,帝国居住和区域规划部成立,负责全国国土整治规划和交通建设工作,并发布了进行帝国规划和区域规划的第一道命令。各州也相继成立了区域规划管理局,编制州范围内的区域整治规划。这一时期的特点是由过去的区域总体规划发展到区域整治规划,同时著名学者豪斯·凯尔著书《国土中央计划与空间秩序》,创立了国土计划理论。

3. 第三阶段（1945~1965年）：国土规划的编制和立法阶段

第二次世界大战后，联邦德国各级政府开始着手编制国土规划。联邦议院于1950年通过了《联邦德国国土规划法》，1965年通过了《德意志联邦共和国国土规划法》，规定了国土整治的任务、目的及原则，提出了编制州的国土整治规划。

4. 第四阶段（1965~1990年）：国土规划体系日趋完善的阶段

20世纪70年代，联邦德国各洲都颁布了国土规划法律，统一之前，联邦德国已经形成县、管理区、州和联邦四级为主的完整的规划体系和制度。

民主德国在1970年颁布的《德意志民主共和国国土整治法》提出把有计划的国土整治作为一项制度，用以合理地治理自然环境，有效地保护自然。部长级会议负责国家的国土整治规划，并负责将其纳入经济制度，成为国民经济预测、远景规划和国民经济计划的内容。同时，对地方政府、地方人民代表机构、国家机关和企业以及社会组织等在国土规划中提出了相应的责任和义务。

5. 第五阶段（1990年至今）：国土规划的深入阶段

1990年德国统一后，针对新的情况，联邦议会于1991年全面修订了《德国空间规划法》。该法包括德国国土规划的基本法律制度、基本条件变化时的区域政策作用和空间发展趋势。1997年的区域规划从欧盟的统一体出发，编制的总体规划遵循协调不同区域的需求、土地使用者个人和公共利益之间的矛盾的原则，其主要内容包括寻求在整个地域上实现生活水平的均衡；不同地区的特色得到发挥，自然资源得到保护和开发；在实现当代利益的同时下一代的利益得到同时的满足；减少两德合并后的区域及结构不均衡，在欧盟或更大的欧洲尺度考虑德国与其他国家的协调。

12.2.4 英国：从"用地规划"转向"空间规划"的规划体系

英国是一个君主立宪的准联邦制国家，是由英格兰、威尔士、苏格兰、北爱尔兰以及一系列附属岛屿共同组成的一个欧洲西部岛国。英国地方政府和决策者具有很大的自由裁量权，各个公国的规划体系各不相同、自成体系，通常所说的"英国空间规划体系"是指英格兰的空间规划体系。

英国空间规划总体上分为三级：国家层面、区域层面、地方层面[①]。

国家层面为法定的《国家重大基础设施项目规划》（Nationally Significant Infrastructure Projects，NSIP）和非法定的《国家规划政策框架》（National Planning Policy Framework，NPPF）。NSIP确定哪些是重大基础设施，并确定这些项目从决策到实施完成的过程。不仅涉及政策性、原则性内容，还有很多定量内容以及细节。NPPF将所有的政策声明、部门

---

① 田颖，耿慧志. 英国空间规划体系各层级衔接问题探讨：以大伦敦地区规划实践为例. 国际城市规划，2019，34（2）：86-93.

公告和指导性文件整合为一个仅有 65 页的简洁文件，涵盖经济发展、社会和环境等方面的内容，作为地方规划和社区规划的重要参考。

区域层面的规划原来主要包括区域规划指引和区域空间策略，两者涉及的内容较为类似，都是关注可持续发展、住房短缺、交通等问题，但因实施效果不佳，已被废除。区域层面通过设定一个区域合作机构来保证各个地方规划部门公共组织之间的有效合作。地方规划在审查过程中也要得到区域合作机构的认可，将区域层面的规划从文本性规划变为一个协调过程。

地方层面的规划包括地方规划和社区规划两种。地方规划是最低一级行政单位（区）制定的规划，包括强制性的发展规划文件和非强制性的行动规划。发展规划文件是其中最为重要的文件，要上交国务大臣进行独立审查，包括核心战略、特定场地分配和建议地图。社区规划是社区单元制定的规划文件，是公众参与的重要手段。通过社区规划可以选择建设新的住宅、商店、办公楼的位置、样式和设施配套，以及是否要保留一些公共空间，降低房屋高度等。社区规划在通过审查后，地方规划当局将赋予其法律效力。

纵观英国国土空间规划的发展历程，建立一个更基于现实的、更具参与性的、更加广泛合作的、更具战略性的以及更具实施性的规划体系是其在国家不同发展阶段始终坚持的规划准则与目标。20 世纪 90 年代末，社会各界对于既有的规划体系和政策工具已不适应新的社会和经济发展需求有了共识。2001 年，交通、地方政府和区域部发布了规划绿皮书《根本性的改革》，加之受到同时期欧盟整体空间规划框架以及《欧洲空间发展展望》（European Spatial Development Perspective，ESDP）的影响，英国开展了以《2004 年规划和强制购买法》为核心的规划系统改革。

2004 年变革后的英国规划体系导向从"用地规划"转为"空间规划"，表现如下：其一，快速响应的系统。强调规划和决策过程的时效性。其二，包容的系统。倡导更多元和有效的参与、咨询过程。其三，合作的系统。实现不同部门政策制定者和利益相关者更有效的合作。其四，结果导向的系统。相较管控更关注规划政策对开发需求的考虑。其五，基于现实依据的系统。要求规划师确保规划政策的可实施性。其六，多层级的系统。关注国家、区域和地方各级规划的侧重点，以便规划能够有效地为更广泛层级的政府作出贡献。

12.2.5　法国：具备适应国情发展的国土空间规划法制体系

法国的"国土空间规划"是对国家领土、人口及其活动、公共服务和基础设施建设进行提前安排的一种规划实践。这种实践必须考虑自然环境、社会公平和可持续发展的要求，在法律的框架内行动，保证领土内各类功能之间以及各类人群之间形成更为恰当、高效与和谐的关系。经过半个多世纪的发展，法国形成了较为完善的国土空间规划法制体系，这一体系不仅包含空间规划的技术要求，还包含产业发展、乡村振兴、环境保护、文化传承等一系列指导政策和制度保障，涉及劳工部、农业部、文化部、环保部等不同部委，贯穿国家、区域、市镇等多重尺度[①]。

法国的国土空间规划体系由多层次的空间规划组成，包括国家、大区、省、市镇以及各地方联合体等不同空间层次。这些层次在空间规划上相互衔接，共同构成了一个完整的规划体系。法国的国土开发政策框架由综合政策、分区政策和专项政策三大部分组成，这些政策共同构成了法国国土空间规划的核心。综合政策是法国国土开发政策框架的主体，分区政策和专项政策则是对综合政策的补充和深化。这些政策在内容上涵盖经济、交通、住房、文化、教育等多个方面，以满足国家经济社会持续发展的需要。①综合政策构成法国国土开发政策框架的主体，主要体现在国家、大区、省、市镇等不同层面的综合性空间规划文件中。这些文件包括《国家发展五年计划》（已停止编制）、《国家可持续发展战略》，以及大区、省、市镇等层面的《国土开发与规划大区计划》《国土协调纲要》《空间规划指令》等。②分区政策将国土划分为城市地区、城乡混合区、乡村地区和山区及滨海地区四种类型，针对不同地区的发展特点，分别制定不同的政策措施和建设计划。分区政策以《开发整治市际宪章》的形式纳入《国家-大区规划协议》，旨在促进各类地区的协调发展。③专项政策基于城市专项事业发展的需要，在各自的职权范围之内，针对相应的国土范围，制定有关国土开发的专项政策，并以专项规划（或计划）的形式加以表达。这些专项规划包括《经济发展规划》《住房发展规划》《交通发展规划》等，分别由国家、大区、省、市镇等不同级别的政府负责编制。

从发展历程看，法国国土空间规划经历了四个阶段[②]。

1. 初步探索阶段（1945年至20世纪60年代）

第二次世界大战后法国成立了重建和城市规划部，下设国土空间规划司，负责管理法国国土空间规划基金。该基金是中央政府推动平衡地区发展政策重要的财政手段。根据这一政策，法国从1955年起对选址在大巴黎地区的新办企业实施落户许可制度，拿不到许可的企业只能注册在外省。这让外省地区在战后经济恢复中获得一定的就业岗位，推进了法国的新城建设。在城市化加速发展的背景下，为了应对大规模的城市空间无序蔓延，法国开始了基于市镇的城市规划实践，建构由区域性和地方性城市规划共同组成的空间规划体系。

2. 关注区域平衡发展（20世纪60年代至1973年）

在第二次世界大战后国民经济快速复兴、城市化持续加速的背景下，为了应对全国范围的地区间发展不均衡，法国结合增设大区的行政区划调整，在尊重市镇城市规划权限的基础上，不断加强区域规划的协调作用。1963年，法国中央政府成立了国土空间规划和区域行动代表处，这一机构直接由总理领导，负责制定、落实和评估中央政府一系列的国土

---

① 杨辰，贾姗姗，周俭. 均衡发展：法国国土空间规划法制体系建设的历程与经验. 规划师，2021，37（2）：77-83.

② 刘健，周宜笑. 从土地利用到资源管治，从地方管控到区域协调：法国空间规划体系的发展与演变. 城乡规划，2018，(6)：36-47，66.

空间政策,包括"工业和第三产业的均衡化布局"(1964年)、"平衡大都市区"(1964年)、"新城建设"(20世纪60年代)和"中等城市扶持计划"(1973年)等。

3. 关注自然资源和文化遗产的保护开发(1974~1982年)

为了顺应可持续发展的新要求,法国进一步强化国家和区域通过区域规划发挥其在国土资源保护和开发利用中的协调作用,新增了环境保护、能源节约等内容。第一次石油危机结束了第二次世界大战后法国经济30年的高速增长,失业率的大幅上升让"区域平衡发展"行动受到一定的影响。与此同时,环境保护意识的增强和文化旅游热的出现对国土空间规划提出了新要求,《自然保护区》《海滨法》《山岳法》等一系列的保护法和促进地方经济发展的指导政策陆续出台。

4. 关注地方发展(1982年至今)

1982年,《地方分权法》将中央政府编制国土空间规划的部分权限下放给市镇政府,后者获得了编制地方规划和区域发展规划的权力。为了应对全球化带来的巨大挑战,法国开始实施大都市区政策,鼓励市镇在城市规划领域的地方性合作,通过区域性城市规划编制促进都市区的整合发展,同时规范国家和地方在国土开发领域的合作关系,实现国土资源的有效保护和合理利用。市镇在国家指导下,通过"工业衰退地区""工业废弃地转型""大区自然公园""建筑-城市-景观遗产保护地"等系列法律工具,在增加就业岗位的同时,挖掘地方自然和文化资源,实现产业结构转型和可持续发展。在这一时期,法国还尝试在中央、大区、市镇三级政府之间建立合约,解决国土空间规划中中央与地方、集权与分权之间的矛盾。

法国国土空间规划的实施与管理涉及多个层面和部门,包括国家规划委员会、区域规划委员会、地方政府及其他利益相关者。在实践中,法国注重加强中央和地方的一致性,通过制定和实施一系列规划政策和措施,促进国土资源的有效保护和合理利用。在规划体系构建过程中,法国经历了从中央集权到地方分权的转变。中央集权时期,国家主导地方法定规划、土地利用管理及大型项目实施;地方分权后,地方市镇主要负责规划的编制和实施,而国家则负责规划权限和程序的制定。法国的国土空间规划注重实现国土空间的均衡和协调发展,为了促进国土空间的均衡发展,法国政府实施了一系列经济激励政策,如提供财政补贴、税收优惠等,以引导企业和个人向特定区域投资和发展。同时,政府还通过制定相关政策和规划,引导国土空间的发展方向和布局。

12.2.6　荷兰:强调规划、策略与执行的整合模式

荷兰被誉为"规划出来的国家",是最早进行国土空间规划的国家之一。从20世纪60年代到21世纪初,荷兰经历了的城镇化蓬勃发展阶段,国家空间规划体系逐渐成熟稳定,形成了完善的系统。前后五次的国家级空间规划培育出若干国际知名的重大空间概念,在各政府层级和各大部委中得到了良好的应用,有着近乎完美的实施效果。

1. 1960~1966 年第一次国土空间规划

第二次世界大战以后，荷兰人口迅速增长，农业实现机械化，大量的失业现象出现。许多青年人开始到经济扩张迅速的西部地区去就业，人口的迅速涌入加剧了住房短缺的状况。于是，荷兰于 1958 年起草和制定了《兰斯塔德发展纲要》，该纲要提出了优先发展兰斯塔德地区，把该地区打造成一个多中心的绿心大都市。但该纲要过分强调兰斯塔德的重要性而忽视了其他地区的发展，导致荷兰地区经济发展的不平衡加剧。针对上述的问题，荷兰政府于 1960 年制定了第一个国土空间规划。该规划的目标是统筹公平与效率，解决兰斯塔德地区过密问题，促进和引导欠发达地区的发展。采取的主要战略是调整全国人口的分布，适当地分散兰斯塔德地区的人口和就业岗位，同时在全国实行公共设施均等化，以改善落后地区。《兰斯塔德发展纲要》编制后，在追求高速经济增长目标的刺激下，兰斯塔德地区进行了经济的大规模建设和扩张；但人口、就业岗位等问题，由于缺乏具体的政策手段，其效果并不理想。

2. 1966~1973 年第二次国土空间规划

随着私家车迅速增多和交通网络的持续改善，城市快速扩张造成城市环境质量下降，同时居民期望迁到中心绿地和郊区。在此背景下，荷兰政府开始编制第二次国土空间规划。该次规划的目标是建立交通走廊，在交通干线的两边向外扩散，即实行轴线开发方案，发展兰斯塔德的南、北两个城市翼的构想，对兰斯塔德地区的人口实行调整。该规划采取了"有集中的分散"原则，即促进兰斯塔德地区的人口和经济活动沿便捷的交通干线向外扩散。

3. 1973~1988 年第三次国土空间规划

经过第二次国土空间规划的编制和实施，兰斯塔德地区人口大量疏散，一些中心城市的人口规模出现持续下降的势头。随着城市郊区化的推进，大量的城市中产阶层逐步迁移到小城镇甚至乡村地区，斯塔德地区城市出现衰退迹象。于是，荷兰政府开始编制第三次空间规划。这次规划把城市区域定义为中心城市与其周围的增长中心（新城）按照交通原则有机连接起来的整体。在各城市区域内部以及城市区域之间，将主要发展公共交通系统，以避免交通拥挤，减少环境污染，以期实现有选择的经济增长、城镇优先发展、有控制的人口疏散、防止城市经济的衰退的目标。第三次国土空间规划编制后，由于有非常好的财政工具辅助，该规划做得很成功。政府在财政上支持都市更新、旧城继续扩张、全力开发新城。

4. 1988~2000 年第四次国土空间规划

20 世纪 80 年代中期开始，国际国内环境发生了深刻变化。随着欧盟的发展和欧洲经济区的建立，荷兰的国土空间规划需要紧跟时代的步伐。在这种背景下，荷兰政府开始着手编制第四次国土空间规划。此次规划坚持可持续发展理念，把日常生活环境质量的改善和提高以及空间结构的优化放在突出位置，发挥兰斯塔德地区对全国的辐射作用。荷兰政府提出打造一个以比兰斯塔德绿心地带更为开阔的农业地区为中心的中部城市圈。同时，强调要重视中央、省和地方政府之间的垂直合作以及公营部门与私营部门之间的横向合作。

5. 2000 年第五次国土空间规划

21 世纪初开始，欧盟不断扩大和发展，国家间的合作不断加强，在欧洲区域一体化进程的推动和刺激下，荷兰政府于 2000 年制定了以"创造空间，共享空间"为主旨的战略性规划，国家空间政策由过去中央政府主导转变为中央只提出方向；强调公众参与，提出不同地区的空间发展目标；强调与省和市镇地方政府合作；强调经济发展，重点发展 6 个城市网络、13 个核心经济带。该规划围绕"网络城市"理念强化国际竞争地位，同步实现包容而强大的城市以及自然充满活力的乡村，指导未来 30 年的空间开发。

6. 2008 年兰斯塔德 2040 结构愿景规划

2008 年，荷兰政府推行了《空间规划法》颠覆性改革，既往的"空间规划报告"被"结构愿景"所替代，重新划分政府层级与职责，以分权为主、集权为辅。同时，随着经济形势的变化，其他地区已经出现了明显的经济收缩迹象，但兰斯塔德地区的增长势头将一直持续下去，其中人口数量增长是最核心的问题。因此，在此背景之下，兰斯塔德地区面向 2040 年的空间发展战略应时而生。该战略确定了 35 个"兰斯塔德紧急项目"，旨在提高国际可达性，应对空间发展流动性增强，建立良好的基础设施网络；打造宜居和安全的环境；保障居住环境的素质。以期将兰斯塔德打造成一个可持续、具有国际竞争力的领先地区。同时，继续扩大化解决洪涝问题，增加"绿心"空间的多样性。

荷兰国土空间规划采用三个层级。①中央政府负责制定全国性的国土空间规划政策，平均每 10 年更新一次。这些政策具有约束性和发展性功能，标示出国家级的重大建设项目，如运输系统、空港海港扩张计划等，并提出地方及省政府必须遵守的一般规划准则。②省政府负责制定区域计划，涵盖范围较大但不细致。这些计划需经省政府核准，具有法律效力。省级行政机关基于区域分区计划核准地方土地使用计划。③地方政府负责制定结构计划和地方土地使用计划。这些计划明确每一项开发空间标准及建筑管理等事项，是土地使用管制的主要依据。

荷兰国土空间规划具有如下特点：第一，荷兰国土空间规划以"安全-环境保护，永续国土资源""有序-经济发展，引导城乡发展""和谐-社会公义，落实公平正义"为总目标，通过科学合理的规划，实现经济发展、环境保护和社会公平三者的平衡。第二，实行等级化规划体系。荷兰规划体系形成了与政府行政区划等级相一致的等级规划体系，每一级政府都制定战略规划。第三，逐层规划。其基本假定是规划空间可以分为基底层、网络层、空间物态层三个层面，这种方法使得规划者能够系统地考虑规划要素。第四，"绿心大都市"的提出。"绿心"作为荷兰国土空间规划的杰作，体现了荷兰在国土空间规划中如何调整空间、环境与经济的关系。第五，"多极核网络开发模式"和全国一盘棋式的整体空间发展规划设计。第六，红线与绿线控制。红线界定城市及发展区，以控制城市蔓延；绿线界定农村地区限制建设的范围，以保护生态环境和景观。红线和绿线轮廓之间的区域称作均衡区域，允许部分有利于提高农村质量的小型开发活动。第七，重视自然与文化遗产保护。在规划过程中，荷兰政府高度重视自然和文化遗产的保护，通过制定相关政策和规划措施，确保这些宝贵资源得到妥善保护和传承。

12.2.7 美国：空间规划体系多样化、自由化

美国国土开发规划的历史由来已久。早在19世纪便提出了《加勒廷国家规划愿景》，对后来形成今天的美国国土空间开发格局影响深远。美国的流域开发规划是世界上比较成功的流域开发模式，通过建立区域规划机构来实施综合规划，对田纳西河的综合开发等都取得了良好的综合效益，促进了相关产业的发展，带动了流域地区经济发展。总的来说，美国国土开发规划可以概括为四个阶段。

1. 19世纪末至20世纪30年代：加勒廷规划和流域综合开发规划时代

美国在1862年颁布了《太平洋铁路法》，旨在修建第一条横跨大陆的铁路，使得美国国家交通体系快速建立起来。20世纪初期，美国进入了以罗斯福大坝（1911年）、科罗拉多河协议（1922年）和胡佛大坝（1931年）为成功标志的大坝建造和流域开发时代。1933年，美国国会通过了《田纳西河流域管理局法》，成立了具有独立开发与管理权利的田纳西河流域管理局（TVA），以统一管理和综合开发流域自然资源的理念编制和实施田纳西河流域综合规划。TVA首先兴修水利工程，先后建成了50多座水坝，通过新的农业生产技术，治理水土流失，开发水、火、核电与航运，推进工业化建设，以实现防洪、疏通航道、发电、控制侵蚀、绿化，最终解决贫困。通过流域的综合规划，解决了水资源开发、航运、能源、防洪、环境保护等问题。同时，水电资源的开发又促进了一系列相关产业的发展，带动了地区经济的发展。田纳西河流域综合规划不仅成为美国整个流域综合治理的典型，而且一直被许多国家奉为流域综合开发的样板而被广泛仿效。

2. 20世纪30~60年代：罗斯福新政及基础设施大规模建设时代

20世纪30、40年代是美国著名的经济大萧条时期。为应对这一困境，美国出台了国家收费公路和自由公路系统的规划。1956年，美国开始修建州际公路网，州际公路系统的建设影响巨大，它不仅加强了美国各州间的联系，还降低了社会生产成本，提供了大量就业机会，为确保美国在国际市场上的竞争力提供了至关重要的交通网络支撑。

3. 20世纪60~80年代：跨区区域整治阶段

20世纪60年代，美国先后颁发了一系列旨在促进全国特别是落后地区经济发展的法案，相继建立了11个跨州经济开发区，编制并实施了这些地区开发整治规划。其中，阿巴拉契亚区域整治规划与实施取得了显著的成效，具有典型意义。该规划不但建立了区域开发的交通走廊，还由此拉动了煤炭资源、林业资源和水资源的开发，刺激了旅游业的发展。

4. 20世纪90年代至今："美国2050"空间战略规划

在全球经济一体化、全球气候变化、世界局部地区融合等国际形势下，空间规划必须考虑全球化的影响因素和可持续发展。目前，美国形成的11个巨型都市区是美国经济增长的引擎。受欧洲空间规划的影响，美国规划协会、林肯土地政策研究院等机构联合启动了美国"巨型都市区"研究计划——美国2050。为应对人口的急剧增长、满足基础设施需求、限制土地扩张、保护资源环境、提高能源效率等目标，将加强现代基础设施网络建设，包括传统的交通运输、水资源和能源的生产与供应等基础设施建设，也包括宽带通讯、智能网建设等。同时，根据一些依据与重要指标确定了11个巨型都市区域，以提高国际竞争力。

美国的空间规划分类体系并不以行政区划为基础进行层级划分，而是主要以区域规划、地段规划、生境规划、耕作区规划等进行分类。规划网络构成包括国家层面（但并非全国统一规划）、州级层面、郡级层面和城市层面，各层面规划内容各有侧重，但相互关联，形成一个整合的规划网络。

美国的空间规划实质上是"多规合一"的复合型规划，需要综合考虑人口与经济增长、环境系统需求、可开发土地供给与预计发展需求等多方面因素。分区的空间组织和分配需要综合考虑交通与基础设施系统规划、城市设计等。规划的职能主要在地方政府，而在规划中起主导作用的则是社会组织。整个规划体系缺乏高层次的统筹协调，呈现出以地方为主、高度分散的特点。建立区域联合管理机构，协调区域间的关系，实现区域资源的整合，综合考虑人口与经济增长、环境系统需求等多方面因素，将类型规划转变为以功能为导向的复合型规划，对我国国土空间规划编制具有重要启示。

12.3　国外国土空间规划的经验借鉴

虽然国外空间规划形成的背景与中国不同，各个国家的政治制度、国情、管理制度各异，且部分国家空间规划呈现"多规"并行的特点，但其空间规划构建的经验和教训仍然值得总结，对于中国的国土空间规划发展而言具有借鉴启示的价值。

1. 在鲜明的问题导向下确定国土空间规划编制内容

适应发展需求，突出国土开发、整治与保护的重大问题导向，是国外国土空间规划的典型做法。第一次世界大战结束加上1929年开始的世界性经济大危机，西方国家普遍陷入了严重的经济萧条。在社会经济政治多方面的压力下，各国开始关于国土空间规划的实践和理论探索，突破以城市为单一对象的空间规划，转而将以区域为整体的国土空间规划作为治国之策。随着经济增长和环境改善，以日本和韩国为代表的国家为实现区域均衡发展，在国土空间规划中增加了产业结构、交通网络、机构设置等规划内容。

在目前全球经济一体化的宏观背景下，中国处在计划经济向市场经济转轨、工业化和城市化快速发展的时期，在社会经济和自然地理条件各异的地区，如何协调人口、资源、环境与发展，促进国民经济的持续发展，是当前所面临的重要问题。以此为背景，确定国土空间规划的宗旨，坚持问题导向，对于全面开展规划并为其提供指导至关重要。

2. 规划层级及衔接是构建国土空间规划体系的关键

构建空间规划体系的关键是解决各类规划横向和纵向之间的关系，国外空间规划体系相对较为简单，规划层级较短、分类较少、衔接手段多元灵活。行政管理的职能或权责体系是空间规划体系的载体，国外空间规划主导部门明确，通过主导机构协调各部门的利益，避免部门之间诉求多端、多头规划的问题，将空间规划变"多头管理"为"统一管理"，从而有效提高治理能力。同时，国土空间利用规划管理能够确保地域互不重叠，各部门各司其职，在其管辖范围内开展规划建设或资源保护。此外，发达国家的空间规划体系中各层级规划衔接较为灵活，中央政府层面制定的空间规划侧重宏观战略性的政策引导和原则规定，具体的空间规划事务多由地方政府负责，为地方预留了较大弹性空间。

中国的空间规划层级较多，建议针对不同的规划内容设置不同的衔接手段，更好地实现上下级规划的传导和衔接。例如，对于空间布局这类引导性要求，国家层面可借鉴德国做法，以政策指导文件的形式对空间规划政策进行阐述；区域层面可借鉴荷兰做法，取消严格的区域轮廓线规划，以更灵活的示意图代替。对于生态区这类引导与管控兼有的要素管理，可借鉴德国做法实行上粗下细管控，联邦级（类似国家级）提出生态环境发展的政策，州级（类似省级）提出自然和景观、水资源、大气质量和防止噪声等管控原则与要求，区域级（类似市级）划定自然保护区和景观保护区、林区及造林区、农业土地利用区、地区性绿带、气候保护区和防洪滞洪区等具体空间区域，既能够避免上级规划管控过严，保障地方层面生态空间管控的适用性和有效性，又给地方发展留有合理空间。对于基本农田保护线这类强管控要素，可实行纵向管控，上下一边粗，保障基本农田在各级空间规划中数量、分布具有一致性。

3. 完善的法律体系为国土空间规划的实施提供保障

根据中央和地方综合发展目标制定法律，逐渐形成适应于国情的法制体系，依良法行善治，完善的法律体系可为国土空间规划的实施提供保障。以法国为例，国家不同的立法机构都可以颁布法律，有议会通过的"法"，有中央政府颁布的"政令"，还有各部委、省长、市镇市长颁布的"决议"。中央和地方政府还可以通过大量的"政策""指导"等文件，以及各类法定或非法定的规划对不同层级的国土空间规划进行管控和引导，地方政府之间也可以通过各类发展合约来约束市镇的开发行为。

法治的基础、法治的体系及法治习惯是国外国土空间规划得以执行的根本保障，依法规划和管理国土空间是基本遵循。首先，从国家到州县，国家和地方均有立法保护，严肃规范约束着空间规划的行为；其次，法律的执行手段是强硬法定程序化的，任何规划行为必须符合法定程序；再次，法律的全民基础和习惯较好，在规划的执行过程中，各相关方均能按照法定约束自己的行为；最后，法律的惩戒性严厉，违法的成本高昂，大大提高了规划的严肃性和约束性。

当前，中国的国土空间规划体系正在处于制度建设的关键期。完善的法律体系是国土空间规划落实"开发保护格局，综合考虑人口分布、经济布局、国土利用、生态环境保护等因素，科学布局生产空间、生活空间、生态空间"的重要保证。法国半个多世纪以来对国土空间相关的法制体系的有益探索，其多重尺度、制度保障、财政支持和合约行动的特点对当前中国国土空间规划的法制体系建设具有重要的借鉴价值。有良法可依，以善治达目标，综合性的国土法既是编制国土空间规划的主要依据，也是实施国土空间规划的重要手段。从建立社会主义市场经济体制的要求和国土整治及协调好经济发展和人口、资源、环境的关系与实施议程等各方面看，当前中国都非常需要制定综合性的国土法，明确国土空间规划的性质、地位以及与其他计划、规划的关系等重要问题。

4. 空间利益相关者参与国土空间规划的编制和实施

国土空间规划的编制与实施，公众参与已成为世界潮流。日本在国土规划制度改革中专门强调了公众和社会团体参与规划的重要性和必要性。而且在国土形成规划中，还把公众和社会团体参与地域建设和规划实施作为战略目标实施的重要措施。随着我国民主社会建设步伐的加快，各个领域都已认识到实施公众参与的意义与重要性，今后在推进国土规划工作的过程中，也应注意避免政府包办的模式，发挥社会各界的力量共同参与、共同实施，使政府机构以外的多样化的民间主体成为地区建设的参与者。规划制定时，首先进行预评估和战略环境影响评价，讨论规划的可行性及对环境的影响，以帮助公众和决策者做出正确的政策选择。规划执行后，进行定期的过程监测和实施后评估，动态考察规划的结果绩效和反映实施中出现的问题，并及时反馈给决策者进行必要的规划调整，所有空间利益相关者都能参与到规划过程中，并合力改进、完善规划。

5. 国土空间用途管制是实施规划的核心

各国在实践中形成了较为完备的土地用途管制体系。德国是世界上最早实行土地用途管制的国家之一，市镇层面的规划（预备性土地利用规划和强制性建造规划）体现了政府对土地用途的管制。日本将国土划分为五个功能区域：城市区、农业区、森林区、自然公园区和自然保护区，对不同功能区域制定不同的管制措施和发展方向。通过土地区划、国土利用规划、法律法规及政策指引等措施对国土空间用途进行引导和控制，依据使用强度、农田优良度、产权差异、资源保护度等因素制定控制标准，并逐级分解到地方圈、都道府县、市町村。美国对土地用途的管制经历了从放任不管发展到形成体系较为完整的管制体制的过程，说明在高度提倡私有制的国家仍然离不开政府对土地用途的管制。美国的国土用途管制最初以土地使用密度与容积为核心，通过划定土地使用分区，规范私人土地的利用和开发。随着20世纪50年代后城市无序扩张侵占农地的现象日趋严重，国土用途管制的重点转移为控制城市规模的不断扩大，保护农地，并对农地实行分级分区管控。其中，最为著名的举措即土地开发权的购买及转移。其他国家国土空间用途管制也都通过规划体系、功能分区、管制措施、法律体系等方面进行了规定，这些经验和做法对我国国土空间用途管制制度的构建和完善均具有重要的借鉴意义。

6. 划定复合用地类型区提升国土空间要素配置效率

划定复合用地类型区有助于优化土地利用结构，提高土地利用效率。通过合理规划，可以将不同功能的用地进行组合和融合，实现土地资源的集约利用。这种集约化的土地利用方式，不仅可以提高土地的产出效益，还可以减少土地资源的浪费和闲置。日本的国土规划在都道府县层级（相当于我国省级行政单位）制定的《国土利用规划法》中划定了基本覆盖全国国土的城市、农业、森林、自然公园和自然保护区五类用地，从而衔接国土形成规划与城市规划、乡村规划等具体用地类型规划，并保障发展理念、发展战略和目标在空间上的具体落地。值得一提的是，日本国土中有高达49.2%的土地被划为两种以上的用地类型，针对用地类型有重复的国土，日本制定了相应的优先开发原则，以实现不同用地功能的协调和管控。我国国土空间规划编制过程中重视国土空间的分区，并基于分区制定差别化引导发展，优化资源配置，同时也可以借鉴日本的做法，如可在划定城镇建设用地、基本农地和生态用地时，依据实际情况适当划定一些复合利用区域，并对复合地区确定优先开发原则，实现国土空间资源的复合利用，提高用地效率。

本 章 小 结

（1）国土空间规划的实践和理论探索从20世纪20年代开始，以区域为整体进行人口、工业和交通的规划。1915年，盖迪斯《进化中的城市》第一次明确了国土规划的大致地域范围、目的要求以及规划程序。20世纪20~30年代，苏联开展了以区域为对象的综合性区域研究，成为国家计划指导下有组织、有步骤地对全国进行分区规划开发的典范。20世纪40~50年代，欧洲许多国家伴随国内经济的复苏和大量的建设，国土规划与战后家园恢复关系密切。20世纪60~80年代，工业化、城市化飞速发展，城市环境日益恶化，多种空间规划理论在一些国家得到进一步应用，研究的区域范围进一步扩大。20世纪末，国土空间规划进一步超越传统的城乡分界，以一种整体性的方式理解空间发展，并被塑造出"空间管理"的中心功能，成为不同层级地区管理的"枢纽"。

（2）各国的国土空间规划模式及特色各不相同。日本模式是构建全域国土空间管控的四级三类空间规划体系，体现了对国土资源的精细管理；韩国模式是打造坚持立法先行、适应发展、均衡综合的规划；德国的空间规划机构健全、体系完整、法律完善，具有最完备的国土规划体系和丰富经验；英国模式实现了从"用地规划"转向"空间规划"的体系转型；法国拥有一个具备适应国情发展的国土空间规划法制体系；荷兰的空间规划强调规划、策略与执行，实施效果近乎完美；美国空间规划体系则更多体现多样化、自由化特点。

（3）国外国土空间规划的经验借鉴：①在鲜明的问题导向下确定国土空间规划编制内容；②规划层级及衔接是构建国土空间规划体系的关键；③完善的法律体系为国土空间规划的实施提供保障；④空间利益相关者参与国土空间规划的编制和实施；⑤国土空间用途管制是实施规划的核心；⑥划定复合用地类型区提升国土空间要素配置效率。

关键术语：区域规划、战后经济复兴、工业化、城市化、区域协调发展、可持续发展、公众参与、问题导向、用途管制

复习思考题

（1）简述国外国土空间规划发展历史。

（2）结合 1~2 个国家的国土空间规划发展历程，探讨其对中国国土空间规划经验借鉴。

（3）选择两个国家的国土空间规划模式进行对比，思考不同模式下国家发展的差异。

（4）阐述国外国土空间规划的经验借鉴。